***ACCESO GRATIS** a la Lectura en la Nube*

Para visualizar el libro electrónico en la nube de lectura envíe junto a su nombre y apellidos una fotografía del código de barras situado en la contraportada del libro y otra del ticket de compra a la dirección:

ebooktirant@tirant.com

En un máximo de 72 horas laborales le enviaremos el código de acceso con sus instrucciones.

FRAUDES BANCARIOS Y DEFENSA DEL AFECTADO. NUEVAS TENDENCIAS DEFRAUDATORIAS

Especial referencia al phishing bancario

FRAUDES BANCARIOS Y DEFENSA DEL AFECTADO. NUEVAS TENDENCIAS DEFRAUDATORIAS

Especial referencia al phishing bancario

EUGENIO RIBÓN
Abogado

tirant lo blanch
Valencia, 2024

En caso de erratas y actualizaciones, la Editorial Tirant lo Blanch publicará la pertinente corrección en la página web www.tirant.com.

Directora de colección:

Carolina del Carmen Castillo Martínez

EDITA: TIRANT LO BLANCH
C/ Artes Gráficas, 14 - 46010 - Valencia
TELFS.: 96/361 00 48 - 50
FAX: 96/369 41 51
Email: tlb@tirant.com
www.tirant.com
Librería virtual: www.tirant.es
DEPÓSITO LEGAL: V-3668-2023
ISBN: 978-84-1197-674-9

Si tiene alguna queja o sugerencia, envíenos un mail a: *atencioncliente@tirant.com*. En caso de no ser atendida su sugerencia, por favor, lea en *www.tirant.net/index.php/empresa/politicas-de-empresa* nuestro procedimiento de quejas.

Responsabilidad Social Corporativa: http://www.tirant.net/Docs/RSCTirant.pdf

Índice

Introducción 11

I. CONDUCTA PENAL

1. FRAUDES BANCARIOS AL CONSUMIDOR: NUEVAS TENDENCIAS 15

2. EL DELITO DE ESTAFA. APROXIMACIÓN A LA ESTAFA INFORMÁTICA 21

3. PRINCIPALES TIPOLOGÍAS DELICTIVAS 31
   - 3.1. PHISHING 31
   - 3.2. PHARMING 37
   - 3.3. SCAM 40
   - 3.4. PROGRAMA TROYANO 40
   - 3.5. KEYLOGGER 40
   - 3.6. CARDING 41
   - 3.7. VISHING 42
   - 3.8. SIM SWAPPING 43
   - 3.9. SMISHING Y FALSAS VENTAS 44
   - 3.10. FRAUDE DEL CEO 45
   - 3.11. INTERCEPTACIÓN DE FACTURAS U ÓRDENES DE PAGO Y MANIPULACIÓN DE CUENTAS POR TERCEROS (MAN IN THE MIDDLE - BUSINESS EMAIL COMPROMISE) 48

4. ACTUACIÓN DEL AFECTADO Y MEDIDAS DE PREVENCIÓN 53

II. DEFENSA CIVIL DEL AFECTADO

5. DILIGENCIA DEL USUARIO, DILIGENCIA DE LA ENTIDAD FINANCIERA Y EVENTUAL CORRESPONSABILIDAD 61
   - 5.1. DILIGENCIA DE LAS PARTES: *PATER FAMILIAS* Y *BONUS ARGENTARIUS* 61
   - 5.2. CORRESPONSABILIDAD 76

6. OBLIGACIONES Y RESPONSABILIDAD DEL USUARIO DE SERVICIOS DE PAGO 81
6.1. OBLIGACIONES DEL USUARIO DE SERVICIOS DE PAGO 81
6.2. CONSENTIMIENTO DE LA AUTORIZACIÓN DE PAGO 84
6.3. OPERACIONES DE PAGO NO AUTORIZADAS. RESPONSABILIDAD DEL ORDENANTE. LÍMITE CUANTITATIVO DE RESPONSABILIDAD 88
6.4. CLÁUSULAS ABUSIVAS EN LA TRASLACIÓN DE OBLIGACIONES, RESPONSABILIDAD DE LAS PARTES Y PRUEBA POR LA PRESTACIÓN Y UTILIZACIÓN DE MEDIOS DE PAGO 91
6.4.1. La comunicación sin demora 92
6.4.2. Cláusulas de exoneración de responsabilidad 94

7. DAÑO IRROGADO Y FUNDAMENTO DE LA ACCIÓN 101
7.1. OBLIGACIONES DEL PROVEEDOR DE SERVICIOS DE PAGO EN RELACIÓN CON LOS INSTRUMENTOS DE PAGO 103
7.1.1. Superación del límite de disposición establecido 105
7.2. NOTIFICACIÓN Y RECTIFICACIÓN DE OPERACIONES DE PAGO NO AUTORIZADAS O EJECUTADAS INCORRECTAMENTE 109
7.3. RESPONSABILIDAD DEL PROVEEDOR DE SERVICIOS DE PAGO EN CASO DE OPERACIONES NO AUTORIZADAS 110
7.3.1. La responsabilidad cuasi objetiva de la entidad 117
7.3.2. Transferencias 123
7.3.3. Cargos por recibos no autorizados 128
7.3.4. Cargos a través de otros sistemas de pago integrados (Apple Pay; Samsumg Pay; Google Pay; Amazon Pay y similares) 131
7.3.5. Cargos con Bizum 137
7.4. RESPONSABILIDAD POR INCLUSIÓN INDEBIDA EN UN FICHERO DE SOLVENCIA PATRIMONIAL 144
7.4.1. Los ficheros de solvencia patrimonial 145
7.4.2. Requisitos para la inclusión en un fichero de solvencia patrimonial. Especial referencia a los supuestos de víctimas de fraudes bancarios: deuda cierta, vencida y exigible 153
7.4.2.1. Existencia de una deuda cierta, vencida y exigible 155
7.4.2.2. Requerimiento previo de pago 163
7.4.2.3. Pertinencia, exactitud y actualidad 173
7.4.2.4. Comunicación al interesado 178

7.4.3. Responsabilidad por la indebida inclusión en un fichero patrimonial del afectado de un fraude bancario 179
7.4.4. Daño moral derivado de la inclusión indebida en un fichero de solvencia patrimonial 183

8. DESARROLLO PROCESAL DE LA ACCIÓN CIVIL EN DEFENSA DEL AFECTADO 199

8.1. RECLAMACIONES PREVIAS 199

8.2. CONCILIACIÓN 202

8.3. JURISDICCIÓN Y COMPETENCIA 205
8.3.1. Prejudicialidad penal. Conexión entre el proceso civil y penal 206
8.3.2. Particularidad de la acción por indebida inclusión en ficheros de solvencia patrimonial 216

8.4. CAPACIDAD Y LEGITIMACIÓN 217
8.4.1. Inexistente litisconsorcio pasivo necesario 219
8.4.2. Responsabilidad solidaria en supuestos de duplicado indebido de tarjeta SIM (SIM Swapping) 223

8.5. POSTULACIÓN Y REPRESENTACIÓN 227

8.6. PROCEDIMIENTO. ACUMULACIÓN DE ACCIONES 228

8.7. CUANTÍA 231

8.8. PLAZO PARA EL EJERCICIO DE ACCIONES 238
8.8.1. Acción de responsabilidad frente al proveedor de servicios de pago por operaciones no autorizadas 238
8.8.2. Acción de responsabilidad por indebida inclusión en ficheros de solvencia patrimonial 241

8.9. PRUEBA 245
8.9.1. Valoración de la prueba 247
8.9.2. Código OTP 254
8.9.3. Presentación de documentos y posición de la prueba .. 256

8.10. INTERESES 261

8.11. GASTOS O COMISIONES ADICIONALES 262

8.12. COSTAS 263
8.12.1. Del vencimiento objetivo 267
8.12.2. De la mala fe o temeridad 268
8.12.2.1. Condena en costas en casos de allanamiento tras la reclamación previa del afectado 269
8.12.3. De la existencia de serias dudas de hecho o de derecho 271

9. FORMULARIOS 275
9.1. MODELO DE SOLICITUD DE CONCILIACIÓN JUDICIAL ... 275
9.2. MODELO DE DEMANDA DE RESPONSABILIDAD FRENTE A ENTIDAD FINANCIERA POR DISPOSICIONES AJENAS NO AUTORIZADAS 277
9.3. ESCRITO DE OPOSICIÓN A LA EXISTENCIA DE PREJUDICIALIDAD PENAL 309
9.4. MODELO DE RECURSO DE APELACIÓN ANTE DESESTIMACIÓN DE DEMANDA DE RESPONSABILIDAD FRENTE A ENTIDAD FINANCIERA POR DISPOSICIONES NO AUTORIZADAS 316
9.5. MODELO ORIENTADOR DE RECLAMACIÓN PREVIA AL TITULAR DEL FICHERO Y CEDENTE DE LOS DATOS 340
9.6. MODELO SIMPLIFICADO DE DEMANDA JUDICIAL POR RESPONSABILIDAD DERIVADA DE LA INDEBIDA INCLUSIÓN DEL USUARIO EN UN FICHERO DE SOLVENCIA PATRIMONIAL 341

BIBLIOGRAFÍA 357

INTRODUCCIÓN

Según los datos publicados en la Memoria Anual de la Fiscalía General del Estado de 2022 los fraudes informáticos suponen el mayor número de hechos delictivos conocidos en este último año en el ámbito de la cibercriminalidad. El crecimiento en los últimos diez años supera el 700%. Las últimas estadísticas ofrecidas en el Sistema Estadístico de Criminalidad elaborado por Dirección General de coordinación y Estudios, dependiente de la Secretaría de Estado de Seguridad del Ministerio del Interior, informa de la existencia de 267.011 hechos conocidos en 2021 referidos a fraudes informáticos. Una de cada cuatro denuncias presentadas, ya se refiere a ciberdelincuencia.

Frente a las sofisticadas técnicas de ciberdelincuencia, las entidades financieras no han adaptado suficientemente sus sistemas de seguridad, como si lo hicieron en sus oficinas físicas, exponiendo con ello a sus clientes a una situación de vulnerabilidad en la banca electrónica que estas mismas diseñaron y potenciaron.

En esta obra, Eugenio Ribón, abogado experto en protección de consumidores y usuarios, analiza de modo práctico y riguroso las obligaciones de ambas partes y describe el régimen de responsabilidad de los proveedores de servicios de pago ante operaciones no autorizadas por consumidores y empresas en los supuestos de los nuevos fraudes bancarios (phishing, pharming, carding, vishing, duplicado de tarjetas...). Y ello, como nos tiene acostumbrado el autor, con una profusa cita de la jurisprudencia existente, la mejor doctrina y formularios prácticos para la defensa del afectado.

I. CONDUCTA PENAL

1. FRAUDES BANCARIOS AL CONSUMIDOR: NUEVAS TENDENCIAS

En la España de 2022, más del 99% de los hogares españoles cuenta con teléfono móvil y el 57,5% dispone de *tablet* según datos de la Encuesta sobre equipamiento y uso de tecnología de información y comunicación en los hogares 2021, publicado por el Instituto Nacional de Estadística[1].

La importancia de la presencia de este tipo de dispositivos se ve acrecentada por el hecho de que los ciudadanos recurren preferente a los mismos para acceder a Internet. Así lo demuestra el estudio de la Asociación para la Investigación de Medios de Comunicación (AIMC)[2], donde el 92,5% de los encuestados afirman usarlo, seguido por el 72% que reconoce hacerlo mediante ordenador portátil y, un 47,5% a través de tablet. En consonancia con estos datos, según el estudio Digital Report España 2022 de Hootsuite y de We Are Social[3], es el 90,4% de los usuarios los que acceden a través de *smartphone.*

Según los datos publicados en la Memoria Anual de la Fiscalía General del Estado de 2022 y el Portal Estadístico de Criminalidad[4] los fraudes informáticos suponen el mayor número de hechos delictivos conocidos en este último año en el ámbito de la cibercriminalidad. El crecimiento experimentado en los últimos años, y en particular desde la pandemia, arroja unas cifras alarmantes en lo referido a la evolución de la ciberdelincuencia.

En los siguientes dos gráficos podemos apreciar la evolución del total de los delitos incluidos en las estadísticas de cibercriminalidad. En el primero de ellos, se integran las conductas referidas a: accesos e interceptación ilícita; amenazas y coacciones; contra el honor; con-

---

1 https://www.ine.es/prensa/tich_2021.pdf

2 https://www.aimc.es/otros-estudios-trabajos/navegantes-la-red/

3 https://wearesocial.com/es/blog/2022/02/digital-report-espana-2022-nueve-de-cada-diez-espanoles-usan-las-redes-sociales-y-pasan-cerca-de-dos-horas-al-dia-en-ellas/

4 https://estadisticasdecriminalidad.ses.mir.es/publico/portalestadistico/portal/datos.html?type=pcaxis&path=/Datos5/&file=pcaxis

tra la propiedad industrial/intelectual; delitos sexuales; falsificación informática; interferencia en los datos y en el sistema; y fraudes informáticos. La curva superior representa el total de las distintas tipologías delictivas. Y la segunda curva, se refiere exclusivamente al fraude informático, de lo que se colige sin dificultad su particular relevancia.

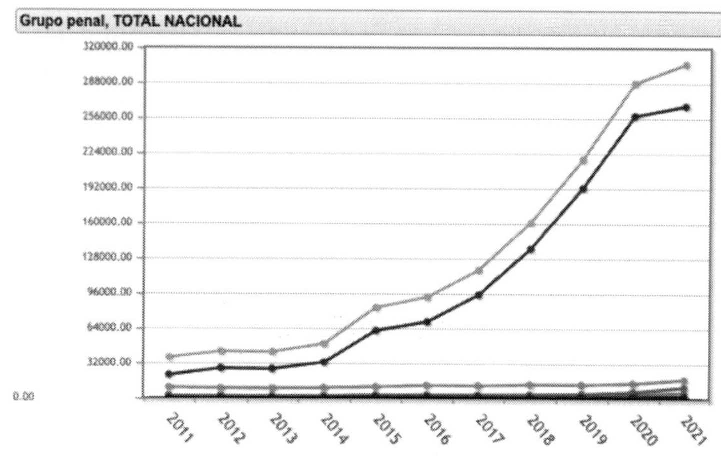

Fuente: Secretaría de Estado de Seguridad. Ministerio del Interior.

En este segundo gráfico, se observa con mayor claridad el crecimiento del fraude informático

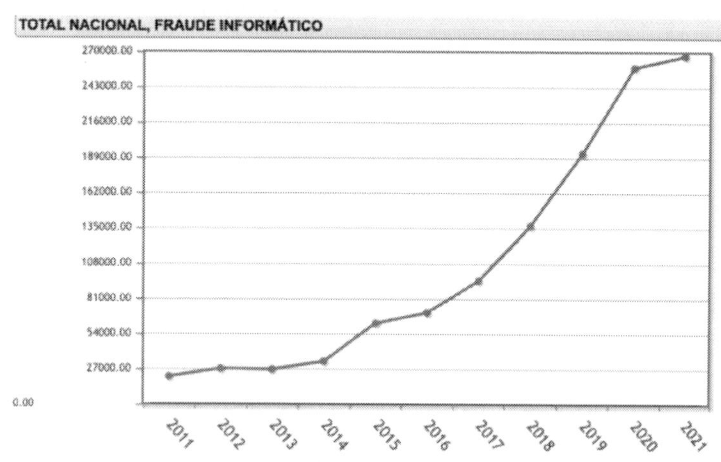

Fuente: Secretaría de Estado de Seguridad. Ministerio del Interior.

Las últimas estadísticas ofrecidas en el Sistema Estadístico de Criminalidad elaborado por Dirección General de coordinación y Estudios, dependiente de la Secretaría de Estado de Seguridad del Ministerio del Interior, informa de la existencia de 267.011 hechos conocidos en 2021 referidos a fraudes informáticos.

Como también se hacía eco la revista jurídica Economist & Jurist[5], la ciberdelincuencia ha crecido un 716,52% desde que existen estadísticas en 2011. Este crecimiento se ha centrado fundamentalmente en los denominados "fraudes informáticos" que han pasado de los 21.075 casos registrados en 2011 a los 257.907 del año 2020, lo que supone un incremento acumulado del 713,02%.

En el análisis estadístico de las distintas tipologías delictivas en el ámbito de la cibercriminalidad, los fraudes informáticos ocupan, con notable prevalencia, la posición más destacada. Del total de los 305.477 hechos conocidos por infracciones de ciberdelincuencia en 2021, los fraudes informáticos suponen un 87,41%.

Tabla | Gráfico | Mapa

TOTAL NACIONAL	2021
ACCESO E INTERCEPTACIÓN ILÍCITA	5.342
AMENAZAS Y COACCIONES	17.319
CONTRA EL HONOR	1.426
CONTRA LA PROPIEDAD INDUSTRIAL/INTELECTUAL	137
DELITOS SEXUALES	1.628
FALSIFICACIÓN INFORMÁTICA	10.476
FRAUDE INFORMÁTICO	267.011
INTERFERENCIA EN LOS DATOS Y EN EL SISTEMA	2.138
TOTAL grupo penal	305.477

Fuente: Secretaría de Estado de Seguridad. Ministerio del Interior.

5 https://www.economistjurist.es/articulos-juridicos-destacados/ciberdelincuencia-situacion-actual-y-nuevas-estadisticas-oficiales/

Por Comunidades Autónomas, Cataluña reporta un total de 47.314 hechos conocidos; Madrid 46.978; Andalucía 35.288; Comunidad Valenciana 24.428; Galicia 19.496; País Vasco 15.016; Castilla y León 14.457; Castilla-La Mancha 9.797; Canarias 8.916; Aragón 7.310; Islas Baleares 7.005; Región de Murcia 6.754; Asturias 6.187; Extremadura 4.594; Comunidad Foral de Navarra 3.673; Cantabria 3.243; La Rioja 1.794; Ceuta 402; Melilla 348.

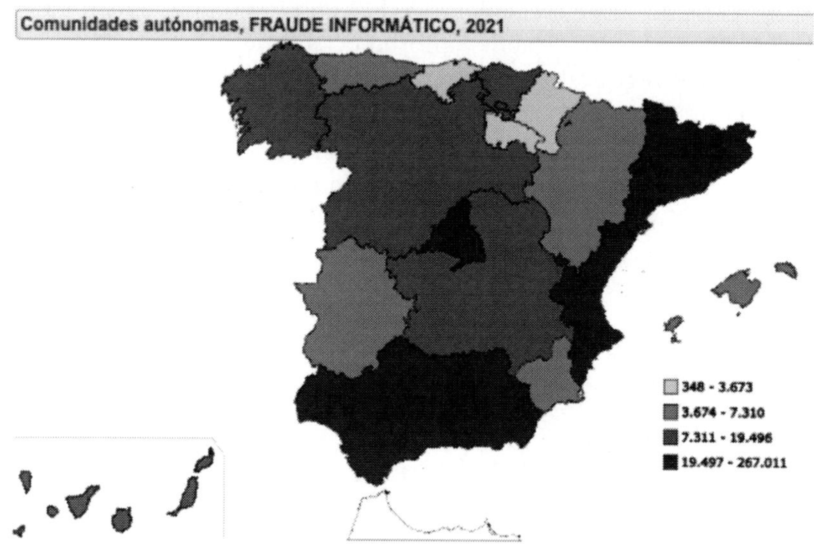

PORTAL ESTADÍSTICO DE CRIMINALIDAD

Series anuales. Cibercriminalidad. Comunidades y Ciudades Autónomas

Hechos conocidos de infracciones penales relacionadas con la cibercriminalidad por comunidades autónomas, gr

Unidades:

	2021	2020	2019	2018
TOTAL NACIONAL				
FRAUDE INFORMÁTICO	267.011	257.907	192.375	136.656
ANDALUCÍA				
FRAUDE INFORMÁTICO	35.288	33.036	23.237	15.081
ARAGÓN				
FRAUDE INFORMÁTICO	7.310	6.970	4.536	3.131
ASTURIAS (PRINCIPADO DE)				
FRAUDE INFORMÁTICO	6.187	5.623	3.657	2.371
BALEARS (ILLES)				
FRAUDE INFORMÁTICO	7.005	10.879	7.702	5.491
CANARIAS				
FRAUDE INFORMÁTICO	8.916	12.642	7.286	3.097
CANTABRIA				
FRAUDE INFORMÁTICO	3.243	2.513	1.766	1.704
CASTILLA Y LEÓN				
FRAUDE INFORMÁTICO	14.457	13.841	9.464	6.511
CASTILLA - LA MANCHA				
FRAUDE INFORMÁTICO	9.797	8.405	6.445	4.789
CATALUÑA				
FRAUDE INFORMÁTICO	47.314	46.982	40.016	36.808
COMUNITAT VALENCIANA				
FRAUDE INFORMÁTICO	24.428	21.917	15.758	11.283
EXTREMADURA				
FRAUDE INFORMÁTICO	4.594	3.917	2.410	1.879
GALICIA				
FRAUDE INFORMÁTICO	19.496	12.696	9.999	6.836
MADRID (COMUNIDAD DE)				
FRAUDE INFORMÁTICO	46.978	44.139	32.841	16.509
MURCIA (REGIÓN DE)				
FRAUDE INFORMÁTICO	6.754	5.887	3.358	2.034
NAVARRA (COMUNIDAD FORAL DE)				
FRAUDE INFORMÁTICO	3.673	3.903	2.734	2.126
PAÍS VASCO				
FRAUDE INFORMÁTICO	15.016	16.591	13.793	12.151
RIOJA (LA)				
FRAUDE INFORMÁTICO	1.794	1.787	996	675
CIUDAD AUTÓNOMA DE CEUTA				
FRAUDE INFORMÁTICO	402	359	324	182
CIUDAD AUTÓNOMA DE MELILLA				
FRAUDE INFORMÁTICO	348	351	241	176
EN EL EXTRANJERO				
FRAUDE INFORMÁTICO	4.011	5.469	5.812	3.822
DESCONOCIDA				

Fuente: Secretaría de Estado de Seguridad. Ministerio del Interior.

2. EL DELITO DE ESTAFA. APROXIMACIÓN A LA ESTAFA INFORMÁTICA

Ya advertía el Consejo de Consumidores y Usuarios (CCU) que uno de los principales obstáculos al desarrollo del comercio electrónico era precisamente su desconfianza y la inseguridad que generaba a los usuarios[6]. Estos temores se han visto refrendados por nuevos casos de estafa, que junto a los tradicionales —y no por ello superados—, se han instaurado en nuestra sociedad como una especialidad más de este antiguo delito que ya conoció Roma con Antonino Pío bajo el precedente del crimen del estelionato *(stellionatus)*[7], adaptándolo a los usos del siglo XXI.

En nuestro derecho actual, el delito de estafa se tipifica en el artículo 248 del Código Penal bajo el siguiente literal:

> *1. Cometen estafa los que, con ánimo de lucro, utilizaren engaño bastante para producir error en otro, induciéndolo a realizar un acto de disposición en perjuicio propio o ajeno.*
> *2. También se consideran reos de estafa:*
> *a) Los que, con ánimo de lucro y valiéndose de alguna manipulación informática o artificio semejante, consigan una transferencia no consentida de cualquier activo patrimonial en perjuicio de otro.*
> *b) Los que fabricaren, introdujeren, poseyeren o facilitaren programas informáticos específicamente destinados a la comisión de las estafas previstas en este artículo.*
> *c) Los que, utilizando tarjetas de crédito o débito, o cheques de viaje, o los datos obrantes en cualquiera de ellos, realicen operaciones de cualquier clase en perjuicio de su titular o de un tercero.*

Como elementos configuradores clásicos de la estafa podemos sintetizar los siguientes:

---

6 CCU, *Banca on line y protección de los consumidores*. Madrid, 2001, p. 21.

7 Sobre el estelionato en derecho romano como precedente de nuestra actual apropiación indebida y estafa vid. GARÓFALO, L. *La persecuzione dello stellionato in diritto romano*, Pádova, 1998.

a) Que el sujeto activo actúe con *ánimo de lucro.*

b) Que exista un acto dispositivo por el que se genere un *perjuicio a un tercero.*

c) El empleo de un mecanismo de fraude, calificado como *engaño bastante.*

El análisis y la demostración de la existencia de estos tres elementos de modo conjunto son fundamentales para obtención de una sentencia condenatoria. No es extraño que en numerosos procesos judiciales las partes centren su atención en lograr la convicción del tribunal sobre la existencia de un perjuicio económico de la víctima y un enriquecimiento del acusado, olvidando la justificación del elemento clave del delito que es la existencia ya no de un engaño, sino de un engaño de cierta entidad. El legislador español, influido por el Código francés que exigía el empleo de "maniobras fraudulentas", requiere también que éste encierre una impostura descrita como una mise en scene, capaz de inducir a error a las personas más avispadas. Así también se han desarrollado la mayoría de las legislaciones penales de nuestro entorno (art. 217 del Código Penal Portugués, art. 146 del Código Penal Suizo o art. 263 del Código Penal Alemán), en contra del criterio más laxo impuesto en países iberoamericanos que destierra la necesidad de un engaño cualificado (art. 335 Código Penal de Bolivia, art. 187 del Código Penal de Paraguay o art. 467 del Código Penal de Chile) o de algunos países de la Europa del Este (art. 274 del Código Penal Lituano).

Por simple que pueda parecer a priori la adopción de un concepto unánime de ánimo de lucro, la realidad es que este es uno de los extremos que más debate doctrinal y jurisprudencial ha generado en el delito de estafa, pues no es pacífico el entendimiento del ánimo de lucro como pretensión de obtener una ventaja patrimonial. De hecho, no son extrañas las resoluciones judiciales que han entendido el ánimo de lucro en un sentido amplio como *cualquier utilidad, goce, ventaja o provecho.*

Siguiendo la clásica definición ofrecida por BAJO FERNÁNDEZ[8] nos inclinamos sin embargo a interpretar el ánimo de lucro como

[8] BAJO FERNÁNDEZ, M. "Ánimo de lucro y ánimo de hacerse pago" en ADPCP, Madrid, 1975, p. 369.

aquél que persigue la *ventaja patrimonial obtenida por la apropiación de una cosa con valor económico o de tráfico*. Ello casa con la idea sostenida por la STS de 17 de septiembre de 2001, por la que se entiende a título ilustrativo que no existe ánimo de lucro en el toxicómano que falsifica unas recetas para poder conseguir nos fármacos, con independencia de que se beneficie del precio más bajo que esta importan por la simple razón de que sin ellas no sería posible la obtención de las sustancias psicotrópicas que pretendía.

Lo que está fuera de toda duda en la apreciación de la concurrencia del ánimo de lucro es que resulta indiferente que la acción cometida sea perpetrada con la intención de incrementar el patrimonio propio o el de un tercero (STS de 24 de julio de 2001), incluso por altruista que pueda ser el fin que se pretende. Y, por supuesto existirá estafa, aunque sea en grado de tentativa, con independencia de que el lucro pretendido o buscado llegue a alcanzarse (STS de 7 de julio de 1981).

Correlativo al ánimo de lucro es el segundo requisito tradicional de la estafa entendido como la causación de un *perjuicio a terceros*.

Resulta intrascendente que este perjuicio sea causado directamente al sujeto que padece el engaño de modo directo o a un tercero, pudiendo ser perfectamente posible la diversificación del sujeto pasivo de la acción (el engañado) y el sujeto pasivo del delito (el perjudicado). Ello es absolutamente frecuente ante cualquier estafa proyectada sobre una empresa o persona jurídica.

El perjuicio debe tener como consecuencia una disminución patrimonial, resultando esencial la valoración económica de este, pues como hemos apuntado su cuantificación pecuniaria apuntará bien hacia la comisión del delito o a la esfera de la simple falta, con las importantes consecuencias penológicas referidas.

Se ha discutido sin embargo la existencia de delito ante la recepción de un bien o prestación de un servicio cuyo valor intrínseco es equivalente a la contraprestación recibida por el agente pero que difieren de las condiciones que el sujeto activo sostenía y que fueron precisamente las que inclinaron al sujeto pasivo a realizar la disposición patrimonial (piénsese en el típico ejemplo de la venta de un cuadro atribuido a un autor concreto renombrado que resulta ser de otro innominado aunque de precio equivalente). Para quienes como

BAJO FERNÁNDEZ[9] defienden un concepto estrictamente económico del patrimonio, y con independencia de las lógicas acciones civiles que procedieran, no cabe aquí hablar de perjuicio en términos penales, al no haber sufrido una pérdida patrimonial si el bien o servicio realmente entregado mantiene un valor similar al que se pretendía adquirir. Por el contrario, según concluye CONDE PUMPIDO[10] defiende nuestra jurisprudencia en línea con la alemana, los que se afilian a un concepto jurídico de patrimonio, defienden la existencia de estafa pues quien recibe un bien o prestación distinta del prometido movido por el engaño sufre un perjuicio con independencia de que su valor pueda resultar equivalente al precio pagado.

Concluyente en esta pugna resulta el análisis de una sentencia tan dolorosa para los consumidores como fue la del Tribunal Supremo de 23 de abril de 1992, conocida como la de "la Colza". En ella nuestro alto tribunal razonaba: *"En el caso que ahora se juzga no cabe duda de que la contraprestación ha resultado inservible en relación al fin contractualmente pretendido por los compradores del aceite, toda vez que éstos pretendían adquirir uno comestible, pero a cambio recibieron un producto, cuyo valor puede haber sido equivalente a precio pagado, pero que no era comestible. Desde el punto de vista del criterio objetivo individual para la determinación del daño patrimonial, en consecuencia, el daño producido a los compradores del aceite es también patrimonial en el sentido de la estafa".*

Finalmente ha de precisarse que el perjuicio causado ha de corresponder a una disminución efectiva del patrimonio del perjudicado y no a una mera expectativa de futuro tal y como apunta MUÑOZ CONDE[11]. En este mismo sentido se pronuncia la STS de 16 de septiembre de 1994 con relación al enjuiciamiento de una estafa con relación a un billete de lotería que finalmente resultó premiado, rechazando la comisión delictiva ante la expectativa de obtención de un premio por quienes se consideraban perjudicados.

El tipo subjetivo del delito de estafa requiere, según enuncia la STS de 26 de abril de 2004, además del ánimo de lucro, el denomi-

[9] BAJO FERNÁNDEZ, M. *Los delitos de estafa en el Código Penal.* Madrid, 2004, p. 50.

[10] CONDE PUMPIDO, C. *Código Penal. Doctrina y jurisprudencia. Tomo II.* Madrid, 1997, p. 2679.

[11] MUÑOZ CONDE, F. *Derecho Penal. Parte especial.* Valencia, 2002, p. 417.

nado *dolo defraudatorio*, consistente en el conocimiento por parte del autor de que se está engañando a otro, de tal modo que su ausencia conduciría a la inexistencia del delito de estafa (STS de 5 de noviembre de 2004).

Por engaño, entendemos, siguiendo la definición ofrecida por la Real Academia Española, la *falta de verdad a lo que se hace, cree, piensa o discurre.* Esto es, se trata de un disfraz u ocultamiento de la realidad. Sin embargo, nuestro Código Penal, a diferencia de la apuesta legislativa de otros estados como Bolivia[12], Chile[13] o Paraguay[14], no se conforma con la existencia de un simple engaño para atribuir responsabilidad criminal, sino que exige una cualificación singular de este, al expresar la necesidad de concurrencia del adverbio *bastante.* El legislador español, influido por el Código francés[15], y en línea con lo

---

12 Artículo 335 CP Bolivia. *El que con la intención de obtener para sí o un tercero un beneficio económico indebido, mediante engaños o artificios provoque o fortalezca error en otro que motive la realización de un acto de disposición patrimonial en perjuicio del sujeto en error o de un tercero, será sancionado con reclusión de uno a cinco años y con multa de sesenta a doscientos días.*

13 Art. 468 CP Chile. *El que defraudare a otro en la sustancia, cantidad o calidad de las cosas que le entregare en virtud de un título obligatorio, será penado: 1.§ Con presidio menor en sus grados medio a máximo y multa de once a quince unidades tributarias mensuales, si la defraudación excediera de cuarenta unidades tributarias mensuales. 2.§ Con presidio menor en su grado medio y multa de seis a diez unidades tributarias mensuales, si excediere de cuatro unidades tributarias mensuales y no pasare de cuarenta unidades tributarias mensuales. 3.§ Con presidio menor en su grado mínimo y multa de cinco unidades tributarias mensuales, si excediere de una unidad tributaria mensual y no pasare de cuatro unidades tributarias mensuales. Si el valor de la cosa defraudada excediere de cuatrocientas unidades tributarias mensuales, se aplicará la pena de presidio menor en su grado máximo y multa de veintiuna a treinta unidades tributarias mensuales.*

14 Art. 187.1 CP Paraguay. *El que con la intención de obtener para sí o para un tercero un beneficio patrimonial indebido, y mediante declaración falsa sobre un hecho, produjera en otro un error que le indujera a disponer de todo o parte de su patrimonio o el de un tercero a quien represente, y con ello causara un perjuicio patrimonial para sí mismo o para éste, será castigado con pena privativa de libertad de hasta cinco años o con multa.*

15 La jurisprudencia francesa ha desarrollado abundantemente la cualificación del engaño en la *escroquerie* al tratar el art. 313-1 CP *L'escroquerie est le fait, soit par l'usage d'un faux nom ou d'une fausse qualité, soit par l'abus d'une qualité vraie, soit par l'emploi de manoeuvres frauduleuses, de tromper une personne physique ou morale et de la déterminer ainsi, à son préjudice ou au préjudice d'un tiers, à remettre des fonds, des valeurs ou un bien quelconque, à fournir un service ou à consentir un acte opérant obligation ou décharge. L'escroquerie est punie de cinq ans d'emprisonnement et de 375000 euros d'amende.*

dispuesto por otros ordenamientos europeos como el alemán[16], suizo[17] o portugués[18], que exigen el empleo de *"maniobras fraudulentas"*, requiere también que éste encierre una impostura descrita como una *mise en scene*, capaz de inducir a error a las *personas más avispadas.*

Así se ha pronunciado nuestra jurisprudencia de modo inveterado, sirviendo de ejemplo por su claridad las siguientes resoluciones judiciales:

> – *"No cualquier clase de engaño, aun asociado a los restantes elementos típicos del art. 248,1° del C. Penal, constituye delito. La ley requiere que el engaño sea "bastante" y con ello exige que se pondere la suficiencia de la simulación de verdad para inducir a error, a tenor del uso social vigente en el campo de actividad en el que incidió la conducta a examen. Así, pues, es un juicio no de eficacia ex post, que sería empírico, de mera efectividad, sino normativo-abstracto y ex ante, sobre las particularidades concretas de la acción, según resulte de su reconstrucción probatoria, y, en particular, sobre su aptitud potencial como instrumento defraudatorio en términos de experiencia corriente. Con ello quiere decirse que lo exigido es un engaño de cierta calidad, frente al que puede entenderse justificado el esfuerzo estatal de protección, que, en cambio, no lo estaría en favor del afectado por una acción fraudulenta frente a la que él mismo podría haberse prevenido fácilmente, con hacer uso de la experiencia y conocimientos medios disponibles en la situación dada." (STS 199/2001, de 16 de febrero).*
>
> – *"No todo engaño sirve suficiente para determinar la existencia de estafa, sino que es preciso que sea bastante y suficiente para producir el efecto inductor de la ajena voluntad para disponer de bienes patrimoniales, por lo que se habrá de excluir la utilización de engaños que sean fantásticos, absurdos ilusorios y, en definitiva, increíbles para la generalidad de las*

---

16 § 263 CP Alemán. Betrug. *Wer in der Absicht, sich oder einem Dritten einen rechtswidrigen Vermögensvorteil zu verschaffen, das Vermögen eines anderen dadurch beschädigt, daß er durch Vorspiegelung falscher oder durch Entstellung oder Unterdrückung wahrer Tatsachen einen Irrtum erregt oder unterhält, wird mit Freiheitsstrafe bis zu fünf Jahren oder mit Geldstrafe bestraft.*

17 Art. 146 CP Suizo: *Celui qui, dans le dessein de se procurer ou de procurer à un tiers un enrichissement illégitime, aura astucieusement induit en erreur une personne par des affirmations fallacieuses ou par la dissimulation de faits vrais ou l'aura astucieusement confortée dans son erreur et aura de la sorte déterminé la victime à des actes préjudiciables à ses intérêts pécuniaires ou à ceux d'un tiers sera puni de la réclusion pour cinq ans au plus ou de l'emprisonnement.*

18 Art. 217 Burla CP: *Quem, com intenção de obter para si ou para terceiro enriquecimento ilegítimo, por meio de erro ou engano sobre factos que astuciosamente provocou, determinar outrem à prática de actos que lhe causem, ou causem a outra pessoa, prejuízo patrimonial, é punido com pena de prisão até 3 anos ou com pena de multa.*

gentes con capacidad intelectual y sensatez dentro de la media normal." (STS de 2 de febrero de 2002).

Este criterio es perfectamente compatible con un análisis individualizado del engaño en función del sujeto pasivo que lo padece, de tal modo que habrá de aplicarse un criterio de mayor laxitud (vid. SSTS de 29 de marzo de 1990 o 25 de enero de 1993) cuando el engaño se perpetra sobre víctimas que puedan resultar especialmente vulnerables (por déficit intelectual, incultura, desconocimiento del idioma por extranjero, edad o cualquier otra situación subjetiva relevante).

Los principales problemas en el análisis del engaño bastante se han centrado en su modalidad omisiva (por silenciar datos esenciales que de ser conocidos por el perjudicado no le hubiera movido a realizar la disposición patrimonial), los engaños implícitos (desarrollando una conducta que da a entender el futuro cumplimiento de una obligación) o los negocios jurídicos criminalizados (en los que la apariencia del propio negocio constituye la operación de engaño por simulación de su autor de un propósito falso de contratar cuando no alberga intención de cumplir su obligación).

El hecho de que muchas de las nuevas conductas penales mantengan un estrecho lazo de unión con las nuevas tecnologías ha supuesto en ocasiones un freno a la persecución pública, cuyos servidores no siempre han recibido el adecuado reciclaje para ello. La respuesta jurídica penal a este nuevo fenómeno denominado por algunos autores delincuencia informática[19], es relativamente reciente. Probablemente los primeros antecedentes los encontramos en la Crime Control Act norteamericana de 1984, seguida de la Computer Fraud and Abuso Act de 1986. En nuestro entorno comunitario Alemania en 1986 introduce la Computer Kriminalität, Francia promulga en 1988 la ley Godfrain, posteriormente incorporada al Código Penal galo e Italia modifica su Códice Penale en 1993 para adaptar su normativa penal a la nueva criminalidad informática.

---

19 Vid. MATA Y MARÍN, R., Delincuencia Informática y Derecho Penal, Madrid 2001

Una modalidad singular de estafa, de creciente implantación entre los delincuentes es la denominada estafa informática. Para la comisión de una estafa informática se requiere la realización de manipulaciones o el empleo de artificios dirigidos contra máquinas y con ánimo de perjudicar a un tercero. Examinaremos algunas de las estafas informáticas ligadas a la práctica bancaria que con mayor frecuencia se plantean.

El apartado 2 del artículo 248 CP, introducido con la modificación del CP de 1995, incorporó por primera vez la denominada *estafa informática.* Como ya esbozaba SOLAZ SOLAZ[20], su característica principal viene residenciada en su forma comisiva, al exigir que el sujeto activo realice la acción *"valiéndose de alguna manipulación informática o artificio semejante"* para conseguir "*la transferencia no consentida de cualquier activo patrimonial en perjuicio de tercero*". Concepto de "manipulación informática" que significa una alteración o modificación de los presupuestos básicos del sistema o de las órdenes recibidas por éste, de modo que produzca resultados no previstos o que no habría autorizado, de conocerlos, el instalador o titular del sistema o el titular de los datos y valores económicos procesados por el sistema.

Como señala la STS de 26 de junio de 2006, el Código Penal de 1995 introdujo este párrafo 2º para tipificar como estafa los actos de acechanza a patrimonios ajenos realizados mediante manipulaciones o artificios que no se dirigen a "otros", sino a máquinas, para conseguir que éstas, a consecuencia de una conducta artera, actúen, en su automatismo, en perjuicio de tercero.

De esta manera, como apunta VELASCO NÚÑEZ[21], se añaden a los supuestos de la estafa sociológica —que precisa de personas engañadas— del primer párrafo del art. 248 CP, los de la *maquinal,* de su segundo párrafo, que mutan la exigencia del engaño bastante que induce a error en personas, por la *manipulación informática o artificio semejante* en la máquina que conllevan a idéntico acto dispositivo económico no consentido.

---

20 SOLAZ, SOALZ, E. en RIBON SEISDEDOS, E. —Coord.— *Protección penal de consumidores,* Madrid, 2008, p. 219.

21 VELASCO NÚÑEZ, E. "Estafa informática y banda organizada. Phishing, pharming, smishing y muleros" en La Ley Penal nº 49, Sección Estudios, mayo 2008

La STS de 20 de noviembre de 2001 señala que la *manipulación informática o artificio semejante* que procuran la transferencia inconsentida de activos en perjuicio de terceros admite diversas *modalidades,* como la creación de órdenes de pago o transferencias, o las manipulaciones de entrada o salida de datos, en virtud de las que la máquina actúa en su función mecánica propia —solo que en el sentido patrimonial no deseado por incontenido, generador del perjuicio en tercero—.

Suelen distinguirse varias fases del funcionamiento de un sistema informático, en cada una de las cuales cabe una manipulación:

a) Manipulación en la fase *"input" (data didling),* esto es, en la introducción, proporción o entrada de datos en el ordenador o computadora, de forma que tales datos sean engañosos: proveedores ficticios, titulares de nóminas u otros acreedores inexistentes, facturas falsas, etc. Si la entrada se hace a través del procesador de los datos, éste, como persona, actúa engañado al introducir los datos erróneos que van a determinar una transferencia patrimonial indebida y el supuesto es más bien constitutivo de una estafa propia en la que el engaño radica en el uso o proporción de datos falsos. Se trataría de una estafa "desde fuera del sistema".

3. PRINCIPALES TIPOLOGÍAS DELICTIVAS

Los fondos de los usuarios en las entidades bancarias se han convertido en uno de los principales objetivos de la delincuencia. La SAP de Barcelona, Sección 14ª, de 7 de marzo de 2013, ya alertaba de la extensión de este tipo de prácticas cuando apuntaba *siendo conocido o debe serlo en una entidad como la demandada, los distintos fraudes, como clonación de tarjeta en comercio o en un banco "Pisica" o gato en lengua rumana, el lazo libanés o falsa boca en cajero en que se introduce la tarjeta, skimming o carcasa superpuesta que tiene diferentes variantes, y el phishing que aquí se alega por la Caixa como utilizado, que también pudiere ser el Pharming en que similar a aquel, pero consiste en introducirse en un servidor ya sea local o ISP, a través de hackers. O, ya bien, a través de la introducción de virus o spyware en los ordenadores, o keyloogers que registra todas las teclas que el usuario oprime en el teclado para capturar claves, contraseñas, etc...., o el hacking o variantes del hijacking o secuestro o modificación de (IP, o page, o módem, o browser, etc.).*

3.1. PHISHING

El denominado *phishing* puede definirse como la "pesca de datos" que tienen como objetivo provocar de un daño patrimonial a un tercero, sin su consentimiento, mediante la utilización fraudulenta de sus claves. Como expone PIQUERES CASTELLOTE[22] consiste en la captación ilícita de datos personales, principalmente relacionados con claves para el acceso a servicios bancarios y financieros a través de correos electrónicos o páginas Web que imitan y copian la imagen o apariencia de una entidad bancaria o financiera.

Según relata la SAP de Barcelona, Sección 14ª, de 7 de marzo de 2013 *el denominado phishing que proviene del inglés pescar, phishing es la*

---

22 PIQURES CASTELLOTE, F. "Conocimientos básicos en Internet y utilización para actividades ilícitas" en *Delitos contra y a través de las nuevas tecnologías ¿Cómo reducir su impunidad?* Madrid, 2006, p. 71.

contracción de password harvesting fishing: cosecha y pesca de contraseñas, y, en el que se utiliza (…), a unas personas llamadas "muleros", que son personas que abren una cuenta corriente a la que se transfieren los fondos, y después éste los transfiere a otra o dispone de los mismos, cobrando por ello una comisión.

Como dice la Audiencia Provincial de Madrid, Sección 9ª, Sentencia 178/2015 de 4 de mayo de 2015, Rec. 661/2013, y reitera la SAP de Vizcaya, Sección 3ª, de 10 de noviembre de 2016, se debe comenzar en estos casos con la definición del phishing, para determinar ante que abuso informático nos encontramos. Con frecuencia, el phishing se origina con la suplantación de la identidad del banco por parte del phisher con la finalidad de adquirir información confidencial sobre contraseñas de cuentas bancarias, tarjetas de crédito o cualquier otra información en relación con el banco, que permita entrar en las cuentas de los usuarios en Internet de banca electrónica. El internauta recibe un correo electrónico o cualquier mensaje instantáneo, a través del cual se le informa de que debe cambiar sus claves bancarias, proporcionándole un link a través del cual pueda acceder a la página Web de la supuesta entidad bancaria y allí realizar la modificación aconsejada. En la mayoría de los métodos de phishing se utilizan técnicas de engaño, a través de las cuales el phisher utiliza contra la víctima el propio código de programa del banco o servicio similar, adquiriendo la página Web la verdadera apariencia de la entidad bancaria. Igualmente, resulta muy habitual que el internauta reciba un correo en el que se le informe de que debe verificar sus cuentas, seguido por un enlace que parece la página Web oficial de la entidad bancaria.

Esta captura ajena de datos se realiza pues, por lo común, mediante técnicas engañosas que generan la confianza necesaria en el afectado para la cesión o facilitación de sus datos, por lo común a través de correos electrónicos, mensajería móvil (SMS, WhatsApp, Telegram…), redes sociales o llamadas telefónicas.

FERNÁNDEZ CABRERA[23], describe el modus operandi habitual consiste en utilizar la imagen corporativa, el lenguaje y formato de una entidad bancaria para solicitar a la víctima a través del correo

---

[23] FERNÁNDEZ CABRERA, M. *Derecho Mercantil y tecnología*. Cizur Menor, 2018.

electrónico que incorpore sus datos bancarios en la web indicada sin sospechas. La solicitud puede realizarse alegando motivos como cambios en la política de seguridad, problemas técnicos supuestamente concurrentes en la víctima, la promoción de nuevos productos o servicios, la participación en concursos, premios o regalos e incluso la detección de posibles fraudes. Además de también se suele usar esta técnica para suplantar la personalidad de las empresas de subastas por internet como e-bay, Amazon e incluso de aquellas que se dedican al envío o intercambio de dinero en el extranjero como pay pal. Estas compañías serían las más afectadas por el aumento de desconfianza en las operaciones de comercio electrónico a través de la red.

Con frecuencia, el "anzuelo o cebo" para esta cesión de datos se vale de la simulación de una comunicación próxima al afectado que hace que este le otorgue verosimilitud para responder a la petición de facilitación de las claves perseguidas por el delincuente (correos simulando la comunicación de una sanción administrativa, la entrega de un paquete por un servicio de transportes, la advertencia de la realización de un cargo indebido en su cuenta por parte de una entidad bancaria, el bloqueo de su tarjeta…).

TORRES KEENLYSIDE, CONTRERAS SOLER y GARROS FONT[24] describen como el proceso por el que se desarrolla el phishing puede desglosarse en las siguientes etapas o fases:

1. Planificación y diseño: el grupo de ciberdelincuentes, seleccionan un potencial objetivo, ya sea un particular, una entidad o una administración pública. Prosiguen con la recopilación de información en cuanto a la organización interna del objetivo y el funcionamiento de sus sistemas informáticos. Para ello, se apersonan físicamente para llevar a cabo un estudio de campo, o monitorean y estudian el tráfico digital que entra y sale del sistema informático en cuestión.

   Con dicha información, los ciberdelincuentes crean y configuran diferentes medios digitales fraudulentos tales como páginas webs o correos electrónicos que buscan suplantar medios

---

24 TORRES KEENLYSIDE, A. CONTRERAS SOLER, B y GARROS FONT, I. en "Análisis criminológico, técnico y legal del phishing" en Revista Aranzadi Doctrinal nº 9, octubre 2021.

digitales legítimos empleados con asiduidad por la víctima, tales como páginas web de entidades bancarias o gubernamentales, o correos electrónicos internos de una organización. Creados dichos medios, los ciberdelincuentes posicionan dichos entornos digitales fraudulentos en los buscadores como si se tratara de los legítimos a los que tratan de suplantar en el caso de las páginas web, y valoran la estrategia más apropiada de aproximación a la víctima según cada caso en concreto, confeccionado los contenidos a enviar a las víctimas y definiendo aquellos links maliciosos que introducir en dichos contenidos, así como los medios de reenvió de la información adquirida.

2. Phishing: los *phishers* proceden a realizar el envío masivo de emails con peticiones de información personal o privilegiada, acceso a información reserva, redirección del usuario a las páginas webs fraudulentas, y/o adjuntando links o archivos que contienen malwares que tras su apertura infectan el sistema del receptor del mensaje.

   Para llevar a cabo esta fase de interacción con la víctima, los *phishers*, pueden llevar a cabo diferentes estrategias para establecer contacto y facilitar la victimización, diferenciando aquellas estrategias enfocadas a atacar al sistema a través del factor humano y aquellas enfocadas al elemento técnico, aunque se suelen emplear ambos tipos de técnicas de forma conjunta.

3. Infiltración: cuando la víctima accede a los links, documentos adjuntos o páginas web fraudulentas que se adjuntan en los correos electrónicos, se instala en el sistema informático de la víctima un malware que permite al ataque acceder al mismo y obtener los permisos para consultar la información en el mismo o incluso modificarla. También pertenece a esta etapa la solicitud de datos personales a la víctima en las páginas web fraudulentas a las que se la redirige.

4. Recolección de datos: con la obtención de acceso al sistema y/o los datos de la víctima, los ciberdelincuentes recopilan la información y datos que pueden ser de su interés para perpetrar posteriormente las actividades criminales previamente mencionadas (ej. robo de información, delitos financieros, etc.).

5. Retirada: con la consecución exitosa de las fases previas y la obtención de la información objetivo del ataque se procede a la destrucción de todo posible rastro y evidencias que puedan llevar a la incriminación del ciberdelincuente. No obstante, mantienen el *malware* introducido en estado de inactividad y ocultamiento, para aprovecharlo en futuros ataques perpetrados sobre las mismas víctimas.

La Sentencia del Juzgado de 1ª Instancia nº 4 de Torremolinos de 30 de noviembre de 2021, se detiene a reflexionar sobre este tipo de cebos concluyendo la razonabilidad del engaño padecido por la víctima:

> *"(...) no puede olvidarse que en la práctica delictiva conocida como "phishing" el autor no se limita a simular la página web, el logotipo u otros signos que confundan a la víctima, sino que presentan a esta una situación de peligro o urgencia que mueva a la misma a obrar precipitadamente, bien guiada por el temor y el miedo (como el bloqueo de las tarjetas de crédito), o simulando una relación jurídica legítima que sea propia de la empresa suplantada (como la entrega de un paquete, en casos de empresas de mensajería). En este tipo de estafas es imprescindible la colaboración activa de la víctima, por lo que los autores se esmeran en que la apariencia de la comunicación sea creíble. Y así, en este caso se asusta al estafado con un supuesto bloqueo de tarjeta, que sólo puede comprobar, en realidad, usándola, con el añadido de que los hechos se producen en fin de semana, con la banca comercial cerrada y sin posibilidad de verificar la veracidad de la comunicación".*

La SAP de Madrid, Sección 21ª, de 31 de octubre de 2017 describe también en este mismo sentido la operativa tradicional del phishing bancario:

> *"1.- Lo ocurrido al demandante fue consecuencia de "un abuso informático" lo que se denomina "phishing" que consisten en suplantar la identidad del banco por parte del phister con el fin de adquirir información confidencial sobre contraseñas de cuentas bancarias, tarjetas o cualquier otra información del sujeto con la entidad bancaria que le permita entrar en la cuenta del usuario en internet de banca electrónica.*
> *El usuario de internet recibe un correo electrónico o cualquier otro tipo de mensaje, instantáneo, mediante el que se le informa de que debe cambiar claves bancarias, indicándole un link mediante el que acceder a la web de la entidad y allí realizar los cambios, y al hacerlo está facilitando los datos necesarios para después poder manejar por él las cuentas bancarias, o sus tarjetas, etc.*

Las técnicas mayoritarias de phishing son "de engaño" contra la víctima que es el usuario, al que se le ofrece una apariencia de certeza, en este caso se le apertura una página igual o similar a la del Banco, no distinguible para él mismo.
Y debe indicarse que no es un sistema fácil sino complejo, que no es detectable por el particular usuario, aun teniendo instalados antivirus porque el tema más de uso de estos es de sistemas, para lo que se requiere algo más que tener cuidado y tener instalado tanto en el ordenador como en el móvil un antivirus".

De acuerdo con la Agencia Española de Protección de Datos (Resolución del Expediente No: E/00762/2004, DE 24 DE MAYO DE 2006): "*el objetivo de los ataques de "phishing" es la obtención de forma engañosa y fraudulenta de los códigos de usuarios y contraseñas de clientes de Banca Electrónica, al objeto de realizar transferencias no autorizadas... Su operatoria comienza con la adquisición en internet de un "paquete de herramientas", que incluyen programas informáticos e información necesaria para realizar los ataques. Esta información incluye "listas de equipos comprometidos" que pueden ser utilizados bien para mandar correos electrónicos, bien para alojar páginas web falsificadas. Incluyen además "bases de datos de direcciones de correo electrónico". Una vez en posesión del paquete, se remiten los correos electrónicos con carácter indiscriminado (buscando contactar con clientes de la entidad financiera) informando de la necesidad de conectarse a una página web que parece pertenecer a la citada entidad y portar los códigos de acceso y contraseñas de clientes. Dicha página web se suele alojar en un equipo conectado a Internet cuya seguridad se haya [visto] comprometida", sin conocimiento de su usuario, y que se encuentra normalmente en un país distinto al de los destinatarios del ataque. De esta forma se constituye un "fichero de datos personales con códigos de usuarios y contraseñas de clientes" recabados de forma engañosa y fraudulenta, que se ubica normalmente en el mismo "equipo remoto comprometido" en el que se aloja la página web falsificada. Con los datos obtenidos se realizan transferencias a cuentas de colaboradores situados en España los cuales a su vez retiran el dinero en efectivo y tras descontar una comisión realizan transferencias monetarias internacionales mediante entidades especializadas*".

La SAP de La Rioja, Sección 1ª, de 27 de julio, disecciona desde la óptica penal tanto la responsabilidad del ciberdelincuente que se apodera de los datos bancarios de la víctima para lograr la detracción de fondos como de quien colabora, en su caso, para permitir la dilución de las cantidades defraudadas y su salida a terceros países aplicando a estos últimos idéntico reproche penal bajo la denominada doctrina de la *ignorancia deliberada.*

> *En el "phishing" hay que separar dos fases, por un lado, la obtención de forma engañosa de claves de Internet y la realización de la transferencia no consentida por el titular de la cuenta ordenante y la segunda, que consiste en el ofrecimiento de una cuenta "mula" a la que se transfieren las cantidades fraudulentamente obtenidas y posterior retirada de las mismas. La conducta del acusado en esta segunda etapa es absolutamente necesaria puesto que sin la intervención de la cuenta destinataria no se perfeccionaría la estafa. Y es que de nada le sirve a las bandas organizadas obtener las claves de los usuarios de banca electrónica, sin que alguien se preste en España a ofrecer su cuenta y ayudar a sacar el dinero del país, por lo que es lógico que los primeros en lugar de utilizar una cuenta que serviría para identificarles lo hagan a través de una persona que a cambio de un precio asuma el riesgo facilitando la cuenta bancaria y preste la ayuda para sacar ese dinero del País. Como también se dice en la sentencia recurrida, en un caso similar al presente el Tribunal Supremo, en su sentencia de 12 de junio de 2007 EDJ 2007/70163 declaró: "Se está ante un caso de delincuencia económica de tipo informático de naturaleza internacional en el que los recurrentes ocupan un nivel inferior y sólo tienen un conocimiento necesario para prestar su colaboración, la ignorancia del resto del operativo no borra ni disminuye su culpabilidad porque fueron conscientes de la antijuridicidad de su conducta, prestando su conformidad con un evidente ánimo de enriquecimiento, ya supieran, no quisieran saber —ignorancia deliberada—, o les fuera indiferente el origen del dinero que en cantidad tan relevante recibieron. Lo relevante es que se beneficiaron con todo, o, más probablemente, en parte como "pago" de sus servicios...la "explicación" que dieron de que no pensaban que efectuaban algo ilícito es de un angelismo que se desmorona por sí sólo. En la sociedad actual el acervo de conocimientos de cualquier persona de nivel cultural medio conoce y sabe de la ilicitud de una colaboración que se le pueda pedir del tipo de la que se observa en esta causa..., y no consta en los autos nada que pudiera ser sugestivo de un desconocimiento de la ilicitud de la colaboración que se le pedía, máxime cuando no se trataba de una colaboración gratuita sino que llevaba aneja un claro enriquecimiento personal".*

3.2. PHARMING

Otra técnica que procura la captación de datos personales de los usuarios consiste en la creación de una página falsa (fenómeno conocido como *web spoofing*) con apariencia similar a otra bien reputada con la finalidad de suplantar a los usuarios una vez que se ha obtenido sus claves en la convicción de estos de que accedían a la página Web correspondiente a su banco. El pharming es probablemente una de las estafas informáticas más peligrosas por la dificultad que entraña para su percepción por el usuario.

Tal y como apunta VELASCO NÚÑEZ[25], El *pharming* aparece en *abril de 2005* como consecuencia de fallos de seguridad que se detectaron por aquellas fechas en los servidores de Microsoft.

Consiste en *manipulaciones técnicas de las direcciones DNS* (Domain Name Server) que utiliza el usuario, de modo que (mecánicamente) conducen a éste, cuando las escribe en el navegador de Internet, a *páginas que no son la deseada,* aunque aparentemente presentan un aspecto idéntico y que han sido creadas por los delincuentes informáticos para conseguir la cesión inconsentida de los datos confidenciales e información sensible y personal de la entidad de confianza de que se trate (bancaria, financiera, de venta de segunda mano, de subastas por Internet, de envío o intercambio de dinero al extranjero, etc.). Y, una vez en su poder, los atacantes quedan en condiciones de realizar los ilícitos e inconsentidos apoderamientos patrimoniales sobre sus víctimas.

El desvío del tráfico de la página Web original a la suplantada se realiza mediante el denominado "envenenamiento de DNS", logrando la asociación de la Web verdadera con su dirección IP. Una vez que el usuario ha sido redirigido a la falsa página Web, confiando en encontrarse en un sitio seguro, introduce su nombre de usuario y contraseña, que son capturados por el delincuente

Como expone VELASCO NÚÑEZ, cuando tecleamos una dirección web determinada (URL) en el navegador de Internet, esta se transforma y convierte en una secuencia de formato 000.000.000.000, que conforma la dirección IP de la página a visitar, esto es, en una secuencia numérica, generalmente más difícil de recordar que las señas alfabéticas. El navegador no puede realizar por sí mismo la conversión de las señas en una *secuencia numérica,* ya que para ello necesita del servidor DNS que es quien realmente realiza esa con-

25 VELASCO NÚÑEZ, E. "Fraudes informáticos en red: del *phishing* al *pharming*" en La Ley Penal nº 37, Sección Estudios, abril 2007.

versión, ya que posee un registro que administra los nombres y les otorga la correspondiente seña IP numérica, que lleva finalmente al usuario a la página deseada. El *pharming* ataca directamente a los *servidores DNS*, y cambia la secuencia numérica tecleada por el usuario víctima, llevándole a una página web que es de aspecto idéntico a la original (deseada), pero que es la *web delincuente* donde, confiado, el usuario realiza sus movimientos con total tranquilidad en la errónea esperanza de estar en la página original, y donde deja al descubierto claves y datos personales, que luego de conocidos usa el delincuente para estafarle.

Y existe a su vez, tal y como nos enseña VELASCO NÚÑEZ, una segunda modalidad de *pharming* que ataca a los *equipos individuales* que en vez de manipular el servidor DNS. Lo que hace es modificar el *archivo hosts* (que se utiliza con Windows e Internet Explorer y que almacena en cada PC una pequeña tabla con las direcciones de servidores e IPs que más suele visitar el usuario) de modo que, manipulándolo, y sin necesidad de salir al servidor DNS, se consigue que llegue, no a la página real, sino a la simulada delictiva. Igual que en el *phishing*, la *entrada del código manipulado en el sistema* de la víctima suele ser a través de Internet, bien atacando los servidores DNS, bien mediante correo-e, bien mediante alguna descarga de Internet, bien al copiar algún CD, o, en lo que hace a los ordenadores personales, introduciendo virus "troyanos" que descargan programas con ese cometido generalmente.

A diferencia del *phishing*, el *pharming* es una estafa cometida mediante *ingeniería técnica* y no social, pues la vía hacia la cesión inconsentida de los datos sensibles y confidenciales de la víctima no es el engaño humano, sino una mera manipulación técnica que enclava este fraude entre las llamadas *"estafas maquinales"*. Por ello, mientras el *phishing* precisa de la ingeniería social, y en cada intento se debe dirigir a un único tipo de servicio bancario, el *pharming* no se lleva a cabo en un momento concreto, como se hace en el *phishing* cuando se realiza la remisión masiva de sus envíos, ya que la manipulación del DNS queda en el ordenador (que ejecuta el troyano), a la espera de que el usuario acceda a su servicio bancario y el atacante únicamente queda al acecho, sin tener que estar pendiente de un ataque puntual.

3.3. SCAM

El *scam* es la captación de personas por medio de correos electrónicos, anuncios en web de trabajo, chats, irc, etc., donde empresas ficticias le ofrecen trabajar cómodamente desde casa y cobrando unos beneficios muy altos. Unas veces sin saberlo y otras con ignorancia deliberada, la víctima esta blanqueando dinero obtenido por medio del phishing (procedente de estafas bancarias —phishing—).

Cierra el círculo de la estafa y el blanqueo la petición a la víctima de remisión de las cantidades recibidas en su cuenta mediante giros anónimos de rastro, manteniendo una parte por su contribución.

3.4. PROGRAMA TROYANO

Otro clásico de las defraudaciones informáticas es la utilización de "programas troyanos", que han adoptado con acierto el nombre de la Odisea de Homero. A través del empleo de programas troyanos, se pretende la instalación de un *malware* en el dispositivo de la víctima que se presenta al usuario como un programa aparentemente legítimo e inofensivo, pero que, al ejecutarlo, le brinda a un atacante acceso remoto al equipo infectado. Este acceso no autorizado, crea una puerta inadvertida por el usuario (backdoor) que permite al ciberdelincuente el acceso y control del dispositivo sin ser advertido. El programa, no genera daños en si al equipo en el que se hospeda por lo que no despierta el recelo del propietario, pero capta sus datos personales con el que cometer la futura estafa.

3.5. KEYLOGGER

El keylogger o "registro de tecleo" consiste en un programa maligno (malware), de tipo espía (spyware) que logra instalarse en el ordenador de la víctima sin su conocimiento (generalmente a través de descargas gratuitas) buscando determinadas secuencias introducidas por el usuario, que normalmente son combinaciones de nombres de usuarios y contraseñas o login y password. Una vez obtenidas, el programa envía los datos al estafador sin conocimiento del usuario. A partir de entonces, el delincuente simplemente tiene que suplantar a la víctima para lograr el desplazamiento patrimonial pretendido.

Un *keylogger* es en suma un tipo de aplicación informática o incluso dispositivo de hardware —conectado a un puerto del equipo de manera física— diseñado para registrar todas las pulsaciones de teclas realizadas en un teclado de ordenador o dispositivo tecnológico (Tablet, móvil) que permite al delincuente monitorizar todas las pulsaciones que efectúa el usuario sin que este sea consciente del seguimiento que está padeciendo.

3.6. CARDING

Otra de las modalidades de estafa denominada *carding* consiste en la realización periódica de compras por reducidos importes (por lo general inferiores a 100 euros) una vez que se ha obtenido el acceso a una tarjeta de pago mediante la captura de sus datos o su clonado. En este tipo de fraude, es frecuente que el acceso a los datos se realice mediante operaciones realizadas por la propia víctima al intentar realzar alguna compra en una tienda falsa, que realiza publicidad on line de productos o servicios atractivos, realmente inexistentes, con precios muy asequible. El producto o servicio nunca llega a su destinatario, pero los datos de la tarjeta de la víctima son retenidos por el ciberdelincuente. Las compras se realizan con destinatarios interpuestos (muleros o drop) que se encargan de su recepción y enviarla al ciberdelincuente que permanece así en el anonimato dificultando su detención.

El ciberdelincuente trata de diluir el gasto entre el conjunto de operaciones mensuales de la víctima con objeto de que pase inadvertida y adaptando incluso el importe defraudado al perfil del medio de pago captado como indicativo del nivel de capacidad económica de la víctima. De este modo, en ocasiones, la defraudación puede pasar inadvertida durante meses o incluso años. Con el transcurso del tiempo el micro fraude inicial va adquiriendo volumen.

El ejercicio de este tipo de estafa suele estar construido entorno a comunidades de ciberdelincuentes ("bineros") organizados en grupos denominados "BIN". Este nombre es adoptado de los seis primeros números de la tarjeta bancaria (Bank Identification Number) que permiten la identificación del banco y el tipo de tarjeta. Con ello, los *bineros* generan, mediante algoritmos, códigos y combinaciones que les permiten la obtención de los números de tarjeta, incluido el código de seguridad.

3.7. VISHING

Tal y como explica el CIRBE, el *vishing* es un tipo de estafa de ingeniería social por teléfono en la que, a través de una llamada, se suplanta la identidad de una empresa, organización o persona de confianza, con el fin de obtener información personal y sensible de la víctima.

El *modus operandi* habitual es pues la realización de una llamada a la pretendida víctima, en la que identificándose como trabajador de una empresa conocida le solicita bien datos personales sensibles con la pretendida excusa de algún tipo de verificación o bien incluso el acceso remoto a alguno de sus dispositivos. Con objeto de ofrecer una mayor credibilidad y atenuar el recelo de la víctima, el ciberdelincuente recaba, con carácter previo a la llamada, información personal de la víctima tales como su nombre y apellidos, domicilio, alguna referencia laboral, de estudios —extraída en ocasiones de redes sociales o de otros ataques de phishing a otras víctimas—, hábitos de compra, ocio o pautas de conducta. Una vez obtenido este gambito informativo, el atacante realiza la llamada suplantando la identidad de su banco, empresa de suministro de telefonía, energía, empresa de mensajería o reparto, fabricante de su vehículo, administración de su Comunidad de Propietarios, etc. Es frecuente también que, para captar el interés y la atención de la potencial víctima, el ciberdelincuente le persuada o bien la interrupción de algún suministro (corte de luz, teléfono, gas, televisión…) si no atiende la facilitación de datos o le atraiga con algún tipo de error en su facturación manifestándole que han percibido la ausencia de aplicación de un descuento que le corresponde y que se procederá a un reintegro parcial de lo cobrado por determinado servicio. Tras ello, su objetivo, será la instalación de algún tipo de *malware* en su equipo para lograr el acceso y control del mismo o directamente que realice algún pago.

Como informa la periodista ORTEGA[26], meritoriamente galardonada por su esfuerzo informativo para prevención de los ciudadanos por la Guardia Civil, lo que ahora están viendo los investigadores —y ya ha habido operaciones policiales en este sentido— es que los estafadores están cambiando el medio que utilizan para llegar al mayor número de víctimas posible. Así, se están detectando más estafas por *smishing*, es decir, a través de SMS, y por *vishing* (por teléfono). Incluso, tal y como subrayan las fuentes consultadas, ahora está proliferando la estafa por combinación de estas dos modalidades. Un ejemplo que describe la periodista es el envío por los ciberdelincuentes a la víctima de un SMS notificando un incidente de seguridad en su cuenta y con un supuesto enlace de acceso a la banca, que en realidad lleva a una página clonada en poder de los estafadores. La víctima rellena sus credenciales de acceso a la banca *on line*, pero cuando accede le sale una notificación de error de la página. Incluyen además la llamada para el doble factor de autentificación ya que los estafadores saben que las entidades bancarias la exigen y, por tanto, se necesita un SMS para confirmar la transferencia. Una vez que han conseguido el acceso a la banca *on line*, y por tanto a los datos de la víctima, entra "a jugar" el *vishing*. Los estafadores llaman a la víctima haciéndose pasar por el banco para informarle de que se ha producido una incidencia y consiguen que ésta les facilite el código de seguridad.

3.8. SIM SWAPPING

Con la entrada en vigor de la normativa PSD2 el 14 de diciembre de 2019, derivada de la Directiva 2015/2366, y que precisamente tenía por objeto reforzar la seguridad de los servicios de pagos digitales, mediante sistemas de aplicación de autenticación reforzada

---

26 Vid ORTEGA S. en https://efe.com/otras-noticias-espana/2023-08-26/ojo-correo-sms-estafas-informaticas-multiplican/y reproducido en los principales diarios provinciales https://www.diariodesevilla.es/tecnologia/estafas-informaticas-multiplican_0_1823818628.html; https://www.heraldo.es/noticias/nacional/2023/08/25/ojo-al-correo-y-al-sms-las-estafas-informaticas-se-multiplican-por-cinco-1673783.html; https://www.diariodecadiz.es/tecnologia/estafas-informaticas-multiplican_0_1823818628.html

del cliente (SCA) en los pagos electrónicos, el teléfono móvil pasó a ser un elemento determinante en las transacciones. Y de ahí, que este dispositivo se convirtiera en objetivo prioritario de los ciberdelincuentes.

La obtención de un duplicado de la tarjeta SIM, permitiría así a los ciberdelincuentes conseguir el "segundo factor" de autentificación que se envía al usuario para la confirmación de una transacción.

La SAP de Zaragoza, Sección 5ª, de 17 de noviembre de 2022, analiza un supuesto de esta modalidad delincuencial determinando la responsabilidad de la entidad financiera por los daños causados al titular de las cantidades detraídas. En ella, describe el *SIM SWAPPING* como una estafa *que consiste en duplicar de forma fraudulenta la tarjeta SIM del teléfono móvil de una persona suplantando su identidad, y después, una vez que la víctima se queda sin servicio telefónico, accede a su información personal y toma el control de su banca digital utilizando los SMS de verificación que llegan al número de teléfono.*

3.9. SMISHING Y FALSAS VENTAS

El *smishing*, es esencialmente la suplantación de la identidad de empresas o terceros de confianza a través del envío de un mensaje de texto (SMS) con objeto de objeto de obtener la información personal (usuario, contraseñas, domicilio, número de teléfono, correo electrónico…) y bancaria de la víctima para el desarrollo de un fraude.

Como indica la Oficina de Seguridad del Internauta[27] este tipo de fraudes son muy comunes y se basan en la suplantación de identidad a todo tipo de entidades. En la mayoría de los casos utilizan un enlace fraudulento para redirigirnos a una web falsa, con la que obtener nuestros datos, que nos descarguemos algún archivo malicioso o nos engañan para que realicemos alguna transferencia o contactemos con un número de teléfono malicioso de tarificación especial, así como suscripciones a este tipo de servicios.

---

27 https://www.osi.es/es/actualidad/blog/2021/11/17/que-es-el-smishing

3.10. FRAUDE DEL CEO

Otra modalidad de fraude bancario es aquel por el que un empleado no autorizado, o falso empleado, ordena la realización de una disposición a la entidad financiera simulando cursar una orden de la empresa y esta es ejecutada por la entidad financiera. Habitualmente, se trata de una orden de transferencia hacia una cuenta, bien del propio empleado o de su entorno próximo o de un tercero con quien se halla conectado —normalmente situado en un país extranjero para disminuir las posibilidades de recuperación—. Una vez que es realizada la transferencia, los fondos son retirados con celeridad para impedir la retroacción de la orden o su posible bloqueo.

En todas estas modalidades, además de la simulación del defraudador, concurre una falta de diligencia de la entidad financiera al aceptar la orden de disposición de fondos sin verificar la autorización del ordenante.

En Francia, los artículos L133-16 a L133-23 del Código Monetari y Financiero Francés distingue entre el phishing, el smishing y "la fraude au president" (hacerse pasar por el jefe de una empresa y pedir que se realice algunas operaciones de manera confidencial y enviar dinero hacia una cuenta extranjera).

La SAP de Lleida, Sección 2ª, de 28 de septiembre de 2017, al margen de la conducta penal, determina la responsabilidad de la entidad financiera por autorizar la realización de una transferencia de 130.000 euros por uno solo de los titulares de una cuenta mancomunada a una cuenta del propio ordenante.

También la SAP de Sevilla, Sección 6ª, de 30 de julio de 2021, con revocación de la resolución dictada en la Instancia nº 19 de Sevilla, determina la responsabilidad de la entidad financiera ante la realización de transferencias no autorizadas por el representante legal de la empresa que figuraba como único apoderado para tal fin:

> *"(...) la sala considera que, frente a lo que sostiene el Juez de Primera Instancia, nos encontramos ante órdenes de transferencia no autorizadas en tanto en cuanto carecían de firma autógrafa del apoderado de Syrsa. Ninguna prueba se ha practicado sobre la existencia de un ejemplar original firmado por el Sr. Abel de las órdenes de transferencia, falta de prueba que en este caso como indica el apelante ha de perjudicar a BS dada la inversión de la carga de la prueba que impone el art. 30 de la Ley de Servicios de Pago.*

(...)
Además, Da Raquel reconoció en el acto del juicio que conocía las Newletter dirigidas por BS a sus empleados, incorporadas a las actuaciones a instancias de la actora, instrucciones en las que se les alertaba sobre la proliferación de fraudes por el sistema conocido como estafa del CEO, especialmente en periodos vacacionales como el mes de agosto, describiéndose operativas, si no absolutamente iguales a la que nos ocupan, si con evidentes coincidencias, incluso con especial mención a China como sede de las cuentas a las que se dirigían las transferencias fraudulentas ordenadas por suplantadores de altos directivos de empresas.
Ante tales circunstancias se considera que Da Raquel no debió conformarse con las órdenes con firma escaneada del Sr. Abel por mucha apariencia de autenticidad que tuvieran, sino que debió exigir órdenes con firma original autógrafa o haber llamado al Sr. Abel o a alguien con mayor poder de decisión en la empresa que la propia administrativa que cursaba la orden y que como tal, en el plano hipotético, aunque no sea este el caso, pudiera estar involucrada en un intento de fraude a Syrsa.
Así las cosas, no pude considerarse que se guardara la diligencia debida por una entidad bancaria en la autenticación de las órdenes de pago, diligencia que como ya hemos dicho no es la de un buen padre de familia, sino la de un experto comerciante y en consecuencia la responsabilidad de BS es evidente"

La SAP Madrid, Sección 11ª, de 28 de febrero de 2022, analiza también la responsabilidad de la entidad financiera en un caso similar:

"Son antecedentes fácticos de interés para la correcta resolución los siguientes, tratándose de una reclamación de responsabilidad porque el Banco demandado ha autorizado transferencia de cuenta de la actora a un banco de Tailandia sin su autorización, si bien es verdad que lo solicito una administrativa de la actora siguiendo un procedimiento inusual, BBVA no llevó a cabo ninguna medida de diligencia para detectarlo; refiriéndose a una modalidad de estafa que se conoce como "fraude del CEO", estafa consistente en que un empleado de la empresa, a quien se pide hacer transferencias o el acceso a datos de cuentas, recibe un correo, supuestamente de su jefe —ya sea su CEO, presidente o director— en cuyo mensaje éste le pide ayuda para una operación financiera confidencial y urgente.
Las transferencias fueron conocidas por la actora a partir del día 1 de febrero de 2018 mediante una llamada telefónica de la entidad BANKIA, entidad donde también tenía abierta una línea de crédito, comunicándole que se habrían ordenado transferencias por un alto importe económico a China.
(...)

La singularidad y la extrañeza del procedimiento seguido por Da Marí Juana en esta ocasión es patente: las órdenes fraudulentas provienen de un correo electrónico del que nunca se habían recibido; no aparece en copia nadie más de la empresa ya que siempre se ponía en copia a diferentes compañeros de la empresa cuando se emitían estas órdenes, añadiendo que nunca hasta la fecha UNISONO había realizado ningún pago a China y, menos a Hong Kong, considerado paraíso fiscal por el listado de jurisdicciones del Servicio de Rentas Internas.

(...)

Es un fraude que mezcla técnicas de ingeniería social y phishing para conseguir que una persona con acceso a las cuentas de una empresa piense que su jefe le está encargando hacer un envío de dinero ligado a una operación. O en todo caso, que le proporcione datos bancarios de la empresa. Las víctimas suelen ser estudiadas previamente para que el engaño sea creíble. Habitualmente se atacan pequeños negocios, donde la relación del CEO con los empleados es cercana y un correo de estas características puede tener sentido.

El fraude del CEO se realiza normalmente por correo, pero puede ser por WhatsApp o cualquier otra vía de comunicación por la que el jefe de la empresa podría solicitar algo. Como ocurre en otros ataques, normalmente los atacantes suelen utilizar direcciones de correo con un nombre similar al real para que la víctima no se percate a primera vista. Haciendo uso de ingeniería social (una forma de engaño), los ciberdelincuentes hacen clickar a la víctima en su enlace de Google Drive o Google Docs. A partir de aquí, los atacantes pueden desde colocar un malware en el ordenador del empleado, hasta proseguir con la estafa e intentar que se realice la transferencia supuestamente dictada por el CEO.

Pronunciamientos judiciales al respecto indicar la SAP Madrid 386/2017, 21 de diciembre de 2017 ECLI ES: APM:2017:18253 Número de Recurso 498/2017 Número de Resolución 386/2017 Sección 14ª, siendo los hechos similares al presente supuesto... "El 29 de enero de 2015 BANCO SANTANDER S.A. recibió un email desde la cuenta de correo electrónico personal del demandante por el que se daban instrucciones al BANCO para realizar una transferencia de 50.120 euros a la cuenta número 146-145818-49 cuyo beneficiario era "TNG SOK MEI@TANG SHU MEI del BANCO HSBA de Singapur, para pago de la factura NUM000 de 28 de enero de 2015; beneficiario, cuenta y factura eran completamente desconocidas para el demandante, siendo el pronunciamiento el siguiente y refiriéndose a otras decisiones al respecto, la sentencia de la Audiencia Provincial de Madrid (Sección 9ª) núm. 178/2015 de 4 mayo de 2015 (JUR 2015\151311), en el sentido siguiente:

..."Salvo actuación fraudulenta, incumplimiento deliberado o negligencia grave del ordenante (Art. 32), la responsabilidad será del proveedor del servicio de pago, lo que supone que a él le corresponde la carga de la

prueba de que la orden de pago "no se vio afectada por un fallo técnico o cualquier otra deficiencia" (art. 30).

La mala praxis en la actuación de BBVA cuando ejecutó la orden de transferencia se pone de manifiesto por una serie de circunstancias, a saber, en principio porque quien estaba solicitando la transferencia, comunicándose con la entidad (Correos aportados a autos Dno 10 CD) era la señora Marí Juana que no figuraba en la lista de apoderados recogida por BBVA, como se ha indicado anteriormente, y que su condición de administrativa de la entidad no la autorizaba a efectuar.

Resulta evidente que en el caso hubo un incumplimiento contractual del banco al ejecutar una orden de pago sin comprobar su legitimidad, es decir, que provenía efectivamente del titular (o autorizado) de la cuenta, al no disponer de un sistema adecuado de seguridad que previniera tal tipo de órdenes fraudulentas ni adoptar medidas concretas y específicas en el caso cuando toma conocimiento de una situación operativa anormal que debió, cuando menos de forma puntual y excepcional, a verificar cualquiera orden que se diera en relación a las cuentas de la demandante".

3.11. INTERCEPTACIÓN DE FACTURAS U ÓRDENES DE PAGO Y MANIPULACIÓN DE CUENTAS POR TERCEROS (MAN IN THE MIDDLE - BUSINESS EMAIL COMPROMISE)

La SAP de Salamanca, Sección 1ª, de 4 de noviembre de 2022, analiza desde la óptica civil una reclamación entre dos empresas en el que una de ellas había sido víctima de este sofisticado fraude. En el caso analizado por la Audiencia salmantina, se parte de la celebración de un contrato de compraventa de ganado porcino entre dos empresas, resultandos entregados los 140 verracos ibéricos comprometidos por la vendedora (actora) a la demandada (compradora) sin haber recibido de aquella el pago del precio. Lo acontecido en este caso es que un delincuente suplanto la cuenta de correo de la vendedora facilitando su cuenta para el pago en lugar de la correspondiente a mercantil vendedora. Según relata la sentencia, *un hacker/tercero no identificado, que previamente había manipulado la cuenta de correo electrónico de la entidad actora que se encuentra alojada en un servidor de una tercera empresa, Axarnet, contratada por Agrocosat, utilizando la técnica denominada "Man in the Middle" (hombre en el medio), suplantó la cuenta de correo de Agrocosat, remitiendo desde la cuenta suplantada a la demandada un correo electrónico simulado, en el que adjuntando la misma factura que previamente se le había remitido en los previos correos, le solicitaba que hiciera el pago a los datos bancarios de una cuenta de la entidad EVO, indicándole que "Además, Por favor envíeme un Justificante de pago bancario una vez que se haya completado el pago. Apreciaré mucho su rápida respuesta a este correo electrónico. Gracias. Un saludo" (doc. 10 de la demanda y doc. 4 de la contestación).* Así las cosas, la demandada procedió a abonar la factura emitida a la cuenta bancaria designada por el ciberdelincuente en lugar de la auténtica de la vendedora.

Pese a los argumentos de la actora, coincidimos con el parecer de la Audiencia de Salamanca, pues como señala, la compradora demandada venía obligada al pago de su precio en virtud de los arts. 1089, 1091, 1254, 1255, 1445 y 1500 C. Civil, sin que lo haya realizado pues el pago efectuado al tercero acreedor aparente carece de efectos liberatorios. En efecto, por lamentable que sea la situación en que se sume la empresa víctima de la defraudación no puede pretender trasladar el perjuicio a la otra mercantil. Tampoco apreciamos en este caso responsabilidad de la entidad bancaria que ha atendido las instrucciones dadas por la sociedad ordenante del pago cumpliendo con las indicaciones recibidas. Por tanto, salvo que dispusiera algún tipo de cobertura aseguradora, pocas opciones pueden vislumbrarse de recuperación de las cantidades si a través de orden penal no se logra la identificación y detención de los ciberdelincuentes.

Otro supuesto es el resuelto por la SAP de Toledo, Sección 1ª, de 23 de octubre de 2019, en el que se analiza la reclamación efectuada por una mercantil por la falta de coincidencia entre el titular de la cuenta y el IBAN identificado para realizar la misma:

> *"TERCERO: En relación a las demás cuestiones planteadas en el recurso debemos partir de que estamos ante una orden de transferencia emitida por quien quería pagar, o sea sin falsedad en la misma, y quería hacerlo en un determinado número de cuenta que era en la que se ingresó, siendo que donde nació el error provocado, por un fraude, fue en esta empresa que pagaba por hacerle ver que era el pago en tal cuenta lo que quería su acreedora y ello no era cierto, pero la orden era verdadera y el número de cuenta dado era al que se pretendía ingresar y no obedecía a errata alguna que permitiera el rechazo automático. La cuestión es que el titular de dicha cuenta no era quien en la orden de pago aparecía como beneficiario del mismo.*
>
> *Pues bien, como admite el recurso, lo que no puede ser de otro modo por la legislación vigente, el número de IBAN determinado en la orden*

de pago como del destinatario del pago es el identificador básico en estas operaciones.

No se puede admitir por ello como indica el recurso que en la divergencia entre nombre del beneficiario y el titular de la cuenta con el número de IBAN que se indica haya de atenderse al nombre del primero por ofrecer menor margen de error que un listado de números. Conforme a la Ley 16/09 de 13 de noviembre de servicios de pago, que el recurso no discute que sea aplicable al caso, y en concreto conforme a su art. 2, 21o el IBAN o identificador único es una combinación de letras, números o signos especificados por el proveedor de pago (en este caso el banco como empresa autorizada para prestar servicios de pago, art. 2.9o) al usuario de dichos servicios (persona física o jurídica que haga uso de un servicio de pago, sea ordenante o beneficiario, art. 2, 10o) que este último debe proporcionar a fin de identificar de forma inequívoca al otro usuario del servicio de pago a su cuenta de pago" (también así según la actual normativa RDL 19/18 de 23 de noviembre que derogo la Ley 16/09 vigente a la fecha de los hechos)

Pues bien, independientemente de lo que alega el demandado, es esta normativa la que regula la responsabilidad de cada interviniente en la operación de pago y a ello ha de atenderse, y esta regulación no determina que en caso de orden de pago incorrecta se estará a lo que resulte del nombre del beneficiario y para cumplir con este la orden, sino que el art. 44 de la Ley 16/09 (art. 59 de la actualmente vigente) señala "cuando una orden de pago se ejecute de acuerdo con el identificador único se considerara correctamente ejecutada en relación con el beneficiario especificado en dicho identificador" Es decir, el banco para actuar correctamente había de realizar el pago que se ordenaba por la transferencia ingresando el dinero a la cuanta identificada con el IBAN y así tener por beneficiario a quien se correspondía con el IBAN así especificado, no al citado por su nombre como beneficiario en la orden de pago y así el art. 44,2 (art. 59,2 de la norma actual) establece que "si el identificador único facilitado por el usuario del servicio de pago es incorrecto, el proveedor no será responsable de la no ejecución o ejecución defectuosa de la operación de pago". Es decir, si el pago se efectúa (aunque sea defectuosamente por serlo a otra persona que aquella a quien se quería pagar según se nombraba en la orden), a la cuenta a que responde el IBAN dado, el banco que ingresa el dinero en la cuenta no es responsable pues atiende al IBAN que se le ha suministrado y ello elimina su responsabilidad aun si se le ha dado incorrectamente en relación a los términos que se quería de la operación. Es más, tan es así que aunque el usuario de los servicios de pago facilite información adicional a la requerida para la correcta ejecución de ordenes de pago, el proveedor, es decir el banco, solo tiene la responsabilidad de ejecutar las operaciones de pago conformes con el identificador único facilitado por el usuario (art. 44,3 y art. 59,3 respectivamente de ambas regulaciones)

Por otra parte resulta del art. 45 de la Ley 16/09 (art. 60 de la actual) que "en caso de ordenes de pago iniciadas por el ordenante su proveedor de pagos es responsable frente a aquel de la correcta ejecución de la operación hasta el momento en que su importe se abone en la cuenta del proveedor de servicios de pago del beneficiario. Producido este abono el proveedor de servicios del pago del beneficiario será responsable frente al beneficiario de la correcta ejecución de la operación" Esto se interpreta por el recurso como elemento clave de la responsabilidad de la demandad para con el apelante, que era el beneficiario de la orden de pago, una vez se ingreso en la cuenta el dinero transferido por la ordenante deudora del apelante, pero tal interpretación de este concepto no tiene sentido puesto que si por el termino "beneficiario" se interpreta al que nominalmente consta en la transferencia como tal, este articulo carece de sentido y no ampara la pretensión del apelante porque el segundo inciso de este precepto, ya transcrito, parte de que se haya producido el abono en la cuenta del "beneficiario" y aquí no se ingreso dinero alguno en la cuenta del apelante que se pretende "beneficiario" para este precepto. Ha de interpretarse la norma en el sentido que resulta de su conjunción con el articulo anterior y atender a que el beneficiario que concibe el art. 45 es el mismo al que se refiere el art. 44: el especificado por el IBAN dado. A partir de ahí el art. 45 si que tiene sentido: si el ingreso no se hace responde de ello el banco del ordenante del pago y si el ingreso se hace responde de su eficacia el banco del que se estableció que lo recibiera por el IBAN Del conjunto de estos preceptos resulta claro que cuando el banco ingresa el dinero de la transferencia en la cuenta designada con el numero de IBAN que se ha determinado así en esta orden de pago actúa correctamente y no se le puede exigir responsabilidad porque dicho numero se diera equivocadamente y aunque se citara un beneficiario distinto del que aparecía como tal según dicho IBAN

Es de señalar ademas y en relación a lo alegado en el recurso que esta operación de pago fue coetánea con otra en la que se descubrió el fraude y no se culmino el mismo pero ello lo fue, como ya se dijo, porque el propio apelante (en este caso era deudor del pago) sospecho de los correos electrónicos que articulaban el fraude y puso sobre aviso a su acreedor y con ello a su banco, si bien aquí en la ahora considerada nada se aviso a su deudor, ello aunque el pago se produjo después de apreciarse el fraude anterior, de forma que no son situaciones comparables sin mas, siendo que si el banco de Bulgaria de la primera operación actuó en beneficio del apelante bloqueando la operación y el aquí demandado no (aparte de no mediar aviso), ello no es motivo de responsabilidad ni siquiera por comparación porque la Ley no exige dicha actuación del banco, ello a los fines de la responsabilidad que ahora se pide, otra cosa será la confianza personal en uno y otro banco que se genere. De hecho la Memoria de Reclamaciones del Banco de España de 2016 y sobre un caso semejante, en interpretación del art. 45, 1 de la Ley 16/2009 señalaba que lo correcto es

> *que "la transferencia se dirige a un numero de IBAN de forma automática, sin ulterior comprobación por los proveedores de servicios de pago ni del ordenante ni del ordenado" y por ello además indica que los demás datos que se consignan en la orden de pago distintos del IBAN no sirven como instrucción para la entidad que ha de ingresar los fondos transferidos al beneficiario, instrucciones que señala que en su caso habrían de comunicarse fuera del canal de compensación interbancaria (en el que se dirige el pago por el IBAN) que es automático, y por ello también se concluía, como aquí la sentencia apelada y esta Sala, que cuando la orden de pago se efectúa de acuerdo con el IBAN que consigna el ordenante se considera correctamente ejecutada.*
>
> *Ante ello no es ya relevante si el empleado de la parte demandada considero que los medios de comprobación existían y que lo propio es que coincidan titular de la cuenta del IBAN y beneficiario, puesto que la cuestión no es lo que es lo normal, dado que aquí no se produjo una situación normal, ni si se podía haber llevado a cabo otra conducta controlando datos distintos del IBAN, sino que esta otra conducta no le era obligatoria en la normativa que rige su actuación y su responsabilidad con ello no es responsable de la falta de una comprobación que no tenía legalmente por que realizar.*

Este tipo de estafa, también conocida como *Business Email Compromise* (BEC) supone en realidad un ataque al correo empresarial. Tal y como informa EFE[28] del total de estafas detectadas por la Guardia Civil, un 6,8% correspondía a esta modalidad. Normalmente las víctimas son las PYMES, al mantener un sistema de mayor debilidad informático y un menor nivel de prevención por parte de sus empleados que con frecuencia no han recibido la formación o alertas internas para estar prevenidos frente a estas conductas delictivas. En una operación del pasado mes de octubre de 2022, la Guardia Civil desmanteló un grupo que estafó por el método del BEC a once empresas de Madrid, Granada, Asturias, Murcia, Santa Cruz de Tenerife y Málaga.

---

[28] https://efe.com/otras-noticias-espana/2023-08-26/ojo-correo-sms-estafas-informaticas-multiplican/

4. ACTUACIÓN DEL AFECTADO Y MEDIDAS DE PREVENCIÓN

Evidentemente, lo primero que ha de hacer un afectado de posible phishing u otro tipo de fraude bancario es la comunicación sin demora a la entidad financiera para tratar de bloquear el ataque con la mayor celeridad, solicitando al mismo tiempo la retroacción de cualquier cargo no autorizado. Con independencia de los medios de transmisión telefónica que permiten una mayor agilidad es importante siempre dejar constancia fehaciente de dicha notificación (correo electrónico, impresión web, etc.).

En segundo término, habrá de interponerse la correspondiente denuncia ante las Fuerzas y Cuerpos de Seguridad.

Como medidas preventivas, las recomendaciones clásicas mantienen toda su vigencia:

- Verificación o escaneado de nuestros dispositivos con un antivirus actualizado.
- Desconfiar de mensajes sospechosos no solicitados por el usuario, con posibles premios, sanciones, errores ortográficos, no personalizados...
- Sospechar de cualquier solicitud de datos personales y no facilitar los mismos a terceros a través de medios de comunicación a distancia (teléfono, correo electrónico, mensajería...)
- Recelar de cualquier solicitud de información o facilitación de documentación por la que se compela al usuario a su cumplimentación en un paso breve o perentorio.
- Utilización de claves complejas de carácter alfanumérico combinando mayúsculas, minúsculas, números, símbolos.
- Desechar claves convencionales o de sencilla adivinación tales como la fecha de nacimiento o el propio nombre.
- Modificación periódica de las claves de seguridad.
- Eliminación completa de archivos descargados de correos que no sean de nuestra plena confianza.

- Utilización de software oficial descartando la descarga de programas ilegales o de origen desconocido.
- Utilización de sistema de doble autenticación mediante la recepción de claves únicas y temporales para la firma de operaciones.
- Bloqueo de números y direcciones electrónicas sospechosas que nos hayan podido contactar.

El Instituto Nacional de Ciberseguridad (INCIBE)[29] desarrollaba en agosto de 2023 una campaña advirtiendo de la suplantación de empresas de mensajería y paquetería de Correos que advertían que no se había podido efectuar la entrega alertando de una intensa campaña de phishing. Los ciberdelincuentes mediante el engaño de una propuesta para reprogramar el envío lograban los datos de la víctima. Como soluciones frente a este tipo de conductas delictivas ofrecían las siguientes pautas:

- Si no has accedido al enlace adjunto que viene en el correo electrónico, la mejor opción es marcarlo como *spam* y acto seguido eliminarlo.
- Si por el contrario has accedido al enlace adjunto en el correo electrónico y has facilitado los datos personales que solicitaban en el formulario, recomendamos aplicar las siguientes pautas para proteger tu seguridad y privacidad:
    - Practica *egosurfing* y comprueba si tus datos personales han podido quedar expuestos en Internet. Para ello, podrás usar la herramienta Google Dorks.
    - Recopila toda la información que tengas sobre este fraude mediante capturas de pantalla de correos o notificaciones recibidas para poder tomar acciones legales y presentarla ante las Fuerzas y Cuerpos de Seguridad del Estado, adjuntando las evidencias recogidas.
    - En el caso de que entre la información facilitada hubiese habido datos personales bancarios, contacta con tu iden-

29 https://www.incibe.es/ciudadania/avisos/has-perdido-un-paquete-que-no-conoces-cuidado-estan-suplantado-correos

tidad para comentarle lo sucedido, y así puedan tomar las medidas de seguridad necesarias.

El INCIBE realiza una detallada descripción del proceso de suplantación de la página de Correos intentado prevenir al ciudadano comenzando por la recepción de un correo electrónico que informa de la imposibilidad de entrega de un paquete. Esta mostrará una pantalla con el supuesto paquete no entregado y con un botón con la palabra 'RECIBIR'.

Al ser pulsado redirigirá una nueva ventana en la cual mostrará el supuesto paquete para ser reprogramado.

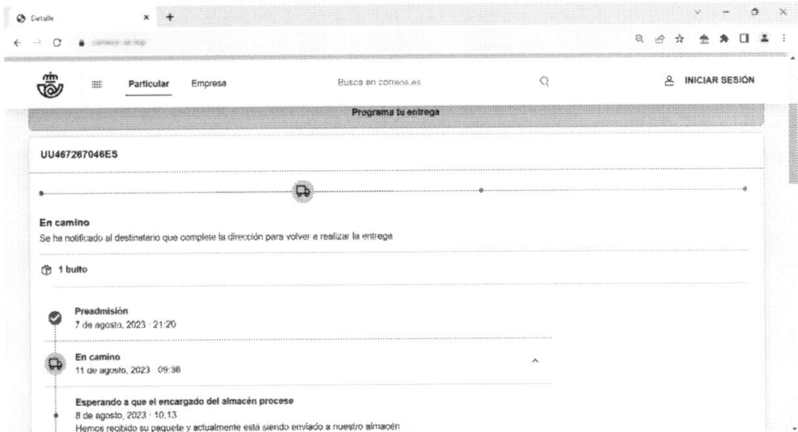

Si se selecciona el botón de 'Continuar', aparecerá una ventana con un formulario el cual pedirá los siguientes datos personales: nombre, primer y segundo apellido, dirección, código postal, país, localidad, provincia, email y teléfono.

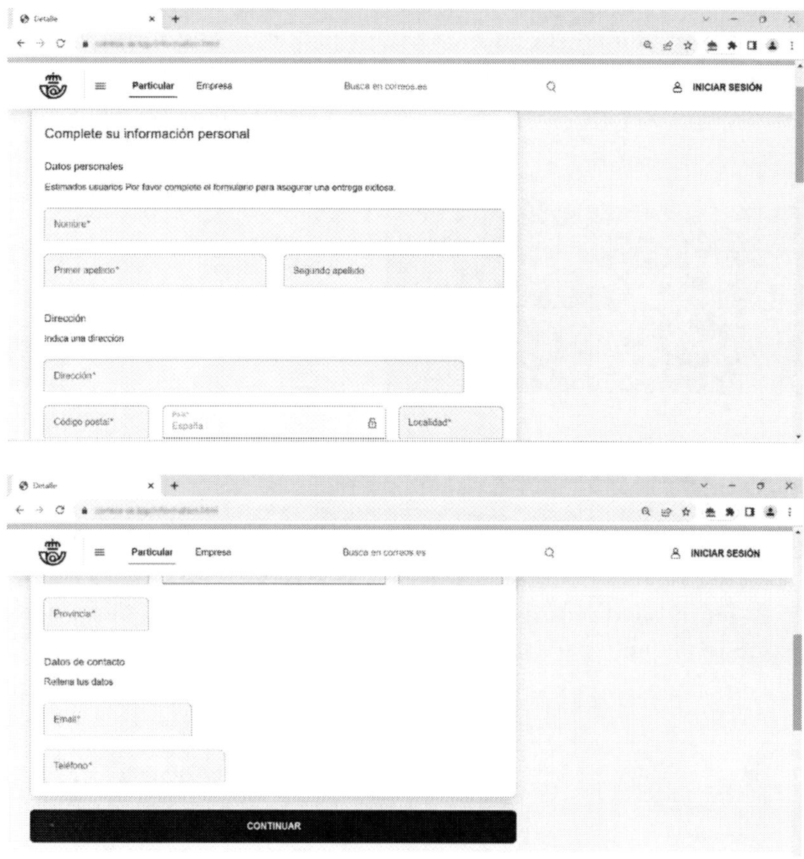

Una vez rellenado y pulsado el botón de 'Continuar', nos aparece la siguiente ventana, la cual solicitará a la víctima sus datos bancarios: tarjeta, fecha de caducidad y CVV.

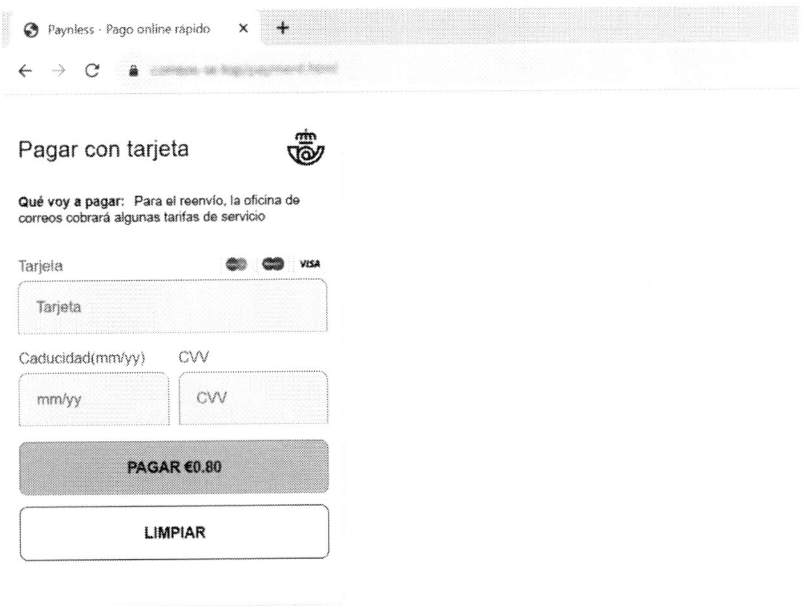

Una vez terminado el proceso, el ciberdelincuente tendrá en su posesión los datos de todos los usuarios que hayan completado el proceso mostrado anteriormente.

II. DEFENSA CIVIL DEL AFECTADO

5. DILIGENCIA DEL USUARIO, DILIGENCIA DE LA ENTIDAD FINANCIERA Y EVENTUAL CORRESPONSABILIDAD

5.1. DILIGENCIA DE LAS PARTES: *PATER FAMILIAS* Y *BONUS ARGENTARIUS*

Al margen de la indudable responsabilidad penal y civil del delincuente, de quien habitualmente resultará harto complejo obtener la restitución, y sin obviar que también la propia entidad es víctima del delito, cabe plantearse si existe también algún tipo de responsabilidad de la entidad bancaria custodia o administradora de nuestros fondos por no adoptar todas las medidas de seguridad adecuadas para evitar estas transacciones maliciosas.

Las entidades financieras, según ya apuntara SALANITRO[30] al realizar una actividad de especial importancia económica, han de acreditar una cualificación superior al de otras actividades y, por ello, les es exigible una responsabilidad adecuada a la importante función que se les encomienda, no solo desde el punto de vista administrativo, sino también en la relación negocial con sus clientes. Por este motivo, según razonan HERAS HERNÁNDEZ[31] y MARTÍNEZ DE SALAZAR BASCUÑANA[32] la mayor diligencia exigida a las entidades de crédito, puesta en relación con las exigencias de buena fe, acorde con la naturaleza de las relaciones contractuales bancarias, dan como resultado una especial responsabilidad, muy cercana a la responsabilidad por riesgo del profesional, por los hechos que las entidades de

---

30 SALANITRO, N. *Le banche e i contratti bancari*, Milán 1978, pp. 254 y ss.

31 HERAS HERNÁNDEZ, Mª M. "El modelo de responsabilidad civil de las entidades financieras en función de su profesionalidad" en Cuadernos de Derecho y Comercio nº 27, Madrid, 1998, p. 215.

32 MARTÍNEZ DE SALAZAR BASCUÑANA (MARTÍNEZ DE SALAZAR BASCUÑANA, L. en CUÑAT EDO, V. —Dir.— *Protección de particulares frente a malas prácticas bancarias*, Estudios de Derecho Judicial nº 55, CGPJ, Madrid, 2005, pp. 186 y ss.),

crédito realicen dentro del ámbito de su actividad y que únicamente cesará en los supuestos e negligencia probada del cliente.

Sobre el grado de diligencia exigible al usuario de servicios bancarios titular del medio de pago, ha de tenerse presente que el artículo 32 de la Ley 16/2009, de 13 de noviembre, de servicios de pago, en el que bebe el actual artículo 41 de Real Decreto-ley 19/2018, de 23 de noviembre, no apunta la exigencia de una diligencia cualificada propia de la actuación de un profesional, sino la actuación conforme a unos principios de razonabilidad y buena fe comunes al imponerle la comunicación del posible extravío, sustracción o apropiación indebida "sin demora indebida en cuanto tenga conocimiento de ello".

El Considerando 72 de la Directiva UE 2015/2366 del Parlamento Europeo y del Consejo, de 25 de noviembre de 2015, sobre servicios de pago en el mercado interior y por la que se modifican las Directivas 2002/65/CE, 2009/110/CE y 2013/36/UE y el Reglamento UE no 1093/2010 y se deroga la Directiva 2007/64/CE, aborda esta cuestión destacando la necesidad de una negligencia grosera por parte del usuario para poder imputarle responsabilidad por el uso fraudulento de sus medios de pago en operaciones no autorizadas. Así lo señala: "*A la hora de evaluar la posible negligencia o la negligencia grave del usuario de servicios de pago, deben tomarse en consideración todas las circunstancias. Las pruebas de una presunta negligencia, y el grado de esta, deben evaluarse con arreglo a la normativa nacional. No obstante, si el concepto de negligencia supone un incumplimiento del deber de diligencia, la negligencia grave tiene que significar algo más que la mera negligencia, lo que entraña una conducta caracterizada por un grado significativo de falta de diligencia*".

La exigencia de la concurrencia de una diligencia grave, y por tanto, más allá de la simple negligencia, viene corroborada por la lectura del art. 46 del Real Decreto-ley 19/2018, de 23 de noviembre, en el que se excluye la limitación de la responsabilidad de 50 euros del ordenante en caso de operaciones de pago no autorizadas, en los supuestos de que este hubiera actuado de manera fraudulenta o por haberse incumplido, deliberadamente o por *negligencia grave*, una o varias de las obligaciones del titular establecidas en el artículo 41 de la misma norma. Este límite cuantitativo es recordado también por la SAP de Murcia, Sección 1ª, de 19 de diciembre de 2022.

Como recuerdan la SAP de Baleares de 25 de junio de 1999; SAP de Salamanca de 1 de junio de 2004; SAP de Castellón de 5 de noviembre de 2004 o la SAP de Alicante Sección 9ª, de 11 de febrero de 2019 se ha entendido que esa diligencia exigible al usuario de servicios de pago es aquella que contempla el artículo 1104 del Código Civil.

La SAP de Pontevedra, Sección 3ª, de 1 de diciembre de 2022 determina que *"como parámetro del actuar negligente también cabrá acudir al art. 1104 CC, que exige la diligencia asociada a la naturaleza de la obligación y a las circunstancias personales, de tiempo y lugar. Ello destacándose la complejidad y grado de perfección que presenta en la actualidad el método de "phishing" de difícil detección por persona de formación media, así como el deber de la proveedora, del servicio de dotarse de tecnología suficiente y adecuada con exigencia de medidas implantadoras activas, sin entenderse suficientes avisos generales o en página web de mero carácter informativo o divulgativo —por todas, SS. AP Pontevedra (Secc. 6ª) 21.12.21 y Madrid (20ª) 20.5.2022, en la línea de lo razonado en SS. AP Valencia (6ª) 13.6.2022, Granada (5ª) 20.6.2022 y Badajoz (3ª) 21.6.2022"*. Este mismo fundamento es reproducido en la posterior resolución de la misma Sección y Audiencia pontevedresa de 23 de marzo de 2023.

Señala la SAP de Madrid de 25 de abril de 2006 que además en esta materia cabe citar la Recomendación de la Comisión 590/1988, de 17 noviembre, sobre "sistema de pago y en particular a las relaciones entre titulares y emisores de tarjetas" que recomienda a los suministradores de tarjetas la acomodación de su actividad a las disposiciones que contiene. El párrafo 8.2 de su anexo establece, para el caso de sustracción o pérdida, un sistema de responsabilidad objetiva del titular pero limitado en la cuantía hasta que notifique la desaparición, salvo que concurra negligencia por su parte. El titular de la tarjeta no asume el riesgo en casos de pérdida sustracción o extravió, y la propia legislación, tanto a nivel europeo, como nacional, contempla la exención de su responsabilidad, salvo en la cuantía de 150 euros, siempre y cuando cumpla unos mínimos deberes de diligencia.

Sobre la jurisprudencia aplicable, la sentencia de la Audiencia Provincial de Madrid, Sección 11ª de 28 de febrero de 2022, hace un compendio de la misma y se menciona la sentencia de la Audiencia Provincial de Madrid (Sección 9ª) núm. 178/2015 de 4 mayo de 2015 (JUR 2015\151311), que se pronuncia en el sentido siguiente: *"Salvo actuación fraudulenta, incumplimiento deliberado o negligencia grave del ordenante (Art. 32), la responsabilidad será del proveedor del servicio de pago, lo que supone que a él le corresponde la carga de la prueba de que la orden de pago "no se vio afectada por un fallo técnico o cualquier otra deficiencia" (art. 30).*

Y en este sentido, la SAP de Madrid, Sección 10ª de 13 de enero de 2023, con reproducción de la precitada SAP Madrid, Sección 11ª, de 28 de febrero de 2022, continúa razonando: *"Esta interpretación efectuada de la Ley 16/2009, de 13 de noviembre, de servicios de pago, es absolutamente acorde no sólo con la literalidad de la norma, sino con el espíritu y finalidad de la misma (ex. art. 3 CC), en función de lo previsto, por tanto, en los artículos 30 y 32 de la mentada Ley 16/2009, de 13 de noviembre, de servicios de pago".*

En base a todos estos criterios la sentencia de la Audiencia Provincial de Madrid Sección 9ª 178/2015 de 4 mayo de 2015, condena a la entidad al reembolso de las cantidades, señalando que la Ley de los Servicios de Pago establece un sistema de responsabilidad cuasi objetiva para la entidad financiera, previendo que en caso de disposiciones fraudulentas el proveedor de servicios de pago deberá devolver de inmediato el importe de la operación no autorizada, (art. 31), quedando exento de esta obligación solo en el caso de que la operación no autorizada sea fruto de la actuación fraudulenta del cliente o del incumplimiento, deliberado o por negligencia grave, de una o varias de sus obligaciones (art. 32). Además, la Ley prevé una inversión de la carga de la prueba en tanto es el proveedor de los servicios, quien debe probar que la operación fue debidamente autenticada, cuando el usuario de los servicios lo niegue (art. 30).

La SAP de Madrid, Sección 20ª, de 20 de mayo de 2022, analiza con detalle un caso interesante de phishing en el que el usuario afectado recibe un mensaje SMS simulando provenir de su entidad bancaria (BANCO SANTANDER) invitándole a hacer un clic en un enlace clonado de la página del Banco demandando, realizando las operaciones que se le requirieron con la consecuencia de seis sustracciones por importe de 6.000 euros a raíz del latrocinio. Así es razonado por la Audiencia:

> *TERCERO.- La aplicación de la normativa anteriormente indicada al caso presente, nos lleva a estimar la Impugnación formulada por el demandante en cuanto, no discutiéndose la forma en que se llegaron a materializar*

las 6 retiradas de efectivo por un importe total de 6.000 €, iniciadas por una actuación fraudulenta de tercero, no cabe apreciar en el demandante un comportamiento negligente de la gravedad y entidad para con base en el mismo hacerle responsable, ni siquiera de la primera disposición de efectivo realizada con la tarjeta usada de manera fraudulenta por un tercero. Como se indica en la Directiva 2015/2036 la negligencia que le hace responder al cliente es la que se deriva de una conducta caracterizada por un grado significativo de falta de diligencia, lo que supone que la misma surge o se produce por iniciativa del usuario, no como consecuencia del engaño al que ha sido inducido por un delincuente profesional. Tampoco puede calificarse como grave dicho comportamiento conforme a la normativa del código civil, pues siendo exigible al demandante la diligencia que exija la naturaleza de la obligación y correspondan a las circunstancias de las personas, tiempo y lugar (art. 1.104 del cc), el método fraudulento empleado —phishing— es de una complejidad y grado de perfección, difícilmente detectable por un cliente de las características del demandante, sin que la forma en que se denominaba al Banco en el SMS recibido o el error gramatical al emplear la palabra "lo" en lugar de "le", sean errores de entidad suficiente para detectar con base en ellos el fraude de que estaba siendo objeto. En esas circunstancias, era preciso ser un experto en la materia para poder detectar que la comunicación obedecía a una estafa o fraude. Es cierto que dicho comportamiento no puede considerarse diligente, pero para hacer soportar al cliente las consecuencias, aún parciales como se concluye en la sentencia apelada, es preciso apreciar en él una negligencia y que además sea grave, que en la normativa europea antes referida se equipara a la comisión de un fraude, actuación en la que no se ha acreditado incurriese el demandante, por el hecho de haber pinchado el link que se le ofrecía y facilitar los datos y clave de la tarjeta

CUARTO.- Por el contrario, la responsabilidad exigida a la entidad demandada, como proveedora del servicio, es la que se deriva de la naturaleza de tal prestación y de la posición contractual en la que se encuentran las partes, lo que le obliga a adoptar una serie de medidas de seguridad y dotarse de mecanismos de supervisión que permitieran detectar operaciones fraudulentas en la prestación de servicios de pago, tal como señala el artículo 2 del Reglamento Delegado 2018/389, pues como se indica también en la sentencia citada de la Audiencia de Pontevedra, incluyendo la técnica del phishing, la creación y puesta en la red de páginas que clonan las del sitio oficial de las entidades emisoras de instrumentos de pago, el deber de diligencia de la entidad demandada exigía dotarse de la tecnología antiphishing precisa para detectar las páginas clonadas de las oficiales propias y cerrarlas o eliminarlas, lo que, de producirse, impediría que el defraudador pudiera hacerse con las credenciales del usuario del instrumento de pago por ella emitido, pues la rotura del enlace del correo electrónico haría ya ineficaz cualquier conducta que frente al mismo pu-

diera observar el usuario receptor. Dicha actuación diligente no puede considerarse acreditada por las información que se facilita a los clientes a través de su página web, en cuanto la efectividad de esas obligaciones preventivas, lo que requerían era implementar en el sistema informático el mecanismo tecnológico adecuado para evitarlo; es decir mediante una con una conducta activa y no simplemente informativa o divulgativa.

De dicha omisión, no puede quedar exonerada por el hecho de que el cliente no tuviera activado el sistema de alarma en la tarjeta utilizada fraudulentamente, pues siendo obligación suya adoptar las medidas de seguridad adecuadas, esa obligación no puede entenderse cumplida con la simple puesta a disposición del cliente, sino que es ella quien debe adoptar una actitud activa para su implantación, no solo ponerla a disposición del cliente.

En consecuencia, la demandada incurrió en un incumplimiento de los deberes de diligencia en la prevención del fraude mediante phishing, que le hace ser responsable del perjuicio total sufrido por el demandante, pues no podía la entidad desconocer que frecuentemente mediante esa técnica el tercero defraudador utiliza los datos de la tarjeta para activarla en una aplicación de pago de la que tiene dominio, por lo que debiendo conocer que el teléfono desde el que se le había solicitado la activación no se encontraría entre los que hubiera registrado su nombre el demandante en su ficha de cliente, la comunicación del número de terminal telefónico devenía exigible para que aquélla pudiera conocer que era un tercero quien podría disponer de los datos de la tarjeta mediante la aplicación de pago que se activaría.

No habiendo quedado acreditado que la entidad demandada cumplió en la forma que le es exigible los deberes de diligencia en la autenticación de las operaciones de pago, pues ni habría probado haber implementado un mecanismo antiphising de protección de los usuarios de los instrumentos de pago por ella emitidos frente al uso fraudulento por un tercero de páginas imitativas de las propias para hacerse con las credenciales del instrumento, ni habría puesto en conocimiento del usuario los datos necesarios para que este conociera que se trataba de instalar su tarjeta en una aplicación de pago de un terminal de un tercero y no apreciándose que el demandante incurrió en negligencia grave en el cumplimiento de sus deberes de custodia y uso de la tarjeta, ha de declararse la responsabilidad de la entidad demandada como proveedora de los servicios de pago usados de manera fraudulenta por un tercero y por tanto es quien debe responder de las pérdidas sufridas por el demandante con tales operaciones, responsabilidad que se hace extensible a la totalidad de la pérdida, pues en momento alguno anterior a que se realizase la última de las operaciones fraudulentas de pago, la entidad demandada había informado a la demandante del número del terminal telefónico desde el que se estaban realizando las órdenes de pago fraudulentas, ni de circunstancia alguna que hubiera permitido conocer al demandante tal uso fraudulento".

Lo cierto, es que, para un usuario medio, este tipo de fraudes cometidos por delincuentes profesionales no es sencillo de detectar ni tampoco de evitar, por lo que no resulta aceptable trasladarles una responsabilidad que no les corresponde. Sobre esta dificultad reflexiona la SAP de Madrid, Sección 21ª, de 31 de octubre de 2017: *"Y debe indicarse que no es un sistema fácil sino complejo, que no es detectable por el particular usuario, aun teniendo instalados antivirus porque el tema más de uso de estos es de sistemas, para lo que se requiere algo más que tener cuidado y tener instalado tanto en el ordenador como en el móvil un antivirus".*

En el caso resuelto por el Juzgado de 1ª Instancia nº 2 de Pamplona y confirmado por la SAP de Navarra, Sección 3ª de 9 de marzo de 2023, se destaca nuevamente la elevada complejidad técnica de este tipo de conductas delictivas al estimar la reclamación formulada por un agente de la policía foral de Navarra en contra de los argumentos invocados por la entidad financiera que trataba de imputar la responsabilidad al afectado señalando que debía ser conocedor de los casos de fraude bancario y técnicas de phishing:

> *"(...) la sentencia descarta que concurra negligencia imputable al propio demandante, al no constar que la misma derive de una iniciativa propia sino de un engaño al que ha sido inducido a través de una suplantación difícilmente detectable, sin que tenga incidencia la condición profesional de agente de policía del demandante, al no demostrarse que se ocupe en particular de ciberseguridad.*
>
> *(...)*
>
> *Destaca el recurso de apelación que el propio Sr. Desiderio reconoció en juicio su "negligencia", pero es que como ha quedado visto en palabras de la Directiva, no basta con cualquier falta de diligencia o precaución en la custodia de las credenciales personales, sino que debe darse una conducta significativamente negligente. De esta forma, "grave" seria la negligencia de quien toma la iniciativa a la hora de desproteger sus credenciales, o la negligencia de quien hace entrega de los datos y credenciales a un tercero que se muestra claramente como tal, como ajeno a la entidad bancaria mediante signos y evidencias suficientes de tal ajenidad. Pero no ostenta la misma "gravedad" relevante la negligencia de quien no actúa por iniciativa propia sino arrastrado por comportamiento fraudulento de tercero, mediante un mecanismo de fraude muy específico y complejo, y de difícil detección, en el que es fácil ser víctima de un engaño ante la apariencia y creencia de oficialidad de la entidad, sin embargo, fraudulentamente aparentada por suplantación, sin que se aprecie en ello una cualificada negligencia. Como afirma la SAP Pontevedra 623/2022, de 1 de diciembre, "En interpretación de directiva 2015/2366, la negligencia que hace*

responder al cliente es la que se deriva de una conducta caracterizada por un grado significativo de falta de diligencia, lo que supone que la misma surge o se produce por iniciativa del usuario, no como consecuencia del engaño al que haya podido ser inducido por un delincuente profesional. Como parámetro del actuar negligente también cabrá acudir al art. 1.104 CC, que exige la diligencia asociada a la naturaleza de la obligación y a las circunstancias personales, de tiempo y lugar. Ello destacándose la complejidad y grado de perfección que presenta en la actualidad el método de "phishing" de difícil detección por persona de formación media, así como el deber de la proveedora del servicio de dotarse de tecnología suficiente y adecuada con exigencia de medidas implantadoras activas, sin entenderse suficientes avisos generales o en página web de mero carácter informativo o divulgativo —por todas, SS. AP Pontevedra (Secc. 6ª) 21.12.21 y Madrid (20ª) 20.5.2022, en la línea de lo razonado en SS. AP Valencia (6a) 13.6.2022, Granada (5ª) 20.6.2022 y Badajoz (3ª) 21.6.2022—".

En última instancia, alude la recurrente a que la circunstancia personal de ser el demandante agente de la Policía Foral redundaría en la valoración de la gravedad de la negligencia, toda vez que en tal condición profesional debería ser conocedor de las alertas y recomendaciones de seguridad contra el phishing publicitadas por el propio cuerpo policial. Sin embargo, cabe compartir con la sentencia apelada que se trata de una alegación absolutamente genérica, pues no se ha profundizado en las funciones profesionales asignadas al demandante —sin demostrar, en particular, que haya trabajado en el grupo de ciberdelincuencia— como tampoco se ha concretado el grado de conocimiento personal adquirido por tales advertencias, que a falta de prueba es el mismo conocimiento común y general de toda la ciudadanía, y que no es un conocimiento que exonere de sus responsabilidades a la entidad demandada (como tampoco lo hace, según reiterada jurisprudencia bien citada en la sentencia apelada, la información que en ocasiones las propias entidades facilitan a sus clientes sobre prevención de este tipo de fraudes).

Este mismo razonamiento que compartimos es el contenido igualmente en la Sentencia dictada por el Juzgado de 1ª Instancia nº 1 de Moncada de 31 de mayo de 2023 en el que se razona:

"(...) debemos valorar que la mercantil demandada no ha probado en modo alguno que la actora haya actuado de manera fraudulenta o con negligencia grave. La entidad bancaria se ha limitado a manifestar que la demandante no fue diligente al facilitar sus datos a los autores del engaño delictivo. Sin embargo, no podemos olvidar que, para trasladar al cliente los efectos del riesgo de estos cargos fraudulentos, la ley no exige la concurrencia de una culpa leve o de tipo medio; al contrario, nuestra legislación indica que la negligencia debe ser grave. Y en este caso no puede calificarse como grave la falta de diligencia de la actora.

> *Ha de valorarse que en estos supuestos de phishing nos encontramos ante conductas delictivas muy elaboradas, a menudo perpetradas por profesionales del engaño, que simulan con precisión los formatos auténticos de las entidades bancarias e inducen a error con cierta facilidad. Las dificultades para la detección del fraude por parte de los usuarios se evidencian ante la multitud de procedimientos penales que se tramitan en nuestros órganos judiciales por estafas de este tipo.*
> *Por ello, ha de valorarse que el legislador no ha querido trasladar a los usuarios la carga de atribuirles la responsabilidad por estas operaciones no autorizadas y de exigirles que procedan con un cuidado extremo, ante su carencia de medios para detectar estos fraudes. En cambio, son las entidades bancarias las que se benefician por la introducción de las mejoras tecnológicas y las que deben contar con instrumentos adecuados para la detección de las actuaciones fraudulentas. En consecuencia, la ley ha optado por un sistema de responsabilidad cuasi objetiva, que atribuye a las entidades bancarias el deber de restitución ante operaciones no aceptadas, con la excepción de conductas de los usuarios que sean maliciosas o gravemente negligentes.*
> *Dichas razones nos deben llevar a valorar que la conducta de la actora no puede suponer una negligencia grave. Como señaló en un caso similar la sentencia de la Audiencia Provincial de Madrid de 13 de enero de 2023, "no podemos calificar la posible negligencia de la demandante en la conservación de sus claves como "grave" en ningún caso. Estamos ante un tipo de fraude muy específico del que es fácil ser víctima, sin que ello implique una actuación negligente del cliente, dado lo bien articulada en su ejecución que está esta modalidad de fraude".*

En sentido opuesto, y con un rigor que no compartimos, se ha manifestado la SAP de Coruña, Sección 3ª, de 25 de enero de 2023, considerando que existe una negligencia grave en el usuario que tras recibir un mensaje SMS el usuario, llamado Carmelo, pulsó el enlace, abriéndose el navegador y desplegando una web que simuló ser la correspondiente a su entidad, donde siguiendo las instrucciones que aparecían introdujo su usuario y contraseña, con la particularidad de que al mismo tiempo recibió una llamada telefónica, aparentemente, de su entidad, donde identificándose su interlocutor como empleado de la misma le solicitó que le indicase los códigos recibidos en el móvil. El menaje recibido era del siguiente tenor literal: *"Carmelo Un dispositivo no autorizado está conectado a su cuenta online. Si no reconoce este acceso, verifique inmediatamente: https://s.id/EJKaN"*. En este caso, la Audiencia coruñesa apunta que el usuario cometió tres negligencias. La primera al pinchar en enlace del mensaje recibido —que admite no obstante como comprensible—; la segunda introducir sus datos en la web que simulaba ser del banco —que califica de negligencia grave y que no compartimos por cuanto que de asumirse el carácter comprensible de pinchar en el vínculo del mensaje recibido este paso parece ser también lógico—; y la tercera responder a la llamada de su interlocutor facilitando los datos recibidos vía SMS que facilitaron la transferencia. Se obvia a nuestro juicio en este caso el carácter elaborado de la estafa padecida, que precisamente por la personalización del mensaje con el nombre del cliente, la apariencia de autenticidad de la web, la situación de desasosiego que puede provocar a un cliente no experto en sistemas de seguridad de banca electrónica y la identificación del delincuente en el mismo momento de tensión como empleado del banco, pueden fácilmente inducir a un tercero de buena fe a caer en el engaño. No en vano, la particularidad del delito de estafa es esa puesta en escena capaz de generar el engaño por las maniobras fraudulentas desplegadas. Y nos parece bien razonable que la concatenación de los elementos y artificios previos desarrollados puedan conducir al engaño de la víctima. A sensu contrario cabría plantearse si de haber previsto la entidad un sistema de identificación biométrica del usuario con su rostro y huella digital hubiera sido factible el desarrollo de la estafa. Si estos sistemas se emplean para el simple acceso a la agenda de contactos de un dispositivo de contactos, no parece extravagante exigir a la entidad. Y es que, frente a este tipo de delitos, con las múltiples variantes y modus operandi que presentan, ninguno somos inmunes a caer en el ardid del delincuente, por lo que resultan imprescindibles la implantación de unos sistemas de seguridad mucho más robustos por parte de las entidades financieras. No cabe sostener, como manifiesta la Audiencia que también existen otros riesgos como los “billetes falsos” por cuanto difícilmente un delincuente convencional colocaría a la entidad billetes falsos como tampoco se comenten atracos armados con frecuencia o robos con fuerza en entidades. Y ello porque precisamente para proteger su propio patrimonio la entidad ha instalado sistema de detección de billetes falsos, cámaras de videovigilancia, cajas de seguridad, cristales blindados, sistemas de alarma conectados con la policía, traslado de efectivo en furgones blindados y protegidos por agentes armados, etc. Esto es, en tanto que en el entorno físico convencional ha venido implementando todas las medidas de seguridad necesarias para evitar que su propio patrimonio sea víctima de un ataque delincuencial, ha relajado la inversión en estas mismas medidas preventivas en el entorno electrónico para proteger el patrimonio de sus depositantes o clientes.

Entendemos así, en línea con el razonamiento desarrollado por la SAP de Jaén, Sección 1ª, de 14 de diciembre de 2022, que nos encontramos ante un error realmente excusable. De este modo distinto es abordado por la Audiencia jienense:

> *"Y en un plano subjetivo, también debe descartarse la negligencia grave que la apelante imputa al señor Hilario en su proceder pues, de modo muy diferente a como se postula en el recurso, las características del correo recibido bien pueden inducir a pensar a cualquier cliente normal en que era remitido por la entidad de que era cliente, dada la dirección electrónica del remitente ("DIRECCION000", bien similar a la del contrato de octubre de 2015), haberse dirigido precisamente a una dirección propia del actor y requerírsele en un plazo perentorio ("dos días") para rellenar en un modelo a obtener a través de un enlace datos y circunstancias personales, pero especialmente propias de la relación de un cliente con su entidad financiera. Así las cosas, el error ha de entenderse excusable en los términos en que es definido por la jurisprudencia, esto es, aquel en que puede incurrirse pese al empleo de una diligencia media o regular y, pese a ello, sufre un error que vicia su consentimiento, no imputable al interesado, en el sentido de causado por él —o personas de su círculo jurídico—, en sintonía con un elemental postulado de buena fe (Arts. 7.1 y 1258 del Código Civil) a efectos de impedir que se proteja a quien no merece dicha protección por su conducta negligente (SSTS, Sala 1a, de 12 de julio de 2002; 24 de enero de 2003; 12 de noviembre y 12 de diciembre de 2004; 17 de febrero de 2005; y 17 de julio de 2006)".*

La diligencia del usuario en los casos en que haya sido víctima de un delito de estafa a través de estas modalidades comisivas de phishing es también analizada con detalle, a la luz de los principios establecidos en la Directiva 2015/2036 y Código Civil por la SAP de Madrid, Sección 20ª, de 20 de mayo de 2022:

> *"Como se indica en la Directiva 2015/2036 la negligencia que le hace responder al cliente es la que se deriva de una conducta caracterizada por un grado significativo de falta de diligencia, lo que supone que la misma surge o se produce por iniciativa del usuario, no como consecuencia del engaño al que ha sido inducido por un delincuente profesional. Tampoco puede calificarse como grave dicho comportamiento conforme a la normativa del código civil, pues siendo exigible al demandante la diligencia que exija la naturaleza de la obligación y correspondan a las circunstancias de las*

personas, tiempo y lugar (art. 1.104 del cc), el método fraudulento empleado —phishing— es de una complejidad y grado de perfección, difícilmente detectable por un cliente de las características del demandante, sin que la forma en que se denominaba al Banco en el SMS recibido o el error gramatical al emplear la palabra "lo" en lugar de "le", sean errores de entidad suficiente para detectar con base en ellos el fraude de que estaba siendo objeto. En esas circunstancias, era preciso ser un experto en la materia para poder detectar que la comunicación obedecía a una estafa o fraude. Es cierto que dicho comportamiento no puede considerarse diligente, pero para hacer soportar al cliente las consecuencias, aún parciales como se concluye en la sentencia apelada, es preciso apreciar en él una negligencia y que además sea grave, que en la normativa europea antes referida se equipara a la comisión de un fraude, actuación en la que no se ha acreditado incurriese el demandante, por el hecho de haber pinchado el link que se le ofrecía y facilitar los datos y clave de la tarjeta.

CUARTO.- Por el contrario, la responsabilidad exigida a la entidad demandada, como proveedora del servicio, es la que se deriva de la naturaleza de tal prestación y de la posición contractual en la que se encuentran las partes, lo que le obliga a adoptar una serie de medidas de seguridad y dotarse de mecanismos de supervisión que permitieran detectar operaciones fraudulentas en la prestación de servicios de pago, tal como señala el artículo 2 del Reglamento Delegado 2018/389, pues como se indica también en la sentencia citada de la Audiencia de Pontevedra, incluyendo la técnica del phishing, la creación y puesta en la red de páginas que clonan las del sitio oficial de las entidades emisoras de instrumentos de pago, el deber de diligencia de la entidad demandada exigía dotarse de la tecnología antiphishing precisa para detectar las páginas clonadas de las oficiales propias y cerrarlas o eliminarlas, lo que, de producirse, impediría que el defraudador pudiera hacerse con las credenciales del usuario del instrumento de pago por ella emitido, pues la rotura del enlace del correo electrónico haría ya ineficaz cualquier conducta que frente al mismo pudiera observar el usuario receptor. Dicha actuación diligente no puede considerarse acreditada por las información que se facilita a los clientes a través de su página web, en cuanto la efectividad de esas obligaciones preventivas, lo que requerían era implementar en el sistema informático el mecanismo tecnológico adecuado para evitarlo; es decir mediante una con una conducta activa y no simplemente informativa o divulgativa.

De dicha omisión, no puede quedar exonerada por el hecho de que el cliente no tuviera activado el sistema de alarma en la tarjeta utilizada fraudulentamente, pues siendo obligación suya adoptar las medidas de seguridad adecuadas, esa obligación no puede entenderse cumplida con la simple puesta a disposición del cliente, sino que es ella quien debe adoptar una actitud activa para su implantación, no solo ponerla a disposición del cliente.

> *En consecuencia, la demandada incurrió en un incumplimiento de los deberes de diligencia en la prevención del fraude mediante phishing, que le hace ser responsable del perjuicio total sufrido por el demandante, pues no podía la entidad desconocer que frecuentemente mediante esa técnica el tercero defraudador utiliza los datos de la tarjeta para activarla en una aplicación de pago de la que tiene dominio, por lo que debiendo conocer que el teléfono desde el que se le había solicitado la activación no se encontraría entre los que hubiera registrado su nombre el demandante en su ficha de cliente, la comunicación del número de terminal telefónico devenía exigible para que aquélla pudiera conocer que era un tercero quien podría disponer de los datos de la tarjeta mediante la aplicación de pago que se activaría".*

La SAP de Pontevedra, Sección 3ª, de 1 de diciembre de 2022 comparte igualmente la tesis más respetuosa con los derechos e indemnidad del afectado al concluir:

> *"Partiendo de que la autorización propiciada por el cliente se funda en comportamiento fraudulento de tercero —extremo admitido por la demandada—, deberá entenderse que la negligencia plasmada en la cesión de datos personales producida se debió al complejo engaño recibido, y no a la iniciativa o acción directa personal del usuario, que, en definitiva, cumple con las obligaciones señaladas en art. 41 LSP, excluyéndose razonablemente la gravedad en el reproche por falta de custodia de claves y, con ello, la responsabilidad con arreglo a art. 46.1 de la Ley y art. 1104 CC, persistiendo el incumplimiento por la prestadora del servicio del deber esencial de facilitar un sistema de banca telemática seguro".*

También más sensible a la víctima se sitúa la SAP de Madrid, Sección 10ª, de 13 de enero de 2023, cuando concluye:

> *"(...) no podemos calificar la posible negligencia de la demandante en la conservación de sus claves como "grave" en ningún caso. Estamos ante un tipo de fraude muy específico del que es fácil ser víctima, sin que ello implique una actuación negligente del cliente, dado lo bien articulada en su ejecución que está esta modalidad de fraude".*

La diligencia exigible a la entidad, sin embargo, no es la diligencia del *pater familias*, ni siquiera la del ordenado comerciante. Es una diligencia reforzada por razón de la singularidad de la actividad que desarrollan, que se ha venido denominando la diligencia del *bonus argentarius*. Este mismo sentir late en la doctrina establecida por la AP de Zaragoza que sintetiza la SAP de Zaragoza, Sección 5ª, de 1 de julio de 2022, cuando apunta: *"hay un deber de diligencia de la entidad depositaria y gerente del servicio de caja y el de una información precisa y detallada, pues la exigible es la de un "comerciante experto" y no la de un buen padre de familia. En este sentido, Ss. A.P. Zaragoza, Sección 5ª, de 29-6-2007, 17-5-2010, La Coruña, Sección 3º, 13-1- 2006 y del T. S. 24-3-2006"*

La SAP de Pontevedra, Sección 6ª, de 7 de abril de 2021 incide en la asimetría existente entre la diligencia exigible a la entidad financiera y el cliente, sin que quepa equiparar ambas por la singular pericia que debe presumirse a quien profesionalmente desarrolla la actividad de bancaria o financiera:

> *"O comportamento do Banco non pode ser pasivo, conformista ou puramente inercial, senón que se require que haxa por parte del un labor de vixilancia extrema, profesionalizada e maior que a exixible á toda persoa media. O incumprimento deste específico deber de vixilancia da lugar a unha responsabilidade por "culpa in vigilando".*
> *Debe partirse dunha asimetría culposa, de tal maneira que a atención, cautela, celo, pericia e esmero que se require no Banco ten que ser notoriamente maior que a do cliente, pouco preparado e avezado, comparativamente con aquel, en trucos e fraudes informáticos."*

Y esta singular diligencia implica no solo el establecimiento de unas determinadas medidas de seguridad consustanciales a la actividad bancaria, sino la continua y permanente mejora e implementación de nuevos sistemas que deben ofrecer una célere respuesta a los avances que en materia de fraude también puedan acontecer. Y es que, al igual que la entidad protege sus propias instalaciones y fondos, debe aplicar igual o mayor celo en la seguridad de los confiados por sus clientes.

Tal y como advierte la SAP de Alicante, Sección 8ª, de 12 de marzo de 2018: *"Es la prestadora de los servicios de pago quien tiene la obligación de facilitar un sistema de banca telemática segura, y no son sus clientes-usuarios los que deben prevenir ni averiguar las modalidades de riesgos que el sistema conlleva, ni prevenir con un asesoramiento experto los mismos, no pudiendo en suma la parte obligada legalmente a ofrecer un modelo de servicio de caja que requiere de un especial nivel de seguridad, objetar que el usuario debía conocer aspectos técnicos tales como identificar una web como falsa —cuando no consta que fuera burda y por tanto, evidente de toda falsedad—, ni que no eran fallos técnicos sino riesgos fraudulentos, determinados comportamientos de la plataforma que, no se olvide, son tan factibles que incluso el contrato de banca directa alude —para eludir responsabilidades el prestador— al riesgo de fallos técnicos, errores, interrupciones, desconexiones, sobrecargas y otras formas de defectos en la conexión"*

Esta distinta exigencia de responsabilidad es también destacada por la SAP de Pontevedra, Sección 6ª, de 7 de abril de 2021:

> *"Debe partirse de una asimetría culposa, de tal manera que la atención, cautela, celo, pericia y diligencia que se requiere en el Banco tiene que ser notoriamente mayor que la del cliente, poco preparado y experimentado comparativamente con aquel, en trucos y fraudes informáticos"*

Desde otra óptica, es procedente traer a colación la doctrina que desde hace decenas de años se viene aplicando en países de nuestro entorno, tanto en los de corte anglosajón bajo la máxima "KYC" (*Know your customer* —conoce a tu cliente—), que exige indagar en los conocimientos y experiencia financiera del cliente, su intención y su predisposición a la asunción de riesgos, como en los de carácter continental, como revela la Sentencia del Tribunal Federal Alemán en el año 1993 por el caso "Bond-Entscheidung", que reprocha a la entidad financiera no haber profundizado en las circunstancias del cliente.

Esta misma idea subyace en la resolución dictada por la AP de La Rioja, Sección 1ª de 17 de febrero de 2023, al resolver la acción de reclamación de un afectado por phishing, cuando apunta:

> *"El banco debe actuar con la diligencia exigible, que no es solo la reglamentariamente prevista sino la adecuada a las circunstancias de personas, lugar y tiempo. Entre estas, cobran especial relevancia datos tales como el perfil del cliente, los movimientos inusuales, los importes dispuestos, la hora en que se hace la operación, etc. (...). Y no basta con medidas genéricas de protección o avisos estereotipados de cuidado, pues tales avisos ostentarían la calificación de "fórmulas predispuestas", vacías de contenido. No son los clientes los que deben prevenir ni averiguar las modalidades de riesgos que el sistema conlleva, o estar al tanto de lo mismos, ni prevenir con su asesoramiento experto dichos riesgos".*

La SAP de La Rioja, Sección 1ª, de 17 de febrero de 2023, corroborando la resolución dictada por el Juzgado de 1ª Instancia nº 7 de Logroño, en cuyos antecedentes apunta de modo acertado las características de la víctima (enfermera que usaba de manera ordenada la cuenta en la que ingresaba su nómina para pagos de baja cuantía, gastos habituales de compras y gastos corrientes y nunca transferencias a terceros de importes altos) desliza *obiter dicta* esta misma cuestión:

> *"En el supuesto sometido a nuestra consideración, doña Piedad ha negado tajantemente haber realizado las operaciones cuestionadas, que además no se corresponden con su modo habitual de proceder en el uso de la banca y la tarjeta".*

No puede olvidarse de hecho, que dentro de las condiciones generales de la contratación a las que se adhiere el usuario suele predisponerse que el usuario autoriza a la entidad financiera a la realización de estudios, comportamientos de riesgos mediante modelos de *scoring*, sistemas de información integrados u otros de similar naturaleza. Así se recoge a título ilustrativo en las Condiciones Generales de Caixa Catalunya como recuerda la SAP de Vizcaya, Sección 3ª, de 10 de noviembre de 2016.

5.2. CORRESPONSABILIDAD

Uno de los argumentos invocados por las entidades financieras, comúnmente de modo subsidiario a la imputación de negligencia grave, es la posible concurrencia de culpas por parte del titular de la cuenta o medio de pago que, de un modo u otro, víctima del engaño, facilita el acceso al ciberdelincuente. En este sentido, se ha observado una evolución de la inicial apreciación de aquella negligencia del usuario, a una posterior corresponsabilidad. Y finalmente, superando aquella doctrina culpabilística de la víctima, se ha ido implantado definitivamente el rechazo a cualquier corresponsabilidad.

En aquel principio, favorable a la corresponsabilidad, se pronunció la SAP de Barcelona, Sección 16ª, de 15 de septiembre de 2011, en la que aún lejana en el tiempo y anterior a los principios marcados por la Directiva 2015/2036, la Sala opta por atribuir la responsabilidad a ambas partes, en nuestra opinión de modo inapropiado: "*Valorando, en consecuencia, la concurrencia de las respectivas conductas y, haciendo uso de la facultad que contempla el artículo 1103 del CC (v. SSTS de 28 de noviembre de 2007, 6 de febrero de 2008, 16 de diciembre de 2009), se moderará en un cincuenta por ciento la responsabilidad exigida en la demanda*".

Y, en su momento, también se posicionó favorable a la corresponsabilidad la SAP de Navarra, Sección 3ª, de 22 de enero de 2015:

"Atribuyéndose a la entidad financiera CLP actuación negligente por no haber informado debidamente al cliente sobre los riesgos de la banca a distancia y por no haber actuado con la diligencia debida una vez comunicado los hechos, hemos de partir de una realidad indudable que es que el actor Sr. Marcos se limitó a acceder a la página Web de la entidad financiera siguiendo para ello los pasos normales de acceso a cualquier otra página Web.

Una vez en la misma y sin darse cuenta de que se trataba de una copia fraudulenta de dicho portal de acceso a CLP no solo proporcionó su contraseña sino un listado de 15 claves más, que le fueron requeridas, siendo estas las que permitieron operar a los defraudadores dentro de su cuenta disponiendo del dinero.

De todo lo anterior se deduce que existió por un lado una actuación negligente por parte de Caja Laboral ya que su sistema de seguridad de banca electrónica no fue el adecuado, atendiendo al nivel de riesgo que conlleva esta forma de operar en banca, y ello porque no podemos olvidar que la página Web que fue pirateada es la del banco siendo por tanto obligación suya el utilizarte todos los medios posibles para evitar dichas posibilidades de suplantación, debiendo tener presente además el incremento progresivo en el uso de estas nuevas tecnologías por parte de los consumidores con el consiguiente incremento en los beneficios que obtiene la entidad financiera con dichas operaciones.

Ello no impide sin embargo que también exista una actuación negligente por parte de la actora quien proporcionó datos a terceros sin atender a las más elementales normas de seguridad de la banca on line, y ello porque debió cerciorarse de que el portal al que había accedido no era el auténtico máxime cuando le solicitó un numero de claves fuera de lo normal y que según reconoció incluso a él le hizo dudar lo que refuerza la tesis de que no actuó con la diligencia debida.

De todo lo expuesto se deduce la existencia de una clara concurrencia de culpas entre actor y demandada que debe llevar a la compensación de responsabilidades, y considerando que en todo caso el grado de negligencia imputable a la entidad financiera es superior al del cliente, ya que es ella la que mayor beneficio obtiene y quien por tanto debe adoptar mayores medidas de seguridad procede atribuir a CLP un grado de responsabilidad del 80% y del 20% al actor".

Con posterioridad esta línea se abandona y ya la SAP de Barcelona, Sección 11ª, de 23 de julio de 2015, rechaza la posible concurrencia de corresponsabilidad del afectado con la entidad financiera ante un caso de phishing;

"El primer y cuarto motivos de recurso de la demandada entienden que existe cuanto menos una concurrencia de culpas por parte de la actora. No pueden acogerse.
Aparte de que la posición adoptada en esta altura parte de reconocer una culpa in vigilando y una responsabilidad objetiva propia por el mal funcionamiento de los propios servicios de banca electrónica que se negaba a instancia, el caso es que tratándose de un mensaje introducido espuriamente en la página oficial del banco y no de una imitación de página, a la que se accedió con el nombre de usuario y con la clave de acceso habituales, no se le puede pedir al usuario que sepa que está siendo víctima de una estafa electrónica..."

La aplicación de una eventual corresponsabilidad también es descartada por la SAP de Castellón, Sección 3ª, de 4 de febrero de 2014.

E igualmente, la SAP de Murcia, Sección 1ª, de 19 de diciembre de 2022, sobre la base de lo establecido en el RD 19/2018, desestima cualquier eventual aplicación de una concurrencia de culpas:

"Lo primero que es preciso señalar es que, dados los términos del RD Ley 19/2018, no parece posible admitir la existencia de concurrencia de culpas dado que fija dicha norma claramente las responsabilidades únicas de la entidad proveedora del servicio y del propio usuario del servicio, de forma que si aquella no prueba, como no ha probado, la existencia de fraude, incumplimiento o negligencia grave de éste, tiene la obligación legal de devolver íntegramente las cantidades correspondientes a las operaciones no autorizadas. Y si concurre en el usuario cualquiera de dichas circunstancias, el mismo está obligado a soportar los pagos realizados sólo imputables al mismo, lo que deja poco margen a la concurrencia de culpas".

Es rechazado también el motivo de recurso invocado por BANCO SANTANDER S.A. cimentado sobre la eventual corresponsabilidad de la culpa con el titular de la cuenta bancaria que ha sido víctima de phishing a consecuencia de un correo fraudulento en la resolución dictada por la Audiencia Provincial de Cuenca, Sección 1ª, de 16 de mayo de 2023:

"Pues bien, consideramos de la misa forma que la Juzgadora "a quo" que no se puede culpar a la víctima de no haber actuado de forma diligente y negligente, ya que es culpa exclusiva del banco no haber puesto medios adecuados para que este tipo de estafa ocurra cuando, siendo conocedor de este tipo de estafas que copian la identidad del banco, debían haber aumentado la seguridad de sus aplicaciones y métodos de pago implementando mecanismos "antiphishing" protegiendo a sus usuarios lo que

acredita que no han actuado con la debida diligencia y por ello es exigible que reintegren las cantidades sustraídas indebidamente de la cuenta.
Y no apreciada negligencia en la usuaria del servicio bancario, por las razones expuestas, tampoco consideramos que concurra concurrencia de culpas a los efectos de minorar en un 50% la cantidad a reintegrar por la entidad bancaria".

6. OBLIGACIONES Y RESPONSABILIDAD DEL USUARIO DE SERVICIOS DE PAGO

6.1. OBLIGACIONES DEL USUARIO DE SERVICIOS DE PAGO

El artículo 41 del Real Decreto-ley 19/2018, de 23 de noviembre, de servicios de pago y otras medidas urgentes en materia financiera establece como obligaciones del usuario de servicios de pago en relación con los instrumentos de pago y las credenciales de seguridad personalizadas

a) utilizar el instrumento de pago de conformidad con las condiciones que regulen la emisión y utilización del instrumento de pago que deberán ser objetivas, no discriminatorias y proporcionadas y, en particular, en cuanto reciba un instrumento de pago, tomará todas las medidas razonables a fin de proteger sus credenciales de seguridad personalizadas;

b) en caso de extravío, sustracción o apropiación indebida del instrumento de pago o de su utilización no autorizada, lo notificará al proveedor de servicios de pago o a la entidad que este designe, sin demora indebida en cuanto tenga conocimiento de ello.

Partiendo de estas premisas, el debate en los casos de fraude bancario suele centrarse, de una parte, en si resulta imputable al cliente la conducta de facilitación de claves a un tercero cuando este ha sido víctima de un engaño por el que se ha suplantado la identidad de la entidad financiera o proveedor de servicios de pago y si ello permite a esta exonerarse de su responsabilidad.

La SAP de Vizcaya, Sección 3º, de 10 de noviembre de 2016 aborda esta cuestión, revocando la resolución de instancia en la que se absolvía inicialmente a la entidad demandada:

> *"La Sentencia de primera instancia desestima la demanda porque imputa una negligencia grave en los demandantes, quienes entregaron las claves bancarias a terceros sin que en su caso tuviera relevancia en el fraude la mayor o menor vulnerabilidad del sistema bancario on line de la demandada; pero dicha afirmación para esta Sala de cuantas conductas se rea-*

licen a través de la banca electrónica y ello en cuanto que precisamente este tipo de fraude comienza con la posibilidad de que los defraudadores interesan las claves de acceso a los clientes de los bancos (en este incide la mecánica delictiva). Téngase en cuenta que el fraude se comete creando los delincuentes una página web similar a la del Banco, que se realizan a través de la limnea bancaria reiteradas operaciones en la misma semana (hasta 30 movimientos) y por cantidades elevadas (...)

Dichas circunstancias vienen a contemplar un sistema bancario electrónico diseñado por la entidad demandada adoleciendo de seguridad, la oferta a los clientes para operar a través de dicha banca electrónica y que es un hecho conocido de que cada vez se impone más por las entidades bancarias a los clientes, eliminando los servicios en ventanilla, se publicita por ser seguro contener los filtros para detectar fraudes y operar de forma fiable siendo así que en cuanto se ha probado la mecánica de la facilidad para operar por terceros no autorizados a través de la banca electrónica de la demandada difícilmente podemos decir de que el Banco demandado no haya incurrido en negligencia grave de sus obligaciones, se han permitido efectuar operaciones bancarias (30 movimientos) sin superar ningún filtro cuando la legislación bancaria tiende precisamente a establecer que se efectúen y se establezcan diferentes controles por los bancos en protección de los clientes, tendiendo a establecerse una responsabilidad cuasi objetiva de las entidades bancarias en cuanto deben soportar los riesgos de su actividad profesional en cuanto que se establece con el cliente una responsabilidad contractual del servicio de depósito, custodia y pagos de las cuentas del cliente."

Este mismo sentir late en la SAP de La Rioja, Sección 1ª, de 17 de febrero de 2023:

"Ha sido la Banca la que principalmente se ha beneficiado de las nuevas tecnologías: su uso le ha permitido abaratar costes mediante el sistema de que sean los clientes los que realicen materialmente las operaciones que antes llevaban a cabo sus empleados en las oficinas o sucursales bancarias, lo cual ha permitido a las entidades financieras despedir a muchos de aquellos y cerrar muchas de estas.

En esa situación, resulta justo que sea el banco el que se haga cargo de ese margen de riesgo que ha introducido el uso de las nuevas tecnologías y que antes, cuando las operaciones se hacían presencialmente, era inexistente.

En este punto, debe hacerse especial mención de que el banco es perfectamente consciente que en esta dinámica de contratación, es el dispositivo de telefonía móvil el que habitualmente más se utiliza por los clientes para la realización de estas operaciones on line; no en vano, los bancos facilitan e incentivan su uso mediante la creación de sus propias apps, cuyo uso preconizan y publicitan de forma insistente entre sus clientes.

> *Por eso resulta de todo punto inadmisible que el banco, para exonerarse de responsabilidad, arguya que no es responsable de la seguridad de esos dispositivos, cuando resulta que es el propio banco quien, mediante la creación apps, facilita cuando no incentiva su utilización de los teléfonos móviles por los clientes para realizar este tipo de operaciones, sin que conste que el banco, cuando facilita o difunde esta utilización, se preocupe de cual es concretamente el rango o nivel de seguridad que presenta cada uno de los dispositivos de sus clientes a través de los cuales se realizan las operaciones.*
> *Y queremos destacar que, para quedar exento de responsabilidad, el Banco deberá acreditar no sólo que la orden de pago no se vio afectada por un fallo técnico que es en lo que se centra el recurrente, sino tampoco por "otra deficiencia del servicio prestado por el proveedor de servicios de pago."*
> *Esto quiere decir que el banco debe actuar con la diligencia exigible, que no es sólo la reglamentariamente prevista sino la adecuada a las circunstancias de personas, lugar y tiempo.*
> *Entre estas, cobran especial relevancia datos tales como, el perfil del cliente, los movimientos inusuales, los importes dispuestos, la hora en que se hace la operación, etc.".*

Esta asimetría ha sido también resaltada por la SAP de Zaragoza, Sección 4ª, de 17 de febrero de 2023, en cuyo fundamento de derecho primero se establece como premisa los particulares beneficios ofrecidos tanto a usuarios como a las propias entidades, que son indudablemente no solo las responsables de su implantación sino quienes que en términos de rentabilidad económica mayores aportes han cosechado con ello. Así es apuntado:

> *"Entender el régimen jurídico en los servicios de pago, en particular en las operaciones en línea, pasa por exponer y comprender el modelo de negocio de las entidades bancarias y de los proveedores de estos servicios de pago.*
> *Tal modelo de negocio responde hoy, y tras unos cambios vertiginosos, a la prestación de unos servicios financieros en general, y el de pagos en particular, articulado sobre un modelo digitalizado y telemático, en gran medida, aunque no del todo, bidireccional.*
> *Ese modelo aporta beneficios para todas las partes, al cliente y ordenante y para el prestador del servicio.*
> *Pero no en la misma posición ni proporción, pues así como para el ordenante operar en línea, es solo realizar una operación concreta, para el prestador del servicio es, como se ha dicho, un modelo rentabilísimo de negocio, que le proporciona uno ahorro de costes, aunque, eso sí, acompañado de incontestable deterioro de la atención presencia".*

6.2. CONSENTIMIENTO DE LA AUTORIZACIÓN DE PAGO

El consentimiento para la autorización del pago se encuentra regulado en el artículo 36 del Real Decreto-ley 19/2018, de 23 de noviembre, de servicios de pago y otras medidas urgentes en materia financiera, con el siguiente literal:

> *1. Las operaciones de pago se considerarán autorizadas cuando el ordenante haya dado el consentimiento para su ejecución. A falta de tal consentimiento la operación de pago se considerará no autorizada. El consentimiento para la ejecución de una operación de pago podrá darse también por conducto del beneficiario o del proveedor de servicios de iniciación de pagos.*
>
> *El ordenante y su proveedor de servicios de pago acordarán la forma en que se dará el consentimiento, así como el procedimiento de notificación del mismo.*
>
> *2. El consentimiento podrá otorgarse con anterioridad a la ejecución de la operación o, si así se hubiese convenido, con posterioridad a la misma, conforme al procedimiento y límites acordados entre el ordenante y su proveedor de servicios de pago.*
>
> *3. El ordenante podrá retirar el consentimiento en cualquier momento, pero no después de la irrevocabilidad a que se refiere el artículo 52. Cuando el consentimiento se hubiese dado para una serie de operaciones de pago, su retirada implicará que toda futura operación de pago que estuviese cubierta por dicho consentimiento se considerará no autorizada".*

La SAP de Valencia, Sección 8ª, de 8 de abril de 2019, ha razonado con relación al otorgamiento del consentimiento:

> *"(...) el consentimiento a operaciones de pago por el usuario en el ámbito de la banca electrónica supone que el cliente deba haber firmado un contrato de adhesión a los servicios de banca electrónica. El consentimiento del ordenante se prestará, según el medio utilizado para prestar dicho consentimiento, mediante, o la firma de la autorización y orden de transferencia correspondiente, o verbalmente a través de la vía telefónica o a través de banca por internet o electrónica. Tanto en la banca telefónica como por internet, el proveedor de servicios de pago, o lo que es lo mismo, el banco emisor, debe implementar las medidas necesarias para asegurar la autenticación e identidad del ordenante a la hora de prestar su consentimiento. Por ello y para su ejecución, el banco debe comprobar en todo caso la autenticidad de la orden y, salvo pacto en contrario, que existe saldo suficiente".*

Respecto a la consideración de autorización para la operación la SAP de Burgos, Sección 3ª, de 5 de diciembre de 2022, rechazando las alegaciones de su emisión por la entidad financiera ha razonado:

> *"No estamos de acuerdo con la interpretación que hace la parte apelante. Por el contrario, toda operación de pago que, aun realizándose de la misma forma que lo hubiera hecho el ordenante titular, no haya sido ordenada por él mismo o por otra persona en su nombre, debe considerarse como no autorizada. Tampoco se trata de una operación de pago ejecutada incorrectamente a que se refiere el artículo 71, pues estas últimas se reservan para cuando existe algún error en la ejecución del pago, a que se refiere el capítulo III de la Directiva, no en la autorización de la operación de pago a que se refiere el capítulo II.*
>
> *A esta tesis nos conduce una interpretación conjunta de los artículos 73 y 74 de la Directiva, que regulan la responsabilidad del proveedor de servicios de pago y del ordenante en caso de operaciones de pago no autorizadas. Los artículos citados se refieren claramente a operaciones de pago no autorizadas, que son las que dan lugar a la obligación de reintegro del importe de la operación conforme al artículo 71. Pero está claro que los artículos 73 y 74 se refieren a supuestos de actuación fraudulenta o con negligencia grave, por no haber adoptado las medidas de seguridad necesarias que garanticen la autenticación del ordenante del pago. Luego las operaciones de pago que han dado lugar a la interposición de la demanda son operaciones de pago no autorizadas en el sentir de la Directiva".*

Así es también resuelto por la SAP de La Rioja, Sección 1ª, de 17 de febrero de 2023, rechazando la interpretación sesgada propuesta por la entidad financiera:

> *"El motivo se desestima. Es verdad que el artículo 36 del RDL 19/2018, de 23 de noviembre establece que "Las operaciones de pago se considerarán autorizadas cuando el ordenante haya dado el consentimiento para su ejecución…" y que "el ordenante y su proveedor de servicios de pago acordarán la forma en que se dará el consentimiento, así como el procedimiento de notificación del mismo".*
>
> *También es cierto que, puesto que la operación se realizó, alguien la debió autorizar.*
>
> *Pero dicho precepto debe ponerse en relación con el artículo 44, cuyo apartado 1 presume la falta de autorización del ordenante si este la niega, como ocurre en el presente supuesto.*
>
> *A tenor de dicho precepto, "Cuando un usuario de servicios de pago niegue haber autorizado una operación de pago ya ejecutada o alegue que esta se ejecutó de manera incorrecta, corresponderá al proveedor de servicios de pago demostrar que la operación de pago fue autenticada, registrada con exactitud y contabilizada, y que no se vio afectada por un*

fallo técnico u otra deficiencia del servicio prestado por el proveedor de servicios de pago."

Y postreramente señala en el apartado 2 que "el registro por el proveedor de servicios de pago, incluido, en su caso, el proveedor de servicios de iniciación de pagos, de la utilización del instrumento de pago no bastará, necesariamente, para demostrar que la operación de pago fue autorizada por el ordenante, ni que éste ha actuado de manera fraudulenta o incumplido deliberadamente o por negligencia grave una o varias de sus obligaciones con arreglo al artículo 41." Y en apartado 3 añade que "Corresponderá al proveedor de servicios de pago, incluido, en su caso, el proveedor de servicios de iniciación de pagos, probar que el usuario del servicio de pago cometió fraude o negligencia grave."

En el supuesto sometido a nuestra consideración, doña Piedad ha negado tajantemente haber realizado las operaciones cuestionadas, que además no se corresponden con su modo habitual de proceder en el uso de la banca y la tarjeta y en las que todo apunta a la existencia de un fraude conocido como phishing. Es más, el propio banco realizó en un primer momento actos que acreditan que cuando menos en un momento inicial, cuando todavía el perjuicio no había quedado constatando, sí aceptó la existencia de un fraude a la demandante.

Cuestión distinta evidentemente es cuando el pago se realiza por parte de la entidad bancaria en cumplimiento de un requerimiento cursado por una autoridad, en cuyo caso no cabe alegar la ausencia de consentimiento del titular de la cuenta. El caso típico es el embargo del saldo o fondos del titular. Ello es resuelto por la SAP de Madrid, Sección 9ª, de 19 de enero de 2017, en la que se corrobora la procedencia de la transferencia realizada por OPEN BANK SA por la suma de 10.133,62 euros al Ayuntamiento de Madrid, tras recibir la correspondiente diligencia de embargo. Así es razonado:

"I) No se discute en este proceso ni la facultad del Ayuntamiento de Madrid de embargar la cuenta del actor ni la regularidad del procedimiento administrativo, en el que debe notificarse al deudor toda resolución que determine una obligación de pago o una actuación ejecutiva contra su patrimonio. A partir de esas notificaciones es cuando el deudor puede utilizar los recursos que procedan frente a la actuación de la Administración, de ahí que el sr. Jesús Luis habrá podido ejercitar los recursos oportunos a partir de las notificaciones que le haya dirigido el Ayuntamiento de Madrid, luego no se ha visto impedido de combatir la actuación administrativa, como parece sostener en su demanda y en su recurso.

II) La cuestión a resolver aquí es si, con la transferencia realizada por Open Bank a favor del Ayuntamiento de Madrid el 19 de agosto de 2013, se ha producido una "operación de pago no autorizada" por el titular de la cuenta. La interpretación de esa expresión obviamente no debe limitarse a que el titular de la cuenta haya autorizado específica o genéricamente la transferencia de que se trata, sino si se ha producido de forma legal o si el Banco ha incurrido en una negligencia, como se dice en la demanda. En este sentido es claro que el Banco se ha limitado a cumplir con la ley, que faculta al Ayuntamiento de Madrid para el embargo de cuentas de los contribuyentes. Dice en este sentido el artículo 171.1 de la Ley General Tributaria que "Cuando la Administración tributaria tenga conocimiento de la existencia de fondos, valores, títulos u otros bienes entregados o confiados a una determinada oficina de una entidad de crédito u otra persona o entidad depositaria, podrá disponer su embargo en la cuantía que proceda". Legislación aplicable en virtud de la remisión que contiene el artículo 2 del Texto Refundido de la Ley Reguladora de las Haciendas Locales, aprobado por Real Decreto Legislativo 2/2004, de 5 de marzo".

Ahora bien, ligada a esta cuestión de la realización de operaciones de pago, por cuenta del titular, en cumplimiento de un requerimiento público, se encuentra otra subyacente cual es la obligación de la entidad de informar al titular de recepción de esta orden para que pueda conocer de modo inmediato su existencia y ejercitar en su caso las acciones que pudiere haber lugar. Sobre ello, también se pronuncia la precitada SAP de Madrid, Sección 9ª, de 19 de enero de 2017:

"Al margen de esa obligación de la Administración embargante, el Banco, como depositario de los fondos del titular de la cuenta, debe notificar a este de forma inmediata la existencia del embargo, pues no otra cosa puede deducirse de la relación contractual existente entre Banco y cliente, dado que este último es titular de los fondos de la cuenta y tiene derecho a conocer cualquier movimiento de la misma, máxime de la cuantía de que se trata. El informe del Departamento de Conducta de Mercado y Reclamaciones del Banco de España unido a los autos y relativo a los hechos objeto de este proceso (documento 7 de la demanda) considera "recomendable" que las entidades comuniquen a sus clientes, de forma inmediata, las órdenes de embargo que reciban para que puedan ejercer en plazo los derechos que la Ley les confiere para oponerse a su ejecución. Esta Sala considera que se trata, no de algo recomendable, sino inexcusable, y que el Banco está obligado a notificar al cliente inmediatamente el embargo trabado en su cuenta.

En nuestro caso, Open Bank (como reconoce) no notificó al sr. Jesús Luis la diligencia de embargo (de fecha 29 julio 2013), sino solo la realización de la transferencia (el 19 agosto 2013), si bien en esta última comunicación sí especificaba que se debía a un embargo. Es indudable que Open Bank actuó de forma indebida por no realizar aquella notificación inme-

diata de la diligencia de embargo; el informe mencionado del Banco de España concluye que con esa omisión se apartó de las buenas prácticas y usos bancarios.

Pero esa omisión no supone que haya ejecutado una "operación de pago no autorizada", pues la misma viene fundada en el embargo trabado por el Ayuntamiento de Madrid, en la obligación que tiene el Banco de retener la cantidad y, transcurridos veinte días, transferirla al organismo embargante.

Aunque ya se aclaró que no se considera ejercitada acción de daños y perjuicios, la mención por el actor apelante de que está reclamando los daños y perjuicios que ha sufrido obliga a precisar aquí que, en todo caso, la privación para él de la cantidad embargada (10.133,62 €) no es un perjuicio derivado de la omisión de Open Bank de notificarle la diligencia de embargo, sino consecuencia de una actuación administrativa de apremio, basada en numerosas deudas contraídas por el sr. Jesús Luis a lo largo de varios años. No hay relación de causalidad entre la omisión del Banco y la privación de la cantidad sufrida por el actor".

6.3. OPERACIONES DE PAGO NO AUTORIZADAS. RESPONSABILIDAD DEL ORDENANTE. LÍMITE CUANTITATIVO DE RESPONSABILIDAD

La responsabilidad del titular del medio de pago en caso de uso indebido por terceros de este siempre ha sido tasada y restrictiva.

La Recomendación de la Comisión 590/1988, de 17 noviembre, relativa a los sistemas de pago y en particular a las relaciones entre titulares y emisores de tarjetas[33] ya establecía en su apartado 8.3 que el titular únicamente sería responsable hasta el equivalente de 150 ecus, excepto cuando haya actuado con grave negligencia o fraudulentamente.

En el artículo 32.1 de la Ley 16/2009, de 13 de noviembre, se establecía un máximo de 150 euros por las pérdidas no autorizadas. Y ello, siempre de modo excepcional como recuerda la SAP de Madrid, Sección 10ª, de 21 de julio de 2020:

"Además del apartado 1 del artículo 32 del mismo texto legal se colige que el ordenante ha de soportar, hasta un máximo de 150 euros, las pérdidas derivadas de operaciones de pago no autorizadas resultantes de la utilización de un instrumento de pago extraviado o sustraído, que es lo

---

[33] DO nº L 317 de 24 de noviembre de 1988, pp. 55-58

acaecido en el supuesto examinado con lo que no cabe la moderación indemnizatoria impetrada por la entidad apelante si existe un tratamiento legal especial que ha de alzaprimarse"

El artículo 74.1 de la Directiva UE 2015/2366 del Parlamento Europeo y del Consejo, de 25 de noviembre de 2015, sobre servicios de pago en el mercado interior y por la que se modifican las Directivas 2002/65/CE, 2009/110/CE y 2013/36/UE y el Reglamento UE no 1093/2010 y se deroga la Directiva 2007/64/CE expresa la preocupación de las autoridades de la Unión por no trasladar al usuario la responsabilidad por el uso fraudulento por terceros de sus medios de pago y reduce el límite máximo de esta a la suma de 50 euros. En su exposición de motivos señala, *parece adecuado fijar un importe de 50 EUR con vistas a garantizar una protección elevada y homogénea del usuario dentro de la Unión. No se le debe imputar responsabilidad al ordenante, cuando este se encuentre en una posición que no le permite tener conocimiento del extravío, el robo o la sustracción del instrumento de pago. Asimismo, una vez que el usuario de servicios de pago haya comunicado al proveedor de servicios de pago que su instrumento de pago puede haber sido objeto de uso fraudulento, no deben exigírsele responsabilidades por las ulteriores pérdidas que pueda ocasionar el uso no autorizado del instrumento. La presente Directiva se entiende sin perjuicio de la responsabilidad de los proveedores de servicios de pago por la seguridad técnica de sus propios productos.*

En la actualidad, el artículo 46.1 del Real Decreto-ley 19/2018, de 23 de noviembre, de servicios de pago y otras medidas urgentes en materia financiera, en aplicación de la precitada Directiva 2015/2366. ha reducido dicha responsabilidad a un máximo de 50 euros para el supuesto de operaciones de pago no autorizadas resultantes de la utilización de un instrumento de pago extraviado, sustraído o apropiado indebidamente por un tercero, salvo que:

a) al ordenante no le resultara posible detectar la pérdida, la sustracción o la apropiación indebida de un instrumento de pago antes de un pago, salvo cuando el propio ordenante haya actuado fraudulentamente, o

b) la pérdida se debiera a la acción o inacción de empleados o de cualquier agente, sucursal o entidad de un proveedor de servicios de pago al que se hayan externalizado actividades.

De cualquier modo, la aplicación de estos límites no significa que automáticamente pueda establecerse una suerte de franquicia por la que haya de responder el usuario. Así rechaza la aplicación de esta "franquicia" en casos de que el titular hubiera sido víctima de un fraude la SAP de Asturias, Sección 1ª; de 18 de septiembre de 2012:

> *"Finalmente tampoco procede acoger la última petición subsidiaria solicitando la aplicación del art. 32.1 de la Ley 16/2009 por virtud del cual "el ordenante soportará, hasta un máximo de 150 euros, las pérdidas derivadas de operaciones de pago no autorizadas resultantes de la utilización de un instrumento de pago extraviado o sustraído", puesto que tampoco nos encontramos ante un supuesto de extravío o sustracción de un instrumento de pago".*

Además, el precitado artículo 46 del Real Decreto-ley 19/2018, de 23 de noviembre, de servicios de pago y otras medidas urgentes en materia financiera, establece en materia de responsabilidad del ordenante en caso de operaciones no autorizadas la responsabilidad plena del ordenante por las pérdidas derivadas de operaciones de pago no autorizadas si aquel hubiera incurrido en tales pérdidas por haber actuado de manera fraudulenta o por haber incumplido, deliberadamente o por negligencia grave, una o varias de las obligaciones que establece el artículo 41. En esos casos, no será de aplicación el importe máximo contemplado en el párrafo primero. Esto es, de nuevo, el acento para imputar la responsabilidad al ordenante es su propio actuar malicioso o la existencia de una negligencia grosera, que como hemos apuntado no puede asimilarse a la mera falta de diligencia.

En todo caso, el ordenante quedará exento de toda responsabilidad en caso de sustracción, extravío o apropiación indebida de un instrumento de pago cuando las operaciones se hayan efectuado de forma no presencial utilizando únicamente los datos de pago impresos en el propio instrumento, siempre que no se haya producido fraude o negligencia grave por su parte en el cumplimiento de sus obligaciones de custodia del instrumento de pago y las credenciales de seguridad y haya notificado dicha circunstancia sin demora.

Con ánimo de implementar la autentificación reforzada que ya se vislumbraba en los trabajos prácticamente coetáneos para la aprobación del Reglamento Delegado (UE) 2018/389 de la Comisión de 27 de noviembre de 2017 por el que se complementa la Directiva

(UE) 2015/2366 del Parlamento Europeo y del Consejo y siguiendo también la estela del artículo 97 de la Directiva (UE) 2015/2366 del Parlamento Europeo y del Consejo, de 25 de noviembre de 2015, sobre servicios de pago en el mercado interior y por la que se modifican las Directivas 2002/65/CE, 2009/110/CE y 2013/36/UE y el Reglamento (UE) nº 1093/2010 y se deroga la Directiva 2007/64/CE, el apartado del artículo 46 del Real Decreto-ley 19/2018, de 23 de noviembre dispone:

> *"2. Si el proveedor de servicios de pago del ordenante no exige autenticación reforzada de cliente, el ordenante solo soportará las posibles consecuencias económicas en caso de haber actuado de forma fraudulenta. En el supuesto de que el beneficiario o el proveedor de servicios de pago del beneficiario no acepten la autenticación reforzada del cliente, deberán reembolsar el importe del perjuicio financiero causado al proveedor de servicios de pago del ordenante".*

6.4. CLÁUSULAS ABUSIVAS EN LA TRASLACIÓN DE OBLIGACIONES, RESPONSABILIDAD DE LAS PARTES Y PRUEBA POR LA PRESTACIÓN Y UTILIZACIÓN DE MEDIOS DE PAGO

La Directiva 93/13 supuso un loable cambio de paradigma en las relaciones contractuales con condiciones generales de la contratación. Tras ella, en el ámbito concreto de los servicios de pago, el legislador comunitario ha mantenido esta línea tuitiva de los consumidores expresando su claridad su rechazo a la predisposición de cláusulas limitativas de sus derechos. Así se observa de la lectura del Considerando 72 de la Directiva 2015/2366 del Parlamento Europeo y del Consejo, de 25 de noviembre de 2015, sobre servicios de pago en el mercado interior y por la que se modifican las Directivas 2002/65/CE, 2009/110/CE y 2013/36/UE y el Reglamento UE no 1093/2010 y se deroga la Directiva 2007/64/CE, en el que se señala: *"se deben considerar nulas las cláusulas contractuales y las condiciones de prestación y utilización de instrumentos de pago mediante las cuales aumente la carga de la prueba sobre el consumidor o se reduzca la carga de la prueba sobre el emisor. Además, en situaciones específicas y, más concretamente, cuando el instrumento de pago no esté presente en el punto de venta, como en el caso de los pagos en línea, resulta oportuno que el proveedor de servicios aporte pruebas de la presunta negligencia, puesto que los medios a disposición del ordenante son limitados en esos casos".*

6.4.1. La comunicación sin demora

Otra de las vías usualmente empleada por parte de las entidades financieras para tratar de eludir su responsabilidad en casos de fraudes es bien la imposición de unos plazos contractuales exiguos al titular para denunciar la conducta fraudulenta o bien sostener su exoneración con base a una falta de notificación inmediata.

Transcribimos la estipulación contractual tercera del contrato de servicios telemáticos y banca por Internet que predisponía el BBVA SA hasta la interposición de una acción de cesación por parte de OCU que logró la declaración de su carácter abusivo:

> *"3. Utilización. La utilización de los Servicios tiene carácter estrictamente personal. El titular es el único que puede hacer uso de los Servicios y cursar órdenes a través de los mismos, por lo que se responsabiliza de no facilitar a terceras personas las claves, números identificativos, coordenadas y demás contraseñas establecidas para el acceso y/o operatividad de los Servicios en las presentes condiciones o que el futuro se pueda establecer (las Contraseñas) obligándose a comunicar al Banco de inmediato el conocimiento indebido por otras personas de las Contraseñas, en cualquiera de sus oficinas, en horas de atención al público, o al teléfono 902224466 en servicio permanente. El Titular asume los riesgos y consecuencias de sus actuaciones en otra forma".*

Sin perjuicio del deber de conservación por parte de los titulares de modo diligente las tarjetas o de otros documentos de disposición, que se comparte como es lógico, la obligación impuesta al usuario de *"comunicar al Banco de inmediato el conocimiento indebido por otras personas de las Contraseñas"* evoca a la condición ya declarada abusiva por la STS 792/2009 al rechazar la pretendida responsabilidad en el caso de pérdida o sustracción de las tarjetas *"si esta no se ha efectuado de forma inmediata".*

Con buen criterio ya señaló nuestro TS la invalidez de este tipo de cláusulas que exigen del titular del medio de pago una notificación "inmediata", por cuanto que deja en manos de una de las partes del negocio —el Banco predisponente— el poder interpretar cuándo el deber de notificación se ha cumplido correctamente. Conculca así la estipulación frente a la que se alza esta parte la previsión del art. 85.3 TRLGDCU, en tanto que reserva al empresario la facultad de interpretación del contrato. Es asumido sin tacha alguna que el usuario en caso de pérdida, robo o uso indebido debe comunicarlo "sin tardanza justificada" según enunciaba el art. 27.b) LSPI o "sin demora indebida" como de modo equivalente apunta el TS.

Se contradice la buena fe objetiva del adherente con desequilibrio en el sinalagma contractual en perjuicio del consumidor con este tipo de predisposiciones, pues como razona la STS de 16 de diciembre de 2009, *son harto frecuentes los caos en que la diligencia de las entidades advirtió utilizaciones indebidas, avisando incluso a los usuarios, que lo desconocían, del intento de utilización. Por ello, es desproporcionada una cláusula que se limite a la exoneración de responsabilidad, en todo caso, por el uso de la tarjeta antes de la notificación de la sustracción o extravío".*

Por lo que respecta a la responsabilidad del usuario, el artículo 31 LSPI era ya claro en su dicción al establecer que *"en caso de que se ejecute una operación de pago no autorizada, el proveedor de servicios de pago del ordenante le devolverá de inmediato el importe de la operación no autorizada y, en su caso, restablecerá en la cuenta de pago en que se adeudado dicho importe el estado que habría existido de no haberse efectuado la operación de pago no autorizada".* Esta estipulación, limitadora de los derechos de los usuarios de tarjetas, quebranta por ello la previsión dispuesta en el art. 87.1 y 6 TRLGDCU. Tal y como razonara la STS 792/2009, *es desproporcionada una cláusula en la que se limite la exoneración de responsabilidad, en todo caso, por el uso de tarjeta antes de la notificación de la sustracción o extravío.*

En otro extremo, es también frecuente en la mera práctica que se reproche por el proveedor de servicios de pago una responsabilidad al afectado por la demora en la comunicación. Sobre este particular, al margen de las consideraciones expuestas sobre la posible nulidad de la predisposición de cláusulas exoperadoras o limitativas de responsabilidad de la entidad, ha de insistirse en que la jurisprudencia ha venido valorando con mesura razonable el tiempo de respuesta del usuario sin que sea exigible la inmediatez requerida con frecuencia por la entidad, que no equivale a demora. La SAP de Madrid, Sección 21ª, de 2 de julio de 2019, rechaza este argumento de la entidad:

> *"Pues bien, no consta que la demandante notificara con una demora indebida a la entidad bancaria la sustracción de la tarjeta de crédito y la*

utilización ilícita de la cuenta bancaria. De hecho, en cuanto detectó la utilización por tercero de la tarjeta de crédito y su intervención ilícita en la cuenta bancaria procedió a bloquear la tarjeta el 30 de noviembre de 2016 y a formular al día siguiente la oportuna denuncia en la Comisaría de Policía".

El artículo 46 del Real Decreto-ley 19/2018, de 23 de noviembre ha ratificado este parecer al consagrar en sus apartados 3 y 4 la siguiente previsión:

"3. Salvo en caso de actuación fraudulenta, el ordenante no soportará consecuencia económica alguna por la utilización, con posterioridad a la notificación a que se refiere el artículo 41.b), de un instrumento de pago extraviado o sustraído.
4. Si el proveedor de servicios de pago no tiene disponibles medios adecuados para que pueda notificarse en todo momento el extravío o la sustracción de un instrumento de pago, según lo dispuesto en el artículo 42.1.c), el ordenante no será responsable de las consecuencias económicas que se deriven de la utilización de dicho instrumento de pago, salvo en caso de que haya actuado de manera fraudulenta".

6.4.2. Cláusulas de exoneración de responsabilidad

Ya hemos apuntado previamente que la singular diligencia que se exige a la entidad implica no solo el establecimiento de unas determinadas medidas de seguridad consustanciales a la actividad bancaria, sino la continua y permanente mejora e implementación de nuevos sistemas que deben ofrecer una célere respuesta a los avances que en materia de fraude también puedan acontecer.

Resulta evidente la existencia de un incumplimiento contractual del banco al ejecutar una orden de pago sin comprobar debidamente su legitimidad, o no disponer de un sistema adecuado de seguridad que previniera tal tipo de órdenes fraudulentas ni adoptar medidas concretas y específicas en el caso cuando toma conocimiento de una situación operativa anormal que debió, cuando menos de forma puntual y excepcional, a verificar cualquiera orden que se diera en relación a las cuentas de un cliente. Y ello, no puede pretender excusarse mediante condiciones generales de la contratación predispuestas, pues resultaría opuesto a la protección que se otorga a los consumidores en el art. 86.2 TRLGDCU, que determina la nulidad de aquellas estipulaciones o prácticas no consentidas que determinen la exclusión o limitación de responsabilidad del empresario en el cumplimiento del contrato.

Incluso, tratándose de microempresas, el artículo 34.1 del Real Decreto-ley 19/2018, de 23 de noviembre, de servicios de pago y otras medidas urgentes en materia financiera, determina la irrenunciabilidad de los derechos reconocidos en ella, al disponer *"cuando el usuario de servicios de pago no sea un consumidor ni una microempresa, las partes podrán convenir que no se apliquen, total o parcialmente, los artículos 35.1, 36.3, 44, 46, 48, 52, 60 y 61 del presente título. También podrán convenir las partes que no se aplique total o parcialmente el artículo 49 y un plazo distinto del que se establece en el artículo 43 cuando el usuario de servicios de pago no sea un consumidor"*. Aun así, la norma, no deja de ser una disposición que sitúa en una clara desventaja —no justificada a nuestro parecer—, al resto de empresas que se ven igualmente abocadas a la contratación con entidades financieras para el desarrollo de su actividad sometiéndolas a un régimen de adhesión con un régimen claramente perjudicial.

De modo temprano, la SAP de Madrid, Sección 13ª, de 11 de febrero e 2005 ya adelantaba el eventual carácter abusivo de aquellas cláusulas que desplazaran la responsabilidad de la entidad financiera hacia el usuario:

> *"(...) no cabe aceptar las cláusulas que desplazan el riesgo o, mejor dicho, la responsabilidad por tales actividades, que "incumbe al banco "hacia su cliente que no ha tenido ninguna participación en el daño causado, infringiendo así lo contemplado en la cláusula 14 de la Disposición Adicional primera de la Ley General para la Defensa de Consumidores y Usuarios en cuanto impone limitación de los derechos del consumidor.*

Y añade dicha resolución:

> *"En efecto, no es dado imponer al consumidor la renuncia indiscriminada al derecho que le pueda asistir para reclamar, frente a la entidad que le proporciona los medios técnicos necesarios para una mejor o más cómoda prestación de sus servicios, en aquellos supuestos en los que, no mereciendo la consideración de caso fortuito o fuerza mayor así como los efectivamente no imputables a la propia entidad bancaria, le ocasionen daños y/ o perjuicios"*

La SAP de Zaragoza, Sección 5ª, de 17 de noviembre de 2022, rechaza cualquier elusión de responsabilidad de la entidad financiera amparada en la predisposición de estipulaciones exoneradoras de aquellas, señalando;

> *"En cuanto a la cláusula 8ª de exoneración de responsabilidad, no podemos más que reiterar lo que señala la sentencia de instancia, con la que estamos completamente de acuerdo: "... la cláusula de exención de responsabilidad de Ibercaja (Cláusula 8ª) no puede entenderse válida en tanto en cuanto vaya contra el régimen normativo imperativo derivado de los preceptos antes reseñados".*
>
> *En los anteriores fundamentos hemos señalado las únicas causas de exoneración de responsabilidad de las entidades proveedora del servicio de pago, entre las que no se encuentra ninguna del tenor de la invocada por la recurrente. Debe tenerse en cuenta que, según el artículo 34 LSP, las normas citadas a lo largo de esta resolución son irrenunciables para los consumidores y las microempresas".*

Si con carácter general el banco tiene la obligación, dice la STS 311/16, de 12 de mayo, de comprobar la veracidad de la firma del ordenante —lo que no deja de ser una obviedad—, tanto más relevante lo es el ámbito de la banca electrónica a través de cualquiera de los sistemas ya existentes y que prestan un elevado nivel de garantía como son las claves aleatorias remitidas por la entidad directamente al usuario para cada operación y la firma electrónica.

Ligada a esta cuestión ha de traerse a colación, tal y como advierte la SAP de Alicante, Sección 8ª, de 12 de marzo de 2018, la pretendida elusión de responsabilidad que con frecuencia se articula por las entidades predisponentes a través de sus condiciones generales de la contratación o que son invocadas en los procesos de reclamación instados por los afectados. Como razona la Audiencia de Alicante: "*tampoco sirve de excusa la inclusión de avisos en web y otros medios de la entidad sobre el comportamiento seguro que en el uso de la plataforma había de tener el cliente —que por lo demás, conforma una concreta obligación contractualmente asumida, tal cual ya hemos apuntado— en tanto no es sino una fórmula predispuesta por el profesional, vacía de contenido al resultar contradicha por los hechos que no son otros que las barreras informáticas efectivas que deben estar implementando el sistema.*

La SAP de Cáceres, Sección 1ª, de 16 de febrero de 2022, con cita de la jurisprudencia dictada por el TS y la AP de Castellón, vuelve a rechazar la invocación de cláusulas contractuales que pretendan exonerar o trasladar la responsabilidad al usuario:

"interesa destacar la Sentencia de la Sección Tercera, Civil, de la Audiencia Provincial de Castellón, de fecha 21 de mayo de 2020, donde, entre otros particulares, se significa lo siguiente: "(...) Se trata de una cláusula de imputación de responsabilidad que ha sido calificada como abusiva por el Tribunal Supremo en su Sentencia núm. 792/2009 de 16 de diciembre, al entender que "La exclusión de responsabilidad en todo caso para la entidad bancaria por las utilizaciones de tarjeta o de libreta —consistentes en extracciones en efectivo u otras operaciones con cargo a la cuenta bancaria—, con anterioridad a la comunicación de la sustracción o extravío (o evento similar) es desproporcionada, y abusiva.
(...) Es igualmente abusivo excluir de responsabilidad a la entidad bancaria en todo caso del uso del número de identificación personal limitando aquélla a los supuestos de fuerza mayor o coacción".

E igualmente, no cabe como causa de elusión de la responsabilidad de la entidad financiera la inclusión de supuestos avisos en la web o comunicaciones genéricas sobre el riesgo de fraude en la banca electrónica, pues es el propio proveedor de servicios de pago, responsable del sistema el que debe implementar las medidas adecuadas para garantizar esa seguridad que legítimamente cabe esperar por los clientes por la confianza de sus fondos, máxime en unos momentos en que normativamente se ha impuesto la limitación del uso de efectivo y que por ello está aún más forzado el usuario a su depósito en las entidades y el uso de medios de pago electrónicos. Así lo recuerda también la SAP de Madrid, Sección 11ª de Madrid, de 28 de febrero de 2022:

"Tampoco sirve de excusa a la entidad apelada la inclusión de avisos en web y otros medios de la entidad sobre el comportamiento seguro que en el uso de la plataforma había de tener el cliente —que por lo demás, conforma una concreta obligación contractualmente asumida— en tanto no es sino una fórmula predispuesta por el profesional, vacía de contenido al resultar contradicha por los hechos que no son otros que las barreras informáticas efectivas que deben estar implementando el sistema...".

Rechaza también el argumento de los avisos genéricos de la entidad sobre posibles fraudes bancarios la SAP de Madrid, Sección 20ª, de 20 de mayo de 2022:

"Dicha actuación diligente no puede considerarse acreditada por las información que se facilita a los clientes a través de su página web, en cuanto la efectividad de esas obligaciones preventivas, lo que requerían era implementar en el sistema informático el mecanismo tecnológico ade-

cuado para evitarlo; es decir mediante una con una conducta activa y no simplemente informativa o divulgativa".

Y en la misma línea la SAP de Zaragoza, Sección 5ª, de 17 de noviembre de 2022 declara:

> *"Las advertencias genéricas de los bancos no pueden servir para imputar negligencia al usuario. Es el banco quien ofrece un producto en principio seguro, pero conociendo los distintos riesgos de los que avisa, le corresponde adoptar las medidas de seguridad o control necesarias. Como dijimos en nuestra sentencia de 9 de julio de 2022 (Roj: SAP Z 1482/2022), no basta con medidas genéricas de protección o avisos estereotipados de cuidado, pues tales avisos ostentarían la calificación de "fórmulas predispuestas", vacías de contenido. No son los clientes los que deben prevenir ni averiguar las modalidades de riesgos que el sistema conlleva, ni prevenir con su asesoramiento experto dichos riesgos".*

Parecer este compartido con rotundidad por la SAP de Jaén, Sección 1ª, de 14 de diciembre de 2022:

> *"No basta, pues, con medidas genéricas de protección o avisos estereotipados de cuidado, como los que indicaba la contestación a la demanda, sino que la seguridad de las operaciones bancarias precisa de soluciones tecnológicas avanzadas, a efectos de garantizar tanto la autenticidad como la integridad y confidencialidad de los datos. No son idóneos a tal fin los avisos genéricos de los bancos, a través de su web, que no suplen los deberes contractuales de las partes ni la implementación de medidas de seguridad eficaces. Tales avisos ostentarían la calificación de "fórmulas predispuestas", vacías de contenido. De esta manera, no son los clientes los que deben prevenir ni averiguar las modalidades de riesgos que el sistema conlleva, ni prevenir con su asesoramiento experto dichos riesgos. Así, es habitual la existencia de varios niveles de protección (código de usuario y contraseña, tarjeta de coordenadas y comunicaciones con el cliente) advirtiéndole de las operaciones a fin de que pueda tomar conocimiento inmediato y eficaz en caso de fraude".*

Una vez más, periclita el argumento exculpatorio de los avisos de prevención argüidos por la entidad financiera en la resolución dictada por la SAP de Cuenca, Sección 1ª, de 16 de mayo de 2023:

> *"Tampoco sirve de excusa a la entidad apelada la inclusión de avisos en web y otros medios de la entidad sobre el comportamiento seguro que en el uso de la plataforma había de tener el cliente, sino que la entidad bancaria debe dotar a la banca electrónica de las medidas de seguridad necesarias para prevenir unos tipos de fraude ya muy extendidos y que,*

como lo prueba el supuesto que nos ocupa, siguen produciéndose por falta de una medida adecuadas por la entidades bancarias, que ponen a disposición de sus clientes la banca online y la contratación electrónica como dotados de una seguridad que no garantizan".

7. DAÑO IRROGADO Y FUNDAMENTO DE LA ACCIÓN

Conforme es sabido, los daños pueden tener origen contractual o extracontractual, aunque la moderna sistemática parece avocar a una concurrencia de ambas responsabilidades, descansando la responsabilidad del dañador en los artículos 1101, 1103, 1104, 1106 y 1902 del Código Civil. Debemos recordar que de modo reiterado se ha pronunciado nuestro Tribunal Supremo (sirvan de epítome por todas ellas las SSTS de 30 de diciembre de 1980 y 14 de febrero de 1994) de modo favorable a que el perjudicado pueda ejercitar conjuntamente la acción contractual y extracontractual, manteniendo ambas su origen en el *alterum non laedere*. De este modo nada empece a una yuxtaposición de responsabilidades o su apreciación con carácter alternativo o subsidiario, de la extracontractual respecto de la contractual, conforme admite el art. 71.4 LEC.

La SAP de Alicante, Sección 8ª, de 12 de marzo de 2018, en caso de operaciones fraudulentas por phishing aprecia en la entidad financiera la concurrencia de una responsabilidad contractual y extracontractual:

> *"La decisión de este motivo trae causa casi completa en lo ya resuelto con ocasión de los tres motivos anteriores a saber, en primer lugar, que la responsabilidad de Barclays, en tanto prestadora de los servicios de banca online y respecto de los perjuicios que con ocasión de su uso pueden padecer los usuarios de la misma, tiene naturaleza cuasi-objetiva o de riesgo por razón legal y, en segundo lugar, que Barclays si infringió sus obligaciones, tanto contractuales de implementación del sistema de las medidas de seguridad exigibles para un uso seguro por su cliente, como extracontractuales, al no haber actuado con diligencia tras la denuncia del fraude informático padecido en la cuenta de la cliente al acceder al sistema online terceros no autorizados para operar con aquella, todo lo cual deriva no solo en lo ya expuesto con ocasión del primero de los motivos sobre el alcance de la presunción iuris tantum en materia de carga de la prueba, sino en el alcance de dicha presunción que en caso de concurrencia de la conducta descrita se extiende tanto al dolo o culpa grave como a su incidencia causal en la provocación o agravamiento de la insolvencia, siendo así que en todo caso, y como ha quedado explicitado a lo largo de esta Sentencia, la no acreditación de las necesarias medidas de segu-*

ridad, la acreditación de la diligencia de la usuaria, y la inacreditación de la conducta posterior a la denuncia del fraude por el banco, omitiendo las medidas necesarias para evitar, en su caso, la pérdida definitiva del dinero, constituyen los presupuestos que permiten apreciar la realidad de una causalidad adecuada entre la conducta omisiva de la entidad y el resultado dañoso".

Cabría plantearse incluso la concurrencia de un daño moral infringido a la víctima del fraude como consecuencia de la defraudación padecida. La SAP de Almería, Sección 1ª, de 1 de marzo de 2023, reconoce la procedencia de la compensación por este daño a una usuaria que fue víctima de un duplicado de tarjeta SIM en el que junto a la detracción de sus ahorros concurrió la privación de su línea de teléfono y la exposición de sus datos. La resolución dictada, otorga la suma de 1.600 euros con el siguiente razonamiento:

"En cuanto a los daños morales, se reclaman 2.500 € por la situación de zozobra, angustia e inquietud padecida por la demandante, dado que el teléfono móvil es hoy un instrumento esencial; que la demandante tuvo la línea de móvil bloqueada, y que terceras personas además del desfalco, tuvieron acceso a información personal.

El daño moral está asociado a los padecimientos físicos y psíquicos o espirituales que sufre la demandante, que han de guardar causalidad con el evento dañoso (la estafa sufrida). Para ello es importante atender y ponderar el conjunto de circunstancias que integran el supuesto y que son de interés desde la perspectiva del nexo causal.

Sobre ello, contamos con datos objetivos no cuestionados, como es el hecho de que la demandante estuvo privada de la línea de móvil desde el 22 de junio de 2020 hasta el 7 de julio. Que tuvo que realizar gestiones varias, de denuncia ante la Policía Nacional, y ante la propia Vodafone, para bloquear la tarjeta, y para reclamar sin éxito, y que fue privada de una suma de 3.200 €, de la que aun no ha sido reparada.

Por todo ello, consideramos que 1.600 € responde a una cantidad ajustada y proporcionada con la situación de padecimiento y menoscabo producida, ya que a día de hoy aún no ha sido resarcida".

La SAP de Pontevedra, Sección 3ª de 22 de marzo de 2023, corrobora igualmente en un supuesto de phishing convencional la coexistencia de un daño moral adicional al perjuicio patrimonial padecido:

"En relación con el alegato impugnatorio dirigido frente al reconocimiento de la indemnización por daño moral pedido por la actora, también hemos de desestimar el recurso toda vez que no resulta contradictorio al Juzgador en sus apreciaciones y razonamientos porque parte de considerar

efectivamente acreditado el sufrimiento, angustia y desasosiego que justifica la estimación de un daño moral.
Debemos tener en cuenta que toma en consideración la documentación atinente a la denuncia policial y los Informes médicos que avalan aquéllas premisas, donde se relacionan la problemática de ansiedad y afectación de su salud que le irrogó la situación objeto de litis, teniendo en consideración al efecto la incidencia que la falta de saldo bancario y las devoluciones a que dio lugar tuvieron en ella, sin que el hecho de que el Juzgador hubiese rechazado la vinculación e identificación que se hizo en demanda de su cuantificación con los costes bancarios irrogados como se sostuvo y relacionó en la demanda haya de suponer que no sería reconocible indemnización alguna por daño moral porque sí existió éste. Es más, no se cuestiona tal consideración de la Sentencia y no dejó de reclamarse por la actora correctamente el mismo, aunque no se correspondiese con el criterio propuesto para su cuantificación. Y, por último, habiéndose rechazo antes la concurrencia de negligencia grave no puede acogerse este argumento cara a impedir la obligación de indemnización del daño moral reconocido".

7.1. OBLIGACIONES DEL PROVEEDOR DE SERVICIOS DE PAGO EN RELACIÓN CON LOS INSTRUMENTOS DE PAGO

Tal y como sintetiza la SAP de Zaragoza, Sección 5ª de 1 de julio de 2022, "*Antes de entrar en la específica legislación sectorial relativa a las responsabilidades derivadas de los diferentes sistemas de pago, hemos de recordar que estamos ante un contrato de cuenta corriente. Contrato reiteradamente estudiado por la doctrina y jurisprudencia. En él destaca sobre todo el denominado "Servicio de Caja" y que se puede encuadrar en nuestro ordenamiento jurídico dentro del marco general de la "comisión mercantil" (art. 254 C. Comercio) y, por el cual el banco, en cuanto mandatario, ejecuta las instrucciones del cliente (abonos, cargos...) y, como contraprestación, recibe unas determinadas comisiones, asumiendo la responsabilidad propia de un comisionista. De esta manera, hay que destacar que la "cuenta corriente bancaria" cada vez va recabando mayor autonomía respecto al contrato de depósito, que le servía de base. De tal manera que la "Cta. Cte." sólo actúa como soporte contable, expresando una disponibilidad de fondos contra el banco que los retiene y que encuentra su causa tanto en operaciones de activo como de pasivo. Su autonomía la decide al salir del círculo "banco-cuentacorrentista", para realizarse mediante operaciones de caja, a través de las cuales se efectúan transferencias y pagos a terceros. Por ello, de tal relación se derivan deberes de rendición de cuentas, de información (arts. 263 C.com y 1720 C.c, ley 26/88, de 29-julio de Ordenación bancaria e intervención de las entidades de crédito) y el de actuar conforme a las instrucciones recibidas. Y, en tal caso, con la diligencia "quam in suis" (art. 255 C.com) pues se responde por culpa, cuyo rigor será medido por el parámetro de que se trate o no de un mandato retribuido (art. 1726 C.c).*

Y continúa la precitada SAP de Zaragoza, dibujando el marco normativo aplicable en una completa y acertada delimitación con cita de la normativa aplicable por razón del carácter seriado de la contratación, la protección del usuario adherente y de la contratación a distancia. Así lo apunta:

> *"Dando un paso más en el acercamiento legislativo al caso enjuiciado, aparece la regulación de la contratación electrónica. Se puede definir esta como aquella en que la oferta y la aceptación se tramita por medios electrónicos de tratamiento y almacenamiento de datos, conectados a una red de telecomunicaciones.*
>
> *A ella hacen referencia la ley de Condiciones Generales de la Contratación 7/98 y el RD 1206/99, de 17-febrero. Pero, más explícitamente, la ley 34/02, de 11 julio de "Servicios de la Sociedad de la Información" en cuyos arts. 27 y 28 establece la obligación del prestador de servicios de una información al destinatario que sea clara, comprensible e inequívoca.*
>
> *También el Art. 46 de la ley 7/96, de 15 de enero de Ordenamiento del Comercio Minorista (transposición de la Directiva 97/7 CE) y la ley 22/07 de 11 julio (art. 12) de Comercialización a Distancia de Servicios Financieros destinados a Consumidores (transposición de Directiva 2002/65/CE), establecen una protección especial al consumidor frente a la incertidumbre jurídica que produce el desarrollo de Internet y las nuevas tecnologías. Protección que se articula en la inmediata reposición o anulación de los cargos indebidos al titular del elemento o medio de pago utilizado indebida o fraudulentamente.*
>
> *Con claridad manifiesta se expresa la normativa citada. Art. 46 LOCM: "Cuando el importe de una compra hubiese sido cargado fraudulenta o indebidamente utilizando el número de una tarjeta de pago, su titular, podrá exigir la inmediata anulación del cargo. En tal caso, las correspondientes anotaciones de adeudo y reabono en las cuentas del proveedor y del titular se efectuarán a la mayor brevedad".*
>
> *El Art. 12 bis de la ley 34/02, de Servicios de la Sociedad de la información y de comercio electrónico obliga al proveedor de dichos servicios a realizar una información a sus clientes permanente, fácil, directa y gratuita sobre niveles de seguridad, restricción de correos no solicitados, filtrado de servicios de Internet no deseados, etc.*

Cierran el círculo protector del cliente de servicios electrónicos, cuando, además, es consumidor, los arts. 147 y 148 del RD Leg. 1/07 de 16 de noviembre de defensa de consumidores y usuarios. Los prestadores de servicios responderán de los daños y perjuicios, salvo que prueben que han cumplido las exigencias y requisitos reglamentariamente establecidos y los demás cuidados y diligencia que exige la naturaleza del servicio. Más aún cuando se trata de servicios que por su propia naturaleza o por estar así reglamentariamente establecido, incluyan necesariamente niveles determinados de eficacia o seguridad, en condiciones objetivas de determinación.

Todo lo cual ya estaba en el germen en el Art. 1258 C. Civil.

Así llegamos a los objetivos previstos en la Directiva 2007/64/CE, transpuesta por la ley 16/09, de 13-noviembre, de Servicios de Pago. Y cuya finalidad es el reforzamiento y protección de los usuarios de los servicios de pago, facilitando la aplicación operativa de los instrumentos de la zona única de pagos en euros (SEPA "Single Euro Payments Area").

Por ello, el Art. 31 de dicha ley es tan contundente, siguiendo la estela de la legislación que le precedió.

Es decir, salvo una tardanza injustificada del usuario de los servicios en comunicar la irregularidad, "en caso de que se ejecute una operación de pago no autorizada, el proveedor de servicios de pago del ordenante le devolverá de inmediato el importe de la operación no autorizada y, en su caso, restablecerá la cuenta de pago en que haya adeudado dicho importe al estado que habría existido de no haberse efectuado la operación de pago no autorizada".

Por ello, salvo actuación fraudulenta, incumplimiento deliberado o negligencia grave del ordenante (art. 32), la responsabilidad será del proveedor del servicio de pago, lo que supone que a él le corresponde la carga de la prueba de que la orden de pago "no se vio afectada por un fallo técnico o cualquier otra deficiencia" (art. 30)".

7.1.1. Superación del límite de disposición establecido

Otro de los aspectos que conviene analizar es el referido al cumplimiento por la entidad financiera de los niveles de seguridad en lo atinente al límite de disposición diario que hubiera podido establecerse contractualmente. No es extraño que, en casos de fraudes bancarios, estos límites se excedan. Y ello evidentemente, cualifica más si cabe la responsabilidad de la entidad financiera.

La SAP de Barcelona, Sección 14ª, de 7 de marzo de 2013 alude a esta realidad cuando refiere: *"Lo cual además en el presente caso, tiene la gravedad de que en cada una de las cuentas se estableció un límite de disposi-*

ción diario de 3.000 euros, el cual fue sobrepasado varios días (...) En definitiva, la entidad demandada no adoptó las medidas de seguridad pactadas en cuanto a límites de disposición..."

La SAP de Madrid, Sección 9ª, de 4 de mayo de 2015, llama también la atención sobre la responsabilidad adicional de la entidad financiera al permitir la superación del límite operativo establecido contractualmente:

> *"En definitiva, la entidad demandada no adoptó las medidas de seguridad pactadas en cuanto a límites de disposición, sin poder atender a explicaciones no recogidas en el contrato; tampoco ha aportado prueba de la adopción de medidas concretas de seguridad para dicho tipo de fraude conocido del pushing siendo obligación de la entidad conforme la Condición General 3 del contrato que Caixa Catalunya puede establecer filtros adicionales de seguridad, no constando el mismo para el pushing; y en el punto 14 que los firmantes autorizan a Caixa Catalunya para que pueda utilizar sus datos para realización de estudios, comportamientos de riesgos, mediante modelos de scoring, sistemas de información integrados, u otros de similar naturaleza, que tampoco se ha realizado, permitiendo transferencias por encima del límite y a favor de personas que en un estudio o mediante modelos de scoring, podría filtrarse y evitar dichos movimientos fraudulentos].*
>
> *3) Por último, a pesar de que en las Condiciones Particulares del Contrato, concretamente en el apartado de "Oficina Virtual", se establecía expresamente que el límite de transferencias diario, en la utilización de la banca electrónica, no debía superar los TRES MIL EUROS (3.000?), CAJAMAR tampoco fue capaz de detectar que el día 23 de marzo de 2010 se ordenaron cinco transferencias bancarias, por importe de TRES MIL QUINIENTOS NOVENTA EUROS (3.590?), sobrepasando el límite impuesto por la propia entidad bancaria. Esta circunstancia debió alertar claramente a CAJAMAR, pero lejos de ser así, considera que el phishing, fue exclusivamente por culpa de la Sra. Sacramento, que no custodió debidamente sus claves, entregándoselas a los troyanos en una página fraudulenta. Hechos que —en ningún momento— fueron acreditados por la entidad bancaria".*

La SAP de Vizcaya, Sección 3ª, de 10 de noviembre de 2016, repite esta idea al destacar:

> *"(...) se establece un límite de seguridad en que confía el cliente, pero el mismo no rige en determinada operación de transferencias entre cuentas de la misma entidad. Debemos indicar, que, por un lado, el contrato no establece dicha excepción luego debe responder la entidad bancaria de dicha omisión, pues quizás sabedor de que puede no haber limite en determinados casos no se hubiere contratado.*

Y, dicho límite fue traspasado en cinco de los seis días reclamados, sin que la demandada lo detectase, en principio por la razón que expone el representante en juicio; pero nos encontramos que en el escrito de oposición al recurso de apelación se dice que al existir dos cuentas con límite de 3.000 euros, conjuntamente tenían un límite de 6.000 euros; sorprendiendo con nueva tesis que tampoco viene recogida en el contrato, pues en el mismo queda claro el límite para cada una de las cuentas, sin constar la suma de las dos, pues no debe olvidarse que son dos cuentas distintas".

Comparte esta misma idea la Sentencia dictada por el Juzgado de 1ª Instancia nº 6 de Vigo de 6 de mayo de 2022:

"De lo expuesto, cabe concluir, que se ha acreditado la existencia del límite establecido en contrato de tarjeta por importe de 2500 euros, y la entidad bancaria incumplió ese límite autorizando la operación por importe de 2559,43 euros, sin que conste que, por la entidad bancaria demandada, se hubiese requerido al actor, comunicándole la imposibilidad de llevar a cabo la operación, al estar establecido por contrato el límite en 2500 euros. Por lo cual habiéndose excedido el límite de la operación se ha incumplió por la entidad bancaria demandada, lo estipulado en contrato debiendo la entidad bancaria demanda restituir al actor la suma de 2559,43 euros más los intereses legales desde la primera reclamación extrajudicial a la entidad bancaria demandada en fecha 13 de julio de 2021 cuando ser remite correo por el actor al servicio de atención al cliente de Caixabank. En consecuencia, y de conformidad con todo lo expuesto, la demanda debe ser estimada".

La SAP de Valencia, Sección 6ª, de 13 de junio de 2022 sintetiza con concisión y acierto la responsabilidad de la entidad financiera al permitir la superación del límite diario establecido para operaciones con la tarjeta de pago:

"Al permitir que se realicen compras por encima del límite de la tarjeta. En el contrato se limitan las compras o disposiciones a 1.200 € diarios. Si el banco permite que se efectúen compras, que en este caso cuadriplican ese importe está incumpliendo el límite que él mismo ha estipulado en el contrato".

Y vuelve a llamar también la atención sobre la superación del límite de disponibilidad la SAP de Madrid, Sección 10ª, de 13 de enero de 2023:

"Además, se dispuso de cantidades superiores al límite máximo pactado de disposición, sin control por la entidad bancaria, lo que fue posible por la modificación de los límites referidos, elevando los 1.200 iniciales

a 6.000 euros por tarjeta, lo que realiza el tercero, al conocer sus claves como consecuencia del hackeo previo.

Al entender la Sala que la entidad bancaria actuó sin tomar las medidas de diligencia y seguridad exigidas, la consecuencia del incumplimiento es la obligación de devolver de inmediato el importe de la operación, lo que al no efectuarse de inmediato supone un nuevo incumplimiento".

Contundente es el pronunciamiento de la SAP de La Rioja, Sección 1ª, de 17 de febrero de 2023, en la que se reprocha la pasividad o ignorancia de la entidad ante la súbita y pronunciada modificación del límite de disposición de una tarjeta y las inmediatas disposiciones fraudulentas padecidas por la titular:

"No acabamos de comprender como es que un hecho tan inusual como elevar el límite de disposición de la tarjeta en más de un 300%, sucedido el 10 de agosto, no hizo activarse ninguna alarma o sistema de prevención o seguridad en ese mismo momento; tampoco se explica cómo es posible que ni siquiera cuando la demandante acudió al día siguiente a la oficina bancaria preocupada por las dos transferencias que el banco calificó como "posible fraude", se advirtiera o entonces ese inusual y extraordinario incremento del límite de riesgo de la tarjeta de crédito y se adoptasen medidas para evitar el cargo que solo se patentizó el día 16".

La SAP de Cuenca, Sección 1ª, de 16 de mayo de 2023 pone una vez más el acento agravatorio de la responsabilidad de la entidad en la superación del límite establecido o su ostensible modificación por el ciberdelincuente y la realización de inmediatas disposiciones, que claramente debían suponer un control reforzado o alerta temprana de posible conducta fraudulenta:

"(...) se dispuso de cantidades superiores al límite máximo pactado de disposición, sin control por la entidad bancaria, lo que fue posible por la modificación de los límites referidos, elevando los 1.200 iniciales a 6.000 euros por tarjeta, lo que realiza el tercero, al conocer sus claves como consecuencia del hackeo previo"

Reprueba también la actuación poco diligente de la entidad bancaria, en este aspecto, la Sentencia del Juzgado de 1ª Instancia nº 1 de Moncada de 31 de mayo de 2023:

"Este deber especial de diligencia que cabe atribuir a la entidad bancaria habría de llevarle también a diseñar sistemas de control ante movimientos inusuales o ante cargos que se salgan de lo habitual. En el presente caso, en el contexto del engaño fraudulento, se produjo una modificación del

límite máximo de seguridad diario establecido en el contrato de tarjeta de crédito, sin que la entidad bancaria efectuara las comprobaciones que confirmaran que era su cliente la que había llevado a cabo esa variación contractual tan relevante".

7.2. NOTIFICACIÓN Y RECTIFICACIÓN DE OPERACIONES DE PAGO NO AUTORIZADAS O EJECUTADAS INCORRECTAMENTE

La notificación y rectificación de operaciones de pago no autorizadas o ejecutadas incorrectamente, encuentra su regulación en el artículo 43 del Real Decreto-ley 19/2018, de 23 de noviembre, de servicios de pago y otras medidas urgentes en materia financiera, estableciendo:

1. El usuario de servicios de pago obtendrá la rectificación por parte del proveedor de servicios de pago de una operación de pago no autorizada o ejecutada incorrectamente únicamente si el usuario de servicios de pago se lo comunica sin demora injustificada, en cuanto tenga conocimiento de cualquiera de dichas operaciones que sea objeto de reclamación, incluso las cubiertas por el artículo 60, y, en todo caso, dentro de un plazo máximo de trece meses contados desde la fecha del adeudo.

Los plazos para la notificación establecidos en el párrafo primero no se aplicarán cuando el proveedor de servicios de pago no le haya proporcionado ni puesto a su disposición la información sobre la operación de pago con arreglo a lo establecido en el título II.

2. Cuando intervenga un proveedor de servicios de iniciación de pagos, el usuario de servicios de pago deberá obtener la rectificación del proveedor de servicios de pago gestor de cuenta en virtud del apartado 1, sin perjuicio de lo dispuesto en el artículo 45.2, y el artículo 60.1.

La SAP de Barcelona, Sección 1ª, de 1 de marzo de 2021, da respuesta a la tempestividad de las notificaciones de operaciones de pago no autorizadas o ejecutadas incorrectamente por parte del usuario. En el caso analizado, la entidad demandada —BANCO SANTANDER S.A.— alegaba el exceso del plazo establecido en la entonces vigente Ley de Servicios de Pago, por parte del usuario para la notificación a la entidad de operaciones no autorizadas. Sin embargo, la Audiencia de la capital condal advierte de la distinción del plazo administrativo establecido en el RD Ley y el previsto para el ejercicio de la acción civil de responsabilidad contractual. Así lo expresa con claridad:

"Debe deslindarse el ámbito de aplicación y alcance de la Ley 16/2009, norma administrativa que tiene su ámbito de aplicación en unos plazos de reclamación con consecuencias automáticas para el banco, de los derechos y obligaciones y correspondientes acciones que en virtud del derecho civil y del contrato entre las partes puedan surgir. En este ámbito rigen los plazos ordinarios de prescripción de acciones.
Debe destacarse en este caso que la actora no ejercita en su demanda una acción para obligar al banco al cumplimiento de sus obligaciones legales establecidas en la Ley 16/2009, sino una acción de responsabilidad contractual, causa de pedir distinta que la esgrimida por la apelada"

7.3. RESPONSABILIDAD DEL PROVEEDOR DE SERVICIOS DE PAGO EN CASO DE OPERACIONES NO AUTORIZADAS

Tal y como recuerda la SAP de Alicante, Sección 9ª, de 11 de febrero de 2019, la razón de atribuir a la entidades financieras y proveedores de pago una singular responsabilidad, descansa sobre estas premisas: *"el sistema para funcionamiento de las tarjetas lo dispone el emisor o un tercero con el que el emisor contrata su uso en beneficio propio y el sistema operativo de las tarjetas electrónicas no es completamente seguro; en el estado actual no se puede garantizar una seguridad absoluta y quien tiene el primer deber de impedir el mal uso de la tarjeta es el emisor que ha puesto en marcha el sistema y de ahí su responsabilidad por circunstancias relativas al funcionamiento del sistema cuyos riesgos y limitaciones él conoce y que no deben ser imputados al usuario, y, de ahí, también que sea de su cargo la prueba de la mala fe o negligencia grave del usuario o titular de la tarjeta"*.

Tanto en la banca telefónica como por internet, el proveedor de servicios de pago, o lo que es lo mismo, el banco emisor, debe implementar las medidas necesarias para asegurar la autenticación e identidad del ordenante a la hora de prestar su consentimiento. Por ello y para su ejecución, el banco debe comprobar en todo caso la autenticidad de la orden, siendo cuestión del facilitador del medio de pago la facilitación e implementación del medio óptimo para asegurar dicha autenticidad y seguridad. Esto conlleva la obligación de continua adaptación y mejora de sus sistemas. En los tiempos presentes, por ejemplo, la tecnología actual permite con facilidad el reconocimiento biométrico del usuario (huella digital, reconocimiento de iris, reconocimiento facial, reconocimiento por voz...). Estos sistemas aportan un plus de seguridad notable y con un coste de implementación asequible, toda vez que la inmensa mayoría de los dispositivos de acceso (ordenadores, tabletas, teléfonos inteligentes...) incorporan los elementos suficientes para ello.

Desde la entrada en vigor a finales de 2018 de la nueva Directiva (UE) 2018/843 del Parlamento Europeo y del Consejo, de 30 de mayo de 2018, por la que se modifica la Directiva (UE) 2015/849 relativa a la prevención de la utilización del sistema financiero para el blanqueo de capitales o la financiación del terrorismo, y por la que se modifican las Directivas 2009/138/CE y 2013/36/UE (Directiva AML5) y junto con el Reglamento (UE) n° 910/2014 del Parlamento Europeo y del Consejo, de 23 de julio de 2014, relativo a la identificación electrónica y los servicios de confianza para las transacciones electrónicas en el mercado interior y por la que se deroga la Directiva 1999/93/CE (Reglamento e IDAS) la biometría facial respaldada por procesos de video identificación se encuentra aceptada normativamente.

No es extraño que gran parte de los usuarios accedan ya de facto a sus propios dispositivos móviles mediante este tipo de sistemas de seguridad. Por ello, parece más que razonable, la exigencia a las propias entidades financieras de la adaptación de sus sistemas de seguridad a unos estándares cuando menos similares o si cabe reforzados mediante la combinación de varios de ellos. Esta ausencia de adaptación permitiendo con su pasividad la proliferación de fraudes bancarios conlleva, en nuestra opinión, su necesaria responsabilidad. La entidad financiera tiene la obligación de implementar los más altos estándares de seguridad para con sus clientes, al igual que lo hace en sus propias oficinas o para la custodia de sus fondos propios.

Como expresa la Sentencia de la Audiencia Provincial de Alicante, Sección 8ª, de 21 de enero de 2014 y reitera la SAP de Castellón, Sección 3ª, de 17 de mayo de 2019: "*Es evidente que tanto por razón de la normativa fiscal y bancaria, como por la obligación que soportan de las entidades de velar por el interés del cliente, las entidades bancarias depositarias del efectivo de sus clientes han de extremar la precaución al comprobar la identidad de quienes realizan operaciones bancarias sobre tales depósitos.*"

La SAP de Madrid, Sección 11ª, de 28 de febrero de 2022 —también reproducida sobre este particular por la SAP de Murcia, Sección 1ª, de 19 de diciembre de 2022— se refiere al denominado "riesgo operacional", atribuyendo a la entidad financiera su asunción frente a conductas fraudulentas que afectan a los fondos de sus clientes, así como la obligación de un conocimiento del mismo y de su operativa habitual:

> *"(...) el conocido "riesgo operacional", que debe ser asumido por los bancos en virtud de su posición de garante al ser una pieza clave para evitar la comisión de fraudes. Asimismo, existe una obligación genérica de las entidades financieras por buenas práctica profesionales, gestión de riesgos y defensa frente a fraudes, estableciendo procedimientos que garantizan el principio "Conoce a tu Cliente", que incluye que los bancos deben conocer el tipo de operaciones que estos realizan e identificar posibles operaciones irregulares y/o fraudes de los que puedan ser víctimas".*

Esta es también la idea latente en la SAP de Jaén, Sección 1ª, de 14 de diciembre de 2022, cuando concluye:

> *"Debe concluirse, en consecuencia, que constituye obligación esencial de las entidades prestadoras del servicio de banca "on line" el dotarse de medidas suficientes que garanticen al usuario la seguridad de las operaciones por lo que, en el supuesto de insuficiencia o mal funcionamiento de las adoptadas, deben ser las entidades bancarias las que asuman las consecuencias derivadas de los fallos de seguridad del sistema".*

Constituye por tanto obligación esencial de las entidades prestadoras del servicio de banca online el dotarse de medidas suficientes que garanticen al usuario la seguridad de las operaciones por lo que, en el supuesto de insuficiencia o mal funcionamiento de las adoptadas, deben ser las entidades bancarias las que asuman las consecuencias derivadas de los fallos de seguridad del sistema. La SAP de Madrid, Sección 9ª, de 4 de mayo de 2015, razona con contundencia: *"parece de una obviedad incontestable que no ha de ser el cliente quien tenga que detectar las disfunciones de un sistema que ni ha creado ni manejado, ni tiene posibilidad de ello"*. En idéntico sentido se pronuncia la SAP de Vizcaya, Sección 3ª, de 10 de noviembre de 2016, haciendo suyo el razonamiento precedente de la SAP de Madrid.

La SAP de Barcelona, Sección 14ª, de 7 de marzo de 2013 determina: *"En definitiva, lo que no puede ofrecerse es un sistema on line sin adoptar las medidas de seguridad necesarias, conociendo además de su existencia*

(...) Pues, por más recomendaciones que se hagan al usuario o cliente, como se alega por la Caixa, es ésta la que ofrece un producto en principio seguro, pero con conocimiento de los distintos riesgos ajenos a un uso del cliente con todas las recomendaciones, por lo que corresponde a la misma adoptar las medidas de seguridad o control necesarias, y renovarse ante los distintos modos de "ataque" informático".

Como razona la SAP de Alicante, Sección 8ª, de 12 de marzo de 2018:

> *"Siendo Internet una red pública de comunicaciones, la seguridad de las operaciones bancarias precisa de soluciones tecnologías avanzadas a los efectos de garantizar tanto la autenticidad como la integridad y la confidencialidad de los datos.*
>
> *Por estos motivos las entidades prestadoras del servicio de banca online deben dotarse de medidas suficientes que garanticen al usuario la seguridad de las operaciones.*
>
> *Consecuencia derivada de la omisión, insuficiencia o defectuoso funcionamiento de las adoptadas es que han de ser las entidades bancarias las que asuman las consecuencias derivadas de los fallos de seguridad del sistema.*
>
> *La banca electrónica está siendo objeto de transferencias no autorizadas por el cliente y que vienen antecedidas por el método delictivo conocido como phishing que constituye una modalidad específica de fraude informático que visualiza las deficiencias de seguridad del sistema informático de una entidad y que trae causa en el uso de las redes telemáticas.*
>
> *(...)*
>
> *La responsabilidad en estos supuestos no puede atribuirse directamente al supuesto ordenante de la transferencia por entenderse esta autorizada al haberse realizado de acuerdo con los sistemas de autenticación del banco.*
>
> *Los sistemas de autenticación se establecen por los proveedores de servicios de pago y si un banco no ha sido capaz de limitar el acceso al canal de banca electrónica no puede pretender que el presunto ordenante víctima de esta práctica fraudulenta sea el único responsable, pues es el banco quien tiene responsabilidad respecto del buen funcionamiento y la seguridad del mismo".*

La SAP de Cáceres, Sección 1ª, de 16 de febrero de 2022 es del mismo parecer rechazando la traslación de responsabilidad al usuario que trataba de justificar la entidad bancaria:

> *"Debe tenerse en cuenta que estos mecanismos de pago, tanto por medio de tarjetas, como a través de la banca a distancia o digital, no solo los articula la entidad financiera a través de las correspondientes aplicaciones*

y software, sino que potencia su utilización por sus clientes y usuarios bancarios, por lo que tiene —y debe— implementar todas las medidas de seguridad necesaria para evitar fraudes, incluida la suplantación de identidad; y, si el fraude es externo, es decir, a través de estafas informáticas (o "phishing"), lo único que puede exigirse al usuario es que el dispositivo que utilice para la realización de este tipo de operaciones tenga un mantenimiento de seguridad que, en principio, pudiera evitarlo, exigencia que, en el supuesto que examinamos, ha verificado el demandante quien goza —no debe olvidarse— de la condición de "consumidor" y, en consecuencia, de una protección reforzada".

La SAP de Madrid, Sección 20ª, de 20 de mayo de 2022, incide en la responsabilidad de la entidad financiera por las disposiciones fraudulentas ocasionadas por terceros a través de conductas delictivas de phishing, aun cuando el usuario hubiera podido hacer clic en algún mensaje malicioso que hubiera supuesto la captura de sus claves por no haber implementado las debidas medidas seguridad antiphishing:

"En consecuencia, la demandada incurrió en un incumplimiento de los deberes de diligencia en la prevención del fraude mediante phishing, que le hace ser responsable del perjuicio total sufrido por el demandante, pues no podía la entidad desconocer que frecuentemente mediante esa técnica el tercero defraudador utiliza los datos de la tarjeta para activarla en una aplicación de pago de la que tiene dominio, por lo que debiendo conocer que el teléfono desde el que se le había solicitado la activación no se encontraría entre los que hubiera registrado su nombre el demandante en su ficha de cliente, la comunicación del número de terminal telefónico devenía exigible para que aquélla pudiera conocer que era un tercero quien podría disponer de los datos de la tarjeta mediante la aplicación de pago que se activaría.

No habiendo quedado acreditado que la entidad demandada cumplió en la forma que le es exigible los deberes de diligencia en la autenticación de las operaciones de pago, pues ni habría probado haber implementado un mecanismo antiphising de protección de los usuarios de los instrumentos de pago por ella emitidos frente al uso fraudulento por un tercero de páginas imitativas de las propias para hacerse con las credenciales del instrumento, ni habría puesto en conocimiento del usuario los datos necesarios para que este conociera que se trataba de instalar su tarjeta en una aplicación de pago de un terminal de un tercero y no apreciándose que el demandante incurrió en negligencia grave en el cumplimiento de sus deberes de custodia y uso de la tarjeta, ha de declararse la responsabilidad de la entidad demandada como proveedora de los servicios de pago usados de manera fraudulenta por un tercero y por tanto es quien debe responder de las pérdidas sufridas por el demandante con tales operacio-

nes, responsabilidad que se hace extensible a la totalidad de la pérdida, pues en momento alguno anterior a que se realizase la última de las operaciones fraudulentas de pago, la entidad demandada había informado a la demandante del número del terminal telefónico desde el que se estaban realizando las órdenes de pago fraudulentas, ni de circunstancia alguna que hubiera permitido conocer al demandante tal uso fraudulento".

El Real Decreto-ley 19/2018, de 23 de noviembre, de servicios de pago y otras medidas urgentes en materia financiera, ha tratado de actualizar nuestra anterior Ley 16/2009, de 13 de noviembre, de servicios de pago a los cambios tecnológicos desarrollados desde su aprobación.

En su Título II, mantiene con evidente laxitud, bajo el manto de una supuesta libertad contractual —que cualquier jurista sabe inexistente en las relaciones en la que la predisponente es una entidad financiera—, un sistema un tanto obsoleto de transparencia en cuanto a las condiciones y los requisitos de información aplicables a dichos servicios.

Y en el Título III aborda los derechos y obligaciones de los proveedores y de los usuarios en relación con servicios de pago. El cambio más relevante introducido en este título deriva de la regulación de los servicios de iniciación de pagos y de información sobre cuentas de pago, en particular sobre la delimitación de las responsabilidades derivadas del uso de ambos servicios. Además, como destaca su Exposición de Motivos, se introduce un nuevo capítulo que regula los riesgos operativos y de seguridad de los proveedores de servicios de pago.

En particular, el artículo 42 del Real Decreto-ley 19/2018, de 23 de noviembre, de servicios de pago y otras medidas urgentes en materia financiera, entre las obligaciones que atribuye al proveedor de servicios de pago en relación con los instrumentos de pago, les atribuye las siguientes:

a) Se cerciorará de que las credenciales de seguridad personalizadas del instrumento de pago solo sean accesibles para el usuario de servicios de pago facultado para utilizar dicho instrumento, sin perjuicio de las obligaciones que incumben al usuario de servicios de pago con arreglo al artículo 41.

b) Se abstendrá de enviar instrumentos de pago que no hayan sido solicitados, salvo en caso de que deba sustituirse un instrumento de pago ya entregado al usuario de servicios de pago.

Esta sustitución podrá venir motivada por la incorporación al instrumento de pago de nuevas funcionalidades, no expresamente solicitadas por el usuario, siempre que en el contrato marco se hubiera previsto tal posibilidad y la sustitución se realice con carácter gratuito para el cliente.

c) Garantizará que en todo momento estén disponibles medios adecuados y gratuitos que permitan al usuario de servicios de pago efectuar una notificación en virtud del artículo 41.b), o solicitar un desbloqueo con arreglo a lo dispuesto en el artículo 40.4. A este respecto, el proveedor de servicios de pago facilitará, también gratuitamente, al usuario de dichos servicios, cuando éste se lo requiera, medios tales que le permitan demostrar que ha efectuado dicha comunicación, durante los 18 meses siguientes a la misma.

d) Ofrecerá al usuario de servicios de pago la posibilidad de efectuar una notificación en virtud del artículo 41.b), gratuitamente y cobrar, si acaso, únicamente los costes de sustitución directamente imputables al instrumento de pago.

e) Impedirá cualquier utilización del instrumento de pago una vez efectuada la notificación en virtud del artículo 41.b).

Así mismo, conforme el apartado 2 del precitado artículo 42 del Real Decreto-ley 19/2018, de 23 de noviembre, el proveedor de servicios de pago soportará los riesgos derivados del envío de un instrumento de pago al usuario de servicios de pago o del envío de cualesquiera elementos de seguridad personalizados del mismo

La responsabilidad del proveedor de servicios de pago en caso de operaciones de pago no autorizadas está contemplada en el artículo 45 del Real Decreto-ley 19/2018, de 23 de noviembre, ordenando la restitución al afectado con la máxima celeridad con la siguiente redacción

1. Sin perjuicio del artículo 43 de este real decreto-ley, en caso de que se ejecute una operación de pago no autorizada, el proveedor de servicios de pago del ordenante devolverá a éste el importe de la operación no autorizada de inmediato y, en cualquier caso, a más tardar al final del día

hábil siguiente a aquel en el que haya observado o se le haya notificado la operación, salvo cuando el proveedor de servicios de pago del ordenante tenga motivos razonables para sospechar la existencia de fraude y comunique dichos motivos por escrito al Banco de España, en la forma y con el contenido y plazos que éste determine. En su caso, el proveedor de servicios de pago del ordenante restituirá la cuenta de pago en la cual se haya efectuado el adeudo al estado en el que se habría encontrado de no haberse efectuado la operación no autorizada.

La fecha de valor del abono en la cuenta de pago del ordenante no será posterior a la fecha de adeudo del importe devuelto.

2. Cuando la operación de pago se inicie a través de un proveedor de servicios de iniciación de pagos, el proveedor de servicios de pago gestor de cuenta devolverá inmediatamente y, en cualquier caso, a más tardar al final del día hábil siguiente, el importe de la operación de pago no autorizada y, en su caso, restituirá la cuenta de pago en la cual se haya efectuado el adeudo al estado en el que se habría encontrado de no haberse efectuado la operación no autorizada.

Si el responsable de la operación de pago no autorizada es el proveedor de servicios de iniciación de pagos, deberá resarcir de inmediato al proveedor de servicios de pago gestor de cuenta, a petición de este, por las pérdidas sufridas o las sumas abonadas para efectuar la devolución al ordenante, incluido el importe de la operación de pago no autorizada. De conformidad con el artículo 44.1, corresponderá al proveedor de servicios de iniciación de pagos demostrar que, dentro de su ámbito de competencia, la operación de pago fue autenticada y registrada con exactitud y no se vio afectada por un fallo técnico u otras deficiencias vinculadas al servicio de pago del que es responsable.

3. Podrán determinarse otras indemnizaciones económicas de conformidad con la normativa aplicable al contrato celebrado entre el ordenante y el proveedor de servicios de pago o el contrato celebrado entre el ordenante y el proveedor de servicios de iniciación de pagos, en su caso.

7.3.1. La responsabilidad cuasi objetiva de la entidad

Desde el punto de vista del derecho de consumo, el artículo 147 del Texto Refundido de la Ley para la Defensa de los Consumidores y Usuarios y otras leyes complementarias, aprobado por el Real Decreto Legislativo 1/2007, de 16 de noviembre, dispone: "*Los prestadores de servicios serán responsables de los y perjuicios causados a los consumidores o usuarios, salvo que prueben que han cumplido las exigencias y requisitos reglamentariamente establecidos y demás cuidados y diligencias que exige la naturaleza del servicio*".

Así mismo, el artículo 148 TRLGDCU determina que "*se responderá de los daños originados en el correcto uso de los servicios, cuando por su propia naturaleza, o por estar así reglamentariamente establecido, incluyan necesariamente la garantía de niveles determinados de eficacia o seguridad, en condiciones objetivas de determinación, y supongan controles técnicos, profesionales o sistemáticos de calidad, hasta llegar en debidas condiciones al consumidor y usuario*". De este precepto, como razona la SAP de Alicante, Sección 8ª, de 12 de marzo de 2018, al resolver precisamente un supuesto de phishing padecido por una usuaria, se desprende que "*el fundamento de la responsabilidad presunta del proveedor de servicios en el ámbito de la sociedad de la información, en particular cuando no aparece vinculada exclusivamente a la falta de específicas medidas de autoprotección por parte de aquellos sino a la falta de un especial cuidado en atención a la naturaleza del servicio de que se trata, al modo empresarial de su prestación y al rol que en este desempeña un usuario típico, ponderado el hecho de que si el evento dañoso acaece es porque hay un déficit de la seguridad que legítimamente no cabía esperar del servicio prestado. Y dado que se produce —cuando el evento ocurre— dentro de un ámbito que se halla bajo el control del empresario prestador del servicio, que es quien cuenta con la información sobre las medidas de cuidado exigibles, y en su caso adoptadas, a fin de reducir el riesgo de riesgos, es el proveedor quien deviene responsable del daño*".

Estamos pues ante una responsabilidad cuasi objetiva como determina la SAP de Albacete, Sección 2ª, de 23 de febrero de 2012:

> *"(...) se establece un sistema de responsabilidad cuasi objetiva de la entidad proveedora del servicio de pago, que va más allá incluso que el sistema de responsabilidad genérico del art. 147 del Texto Refundido de la Ley de Defensa de Consumidores y Usuarios (Real Decreto Legislativo 1/2007) que prevé la responsabilidad del prestador de servicios a consumidores salvo que acrediten haber actuado con la "diligencia exigible", pues en éste ámbito de la contratación electrónica, el prestador del servicio deberá reembolsar el importe de la sustracción a su cliente con el que tuviera contratado el servicio de pago electrónico en operaciones no autorizadas por éste, presumiéndose la falta de autorización si lo niega, con las exclusivas salvedades previstas en el art. 32 de la indicada ley: que el cliente haya actuado con negligencia "grave" (no basta la simple o leve falta de diligencia) en sus obligaciones (consistentes exclusivamente en aplicar los "medios razonables de protección" de seguridad personalizados de que vaya provisto, y comunicar el pago no autorizado "en cuanto tenga conocimiento" del mismo, ex art. 27) o haya actuado fraudulentamente (claro está), amén de una especie de "franquicia" de 150 euros como máxima*

> *para los exclusivos supuestos de extravío o sustracción de los sistemas de acceso (que incluso no se aplicaría en caso de que el expolio haya tenido lugar después de la comunicación o aviso de la falta de autorización a la entidad proveedora).*

Recuerda también la SAP de Vizcaya, Sección 3ª, de 10 de noviembre de 2016, que *"en la LSP se establece un sistema de responsabilidad cuasi objetiva de la entidad proveedora del servicio de pago, con inversión de la carga probatoria, al presumirse la falta de autorización, si el titular lo niega, como ocurre en el presente supuesto. Este sistema de responsabilidad civil, tan solo cesa cuando conforme a lo establecido en el artículo 32 LSP, el cliente ha actuado fraudulentamente o con negligencia grave a la hora de aplicar los medios razonables de protección de seguridad personalizados de que haya sido provisto, o en el caso de que no haya comunicado a la entidad el pago no autorizado, en cuanto tenga conocimiento del mismo, siempre y cuando la entidad disponga de un sistema de comunicación adecuado, gratuito y disponible, en todo momento, que le permita al usuario del servicio efectuar la comunicación de la actuación fraudulenta"*.

Abunda en la responsabilidad cuasi-objetiva o de riesgo la SAP de Alicante, Sección 8ª, de 12 de marzo de 2018:

> *"(...) conforme a la doctrina jurisprudencial en materia de phishing la responsabilidad de la titular de la banca online es de naturaleza cuasi-objetiva, derivada de la exigencia a la entidad titular del servicio online de adoptar medidas de seguridad necesarias y renovables ante los distintos modos de fraude informático, en modo tal que salvo que se acredite la negligencia grave por parte del usuario de la banca electrónica, la entidad financiera debe responder del reintegro de los importes obtenidos de forma fraudulenta".*
>
> *(...)*
>
> *"En conclusión, la responsabilidad del proveedor de los servicios de banca online, en este caso Barclays, es de riesgo y consecuentemente, es por ley que a la entidad corresponde acreditar que la operación ordenada sí fue autentica y que no estuvo afectada por un fallo técnico o por otra deficiencia como, por ejemplo, por un ataque informático de naturaleza fraudulenta al sistema bancario que hubiera permitido el acceso a las cuentas de sus clientes y disponer ilícitamente, de las mismas ordenando operaciones en detrimento de aquellos".*

E inciden igualmente en el carácter de la responsabilidad cuasi-objetiva de la entidad financiera, entre otras, la SAP de Albacete, Sección 2ª, de 23 de febrero de 2012; SAP de Asturias, Sección 1ª, de

18 de septiembre de 2012; Sentencia J. 1ª Instancia nº 4 Majadahonda, de 8 de noviembre de 2012; SAP de Badajoz, Sección 2ª, de 7 de febrero de 2013; SAP de Sevilla, Sección 6ª, de 7 de febrero de 2013; SAP de Zaragoza, Sección 4ª, de 14 de mayo de 2013; SAP de Castellón, Sección 3ª, de 4 de febrero de 2014; SAP Madrid, Sección 9ª, de 4 de mayo de 2015; SAP Vizcaya, Sección 3ª, de 10 de noviembre de 2016; SAP de Sevilla, Sección 6ª, de 4 de octubre de 2018; SAP de Valencia, Sección 8ª, de 8 de abril de 2019; SAP Pontevedra, Sección 6ª, de 7 de abril de 2021; SAP Madrid, Sección 11ª, de 28 de febrero de 2022; SAP de Granada, Sección 5ª, de 20 de junio de 2022; SSAP de Zaragoza, Sección 5ª, de 1 de julio y 17 de noviembre de 2022; SAP de Pontevedra, Sección 3ª, de 1 de diciembre de 2022; SAP de Jaén, Sección 1ª, de 14 de diciembre de 2022; SAP de Murcia, Sección 1ª, de 19 de diciembre de 2022; SAP de Madrid, Sección 10ª, de 13 de enero de 2023; SAP de Almería, Sección 1ª de 31 de enero de 2023; SAP Baleares, Sección 5ª, de 17 de febrero de 2023; SAP de Navarra, Sección 3ª, de 9 de marzo de 2023; SAP de Ourense, Sección 1ª, de 12 de mayo de 2023; SAP de Cuenca, Sección 1ª, de 16 de mayo de 2023; Sentencia J. 1ª Instancia e Instrucción nº 1 de Moncada de 31 de mayo de 2023.

La SAP de Zaragoza, Sección 5ª, de 17 de noviembre de 2022, abunda en la responsabilidad objetiva de la entidad financiera:

> *"Debemos llamar la atención acerca del hecho de que la LSP establece un sistema de responsabilidad cuasi objetiva de la entidad proveedora del servicio de pago.*
>
> *Así, en caso de ejecutarse una operación de pago no autorizada, el artículo 45 LSP señala que, "el proveedor de servicios de pago del ordenante devolverá a éste el importe de la operación no autorizada de inmediato y, en cualquier caso, a más tardar al final del día hábil siguiente a aquel en el que haya observado o se le haya notificado la operación,..."*
>
> *Este sistema de responsabilidad civil tan solo cesa cuando, conforme a lo establecido en el artículo 46, el ordenante ha actuado de manera fraudulenta o ha "incumplido, deliberadamente o por negligencia grave, una o varias de las obligaciones que establece el artículo 41...", precepto este que impone al usuario la obligación de utilizar el instrumento de pago de conformidad con las condiciones que regulen la emisión y de tomar todas las medidas razonables a fin de proteger sus credenciales de seguridad personalizadas, y en caso de extravío, sustracción o apropiación indebida, notificarlos al proveedor de servicios de pago sin demora. Dicho precepto puntualiza que "el ordenante quedará exento de toda responsabilidad en*

caso de sustracción, extravío o apropiación indebida de un instrumento de pago cuando las operaciones se hayan efectuado de forma no presencial utilizando únicamente los datos de pago impresos en el propio instrumento, siempre que no se haya producido fraude o negligencia grave por su parte en el cumplimiento de sus obligaciones de custodia del instrumento de pago y las credenciales de seguridad y haya notificado dicha circunstancia sin demora." Ahora bien, dicha norma, en el apartado 2 previene que, "Si el proveedor de servicios de pago del ordenante no exige autenticación reforzada de cliente, el ordenante solo soportará las posibles consecuencias económicas en caso de haber actuado de forma fraudulenta. En el supuesto de que el beneficiario o el proveedor de servicios de pago del beneficiario no acepten la autenticación reforzada del cliente, deberán reembolsar el importe del perjuicio financiero causado al proveedor de servicios de pago del ordenante."

De lo anterior resulta que, tratándose de operaciones no autorizadas como es el caso, salvo actuación fraudulenta, incumplimiento deliberado o negligencia grave del ordenante, la responsabilidad será del proveedor del servicio de pago, lo que supone que a él le corresponde la carga de la prueba de que la orden de pago" no se vio afectada por un fallo técnico u otra deficiencia del servicio prestado por el proveedor de servicios de pago"

Esta conclusión responde a la lógica aplastante de que, si ha sido la banca la que principalmente se ha beneficiado de las nuevas tecnologías, abaratando costes con el sistema de convertir a los clientes en una especie de empleados suyos sin sueldo, lo que le permite cerrar sucursales y despedir empleados, justo será que se haga cargo de ese margen de riesgo que ha introducido el uso de las nuevas tecnologías y que antes, cuando las operaciones se hacían presencialmente, era inexistente.

Y queremos destacar que, para quedar exento de responsabilidad, el Banco deberá acreditar no sólo que la orden de pago "no se vio afectada por un fallo técnico", que es en lo que se centra el recurrente, sino tampoco por "otra deficiencia del servicio prestado por el proveedor de servicios de pago." Esto quiere decir que el banco debe actuar con la diligencia exigible, que no es sólo la reglamentariamente prevista sino la adecuada a las circunstancias de personas, lugar y tiempo. Entre estas, cobran especial relevancia datos tales como, el perfil del cliente, los movimientos inusuales, los importes dispuestos, la hora en que se hace la operación, etc.

Claro está, el proveedor de servicios de pago podrá quedar exento de responsabilidad si prueba que el suceso se produjo por la actuación dolosa o gravemente negligente del ordenante. Pero incluso en estos casos la responsabilidad del cliente queda devaluada cuando el banco no exige la autenticación reforzada del cliente.

No ha acreditado la entidad recurrente qué negligencia cometió D. Jesús María que permitió que unos delincuentes le duplicaran la tarjeta SIM. Como muy bien sabe el banco, esto se puede lograr por diversos medios, como el "pharming", un tipo de cibercrimen muy semejante al phishing, en el que el tráfico de un sitio web es manipulado para permitir el robo de información confidencial a través de hackers o por medio de la introducción de virus o spyware en los terminales, o como el "hijacking" o secuestro, de conexión TCP/IP, de una página web, de sesión, de domino, etc., o por medio de determinadas App, como dijo el testigo el Sr. Fermín, que captan por medio de un malware todos los datos que obran en el dispositivo en el que se instalan, incluyendo claves, números de usuario, firma, números de teléfono, entre otros.

Como se puede suponer, se trata de ataques que poco tienen que ver con el comportamiento del usuario y pueden y suelen pasar desapercibidas. Este es también el parecer del Grupo de fraudes tecnológicos de la Brigada Regional de Policía Judicial, que en su informe dice: "Se significa que lo que le ha ocurrido al denunciante podría pasarle a absolutamente cualquier persona ya que la seguridad tanto en las compañías telefónicas como en los propios bancos no es la adecuada a juicio de esta Unidad."

Por ello no estamos en absoluto de acuerdo en que el robo o sustracción de las claves suponen una clara negligencia del usuario que, en cualquier caso, ha de ser grave y además, demostrarse.

Las advertencias genéricas de los bancos no pueden servir para imputar negligencia al usuario. Es el banco quien ofrece un producto en principio seguro, pero conociendo los distintos riesgos de los que avisa, le corresponde adoptar las medidas de seguridad o control necesarias. Como dijimos en nuestra sentencia de 9 de julio de 2022 (Roj: SAP Z 1482/2022), no basta con medidas genéricas de protección o avisos estereotipados de cuidado, pues tales avisos ostentarían la calificación de "fórmulas predispuestas", vacías de contenido. No son los clientes los que deben prevenir ni averiguar las modalidades de riesgos que el sistema conlleva, ni prevenir con su asesoramiento experto dichos riesgos.

Como hemos dicho, el recurrente se centra en inexistencia de fallos técnicos, pero olvida otros aspectos reveladores de otras deficiencias en el servicio prestado.

No acabamos de comprender como es que, un hecho tan inusual como realizar quince transferencias en una noche por un importe superior a los 80.000 euros, no haya hecho saltar las alarmas en ese mismo momento, y no el día siguiente y ni siquiera por iniciativa propia, sino por una llamada del Banco Santander alertando de la recepción de una transferencia sospechosa.

Y mucho menos comprendemos que, a pesar de las advertencias hechas por D. Jesús María en la sucursal en fechas inmediatamente anteriores al suceso de que había recibido varios SMS de transferencias que no obedecían a órdenes por él emitidas, así como dos alertas de seguridad comunicadas por Google, la entidad no haya extremado las precauciones"

7.3.2. Transferencias

La STS 245/2006, de 9 de marzo al referirse al contrato de cuenta corriente lo define como *"contrato atípico, se encuadra dentro de la comisión mercantil, en la que la entidad bancaria debe ejecutar lo pactado con el cliente, siendo esencial su obligación de conservar y devolver los fondos depositados como se haya previsto en el contrato y se haya ordenado por las personas autorizadas para disponer de ellos"*.

Según sintetiza la SAP de Alicante, Sección 8ª, de 12 de marzo de 2018, la transferencia bancaria es un servicio que forma parte del contrato de servicio de caja entre un proveedor de servicios de pago (el banco) y sus clientes y sirve de medio de pago mediante el débito en la cuenta del ordenante y abono en la del beneficiario, tratándose en suma de un procedimiento financiero de movimiento de la moneda. En sentido similar, la SAP de Jaén, Sección 1ª, de 14 de diciembre de 2022, al resolver una reclamación por phishing como consecuencia de diversas transferencias fraudulentas realizadas recuerda: *"(...) no puede olvidarse que la transferencia es un servicio que forma parte del servicio de caja, medio de pago consistente en una orden que da el cliente al banco a fin de que, con cargo a su cuenta, abone un determinado importe a un beneficiario o al propio ordenante. Por tanto, es una ejecución de obligaciones contractuales, un mandato (Art. 254 Co de C), cuya forma de emisión deberá constar en el contrato de cuenta corriente, y —en su caso— específicamente en el de servicios de banca electrónica"*. Así es también reproducido por la SAP de Zaragoza, Sección 5ª, de 1 de julio de 2022.

Se trata de un medio de pago consistente en una orden dada al banco (banco emisor) por parte de un cliente (ordenante) a fin de que, con cargo a su cuenta, abone un determinado importe en otra cuenta del mismo o distinto banco (banco destinatario) abierta a nombre de un tercero (beneficiario) o del propio ordenante.

Prescindiendo de otros antecedentes más remotos, las transferencias se regulan originariamente, trasponiendo la Directiva 2007/64/CE del Parlamento Europeo y del Consejo Europeo, de 13 de noviembre de 2007, sobre servicios de pago en el mercado interior, por la que se modifican las Directivas 97/7/CE, 2005/65/CE y 2006/48/CE y por la que se deroga la Directiva 97/5/CE, en la Ley 16/2009, de 13 de noviembre, de Servicios de Pago (LSP). La Directiva 2007/64/CE ha sido derogada por la Directiva UE 2015/2366 del Parlamento

Europeo y del Consejo, de 25 de noviembre de 2015, sobre servicios de pago en el mercado interior y por la que se modifican las Directivas 2002/65/CE, 2009/110/CE y 2013/36/UE y el Reglamento UE no 1093/2010 y se deroga la Directiva 2007/64/CE.

La LSP definía la orden de pago como "*toda instrucción cursada por un ordenante o beneficiario a su proveedor de servicios de pago por la que se solicite la ejecución de una operación de pago*" (art. 2.16 LSP). El vigente Real Decreto-ley 19/2018, de 23 de noviembre, de servicios de pago y otras medidas urgentes en materia financiera, en el elenco definitorio del artículo 3, se refiere a la transferencia en su apartado 45 como aquel *servicio de pago destinado a efectuar un abono en una cuenta de pago de un beneficiario mediante una operación de pago o una serie de operaciones de pago con cargo a una cuenta de pago de un ordenante por el proveedor de servicios de pago que mantiene la cuenta de pago del ordenante, y prestado sobre la base de las instrucciones dadas por el ordenante.*

Desde un punto de vista contractual toda transferencia constituye una forma de ejecución de obligaciones contractuales previamente asumidas, ejecución obligada cuando se dan las condiciones pactadas, de ordinario, que haya provisión de fondos. Es por ello, que se entiende, que la orden de transferencia constituye una declaración de voluntad o mandato, en el sentido del art. 254 del Código de Comercio, en virtud del cual el banco asume la realización de transferencias por cuenta del cliente como parte del contrato de servicio de caja.

Dado el carácter negocial de la orden de pago, ésta puede pactarse que tenga lugar en cualquier forma, incluida la electrónica. En particular, el consentimiento a operaciones de pago por el usuario en el ámbito de la banca electrónica supone que el cliente deba haber firmado un contrato de adhesión a los servicios de banca electrónica.

El consentimiento para la autorización del pago se encuentra regulado como hemos señalado anteriormente en el artículo 36 del Real Decreto-ley 19/2018, de 23 de noviembre, de servicios de pago y otras medidas urgentes en materia financiera.

Tal y como recuerda la STS de 15 de julio de 1988 y reproduce al resolver una demanda por responsabilidad de la entidad bancaria en caso de phishing la SAP de Pontevedra, Sección 6ª, de 7 de abril de 2021: "*La falsedad de la transferencia (es decir, que el ordenante no sea el titular de la cuenta) es un riesgo a cargo del banco porque, en principio, el deudor solo se libera pagando al verdadero acreedor por lo que, si el banco cumple una orden falsa, habrá de reintegrar en la cuenta correspondientes las cantidades cargadas".*

La doctrina había abogado con anterioridad a la Ley de Servicios de Pago a favor de aplicar en el caso de la falsificación de una orden de transferencia, la solución que para la falsificación de un cheque establece el art. 156 de la Ley Cambiaria y del Cheque que establece que el daño que resulte del pago de un cheque falso o falsificado será imputado al librado, a no ser que el librador haya sido negligente en la custodia del talonario de cheques, o hubiere procedido con culpa. Este es el principio trasladado a los artículos 30, 31 y 32 de la anterior LSP y que se colige igualmente de la lectura del vigente artículo 44 del Real Decreto-ley 19/2018, de 23 de noviembre, de servicios de pago y otras medidas urgentes en materia financiera.

Señala la SAP de Albacete, Sección 2ª, de 23 de febrero de 2012:

> *"No se trata de que actuara con mayor o menor diligencia la entidad recurrente, y que las transferencias parecieran correctas. De lo que se trata es que el usuario del servicio no debe soportar los defectos o falta de seguridad de un servicio que proporciona la entidad proveedora, especialmente obligada a cerciorarse de los elementos de seguridad y que sólo sea accesible el usuario al sistema de pago (art. 28), y que, en el caso, a la vista del resultado parece claro que el sistema de seguridad no resultó útil o suficiente.*
>
> *En definitiva, quien resultó engañado o burlado no fue tanto el titular de la cuenta sino la entidad financiera y proveedora del servicio que tenía su custodia y los medios de seguridad para protegerla, por lo que es ésta quien debe responder, salvo en los supuestos específicos legalmente indicados, y más allá de cualquier grado de diligencia mayor o menor de dicha entidad. Como indica la doctrina jurisprudencial (como por ejemplo, la Sentencia de la Audiencia Provincial de Las Palmas, Secc 4ª, nº 286/2009, y SAP de Asturias, Sección 7ª, de 2.02.2001) "el contrato de cuenta corriente es una figura atípica que encuentra su singularidad, desde el punto de vista de los titulares de la cuenta, en el llamado servicio de caja, encuadrable, dentro del marco general de la comisión mercantil y de acuerdo con el cual el Banco, en cuanto mandatario, ejecuta las instrucciones del cliente (abonos, cargos…) y, como contraprestación, recibe determinadas comisiones, asumiendo la responsabilidad propia de un comisionista (STS de 21 de noviembre 1997 EDJ1997/7846); y de otro lado dentro del servicio de caja, recibe el nombre de transferencia el traslado del numerario de una cuenta a otra de acuerdo con la orden dada por el*

titular de la cuenta corriente que ordena el traslado". Si el mandatario custodiante de la cuenta resulta engañado disponiéndose de los fondos de su ordenante, éste no tiene porqué soportar el perjuicio si durante el expolio no actuó dolosamente ni con imprudencia grave".

Tanto la SAP de Alicante, Sección 8ª, de 12 de marzo de 2018 como la SAP de Madrid, Sección 10ª de 13 de enero de 2023, refieren:

"La falsedad de la transferencia (es decir, que el ordenante no sea el titular de la cuenta) es un riesgo a cargo del banco porque, en principio, el deudor sólo se libera pagando al verdadero acreedor por lo que, si el banco cumple una orden falsa, habrá de reintegrar en la cuenta correspondientes las cantidades cargadas. Una excepción a esta distribución de riesgos se produce en el caso de que el titular haya creado o elevado el riesgo de falsificación de forma imputable en el caso concreto (STS 15 de julio de 1988). Los servicios que prestan las entidades de crédito a sus clientes a través de su oficina virtual se desenvuelven en redes TCP/IP (Internet) o WAP (comunicaciones móviles). 11.- Siendo Internet una red pública de comunicaciones, la seguridad de las operaciones bancarias precisa de soluciones tecnologías avanzadas a los efectos de garantizar tanto la autenticidad como la integridad y la confidencialidad de los datos. Por estos motivos las entidades prestadoras del servicio de banca online deben dotarse de medidas suficientes que garanticen al usuario la seguridad de las operaciones. Consecuencia derivada de la omisión, insuficiencia o defectuoso funcionamiento de las adoptadas es que han de ser las entidades bancarias las que asuman las consecuencias derivadas de los fallos de seguridad del sistema (…). La responsabilidad en estos supuestos no puede atribuirse directamente al supuesto ordenante de la transferencia por entenderse está autorizada al haberse realizado de acuerdo con los sistemas de autenticación del banco. Los sistemas de autenticación se establecen por los proveedores de servicios de pago y si un banco no ha sido capaz de limitar el acceso al canal de banca electrónica no puede pretender que el presunto ordenante víctima de esta práctica fraudulenta sea el único responsable, pues es el banco quien tiene responsabilidad respecto del buen funcionamiento y la seguridad del mismo".

La SAP de Castellón, Sección 3ª, de 27 de mayo de 2021, analiza otro supuesto distinto del tradicional *phishing* bancario, pero igualmente resulta de interés en lo que se refiere a operaciones no autorizadas. En este caso, la Audiencia determina la responsabilidad de la entidad financiera por permitir la realización de una transferencia de 141.000 euros por parte del exesposo de la usuaria afectada que no era titular de la cuenta ordenante y, pese a lo cual, el banco admitió el movimiento de fondos a su favor. La resolución dictada, señala lo irrelevante que son para el tribunal las relaciones económicas que pudieran existir entre la demandante y su exesposo el disponente de los fondos, resultando en suma lo trascendente la ausencia de autorización para la realización de la operación de pago conforme a la entonces vigente LSP.

> *"Si la operación se llevó a cabo sin la previa autorización de la titular de la cuenta, el banco que la gestionó debe responder, en primer lugar, por culpa contractual (arts. 1258, 1101, 1104 del Código Civil) y la indemnización ha de consistir en el pago a la clienta perjudicada de una cantidad igual a la que fue objeto de la operación no autorizada, más los intereses legales (art. 1108 CC)*
> *Por otra parte, es dicha consecuencia, conducente a la estimación de la demanda, coherente con lo que dispone el art. 31 LSP que, al regular la responsabilidad del proveedor de servicios de pago en caso de operaciones de pago no autorizadas, dispone que, "(s)in perjuicio (...) de las indemnizaciones por daños y perjuicios a las que pudiera haber lugar conforme a la normativa aplicable al contrato celebrado entre el ordenante y su proveedor de servicios de pago, en caso de que se ejecute una operación de pago no autorizada, el proveedor de servicios de pago del ordenante le devolverá de inmediato el importe de la operación no autorizada y, en su caso, restablecerá en la cuenta de pago en que se haya adeudado dicho importe el estado que habría existido de no haberse efectuado la operación de pago no autorizada".*

Otro supuesto de interés en el que la entidad bancaria ha de responder por una transferencia no autorizada de 130.000 euros es el analizado por la SAP de Lleida, Sección 2ª, de 28 de septiembre de 2017. En este caso, se imputa la responsabilidad a la entidad por la autorización de una transferencia de una mercantil por una sola persona autorizada cuando debía realizarse siempre por dos de forma mancomunada. La resolución de la Audiencia recuerda en sus razonamientos la pacífica doctrina del TS aplicable al respecto:

> *"La STS 16-12-11: "La disposición de fondos depositados en una cuenta corriente o de depósito bancaria por parte de una persona que no podía hacerlo por no ser la titular ni estar autorizada por ésta supone un incumplimiento contractual (SS., entre otras, 23 de noviembre de 2000, 26 de noviembre de 2003, 9 de marzo de 2006) dada la obligación esencial del Banco de conservar y devolver los fondos depositados como se haya previsto en el contrato y se haya ordenado por las personas autorizadas para disponer de ellos, que, caso de incumplirse, da lugar a la indemnización de daños y perjuicios conforme a los arts. 1101 y 1106 del Código Civil".*

En el mismo sentido la STS 9-10-07, dice: "De la relación de cuenta corriente (STS de 15 de julio de 1993, 9 de marzo de 2006 y 24 de marzo de 2006, entre otras) derivan los deberes de rendición de cuentas, de información (arts. 263 CCom y 1720 CC, deber reforzado por la Ley 26/1988 de 29 de julio, de Ordenación bancaria e intervención de las Entidades de Crédito), y de actuar conforme a las instrucciones recibidas con la diligentia quam in suis [diligencia igual a la de los propios asuntos] (artículo 255 CCom), pues se responde por culpa, cuyo rigor será medido por el parámetro de que se trate o no de un mandato retribuido (artículo 1726 CC)".

7.3.3. Cargos por recibos no autorizados

En otras ocasiones, aunque con menor frecuencia, el fraude proviene del giro por terceros de recibos no autorizados por el titular de la cuenta que, pese a todo, son abonados por la entidad, a su presentación.

La SAP de Barcelona, Sección 1ª, de 1 de marzo de 2021, resuelve el caso de la reclamación interpuesta por una usuaria, que tras el fallecimiento de su esposo recibe cargos de 18.400 euros, en concepto de provisión de fondos, por los recibos emitidos por una mercantil. La Audiencia de Barcelona, confirma así la procedencia del reintegro del pago no autorizado:

"En este caso, el banco no aporta la orden de domiciliación y no se ha practicado más prueba que la del representante legal de OIX, que afirmó estar autorizada, si bien no ha quedado acreditado documentalmente.

Por tanto, no consta que el pago estuviera motivado por una orden del titular. En consecuencia, el banco incumplió el contrato.

Así las cosas, la Ley 16/2009 viene a establecer plazos para dicha retrocesión según se trate de una operación autorizada o no autorizada y, en este último caso, según se haya remitido o no la información bancaria.

En el caso de autos no se acredita que se haya remitido la información y tampoco es razonable afirmar que la actora haya incurrido en retraso injustificado, a la vista de las gestiones que comenzó a hacer inmediatamente para enterarse de lo ocurrido.

Por lo tanto, también bajo la perspectiva de la Ley 16/2009 la demandada estaría obligada a la retrocesión

(...)

En conclusión, desde la perspectiva contractual, no se ha acreditado por el banco que dichos cargos hayan sido autorizados por el titular o por su mandatario con poder bastante, lo que supone un incumplimiento tanto de la doctrina general sobre el contrato de cuenta corriente como de la condición general 3.2 del contrato.

De dicho incumplimiento se ha generado un daño, a saber, la retirada de fondos. La entidad bancaria no ha desplegado prueba suficiente sobre la causa y procedencia de dicha retirada de fondos. Este extremo también es relevante, en la medida en que tendería a acreditar que la actora no habría sufrido, pese al incumplimiento contractual, daño alguno, por tratarse de conceptos y cantidades inequívocamente debidas por su marido, del que ella es sucesora. No constan ni la hoja de encargo a OIX donde constara el precio pactado, ni las facturas por los servicios prestados, ni las minutas de honorarios. Los importes girados tampoco parecen, a priori y a falta de más documental, acomodarse a los servicios que se dicen prestados, como son la gestión de determinados contratos o una reclamación económico-administrativa. Por tanto, no hay prueba suficiente que justifique que efectivamente se debieran esas cantidades".

En sentido opuesto, la SAP de Madrid, Sección 9ª, de 26 de marzo de 2015, ante la petición de retroacción de más de 300 cargos por parte de una mercantil, tras el cambio de administrador, valora de modo particular la demora de más de un año en la solicitud de reintegro, entendiendo que medió el consentimiento tácito de la mercantil para la realización de los cargos:

"El artículo 29.1 de la Ley de Servicios de Pago establece que "Cuando el usuario de servicios de pago tenga conocimiento de que se ha producido una operación de pago no autorizada o ejecutada incorrectamente, deberá comunicar la misma sin tardanza injustificada al proveedor de servicios de pago, a fin de poder obtener rectificación de éste", y se subraya la expresión relevante a los efectos que ahora interesan. El plazo de trece meses desde la fecha del adeudo o del abono es el máximo que tiene el usuario de los servicios de pago para comunicar al proveedor de esos servicios que se ha producido una operación de pago no autorizada; dicho plazo es un límite máximo, a modo de plazo de caducidad, del que dispone el usuario para reclamar por un pago que considera no autorizado; pero esto no equivale a que se le esté otorgando derecho a reclamar la devolución de todos los pagos realizados durante los trece meses anteriores, como hace la actora apelante. Lo que confiere derecho a la devolución (artículo 31 de Ley de Servicios de Pago) es que la operación de pago no haya sido autorizada, no la inclusión de los pagos en ese período de trece meses.

Y la apelante olvida la disposición terminante del artículo 29.1, que le obliga a comunicar el pago no autorizado "sin tardanza injustificada". Cabe preguntarse, entonces, si los pagos realizados con cargo a la cuenta desde el 19 de enero de 2010 (fecha de registro) a las tres sociedades antes mencionadas no estaban autorizados por el entonces administrador de Nosystemnet Data, SLU, D. Mateo, porqué no se reclamó hasta el 29 de abril de 2011, más de un año después, incumpliendo el citado artículo 29.1, que obliga a reclamar sin tardanza injustificada. Y es que ha de presumirse que el titular de la cuenta corriente tenía conocimiento de esos cargos —por las habituales comunicaciones del banco, por la mínima diligencia exigible a cualquier titular de una cuenta bancaria, por la importancia económica de los adeudos y por la obligatoriedad para las sociedades de llevar una contabilidad ordenada, así como depositar sus cuentas en el Registro Mercantil—, pero dejó transcurrir más de un año (desde el primer cargo) sin comunicar al banco que no los había autorizado, de lo que se infiere que ese titular, la sociedad actora, sí los consintió. Aquí está el consentimiento tácito que aprecia la sentencia de instancia y esta Sala ratifica. Además de que ese proceder, consentir tales cargos en su cuenta, era idéntico al observado durante los años anteriores, desde la apertura de la cuenta en 2005, sin que se haya aportado razón alguna que justifique la no autorización desde enero de 2010 de los pagos a aquellas tres sociedades.

En cambio, no es procedente indagar en las relaciones contractuales que motivaron los cargos en cuenta. Al titular de esta le basta rechazar el cargo, considerarlo no autorizado o ejecutado de forma incorrecta, para que sea el banco el que entonces tenga que demostrar la autorización (artículo 30.1 de la Ley de Servicios de Pago). De ahí que no pueda exigirse a Nosystemnet Data, SLU que concrete qué incumplimientos contractuales imputa a las sociedades a las que se realizaron los pagos discutidos, y menos aún demostrarlos; tampoco explicar a qué operaciones mercantiles concretas corresponden tales pagos, como expone la sentencia de instancia. De igual modo, se consideran irrelevantes a efectos de este proceso las referencias al idioma que habla y/o escribe el nuevo administrador de la actora, D. José Pedro —de nacionalidad polaca—, ni si precisó o no de traductor para los escritos de reclamación a los que se alude en la contestación a la demanda y en la sentencia. La cuestión litigiosa se limita a la autorización o no de los cargos en cuenta.

De lo expuesto resulta que no se ha infringido por la sentencia apelada ningún precepto legal ni derecho constitucionalmente reconocido y que no hay error en la valoración de la prueba. El artículo 25.1 de la Ley 16/2009, de 13 de noviembre, de Servicios de Pago, determina que "Las operaciones de pago se considerarán autorizadas cuando el ordenante haya dado el consentimiento para su ejecución. A falta de tal consentimiento la operación de pago se considerará no autorizada". Y en el caso de autos se aprecia consentimiento (tácito) por parte de la titular de la cuenta Nosystemnet Data, SLU, como se acaba de razonar, todo lo cual impone desestimar el recurso y confirmar plenamente la sentencia de instancia".

7.3.4. Cargos a través de otros sistemas de pago integrados (Apple Pay; Samsumg Pay; Google Pay; Amazon Pay y similares)

Con la extensión y popularización de diversos sistemas de pago a través de dispositivos móviles vinculados a una tarjeta de débito o crédito, se ha abierto también una nueva puerta de entrada para la ciberdelincuencia a través de ellos. Por lo común, estos sistemas operan en los comercios físicos a través de la tecnología de comunicación de campo cercano o NFC —Near Field Communication—[34] y en el comercio electrónico a través de aplicaciones.

En el caso de Apple Pay[35] o Google Pay[36] por ejemplo nos encontramos ante unos sistemas integrados en los dispositivos de manera

---

34 La tecnología NFC fue aprobada como estándar ISO/IEC en 2003. Se trata de una tecnología inalámbrica que opera a corta distancia —20 cm aproximadamente— que funciona en la banda de 13.56 Mhz y que no precisa licencia para su uso. Su tasa de transferencia puede alcanzar los 424 kbits/s de modo que es especialmente idónea para la transmisión de información o comunicación por radiofrecuencia instantánea que no precisa un gran volumen de datos, siendo por ello frecuentemente para la identificación o validación de equipos y personas.

35 En el caso de Apple Pay, existe un elevado número de tarjetas compatibles. A fecha de febrero de 2023, son admitidas las siguientes Abanca; Abanca Servicios Financieros; Advanzia Bank; Adyen; American Express; Aplazame; Axi Card; Banca March; Banco Caminos; Banco de Crédito Cooperativo; Banco Mediolanum; Banco Pichincha; Banco Sabadell; Bank of America; Bankia; Bankinter; Bankintercard; BBVA; Bitpanda; BNC10; Bnext; bunq; Caixa Pollença; CaixaBank; CaixaBank Consumer Finance; CaixaOntinyent; Caja de Ingenieros; Caja Rural (tarjetas de crédito y débito Visa); Cajalmendralejo; Cajasur; Cecabank; Cetelem; CleverCards; Correos; Curve; Deutsche Bank; Edenred (tarjetas Ticket Restaurant); Emburse; EML Rewards; Euro6000; EVO Banco (tarjetas de crédito y débito Visa); FNAC (CaixaBank Payment & Commerce); Fundsfy; Grupo Cajamar (tarjetas de crédito y débito Visa); Helloyalty; Tarjetas Iberia; Ibercaja; iCard; ING; Joompay Europe S.A.; Kutxabank; Laboral Kutxa; Liberbank; Lydia; Monese; N26; Openbank; OrangeBank; Payhawk; Payquicker; Paysend; Paysera; PecunPay; Pibank; Plazo; PLEO; Qonto; Rebellion; Renta4; Revolut; Santander; Santander Consumer Finance; Saurus; Servicios Financieros Carrefour; Sodexo; Soldo; SumUp; SWAN; Tendam (Santander Consumer Finance); Twyp; Unicaja; Verse; ViaBill; Viva Wallet; Walletto; Wise; WiZink; Zelf; ZEN.COM

36 En el caso de Google Pay, nacida en febrero de 2018 de la unión de Android Pay y Google Wallet también admite un amplio número de tarjetas. Según Google, a fecha de marzo de 2023, son las siguientes: Abanca; Adyen; Aiwallex; American Express; Aplázame; Banca March; Banco Cooperativo Españols SA; Banco

nativa, por lo tanto, sin necesidad de descargar ninguna aplicación adicional. El uso de estos sistemas como forma de pago no precisa el alta del usuario en el comercio, sino que toda la información es facilitada directamente por el servicio de pago.

La SAP de Badajoz, Sección 3ª, de 16 de junio de 2022 analiza un supuesto de responsabilidad de la entidad financiera por la realización de tres cargos fraudulentos no reconocidos por el usuario afectado a través de la aplicación Apple Pay tras haber sido víctima de phishing. Al responder un SMS fraudulento se permitió al defraudador realizar compras con la tarjeta del titular al instalar su tarjeta en la aplicación Apple Pay del delincuente. Pese a la imputación de negligencia grave sostenida por la entidad por el hecho de que el usuario hubiera respondido el mensaje engañoso, la Audiencia extremeña confirma la resolución dictada por el Juzgado de 1ª Instancia nº 1 de Villanueva de la Serena con el siguiente razonamiento:

> *"Pues bien, de la prueba practicada, si bien es posible acreditar que la entidad actora ha cumplido con su obligación de demostrar que la operación de pago fue autenticada, registrada con exactitud y contabilizada, y que no se vio afectada por un fallo técnico u otra deficiencia del servicio prestado por el proveedor de servicios de pago, sin embargo, no ha demostrado, y a ella correspondía la carga probatoria, que se hubiera producido una negligencia grave en el actuar del actor, que exonere de responsabilidad a la entidad demandada, así como tampoco que hubiera proveído al demandante de los mecanismos de autenticación y supervisión suficientes (reforzados) para detectar y evitar la utilización fraudulenta de su medio de pago, como puede ser el dotarse de la tecnología antiphishing precisa para detectar las páginas o enlaces fraudulentos, impidiendo su acceso, lo*

Mediolanum; Bank Norwegian As; Banco Pichincha; Banco Sabadell; Banco Santander; Bankinter; Bankinter Consumer Finance; BBVA; BitPanda; BNC10 Prepaid Financial Services LTD; Bnext Electronic Issuer EDE SL; Boon; Bunq; Caja de Ingenieros; Cajamendralejo; Caja Rural; Cajasur; Carrefour Pass; Cecabank; Citibank Europe PLC; Conotoxia SP; Correos; Curve OS Limited; Dzing Finance LTD; Easy Payment Services; Ecommbx Limited; Edenred; Evo Banco; iCard; Ibercaja; Iberia Cards; ING; JoomPay Europe SA; Kutxabank; Laboral Kutxa; Liberbank; MinePlex; Monese; N2 Capital AG; N26; Nomo; Ontinyent; Openbank; Payln7; PayrNet; Paysafe Financial Services Limited; Pecunpay; Pibank; Pleo Financial Services; Plum Fitech Limitec; Qonto SA, Railsbank; Rebellion; Renta 4 Banvo SA; Revolut; SFPMEI SAS; Sodexo; SolarisBank AG; Stripe Techonology Europe Ltd; Swan; Transct Payments Malta Limited; TTMM; UAB NIUM EU; UAB Zen.com; Unicaja; Viva Wallet; Wise; WiZink; ZELF.

que, de haberse producido, hubieran evitado que el defraudador pudiera hacerse con las credenciales del usuario del instrumento de pago por ella emitido, pues la rotura del enlace haría ya ineficaz cualquier conducta que frente al mismo pudiera observar el usuario receptor.

Así, de la lectura del SMS recibido por el actor no es posible concluir, que de haber clicado en el enlace (aunque él lo niegue), se derive su falta de diligencia en la protección de las credenciales del instrumento de pago. No ha de olvidarse que en el phishing se usan técnicas para ganarse la confianza del usuario del instrumento de pago y aprovecharse de una simulación cada vez más perfeccionada. A ello debiera responderse por la entidad bancaria también con mecanismos de protección cada vez mayores y mejores. Así, no podía la entidad desconocer que frecuentemente mediante esta técnica el tercero defraudador utiliza los datos de la tarjeta para activarla en una aplicación de pago, por lo que debiendo conocer que el teléfono desde el que se le había solicitado la activación no se encontraría entre los que hubiera registrado su nombre el actor, la comunicación del número de terminal telefónico devenía exigible para que aquélla pudiera conocer que era un tercero quien podría disponer de los datos de la tarjeta mediante la aplicación de pago que se activaría.

De lo expuesto se concluye que la entidad demandada no habría acreditado la observancia de los deberes de diligencia que le eran exigibles en la autenticación de las operaciones de pago, pues ni habría probado haber implementado un mecanismo antiphising de protección de los usuarios de los instrumentos de pago por ella emitidos frente al uso fraudulento por un tercero para hacerse con las credenciales del instrumento; ni habría puesto en conocimiento del usuario los datos necesarios para que este conociera que se trataba de instalar su tarjeta en una aplicación de pago de un terminal de un tercero; ni tampoco de avisarle por el mecanismo habitual de contacto con el cliente que se estaba intentando adquirir determinados productos a precios ciertamente importantes en comercios electrónicos situados en el extranjero, a fin de que el demandante hubiera podido, con carácter previo, dar su visto bueno a las utilizaciones concretas que se pretendían, lo que hubiera permitido conocer tal uso fraudulento, conocimiento que solo adquirió tras examinar los movimientos de su cuenta bancaria.

Por ello, no cabe observar negligencia grave del demandante de los deberes de conducta al usar del instrumento de pago y al dirigirse a un enlace simulado y habrá de ser, en consecuencia, la entidad demandada como proveedora de los servicios de pago usados de manera fraudulenta por un tercero logrando con ello acceder a la cuenta bancaria del demandante, quien haya de responder las pérdidas sufridas por éste con tales operaciones".

La SAP de Pontevedra, Sección 6ª, de 21 de diciembre de 2021, con revocación de la Sentencia de 1ª Instancia de Vigo nº 2, resuelve otro caso interesante de responsabilidad de la entidad bancaria por el fraude padecido por la titular de una tarjeta al responder a un mensaje engañoso que simulaba provenir de Correos. Como antecedentes del caso, para una mejor comprensión, merecen destacarse los siguientes hechos:

> *"El 16 de mayo de 2020 la señora Sabina recibió un correo electrónico en el que figuraba simulado el emblema del Servicio Estatal Correos y Telégrafos, y en el que se le pedía que para confirmar la recepción de un pedido realizase un pago de 2,99 euros mediante un botón de enlace que, tras ser pulsado, le llevó a una página que simulaba ser de la entidad Abanca, pero que en realidad estaba bajo el dominio de un tercero, en la que se le solicitaba el número de tarjeta, la fecha de caducidad y la clave CVV2, datos que introdujo.*
> *– Usando de los datos obtenidos el tercero instaló la tarjeta en la aplicación Samsung Pay de su propio teléfono móvil, y solicitó el alta a la entidad Abanca.*
> *– Abanca remitió al teléfono móvil la señora Sabina cinco SMS con el mismo contenido siguiente: Atención! Usa el código NUM000 para instalar tu tarjeta acabada en NUM001 en Samsung Pay. Válido 30 min. No lo compartas. Si tienes dudas llama al 981 910 522 (24h).*
> *– La señora Sabina introdujo la clave recibida en la página que simulaba ser de Abanca.*
> *– Con la clave obtenida el tercero completó la instalación de la tarjeta en la aplicación Samsung de su terminal.*
> *– Abanca remitió al teléfono móvil la señora Sabina, a las 19:16 horas del día 16 de mayo de 2020, un SMS con el contenido siguiente: Tu tarjeta acabada en NUM001 ha sido activada en Samsung Pay. Si no es correcto llámanos al 981 910 522 (24h).*
> *– Entre las 17:24:54 horas del día 16 y las 15:16:42 horas del día 17 de mayo de 2020 el tercero realizó, con cargo a la tarjeta de la señora Sabina y mediante la aplicación Samsung Pay, 20 órdenes de pago que tenía como beneficiarios a establecimientos de dos localidades de Francia, que supusieron que finalmente se detrajera de la cuenta bancaria de la primera la suma total de 4365,30 euros.*
> *– La señora Sabina comunicó telefónicamente a Abanca, a las 23:35 horas, que había descubierto en su cuenta bancaria la retención de la cantidad de 4200 euros para pagos con su tarjeta de débito que ella no había efectuado, solicitando la baja del instrumento de pago y de la banca electrónica.*

Una vez más la discusión pivota en si la titular incurrió no ya en falta de diligencia, sino si aquella en su caso fue de carácter grave. Y al mismo tiempo, si la entidad financiera implementó todas las medidas adecuadas de seguridad para evitar el fraude. En la resolución de instancia de 8 de febrero de 2021 —revocada posteriormente como señalamos por la AP de Pontevedra, Sección 6ª, de 21 de diciembre de 2021— se estimaba acreditada la actuación negligente de la actora sobre la base de los siguientes elementos:

> *"se consideró, en primer lugar, que el correo electrónico supuestamente enviado por Correos en el que se le exigía el pago de 2,99 euros para entregar el paquete era impreciso, pues no se identifica el número de pedido y el nombre del remitente, y además no está bien redactado pues emplea palabras como "aquí" o "verificación" sin que ello fuese advertido por la parte actora; en segundo lugar se dice que cuando la señora Sabina pulsó en el recuadro este le redirigió a lo que ella identificó como la página de la entidad demandada e introdujo el número de tarjeta para el pago de 2,99 euros, a pesar de los correos de advertencia enviados por Abanca en diferentes ocasiones en los que recordaba que Abanca nunca solicitaba claves ni otra información relevante por correos electrónicos o enlaces; y en tercer lugar, se indica que a pesar de los SMS que le envió Abanca durante la instalación de la tarjeta en la aplicación de Samsung Pay, y una vez instalada procediera a insertar el código para completar la operación sin leer ni comprobar lo expuesto en los SMS enviados".*

Pese al razonamiento de instancia, la Audiencia de Pontevedra, en la glosada Sentencia 3078/2021, acierta en la revocación con los argumentos que ofrece, poniendo el acento no solo en que la conducta de la usuaria afectada respondió a una conducta delictiva profesional con técnicas avanzadas de ingeniería social, sino también en el hecho de que la entidad no advirtiera al titular de que la tarjeta iba a ser empleada en la instalación de la aplicación de pago (Samsung Pay) en otro terminal distinto de la demandante. Así es razonado:

> *"31. La señora Sabina al introducir los datos de su tarjeta de débito en la página que aparentaba ser de la entidad Abanca para abonar el precio de un servicio que aparentemente le habría de prestar la entidad Correos y Telégrafos estaba haciendo uso del instrumento de pago conforme a su propia finalidad, por lo que en relación a las obligaciones que le imponía el artículo 41 del RDL 19/2018 restaría por determinar si al haber accedido a la página que simulaba ser de la entidad bancaria emisora de la tarjeta desde un enlace de un correo electrónico impreciso y con dos faltas de ortografía y haber introducido en aquella no sólo los datos de su tarjeta*

sino también la clave de activación de una aplicación de pago que un tercero había instalado en un terminal propio habría de determinarse que incurrió en negligencia grave en el deber de protección de sus credenciales de seguridad personalizadas. La lectura atenta del correo electrónico le hubiera permitido a la señora Sabina percatarse tanto de su contenido impreciso, al no identificar el pedido al que se refería, como de las dos faltas de ortografía, datos relevantes para adoptar su decisión de aceptar o no el pago electrónico que se le solicitaba, por lo que en ausencia de tal lectura reflexiva habría de considerarse su falta de diligencia en la protección de las credenciales del instrumento de pago. Pero han de tenerse en cuenta las circunstancias en las que tal decisión se adoptó, previo el engaño premeditado de un tercero para ganarse su confianza, lo que, estimo, debe llevar a que no haya de apreciarse una negligencia grave en la omisión de la lectura atenta del correo electrónico. En el phishing se usan técnicas de ingeniería social para ganarse la confianza del usuario del instrumento de pago y aprovecharse de los sesgos cognitivos en la toma de decisiones, lo que, en el caso se habría concretado en la simulación del envío a nombre de una entidad de confianza para la usuaria (Correos y Telégrafos), y en el aprovechamiento del sesgo de confirmación por el cual se tiende a favorecer la información que confirma las opiniones que ya se tenían o que resulta consistente con los hechos ya conocidos (la señora Sabina explicó que estando esperando un pedido de mascarillas creyó que a él se refería la entrega del paquete que se le anunciaba en el correo electrónico).

32. Los SMS que la entidad demandada envió a la señora Sabina comunicándole el código que había de utilizar para instalar su tarjeta en la aplicación de pago Samsung Pay, y el que le envío después de su activación no proporcionaban información sobre el número del terminal telefónico en el que se había solicitado y después activado la citada aplicación de pago. Tal omisión supone un incumplimiento de los deberes de diligencia en la prevención del fraude mediante phishing, pues no podía la entidad desconocer que frecuentemente mediante aquella el tercero defraudador utiliza los datos de la tarjeta para activarla en una aplicación de pago de la que tiene dominio, por lo que debiendo conocer que el teléfono desde el que se le había solicitado la activación no se encontraría entre los que hubiera registrado su nombre la señora Sabina en su ficha de cliente, la comunicación del número de terminal telefónico devenía exigible para que aquélla pudiera conocer que era un tercero quien podría disponer de los datos de la tarjeta mediante la aplicación de pago que se activaría. En tales circunstancias no cabe observar negligencia grave en el acto de la señora Sabina introduciendo la clave de activación de la obligación de pago en la página que simulaba ser de Abanca, pues para que pudiera ponderarse su error (explicó que había entendido que los mensajes se referían al pago que realizaba con su propio teléfono móvil que era de la marca Samsung) como inexcusable le faltaba el dato del número de teléfono en el que la

aplicación se activaría, con el que podría haber conocido que el pago no se realizaría mediante el teléfono propio sino mediante el de un tercero.
33. De lo expuesto se concluye que la entidad demandada no habría acreditado la observancia de los deberes de diligencia que le eran exigibles en la autenticación de las operaciones de pago, pues ni habría probado haber implementado un mecanismo antiphising de protección de los usuarios de los instrumentos de pago por ella emitidos frente al uso fraudulento por un tercero de páginas imitativas de las propias para hacerse con las credenciales del instrumento, ni habría puesto en conocimiento del usuario los datos necesarios para que este conociera que se trataba de instalar su tarjeta en una aplicación de pago de un terminal de un tercero. Se concluye, también, que no cabría observar negligencia grave de la demandante de los deberes de conducta al usar del instrumento de pago y al introducir las credenciales de uso personal en una página que imitaba las del sitio oficial de la entidad emisora de su tarjeta. Habrá de ser, en consecuencia, la entidad demandada como proveedora de los servicios de pago usados de manera fraudulenta por un tercero logrando con ello acceder a la cuenta bancaria de la demandante quien haya de responder las pérdidas sufridas por esta con tales operaciones.
34. La responsabilidad se extenderá a la totalidad de la pérdida pues en momento alguno anterior a que se realizase la última de las operaciones fraudulentas de pago la entidad demandada había informado a la demandante del número del terminal telefónico desde el que se estaban realizando las órdenes de pago fraudulentas ni de circunstancia alguna (las localidades en las que se ubicaban los establecimientos en los que se realizaban los pagos, que la entidad proveedora de servicios debía analizar si se correspondían con los patrones habituales de las operaciones de la usuaria de la tarjeta) que hubiera permitido conocer tal uso fraudulento, conocimiento que esta solo adquirió tras examinar los movimientos de su cuenta bancaria"

7.3.5. Cargos con Bizum

También los fraudes han llegado a los titulares de cuentas bancarias a través del conocido sistema de pagos "Bizum".

Bizum es un proveedor de servicios de pago de España, creado en 2016, fruto de la colaboración de 34 entidades bancarias del país, para crear un sistema de pagos instantáneos. El capital social de su propietaria (Sociedad de Procedimientos de Pago SL) se distribuye entre un total de 29 entidades que poseen el 95% de cuota de mercado en España. El servicio permite realizar pagos entre usuarios utilizando la aplicación y conociendo únicamente el número de teléfono del destinatario, para importes de hasta 1000 euros por operación. El importe máximo de operaciones recibidas por cliente en un día es de 2000 euros.

Cuando el usuario quiera enviar dinero, recibirá un mensaje de texto de verificación que, junto con un código, tendrá que introducir en la aplicación. Una vez hecho esto la transacción queda hecha y el otro usuario la recibe al instante. En ese momento el receptor recibe otro mensaje de texto confirmándole la admisión efectiva del dinero transferido, que estará disponible en su cuenta en este momento. Toda la operación queda registrada en un historial que los usuarios pueden consultar.

Por el momento en las entidades financieras que operan con Bizum para ofrecer a sus clientes el servicio de transferencia inmediata entre usuarios es habitual que sea gratuito, pero depende de las políticas de cada banco. Tampoco está estandarizado el límite de dinero permitido en cada transferencia ni cuántas se pueden realizar, sino que cada entidad establece unas cantidades y un número máximo de operaciones permitidas.

Un supuesto interesante es el analizado por la Sentencia del Juzgado de Primera Instancia nº 5 de Pamplona de 3 de abril de 2023, en el que se resuelve la demanda interpuesta por un usuario por 23 operaciones de cargo no autorizadas en su cuenta bancaria correspondientes a operaciones realizadas a través de Bizum por la suma de 3.940 euros. La resolución estima íntegramente la petición del actor al entender que la entidad UNICAJA BANCO S.A. incurrió en un comportamiento negligente en el cumplimiento de sus obligaciones derivadas de la prestación y uso de servicios de pago on line derivadas de contrato de cuenta corriente concertado entre ambas partes. Expone de modo pormenorizado su razonamiento en su detallado Fundamento de Derecho Segundo:

> *"1º.- El sistema bizum es un servicio al que voluntariamente pueden adherirse los clientes de una determinada entidad bancaria, siempre que cuente con una cuenta corriente activa en la misma, y que permite transferir dinero a la cuenta corriente de otra persona de forma instantánea y gratuita, sin necesidad de conocer su número de cuenta, requiriendo únicamente el conocimiento de su número de teléfono móvil.*
>
> *2º.- Las transferencias mediante bizum se consideran incluidas dentro del concepto de transferencia de fondos de la Ley de Servicios de Pago y, por lo tanto, se regulan por el Real Decreto-Ley 19/18, 23 de noviembre. Esta*

normativa define la orden de pago como toda instrucción cursada por un ordenante o beneficiario a su proveedor de servicios de pago por la que se solicite la ejecución de una operación de pago (art. 3.28).

3º.- Desde un punto de vista contractual toda transferencia constituye una forma de ejecución de obligaciones contractuales previamente asumidas, ejecución obligada cuando se dan las condiciones pactadas, de ordinario, que haya provisión de fondos. Es por ello que se entiende que la orden de transferencia constituye una declaración de voluntad o mandato (en el sentido del art. 254 Código de Comercio) en virtud del cual el banco asume la realización de transferencias por cuenta del cliente como parte del contrato de servicio de caja.

4º.- Dado el carácter negocial de la orden de pago, esta puede pactarse que tenga lugar en cualquier forma, incluida la electrónica. En particular, el consentimiento a operaciones de pago por el usuario en el ámbito de la banca electrónica supone que el cliente deba haber firmado un contrato de adhesión a los servicios de banca electrónica. La LSP establece al respecto que el ordenante y su proveedor de servicios de pago acordarán la forma en que se dará el consentimiento, así como el procedimiento de notificación del mismo, negocio jurídico que determina que la transferencia se entienda autorizada por el ordenante de acuerdo con el mismo precepto de la LSP. El consentimiento del ordenante se prestará, según el medio utilizado para prestar dicho consentimiento, mediante, o la firma de la autorización y orden de transferencia correspondiente, o verbalmente a través de la vía telefónica o a través de banca por internet o electrónica.

5º.- Tanto en la banca telefónica como por internet, el proveedor de servicios de pago, o lo que es lo mismo, el banco emisor, debe implementar las medidas necesarias para asegurar la autenticación e identidad del ordenante a la hora de prestar su consentimiento. Por ello y para su ejecución, el banco debe comprobar en todo caso la autenticidad de la orden y, salvo pacto en contrario, que existe saldo suficiente.

6º.- De ordinario, para la realización de transferencias ordinarias con cargo a una cuenta vinculada es preciso que el cliente haya de autenticar la operación mediante la introducción de las claves previamente facilitadas por la entidad de crédito con la que contrata, con respecto a las cuales tendrá unos deberes de custodia.

7º.- La falsedad de la transferencia (que el ordenante no sea el titular de la cuenta) es un riesgo a cargo del banco porque, en principio, el deudor solo se libera pagando al verdadero acreedor por lo que, si el banco cumple una orden falsa, habrá de reintegrar en la cuenta correspondientes las cantidades cargadas. Una excepción a esta distribución de riesgos se produce en el caso de que el titular haya creado o elevado el riesgo de falsificación de forma imputable en el caso concreto. Así lo prevé el alto Tribunal Supremo en la sentencia de fecha de julio de 1988.

8º.- La ley cambiaria se ampara en el principio general de que el daño que resulte del pago de un cheque falso o falsificado será imputado al librado,

a no ser que el librador haya sido negligente en la custodia del talonario de cheques, o hubiere procedido con culpa. Este es el principio se recoge hoy la LSP, articulo 36 y siguientes, pues cuando un usuario de servicios de pago niegue haber autorizado una operación de pago ya ejecutada o alegue que esta se ejecutó de manera incorrecta, corresponderá a su proveedor de servicios de pago demostrar que la operación de pago fue autenticada, registrada con exactitud, y que no se vio afectada por un fallo técnico o cualquier otra deficiencia. El registro por el proveedor de servicios de la utilización del instrumento de pago no bastará necesariamente, para demostrar que la operación de pago fue autorizada por el ordenante, ni que este actuó de manera fraudulenta o incumplió deliberadamente o por negligencia grave una o varias de sus obligaciones previstas en la propia ley.
En este sentido, el artículo 41 de la Ley de Servicios de Pago, establece que es obligación del usuario: "a) utilizará el instrumento de pago de conformidad con las condiciones que regulen la emisión y utilización del instrumento de pago que deberán ser objetivas, no discriminatorias y proporcionadas y, en particular, en cuanto reciba un instrumento de pago, tomará todas las medidas razonables a fin de proteger sus credenciales de seguridad personalizadas) en caso de extravió, sustracción o apropiación indebida del instrumento de pago o de su utilización no autorizada, lo notificará al proveedor de servicios de pago o a la entidad que este designe, sin demora indebida en cuanto tenga conocimiento de ello".
El art. 42 de la LSP, establece que el proveedor de servicios deberá;" a) Se cerciorará de que las credenciales de seguridad personalizadas del instrumento de pago solo sean accesibles para el usuario de servicios de pago facultado para utilizar dicho instrumento, sin perjuicio de las obligaciones que incumben al usuario de servicios de pago con arreglo al artículo 41.
b) Se abstendrá de enviar instrumentos de pago que no hayan sido solicitados, salvo en caso de que deba sustituirse un instrumento de pago ya entregado al usuario de servicios de pago.
Esta sustitución podrá venir motivada por la incorporación al instrumento de pago de nuevas funcionalidades, no expresamente solicitadas por el usuario, siempre que en el contrato marco se hubiera previsto tal posibilidad y la sustitución se realice con carácter gratuito para el cliente.
c) Garantizará que en todo momento estén disponibles medios adecuados y gratuitos que permitan al usuario de servicios de pago efectuar una notificación en virtud del artículo 41.b), o solicitar un desbloqueo con arreglo a lo dispuesto en el artículo 40.4. A este respecto, el proveedor de servicios de pago facilitará, también gratuitamente, al usuario de dichos servicios, cuando éste se lo requiera, medios tales que le permitan demostrar que ha efectuado dicha comunicación, durante los 18 meses siguientes a la misma.
d) Ofrecerá al usuario de servicios de pago la posibilidad de efectuar una notificación en virtud del artículo 41.b), gratuitamente y cobrar, si acaso,

únicamente los costes de sustitución directamente imputables al instrumento de pago.
e) Impedirá cualquier utilización del instrumento de pago una vez efectuada la notificación en virtud del artículo 41.b)
2. El proveedor de servicios de pago soportará los riesgos derivados del envió de un instrumento de pago al usuario de servicios de pago o del envió de cualesquiera elementos de seguridad personalizados del mismo"
El art. 43 respecto a operaciones de pago no autorizadas, establece que;" El usuario de servicios de pago obtendrá la rectificación por parte del proveedor de servicios de pago de una operación de pago no autorizada o ejecutada incorrectamente únicamente si el usuario de servicios de pago se lo comunica sin demora injustificada, en cuanto tenga conocimiento de cualquiera de dichas operaciones que sea objeto de reclamación, incluso las cubiertas por el artículo 60, y, en todo caso, dentro de un plazo máximo de trece meses contados desde la fecha del adeudo.
Los plazos para la notificación establecidos en el párrafo primero no se aplicarán cuando el proveedor de servicios de pago no le haya proporcionado ni puesto a su disposición la información sobre la operación de pago con arreglo a lo establecido en el título II.
2. Cuando intervenga un proveedor de servicios de iniciación de pagos, el usuario de servicios de pago deberá obtener la rectificación del proveedor de servicios de pago gestor de cuenta en virtud del apartado 1, sin perjuicio de lo dispuesto en el artículo 45.2, y el artículo 60.1
9º.- Los servicios que prestan las entidades de crédito a sus clientes a través de su oficina virtual se desenvuelven en redes TCP/IP (Internet) o WAP (comunicaciones móviles).
10º.- Siendo Internet una red pública de comunicaciones, la seguridad de las operaciones bancarias precisa de soluciones tecnologías avanzadas a los efectos de garantizar tanto la autenticidad como la integridad y la confidencialidad de los datos. Por estos motivos las entidades prestadoras del servicio de banca online deben dotarse de medidas suficientes que garanticen al usuario la seguridad de las operaciones. Consecuencia derivada de la omisión, insuficiencia o defectuoso funcionamiento de las adoptadas es que han de ser las entidades bancarias las que asuman las consecuencias derivadas de los fallos de seguridad del sistema.
11º.- La banca electrónica está siendo objeto de transferencias no autorizadas por el cliente y que vienen antecedidas por el método delictivo conocido como phishing que constituye una modalidad específica de fraude informático que visualiza las deficiencias de seguridad del sistema informático de una entidad y que trae causa en el uso de las redes telemáticas. En este sentido la propia actora ha sido víctima de tale hechos, denunciados ante la Comisaría de Policía Nacional, que no ha podido, a día de hoy, averiguar su autoría, al no haber obtenido ninguna línea de investigación viable.

De acuerdo con la Agencia Española de Protección de Datos (R Expediente No: NUM000, de 24 de mayo de 2006); "el objetivo de los ataques de "phishing" es la obtención de forma engañosa y fraudulenta de los códigos de usuarios y contraseñas de clientes de Banca Electrónica, al objeto de realizar transferencias no autorizadas...Su operatoria comienza con la adquisición en internet de un "paquete de herramientas", que incluyen programas informáticos e información necesaria para realizar los ataques. Esta información incluye "listas de equipos comprometidos" que pueden ser utilizados bien para mandar correos electrónicos, bien para alojar páginas web falsificadas. Incluyen además "bases de datos de direcciones de correo electrónico". Una vez en posesión del paquete, se remiten los correos electrónicos con carácter indiscriminado (buscando contactar con clientes de la entidad financiera) informando de la necesidad de conectarse a una página web que parece pertenecer a la citada entidad y portar los códigos de acceso y contraseñas de clientes. Dicha página web se suele alojar en un equipo conectado a Internet cuya seguridad se haya [visto] comprometida", sin conocimiento de su usuario, y que se encuentra normalmente en un país distinto al de los destinatarios del ataque. De esta forma se constituye un "fichero de datos personales con códigos de usuarios y contraseñas de clientes" recabados de forma engañosa y fraudulenta, que se ubica normalmente en el mismo "equipo remoto comprometido" en el que se aloja la página web falsificada. Con los datos obtenidos se realizan transferencias a cuentas de colaboradores situados en España los cuales a su vez retiran el dinero en efectivo y tras descontar una comisión realizan transferencias monetarias internacionales mediante entidades especializadas".

La responsabilidad en estos supuestos no puede atribuirse directamente al supuesto ordenante de la transferencia por entenderse que esta autorizada al haberse realizado de acuerdo con los sistemas de autenticación del banco.

Los sistemas de autenticación se establecen por los proveedores de servicios de pago y si un banco no ha sido capaz de limitar el acceso al canal de banca electrónica no puede pretender que el presunto ordenante víctima de esta práctica fraudulenta sea el único responsable, pues es el banco quien tiene responsabilidad respecto del buen funcionamiento y la seguridad del mismo. Por tanto, en el caso de órdenes de pago y transferencias fraudulentas puede afirmarse que sin dicha declaración de voluntad la operación de pago o transferencia de fondos, presuntamente realizada por la titular de los fondos, se considerará no autorizada.

Las medidas de seguridad no solamente están destinadas a proteger la seguridad de las órdenes de pago emitidas por los clientes, sino que su eficacia exonera a las entidades de crédito de sus responsabilidades frente a las órdenes de pago no emitidas por sus clientes de tal forma que el incumplimiento de este específico deber de vigilancia da lugar a una responsabilidad por "culpa in vigilando" o responsabilidad objetiva por el mal funcionamiento de los servicios de banca electrónica. Y en este sentido, la Audiencia Provincial de Zaragoza de fecha 14 de mayo de 2013, condenó a Barclays Bank a reintegrar 20.947 euros al cliente víctima de phishing. La Sentencia señala que;" la Ley de Servicios de Pago expresa con claridad que, salvo una tardanza injustificada del usuario del servicio de banca electrónica en comunicar la irregularidad de las operaciones, será el banco quien deberá devolverle de inmediato el importe de la operación no autorizada y, en su caso, restablecerá la cuenta de pago en que haya adeudado dicho importe al estado que habría existido de no haberse efectuado la operación de pago no autorizada. Por ello y salvo actuación fraudulenta o negligencia grave del titular de la cuenta, la responsabilidad de la operación es del banco al que corresponde además probar el correcto funcionamiento del sistema informático".

En consecuencia, a lo expuesto, hay responsabilidad bancaria por los defectos de seguridad del sistema que determina la ejecución de órdenes de pago no autorizadas por su cliente, con la única excepción de que el banco acredite la culpa o negligencia de la víctima. Constituye por tanto obligación esencial de las entidades prestadoras del servicio de banca online el dotarse de medidas suficientes que garanticen al usuario la seguridad de las operaciones por lo que, en el supuesto de insuficiencia o mal funcionamiento de las adoptadas, deben ser las entidades bancarias las que asuman las consecuencias derivadas de los fallos de seguridad del sistema.

En el caso de autos, la entidad bancaria aporta como documental (documento no 7) una serie de SMS que, según la entidad demandada, fueron enviados a la parte actora con la clave de seguridad necesaria para realizar las operaciones, lo que acreditaría que el señor Erasmo, conocía las claves de seguridad y las introdujo voluntariamente, por lo que no habría un negligente funcionamiento de los medios de seguridad en el pago. Sin embargo, no ha quedado acreditado que dichos mensajes fueran recibidos, y aun cuando se hubiera admitido la solicitud extemporánea realizada por la parte demandada de oficio a la compañía telefónica, ello únicamente habría permitido probar el envío y en su caso recepción de los mensajes en el teléfono móvil de la parte demandante, no su validación o introducción por el señor Erasmo, teniendo la carga de probar este hecho la parte demandada por cuanto es la entidad bancaria la que se entiende que posee los documentos y registros necesarios para ello.

Lo cierto es, además, que la parte demandada aporta una serie de mensajes enviados a la parte demandante (documento no 7) pero solo 9 de ellos corresponden a los días 19 y 20 de junio, y de esos 9, solo 7 contienen claves de seguridad para operaciones realizadas el día 19 de junio. Además, los extractos bancarios que constan en el documento no 4 aportado por la parte, no nos permiten comprobar las horas de los bizums, por lo que no se pueden comparar con los SMS aportados. Por otra parte, los SMS contienen cantidades diferentes a los bizums enviados pues dos de ellos comunican que se va a realizar un bizum de 500 euros cuando de dichos extractos bancarios se constata que las operaciones de transferencia no superaron los 200 euros, por lo que las cantidades no cuadran.

Por todo ello, teniendo en cuenta que se realizaron hasta 25 operaciones de bizum no autorizadas, como se acredita del documento nº 4 aportado por la parte demandada, y que solo se aportan por la parte demandada 7 mensajes con claves de seguridad, es claro que existió un deficiente funcionamiento de la normativa sobre seguridad en el pago y, por lo tanto, le corresponde al banco la responsabilidad de abono de la cantidad defraudada.

Por consiguiente, acreditado el incumplimiento por la entidad bancaria demandada de sus obligaciones en los sistemas de pago online o a distancia, la demanda debe ser estimada".

7.4. RESPONSABILIDAD POR INCLUSIÓN INDEBIDA EN UN FICHERO DE SOLVENCIA PATRIMONIAL

Ligado a los supuestos de fraude bancario, en ocasiones se produce un descubierto en los fondos del afectado. Ello acontece con mayor frecuencia cuando se ha hecho uso de un instrumento de crédito de la víctima (v.g. tarjeta de crédito) sobrepasando las compras realizadas el importe disponible en cuenta para afrontar su pago. En estos casos, no es extraño que la entidad financiera, tras declinar su responsabilidad sobre el uso ilícito del instrumento, persista en la reclamación de la supuesta deuda al afectado, llegando en ocasiones a la inclusión del afectado en ficheros de solvencia patrimonial.

Cabe pues plantearse en estos casos la acumulación de acciones, tanto por la responsabilidad por las operaciones no autorizadas como por la indebida inclusión en un fichero de solvencia patrimonial. Sin embargo, han de tenerse presente los principios procesales relativos a dicha acumulación toda vez que la acción por indebida inclusión en un fichero de solvencia patrimonial, al vincularse a un procedimiento de protección del derecho al honor se tramitará por las reglas del procedimiento ordinario, en tanto que la reclamación patrimonial por el daño sufrido como consecuencia de las operaciones no autorizadas estará sujeta en función de la cuantía reclamada al juicio verbal u ordinario.

7.4.1. Los ficheros de solvencia patrimonial

La existencia de ficheros de solvencia patrimonial (conocidos en el ámbito anglosajón como *Credit Reporting Systems*) constituye sin duda un elemento útil para controlar la capacidad de endeudamiento de los consumidores y usuarios y con ello, según apunta CASADO OLIVA[37], para la protección de un interés público que se concreta en la tutela del tráfico económico en general y crediticio en particular. A través de ellos, el prestamista puede tener conocimiento del riesgo de impago o morosidad que asume ante la concesión de un nuevo crédito. Este tipo de ficheros que tienen por objeto informar sobre la solvencia económica de una persona al incluir datos personales y registrase en un soporte físico se encontraban ya sometidos a la anterior Ley Orgánica 15/1999, de 13 de diciembre, de Protección de Datos de Carácter Personal y al Reglamento dictado en su desarrollo, aprobado por Real Decreto Legislativo 1720/2007, de 21 de diciembre.

En el desarrollo de los ficheros de solvencia patrimonial, como sintetizan ALONSO MARTÍNEZ y CERQUEIRA SÁNCHEZ[38] intervienen tres actores. En primer lugar, la propia entidad acreedora que ha de responder de la veracidad, exactitud y actualización de los datos que aporta referidos al deudor. En segundo término, el tercero que efectúa la consulta para la obtención de la información de solvencia de un determinado sujeto, que ha ostentar un interés legítimo en ello. Y finalmente, la propia entidad que gestiona el fichero de solvencia patrimonial que ha de responder ante el deudor cuando ejercita los derechos reconocidos en los artículos 15 a 22 del Reglamento (UE) 2016/679 y 12 a 18 LOPDP (acceso, rectificación, supresión, oposición, limitación, portabilidad).

Con relación a los sistemas de información crediticia, se presume lícito el tratamiento de datos personales relativos al incumplimiento

---

37 CASADO OLIVA, O., "Régimen especial para la actividad de solvencia patrimonial y crédito", en MARZO PORTERA, A. y RAMOS SUÁREZ, F. M. —Dirs.—, *La protección de datos en la gestión de empresas*, Revista Aranzadi de Derecho y Nuevas Tecnologías, nº 2, Cizur Menor, 2004, pp. 189 y ss.

38 ALONSO MARTÍNEZ, C. y CERQUEIRA SÁNCHEZ, M. en PIÑAR MAÑAS, J. L. —Dir.— *Reglamento General de Protección de Datos. Hacia un nuevo modelo europeo de privacidad.* Madrid, 2016, p. 654.

de obligaciones dinerarias, financieras o de crédito, siempre que los datos hayan sido facilitados por el acreedor y éste hubiera informado de la posibilidad de inclusión en el sistema de información crediticia en el momento de la contratación y los datos se refieran a deudas ciertas, vencidas y exigibles, cuya existencia o cuantía no hubiese sido objeto de reclamación administrativa o judicial por el deudor o mediante un procedimiento alternativo de resolución de disputas vinculante entre las partes. La entidad que mantenga el sistema de información crediticia deberá notificar al afectado la inclusión de tales datos y le informará sobre la posibilidad de ejercitar los derechos regulados en los artículos 12 a 18 LOPDP. Únicamente podrá mantener los datos, conforme a lo dispuesto en el artículo 20.1.d) LOPDGDD, mientras persista el incumplimiento, con el límite máximo de cinco años desde la fecha de vencimiento de la obligación dineraria, financiera o de crédito[39].

El artículo 28.2.d) de la vigente LOPDP recuerda las especiales medidas técnicas y organizativas que los responsables del tratamiento habrán de aplicar cuando el tratamiento implicase una evaluación de aspectos personales de los afectados con el fin de crear o utilizar perfiles personales de los mismos, en particular mediante el análisis o la predicción de aspectos referidos a su rendimiento en el trabajo, su situación económica, su salud, sus preferencias o intereses personales, su fiabilidad o comportamiento, su solvencia financiera, su localización o sus movimientos.

Cabe recordar que este tipo de ficheros, solo se podrán registrar y ceder los datos de carácter personal que sean determinantes para enjuiciar la solvencia económica de los interesados y que no se refieran, en cuanto sean adversos, a más de seis años. Cuando se trate de datos relativos al cumplimiento o incumplimiento de obligaciones dinerarias facilitados por el acreedor o por quien actúe por su cuenta, se impone la necesidad de que se notifique a los interesados respecto de los datos de carácter personal que se hayan registrado en tales ficheros, una referencia de los que se hayan incluido, informándoles

---

39 Recuérdese que el art. 41.2 del Real Decreto 1720/17, de 21 de diciembre señalaba que los datos deberán ser cancelado cuando se hubieren cumplido seis años a partir del vencimiento de la obligación o del plazo concreto si aquella fuera de vencimiento periódico.

del derecho que ostentan a recabar información de la totalidad de ellos. Necesidad de notificación que, como razona PÉREZ DE ONTIVEROS BAQUERO[40] es coherente con el hecho de que la inclusión en dichos ficheros no viene precedida del consentimiento del afectado, quien, no obstante, no puede ver mermados por esta razón sus derechos de acceso, rectificación, cancelación y oposición. Así también es destacado por CARRANCHO HERRERO[41] apuntando que la ausencia de necesidad de consentimiento en estos casos de inclusión en ficheros de insolvencia constituye una excepción al principio general recogido en su momento en el art. 6 de la LOPD 1999. Y sobre este mismo particular, la SAP de Madrid, Sección 12ª, de 18 de junio de 2009, ha concluido:

> *"Debe tenerse en cuenta que, si bien el artículo 6 de la referida Ley establece la necesidad del consentimiento del interesado para la inclusión de datos, no obstante, se exceptúa, entre otros supuestos: "cuando se refieran a las partes de un contrato o precontrato de una relación negocial, laboral o administrativa y sean necesarios para su mantenimiento o cumplimiento". Por otro lado, resulta acorde a la lógica y a la finalidad perseguida por los registros que tienen por objeto recoger datos relativos a personas o entidades que hayan incurrido en incumplimiento de sus obligaciones (artículo 3. 1 del Código civil), que la inclusión de tales datos en dichos registros se realice sin contar con el previo consentimiento del interesado, ya que de lo contrario su finalidad se vería lógica y notablemente mermada, toda vez que obviamente si hubiera de contarse con el consentimiento de quien pueda verse perjudicado por la inclusión en dicho registro, y más aún si hubiera de contarse con el consentimiento de quien se supone ha incumplido la correspondiente obligación contractual, las inscripciones en dicho tipo de registros se reducirían al máximo, debiendo recordarse que la propia Ley reconoce su existencia y la Sentencia del Tribunal Supremo parcialmente transcrita anteriormente señala no sólo su licitud, sino la utilidad que dicho tipo de registros puede tener al efecto de constatar la solvencia de los posibles clientes.*
>
> *QUINTO: La no necesidad de contar con el consentimiento del afectado para la inclusión en los denominados registros de morosos viene recogida expresamente por la Instrucción de la Agencia de Protección de Datos*

---

40 PÉREZ DE ONTIVERO BAQUERO, C. "Ficheros de solvencia patrimonial y de crédito: cuestiones civiles y su apreciación por los tribunales del orden Contencioso Administrativo" en Revista de Derecho Patrimonial nº 28/2012, Pamplona, 2012

41 CARRANCHO HERRERO, T. "Daño al honor derivado de la inclusión en listas de morosos" en La Ley Práctica de Daños, nº 91, marzo 2011, Madrid, p. 13.

1/1995, la cual al referirse al tratamiento de datos relativos al incumplimiento de las obligaciones, señala que éstos presentan: "un conjunto de especialidades (excepción del principio del consentimiento tanto en la recogida del dato como en su tratamiento), que hacen necesario efectuar una serie de precisiones".
Cierto es que tal Instrucción se refiere al artículo 28 de la Ley Orgánica 5/1992 de 29 de octubre, la cual ha sido derogada por la Ley Orgánica 15/1999, no obstante la sustancial identidad, en la materia que es objeto de este proceso, entre la Ley Orgánica 5/1992 y la Ley orgánica 15/1999 (Ver fundamentalmente la equivalencia sustancial entre artículo 6 de ambas leyes y artículo 28 de la ley 5/1992 y artículo 29 de la Ley 15/1999), permite considerar aplicable actualmente la referida Instrucción, la cual, por otro lado, continúa siendo aplicada en numerosas sentencias dictadas por las Audiencias Provinciales en cuestiones como la que es objeto de autos (Sentencias de la Audiencia Provincial de Álava, Sec. 1ª, de 3 de septiembre de 2007, Zaragoza, Sec. 5a, de 22 de febrero de 2007, en Baleares, Sec. 4ª, de 30 de junio de 2006, Zaragoza, Sec. 5ª, 12 de junio de 2006, Valencia, Sec. 7ª, 19 de noviembre de 2003, entre otras).
Por tanto, no se puede entender que sea precisa la existencia de pacto contractual para que los datos relativos a la deuda por el deudor contraída se incorporen al correspondiente registro de impagados".

La solución a la colisión de estos dos intereses confrontados pasa por el escrupuloso respeto del prestamista a la normativa de protección de datos personales. Este celo se ha atenuado lamentablemente a raíz de las masivas cesiones de créditos. Muestra ilustrativa de este auge lo pone de manifiesto el desarrollo de los monitorios europeos, que ha experimentado un incremento en el año 2018 del 798,3% consecuencia de la cesión de créditos (principalmente de consumo derivados de tarjetas de crédito, operaciones bancarias, compañías telefónicas...)[42]. Sobre este particular no obstante, debe tenerse en cuenta la reciente STJUE de 19 de diciembre de 2019, en la que respondiendo a las cuestiones prejudiciales planteadas por los Juzgados de 1ª Instancia nº 11 de Vigo y nº 20 de Barcelona, el Tribunal europeo concluye que la normativa comunitaria permiten que un "órgano jurisdiccional", según la definición de dicho Reglamento, que conoce de un proceso monitorio europeo pida al acreedor in-

---

42 http://www.poderjudicial.es/cgpj/es/Poder-Judicial/Consejo-General-del-Poder-Judicial/Actividad-del-CGPJ/Memorias/Memoria-anual-2019–correspondiente-al-ejercicio-2018-

formación complementaria relativa a las cláusulas contractuales que este invoca para acreditar la deuda de que se trate, con el fin de controlar de oficio el carácter eventualmente abusivo de esas cláusulas, y de que, en consecuencia, se oponen a una normativa nacional que declara inadmisible la documentación complementaria aportada a tal efecto. Esta resolución es coherente con la STS de 23 de enero de 2020, en la que con objeto de aclarar cuál es alcance y naturaleza del control del juzgador sobre la posible concurrencia de cláusulas abusivas, se concluye:

> *"4.- La apreciación de oficio de la nulidad de una cláusula no negociada en un contrato celebrado con un consumidor puede llevarse a cabo en cualquier tipo de procedimiento judicial pero solo cuando la validez y eficacia de esa cláusula sea relevante para resolver las pretensiones formuladas por las partes.*
>
> *5.- Si para estimar la pretensión formulada por el empresario o profesional contra un consumidor, o determinar el alcance de tal estimación, ha de aplicarse una cláusula no negociada, el tribunal habrá de valorar y, en su caso, apreciar de oficio la abusividad y consiguiente nulidad de la cláusula incluso en el caso de que el consumidor no haya alegado tal abusividad.*
>
> *6.- Asimismo, si el consumidor ha formulado una pretensión, en una demanda o en una contestación a la demanda, para cuya estimación es preciso la apreciación del carácter abusivo de una cláusula no negociada empleada por un empresario o profesional, dicha abusividad deberá ser apreciada, aunque el consumidor no lo haya postulado expresamente.*
>
> *7.- Cuando el TJUE, en el fallo de su sentencia de 20 de septiembre de 2018, caso OTP Bank, asunto C-51/17, declaró que "corresponde al juez nacional señalar de oficio, en sustitución del consumidor en su condición de parte demandante, el posible carácter abusivo de una cláusula contractual, tan pronto como disponga de los elementos de Derecho y de hecho necesarios para ello", fue en respuesta a una cuestión prejudicial en la que, según se precisa en el apartado 33 de la sentencia, "[...] por lo que respecta a la apreciación de oficio de cláusulas abusivas por el juez nacional, [...] el órgano jurisdiccional remitente se pregunta si está facultado, incluso obligado, a apreciar el posible carácter abusivo de cláusulas que no hayan sido invocadas por el consumidor en apoyo de su pretensión, en su condición de parte demandante" (énfasis de cursiva añadido). Por tanto, el TJUE da por hecho que el control de oficio debe ejercitarse en conexión con la pretensión del consumidor, y no en abstracto o con independencia de tal pretensión.*
>
> *8.- En nuestra sentencia 267/2017, de 4 de mayo, declaramos (énfasis de cursiva añadido): "En nuestro caso, la cuestión se suscitó en apelación, cuando los demandantes-apelantes pidieron en su escrito de recurso que la Audiencia apreciara de oficio la abusividad de la cláusula. A la vista de*

esta petición, el tribunal de apelación debió, cuando menos, pronunciarse sobre la abusividad de la cláusula, en cuanto que constituía un presupuesto de la pretensión contenida en la reconvención, cuya estimación era objeto de apelación".

9.- De ahí que tanto el TJUE como los tribunales nacionales hayan declarado la procedencia de apreciar de oficio la abusividad de las cláusulas no negociadas en contratos con consumidores en el proceso monitorio, cuando la resolución que acuerda el requerimiento de pago solicitado por el empresario o profesional se basa en la aplicación de una cláusula no negociada, o en el proceso de ejecución de títulos no judiciales, cuando el despacho de ejecución se basa en la aplicación de una de tales cláusulas. Si la pretensión para cuya estimación es preciso aplicar o tomar en consideración una cláusula no negociada se ha formulado en un juicio declarativo ordinario, también habrá de valorarse si esa cláusula es abusiva y, si lo fuera, apreciar esa abusividad, aunque no haya sido expresamente postulada por el consumidor.

10.- Como ha puesto de relieve la jurisprudencia tanto nacional como comunitaria, la apreciación de oficio de la nulidad de tales cláusulas tiene por fundamento la superación del desequilibrio real existente entre el consumidor y el empresario o profesional, que determina que el consumidor pueda desconocer la posibilidad de defender sus intereses con base en el carácter abusivo de una cláusula no negociada, así como coadyuvar al objetivo de política general relativo al efecto disuasorio frente a la utilización de las cláusulas abusivas, que resultaría debilitado si la pretensión del consumidor fuera desestimada (o, correlativamente, si la del empresario o profesional resultara estimada) por la aplicación de una cláusula abusiva que no hubiera sido expresamente impugnada por el consumidor".

Aunque la nueva regulación contenida en el artículo 20 de la Ley Orgánica 3/2018, de 5 de diciembre, de Protección de Datos Personales y Garantías de los derechos Digitales (LOPDyGDD) al abordar los "sistemas de información crediticia" solo se ocupa de los ficheros de solvencia negativos, podemos distinguir, siguiendo la clásica clasificación que recuerda HUALDE MANSO[43], dos tipos de ficheros: los positivos y los negativos. Los positivos comprenden el historial de operaciones crediticias atendidas por el afectado y nivel de endeudamiento global. Los negativos por su parte advierten del incumplimiento de las obligaciones contraídas. Otro tipo de clasifi-

---

[43] HUALDE MANSO, M. T. "Ficheros de morosos, nulidad del Reglamento de Protección de Datos y derecho al honor" en Revista Doctrinal Aranzadi Civil-Mercantil, Vol. 2, nº 8, Cizur-Menor, diciembre 2013. pp 49.58.

caciones, como la apuntada por MAS BADÍA[44], distingue también entre ficheros públicos (registros públicos de crédito) y privados (bureas de crédito). Los ficheros públicos dispondrán de la información facilitada por las entidades reguladas en los términos establecidos normativamente. Por su parte los privados, se constituyen de modo voluntario, sirviendo a las entidades adscritas para el intercambio de información sobre la solvencia de terceros, poniendo cada volcando al sistema cada asociado la información individual de la que dispone para construir un fichero común que proyecte una imagen de solvencia más amplia en orden a evaluar la posible solvencia del eventual deudor.

Los registros positivos han sido valorados favorablemente por el TJUE en Sentencia de 23 de noviembre de 2006 señalando que *incrementan la cantidad de información disponible para las entidades de crédito acerca de los prestatarios potenciales, atenuando la disparidad existente entre el acreedor y el deudor en lo que atañe a la posesión de información y facilitando de este modo una mayor previsibilidad de la probabilidad de devolución de los créditos.*

Por parte del Banco de España se elabora la denominada Central de Información de Riesgos del Banco de España (CIRBE) que tiene el carácter de fichero positivo de solvencia patrimonial. Encuentra su regulación originaria en el artículo 59 de la Ley 44/2002, de 22 de noviembre de Medidas de Reforma del Sistema Financiero (LMRSF) y en la Circular 1/2013, de 24 de mayo, del Banco de España, por la que se modifica la Circular 4/2004, de 22 de diciembre, a las entidades de crédito, sobre normas de información financiera pública y reservada, y modelos de estados financieros.

En el precitado artículo 59 LMRSF se enuncia que *la Central de Información de Riesgos (en adelante CIR) es un servicio público que tiene por finalidad recabar de las entidades declarantes a que se refiere el apartado primero del artículo siguiente, datos e informaciones sobre los riesgos de crédito, para facilitar a las entidades declarantes datos necesarios para el ejercicio de su actividad; permitir a las autoridades competentes para la supervisión prudencial de dichas entidades el adecuado ejercicio de sus competencias de*

---

44 MAS BADÍA, Mª D. en VVAA. *Nuevos retos jurídicos de la sociedad digital*. Cizur Menor, 2017, p. 196.

supervisión e inspección; contribuir al correcto desarrollo de las restantes funciones que el Banco de España tiene legalmente atribuidas.

La CIRBE en consecuencia no puede considerarse como un *registro de morosos*, sino como un servicio público que registra los riesgos contraídos por las entidades de crédito con sus clientes (por créditos o préstamos concedidos, por avales otorgados, por la posesión de valores de renta fija, etc.). De hecho, el apartado tercero del artículo 59 LMRSF, excluye expresamente el derecho de oposición de los afectados al tratamiento. Se incluyen en ella aquellos riesgos que superan los 9.000 euros, independientemente de si sus titulares están al corriente de pago o no (aunque en caso de morosidad, la entidad también tiene que declarar esta circunstancia con independencia de su importe).

El Tribunal Supremo en la sentencia de 2 de noviembre de 2017 declara: *"La inclusión en el fichero del CIRBE de los datos relativos a la existencia de una deuda o de una garantía, sin que exista una situación de morosidad, no afecta al derecho al honor.* Así reproduce su doctrina contenida en la STS 28/2014, de 29 de enero en la que se afirmaba:

> *"2.- De acuerdo con su normativa reguladora vigente cuando se produjeron los hechos (art. 59 y siguientes de la Ley 44/2002, de 22 de noviembre, y anteriormente, artículo 16 del Decreto-ley 18/1962, de 7 de junio, por el que se creó dicho fichero, y normas reglamentarias complementarias), la Central de Información de Riesgos del Banco de España es un servicio público que tiene por finalidad recabar de las entidades de crédito y otras entidades financieras, datos e informaciones sobre los riesgos de crédito derivados de contratos tales como préstamos, créditos, descuentos, emisiones de valores, contratos de garantía, compromisos relativos a instrumentos financieros, o cualquier otro tipo de negocio jurídico propio de su actividad financiera, para facilitar a las entidades declarantes datos necesarios para el ejercicio de su actividad, permitir a las autoridades competentes para la supervisión prudencial de dichas entidades el adecuado ejercicio de sus competencias de supervisión e inspección y contribuir al correcto desarrollo de las restantes funciones que el Banco de España tiene legalmente atribuidas. A tales efectos, tales entidades han de enviar periódicamente al CIRBE datos sobre las operaciones de esa naturaleza que concierten y las personas que directa o indirectamente resulten obligadas en ellas. También comunicarán los datos que reflejen una situación de incumplimiento, por la contraparte, de sus obligaciones frente a la entidad declarante.*
>
> *Las entidades declarantes tienen derecho a obtener informes sobre los riesgos de las personas físicas o jurídica registradas en el fichero de CIRBE*

> *siempre que dichas personas mantengan con la entidad solicitante algún tipo de riesgo, o bien hayan solicitado a la entidad un préstamo o cualquier otra operación de riesgo, o figuren como obligadas al pago o garantes en documentos cambiarios o de crédito cuya adquisición o negociación haya sido solicitada a la entidad.*
> *3.- De lo expuesto se desprende que el fichero de CIRBE no es propiamente un fichero de datos de carácter personal de los previstos en el apartado 2o del art. 29 de la LOPD (RCL 1999, 3058), esto es, uno de los denominados habitualmente "registros de morosos" por recoger datos de carácter personal relativos al incumplimiento de obligaciones dinerarias facilitados por el acreedor. Es un fichero administrativo específico destinado para informar sobre los riesgos de crédito derivados de contratos propios de la actividad financiera. Es posible que contenga informaciones sobre la existencia de incumplimientos de obligaciones dinerarias, cuando las mismas se hayan producido, pero no necesariamente toda persona cuyos datos personales se incluyen en tal fichero está asociada a informaciones sobre tales incumplimientos, basta con que sea prestataria, acreditada o fiadora en una operación de crédito.*
> *(...) 6.- La vulneración del derecho al honor exige, para que pueda considerarse producida, que de las menciones contenidas en el fichero del CIRBE se desprenda que el afectado es un moroso, y que tales menciones no respondan a la realidad.".*

Por otra parte, existen los ficheros negativos que son gestionados no ya por el Banco de España sino por entidades privadas. El artículo 69 de la precitada Ley 44/2002, de 22 de noviembre, de Medidas para la Reforma del Sector Financiero, establece que *sin perjuicio del desarrollo por parte de la Central de Información de Riesgos a cargo del Banco de España de la totalidad de las funciones que le encomienda la presente Ley, la actividad de facilitar a las entidades de crédito los datos necesarios para el ejercicio de su actividad crediticia podrá ser también realizada por otras entidades de naturaleza privada cuya actividad se ajustará, en todo caso, al régimen previsto en Ley Orgánicas 15/1999, de 13 de diciembre, de Protección de datos de carácter personal.*

7.4.2. Requisitos para la inclusión en un fichero de solvencia patrimonial. Especial referencia a los supuestos de víctimas de fraudes bancarios: deuda cierta, vencida y exigible

Para garantizar la proporcionalidad y la exactitud en el tratamiento de los datos persones de los usuarios, la Agencia de Protección de

Datos, desde un momento temprano, en uso de las facultades que legalmente tiene atribuidas y refrendadas por el Tribunal Constitucional (STC 290/2000, de 30 de noviembre), aprobó la Instrucción 1/1995, de 1 de marzo, relativa a la prestación de servicios de información sobre solvencia patrimonial y crédito, por la que vino e exigir en su norma primera dos requisitos que refuerzan la efectiva exactitud y existencia de la deuda a fin de proceder a su inclusión en el registro de morosidad, asegurando así que ninguna persona cuya deuda no cumpla dichos requisitos sea incluida en el fichero y que, aún en menor medida, puedan existir datos erróneos como consecuencia de una falta de control de los datos introducidos en el fichero.

En el caso del tratamiento de datos personales relativos al cumplimiento o incumplimiento de obligaciones dinerarias facilitadas por el acreedor, en aras a la importancia que se ha atribuido en contar con un mercado con bajas tasas de morosidad, se ha excepcionado la aplicación del principio general del consentimiento del interesado. El profesor DAVARA RODRÍGUEZ[45], ya sostenía en sus primeros manuales la justificación de esta excepción en beneficio de la transparencia. CUENA CASAS[46] advierte que al suprimir la nueva LOPDyGDD la mención a los ficheros positivos ello apunta a que no es necesario el consentimiento para que los prestamistas compartan estos datos al bureau de crédito.

La incorporación de los datos de carácter personal de cualquier usuario a los denominados ficheros de solvencia patrimonial viene condicionada al cumplimiento de los requisitos normativos establecidos en los artículos 38 a 44 del Real Decreto 1720/2007, de 21 de diciembre, por el que se aprueba su Reglamento, así como la Instrucción 1/1995, de 1 de marzo, de la Agencia Española de Protección de Datos (AEPD en adelante), relativa a la prestación de servicios de información sobre solvencia patrimonial y crédito (norma 1ª, punto 1). Del conjunto normativo referenciado, se colige que, para la correcta inclusión de los datos de un usuario en un fichero de solvencia

---

45 DAVARA RODRÍGUEZ, M. A. *Derecho informático,* Cizur Menor, 2007, p. 105.

46 CUENA CASAS, M. en ZUNZUNEGUI PASTOR, F. —Dir— *Regulación financiera y Fintech,* Cizur Menor, 2019, p. 117.

patrimonial, han de cumplirse todos y cada uno de los siguientes requisitos:

1°) Existencia de una deuda cierta, vencida y exigible que haya resultado impagada y sobre la que exista un previo requerimiento de pago por parte del acreedor.

2°) Requerimiento previo de pago.

3°) Pertinencia, exactitud y actualidad.

4°) Comunicación al interesado.

De estos requisitos, centra hoy nuestra atención de modo especial en lo atinente a la inclusión de víctimas de fraudes bancarios el primero: existencia de una deuda cierta, vencida y exigible[47].

7.4.2.1. Existencia de una deuda cierta, vencida y exigible

Es contrario a lo dispuesto en el artículo 20.1.b) LOPD-GDD, artículo 38.1.a)[48] del RD 1720/2007 y Norma 1 de la Instrucción 1/1995 AEPD, la cesión de datos del usuario para su inclusión en un fichero de solvencia patrimonial, cuando se ha entablado por el afectado una reclamación judicial, arbitral o administrativa, o tratándose de servicios financieros, se haya planteado una reclamación ante los servicios de atención al cliente y el defensor del cliente de las entidades financieras[49]. O en los términos más amplios del art. 20.1.b) que hubiese sido objeto de reclamación administrativa o judicial por el

---

47 Para un desarrollo más amplio de esta materia, nos permitimos remitirnos a otra publicación anterior RIBÓN SEISDEDOS, E. *Defensa del consumidor por indebida inclusión en ficheros de solvencia patrimonial*, Madrid, 2020.

48 Téngase en cuenta la STS, Sala 3ª, de 15 de julio de 2010, que modificó el referido inciso del art. 38.1.a) del Real Decreto 1720/2007, de 21 de diciembre, al que el STS tildó de tener una *defectuosa redacción (...) por inconcreción en su texto*. De la opinión contraria es CARRANCHO HERRERO (CARRANCHO HERRERO, T. "Daño al honor derivado de la inclusión en listas de morosos" en Práctica Derecho de Daños: Revista de Responsabilidad Civil y Seguros, nº 100, 2012, p. 25).

49 El texto del artículo 38 RD 1720/17, se refiere a los Comisionados para la defensa del cliente de servicios financieros aprobado por Real Decreto 303/2004, de 20 de febrero, que ha de entenderse derogado por la Ley 2/2011, de 4 de marzo.

deudor o mediante un procedimiento alternativo de resolución de disputas vinculante entre las partes.

Conforme al denominado "principio de calidad de los datos", ya previsto en el Convenio nº 108 del Consejo de Europa, de 28 de enero de 1981, para la protección de las personas con respecto al tratamiento automatizado de datos de carácter personal, los datos deber ser exactos, adecuados, pertinentes y proporcionados a los fines para los que han sido recogidos y tratados. Ello implica el deber de su exactitud y puesta al día, de forma que respondan como veracidad a la situación actual del afectado, prohibiendo que sean usados para finalidades incompatibles con aquellas para las que los datos hubieran sido recogidos.

La STS de 6 de marzo de 2013 reprocha con dureza a una entidad financiera la inclusión de una persona en un fichero de solvencia patrimonial cuando se habían producido reiteradas protestas por el demandante por distintas irregularidades en la facturación de sus servicios, destacando que en ningún caso pude utilizarse estos ficheros como un método para tratar de persuadir al supuesto deudor a efectuar el pago como mal menor a enfrentarse a un descrédito personal o a ver cerrado su acceso al mercado financiero:

> *"La inclusión en los registros de morosos no puede ser utilizada por las grandes empresas para buscar obtener el cobro de las cantidades que estiman pertinentes, amparándose en el temor al descrédito personal y menoscabo de su prestigio profesional y a la denegación del acceso al sistema crediticio que supone aparecer en un fichero de morosos, evitando con tal práctica los gastos que conllevaría la iniciación del correspondiente procedimiento judicial, muchas veces superior al importe de las deudas que reclaman.*
>
> *Por tanto, esta Sala estima que acudir a este método de presión representa en el caso que nos ocupa una intromisión ilegítima en el derecho al honor de la recurrente, por el desvalor social que actualmente comporta estar incluida en un registro de morosos y aparecer ante la multitud de asociados de estos registros como morosa sin serlo, que hace desmerecer el honor al afectar directamente a la capacidad económica y al prestigio personal de cualquier ciudadano entendiendo que tal actuación es abusiva y desproporcionada, apreciándose en consecuencia la infracción denunciada".*

Debe tenerse presente que se impone al responsable del tratamiento de datos, un especial deber de diligencia al comprobar la exactitud y veracidad de los datos que pretende ceder. Como advierte

AGÜERO ORTIZ[50], la comunicación de los datos de una persona diferente de la deudora, por comunicación errónea de algún dígito del DNI, supone una lesión del derecho del sujeto incluido indebidamente, como confirma las STSS de 9 de abril de 2012 o de 4 de diciembre de 2014.

La SAN, Sala de lo Contencioso, de 30 de octubre de 2017, recuerda su doctrina sobre la innecesaria concurrencia de intencionalidad o dolo en la conducta para generar responsabilidad en el ámbito administrativo —cuyo postulado puede trasladarse perfectamente al ámbito civil de la responsabilidad— bastando el mero descuido o falta de diligencia para la apreciación de ésta:

> *"La existencia de un error reconocido por la actora y su rápida subsanación, no puede constituir un elemento exculpatorio, como reiteradamente ha sido señalado por esta Sala. Citamos, por todas, sentencia de 12 de noviembre de 2010 (recurso 761/2009), en la que indicábamos lo siguiente: «Es cierto que la utilización incorrecta de estos datos probablemente fue culposa, a la vista de las circunstancias concurrentes. Y también se aprecia que la compañía rectificó el error cometido, en cuanto tuvo conocimiento de ello, sin que el recibo llegara a cobrarse. Pero, como reiteradamente hemos venido afirmando en esta materia, las sanciones no requieren intencionalidad o dolo, sino que basta el mero descuido o falta de diligencia; en palabras de este Tribunal "basta la simple negligencia o incumplimiento de los deberes que la Ley impone a las personas responsables de ficheros o del tratamiento de datos de extremar la diligencia...", y ello, aunque no obtuviese provecho económico alguno. Así lo dispone también el art. 130 de la Ley 30/92, al afirmar "Solo podrán ser sancionadas por hechos constitutivos de infracción administrativa las personas físicas y jurídicas que resulten responsables de los mismos aun a título de simple inobservancia" lo cierto es que la expresión "simple inobservancia" del art. 130.1 de la Ley 30/1992, permite la imposición de la sanción, sin duda en supuestos dolosos, y asimismo en supuestos culposos, bastando para la imposición de la sanción, la inobservancia del deber de cuidado.*
>
> *Ello no obstante, si se aprecian circunstancias que pueden justificar una cualificada disminución de la culpabilidad que, en aras al principio de proporcionalidad y utilizando los criterios contenidos en el art. 45.5 de la LOPD, deberían justificar una reducción del importe de la sanción impuesta. A tal efecto, se aprecia que se trató de un mero error informáti-*

---

50 AGÜERO ORTIZ, A. "¿Cuándo la inclusión en registro de morosos comporta responsabilidad para el acreedor y la entidad de registro frente al cliente? en www.uclm.es/centro/cesco

> *co que motivó la inclusión de la menor como asegurada, error que fue inmediatamente rectificado por la compañía sin que el recibo llegara a emitirse ni pasarse al cobro. Estas circunstancias ponen de manifiesto el incumplimiento de un deber de diligencia y cuidado, pero al mismo tiempo permiten considerar que se trató de un error puntual y aislado, carente de intencionalidad, y del que no obtuvo provecho propio ni se causó perjuicio a tercero. Por todo ello este Tribunal, aplicando el principio de proporcionalidad, considera procedente reducir el importe de la sanción de multa a 6000 €».*
>
> *Por consiguiente, han de ser rechazadas las alegaciones de la demandante, al quedar constatada la concurrencia de tipicidad y culpabilidad en su conducta infractora".*

Contraviene también el principio de calidad de los datos, a título ilustrativo por ser de los supuestos más frecuentes, el operador que facilita datos de abonados para su inclusión en un fichero sobre solvencia patrimonial y crédito sin haber comprobado previamente la existencia real de la deuda. Incluso, la AEPD no duda en sancionar a aquellos operadores que conociendo la existencia de una reclamación en su contra no hayan procedido a la inmediata cancelación de los datos facilitados a un registro de morosos (cfr. Resolución de la AEPD de 30 de julio de 2010).

Con relación a la inclusión de distintos afectados en ficheros de solvencia patrimonial por deudas inexistentes se ha pronunciado nuestro Tribunal Supremo en reiteradas ocasiones (SSTS 5 de julio de 2004, 24 de abril de 2009, 9 de abril de 2012, 21 de mayo de 2014). En ellas se examinan distintos supuestos en los que se concluye esa improcedente inclusión, bien porque corresponden a pagos no realizados por el afectado con falsificación de su firma, por contratos no celebrados o por haber desistido en el plazo legal estipulado.

La certeza de la deuda también es abordada también, entre otras, en las SSTS de 6 de marzo de 2013 o 22 de enero de 2014, en la que se rechaza la inclusión del afectado en cualquier fichero de solvencia patrimonial cuando median dudas sobre la entidad de la deuda. En el primer caso se examina la inclusión de unos usuarios por rechazar un seguro de daños vinculado a un préstamo hipotecario tras cancelar dicho préstamo, subrogándose en aquella otra entidad bancaria. En el segundo supuesto, también se califica de dudosa la supuesta deuda de contratos vinculados a una entidad financiera. En ambos casos, en suma, se acude al recurso de la inclusión de los afectados en el fichero de solvencia patrimonial como método de presión para lograr el pago de la deuda litigiosa. Y ello conlleva la lesión del honor de los afectados.

Es por las mismas razones ilegítima la inclusión en un fichero de solvencia patrimonial cuando la cesión del dato deriva de la propia liquidación unilateral del acreedor respecto de una cláusula penal predispuesta al usuario. En la STS nº 5101, dictada el 19 de noviembre de 2014, revocando el pronunciamiento desestimatorio previo de la Sección 18ª de la AP de Madrid y del Juzgado de 1ª Instancia nº 3 de Móstoles, resuelve en favor del demandante que mostraba su disconformidad por la inclusión de sus datos en un fichero de solvencia patrimonial por una supuesta deuda que no alcanzaba los 500 euros. En su recurso, argüía, que ni el importe económico era útil para valorar su solvencia económica, ni había aceptado nunca la liquidación derivada de una condición general de la contratación predispuesta por la entidad demandada que imponía una pena por la falta de permanencia de 24 meses en el servicio de vigilancia inicialmente contratado. Rechazado por el Tribunal el argumento sobre la falta de relevancia del importe reclamado para el enjuiciamiento de la solvencia —argumento sobre el que discrepamos en muchos casos si atendemos a la coyuntura económica global del afectado y el cumplimiento regular del resto de sus obligaciones económicas—, si acoge, sin embargo, la razón dada sobre la falta de calidad del dato por devenir de una liquidación unilateral practicada por la cláusula penal pre-redactada. Así es resuelto:

> *"La empresa demandada vulneró la normativa de protección de datos. Los datos que comunicó al registro de morosos no eran veraces ni exactos pues no existía previamente una deuda cierta, vencida, exigible, que hubiera resultado impagada, sino una reclamación derivada de la unilateral liquidación por la demandada de una cláusula penal redactada en términos que no permitían, por sí solos, fijar la cantidad en que se concretaba su aplicación. Que en la cláusula penal se previera que " en caso de que antes de concluido el plazo de permanencia [24 meses], el servicio contratado sea suspendido, dado de baja o cancelado por solicitud de baja por parte del cliente o por incumplimiento del contrato imputable al mismo, ADT ESPAÑA tendrá derecho a reclamar al CLIENTE el abono de las cantidades pendientes de amortización hasta la terminación efectiva del contrato " no supone, como pretende la recurrida, que de tal cláusula resulte una deuda cierta, vencida y exigible, y menos aún que la misma pueda*

fijarse en el importe de las cuotas correspondientes al periodo pendiente de transcurrir hasta la conclusión del periodo de permanencia.

Pero, sobre todo, no se respetaron los principios de prudencia y proporcionalidad, puesto que los datos no eran determinantes para enjuiciar la solvencia económica. No es controvertido que los clientes demandados habían pagado las cuotas del servicio de vigilancia hasta que decidieron darse de baja. Si a continuación se negaron a pagar la cantidad que la empresa de seguridad demandada fijó unilateralmente en aplicación de la cláusula penal, podrá discutirse si la cláusula era o no abusiva, y, en caso de no considerarse abusiva, si la cantidad fijada correspondía efectivamente a lo previsto en la misma (las cantidades pendientes de amortización). Pero sin necesidad siquiera de valorar si la cláusula era abusiva, ha de afirmarse que la negativa de un cliente que ha pagado regularmente las cuotas mensuales correspondientes al servicio prestado, a abonar la penalización por desistimiento cuando la cláusula que la prevé no es precisa y deja un amplio margen al predisponente para fijar el importe de la sanción, no es, en estas circunstancias, determinante para enjuiciar la solvencia del cliente, porque es evidente que no viene determinada por su imposibilidad de hacer frente a sus obligaciones, que es en lo que consiste la insolvencia, ni por su negativa maliciosa a hacerlo, sino por su discrepancia razonable con la conducta contractual de la demandante.

Se trataba, por tanto, de deudas inciertas, dudosas, no pacíficas, no exactas, pues habían sido fijadas por la demandada con base en una mera estimación, y, por tanto, conforme a la doctrina sentada en la sentencia de esta Sala núm. 13/2013, de 29 de enero, no eran aptas para sustentar la inclusión legítima de los datos de los demandantes en un registro de morosos. Tal inclusión puede interpretarse como una presión para que los demandantes aceptaran una reclamación con un fundamento que era, cuanto menos, dudoso, y por una deuda que no podía calificarse como cierta, en el sentido de inequívoca"

Resume esta doctrina la STS de 22 de diciembre de 2015, cuando concluye:

"(...) si la deuda es objeto de controversia, porque el titular de los datos considera legítimamente que no debe lo que se le reclama y la cuestión está sometida a decisión judicial o arbitral, la falta de pago no es indicativa de la insolvencia del afectado. Puede que la deuda resulte finalmente reconocida, en todo o en parte, por la sentencia o el laudo arbitral y por tanto pueda considerarse como un dato veraz. Pero no era un dato pertinente y proporcionado a la finalidad del fichero automatizado, porque este no tiene por finalidad la simple constatación de las deudas, sino la solvencia patrimonial de los afectados. Por ello solo es pertinente la inclusión en estos ficheros de aquellos deudores que no pueden o no quieren, de

modo no justificado, pagar sus deudas, pero no aquellos que legítimamente están discutiendo con el acreedor la existencia y cuantía de la deuda".

Esta misma doctrina es reiterada en la STS de 23 de marzo de 2018:

"Si la deuda es objeto de controversia, porque el titular de los datos considera legítimamente que no debe lo que se le reclama, la falta de pago no es indicativa de la insolvencia del afectado. Puede que la deuda resulte finalmente cierta y por tanto pueda considerarse como un dato veraz. Pero no era un dato pertinente y proporcionado a la finalidad del fichero automatizado, porque este no tiene por finalidad la simple constatación de las deudas, sino la solvencia patrimonial de los afectados. Por ello solo es pertinente la inclusión en estos ficheros de aquellos deudores que no pueden o no quieren, de modo no justificado, pagar sus deudas, pero no aquellos que legítimamente discrepan del acreedor respecto de la existencia y cuantía de la deuda".

En esta misma STS de 23 de marzo de 2018, se apunta otra observación de interés sobre cual ha de ser la postura del usuario para manifestar su disconformidad continuada con un servicio que pueda devenir en el impago de la factura emitida por la empresa y que finalice con la consiguiente inclusión en un fichero de solvencia patrimonial, concluyendo la inexigibilidad de documentar éstas contantemente a través de medios desproporcionados para la cuantía de los importes reclamados. En ella el Alto Tribunal casa la SAP de Asturias, Sección 4ª de 21 de junio de 2017 advirtiendo de la flexible apreciación de la prueba en lo atinente a la conducta exigible al consumidor:

"A la vista de estas irregularidades sucesivas y de las reclamaciones que hubo de realizar la cliente, no es exigible que cuando se vuelven a emitir facturas con partidas no justificadas (puesto que no existe dato alguno que permita considerar justificada la pretensión de Vodafone de cobrar una abultada cantidad como penalización por la baja en el servicio), la cliente deba seguir realizando reclamaciones documentadas (en la sentencia de la Audiencia Provincial se habla de burofaxes o cartas certificadas con acuse de recibo) y si no lo hace se considere que la deuda que se reclama es veraz, vencida y exigible a efectos de su inclusión en un registro de morosos.

A los particulares no les es exigible la misma profesionalidad y exhaustividad en sus relaciones con las empresas que la que es exigible a estas, como consecuencia de su profesionalidad y habitualidad en el tráfico mercantil. Basta con que hayan mostrado razonablemente su disconformidad con la conducta de la empresa y que el crédito que el acreedor pretende

tener carezca de base suficiente para que, sin perjuicio del derecho que la empresa tiene a reclamar su pago, tal crédito no pueda dar lugar a la inclusión de los datos del cliente en un registro de morosos, dadas las graves consecuencias que tal inclusión tiene para la esfera moral y patrimonial del afectado por ese tratamiento de datos.
Teniendo en cuenta las cuantías de las partidas controvertidas, exigir la utilización reiterada de medios de reclamación que permitan su documentación (correo certificado, burofax, telegrama) resulta una exigencia excesiva".

Aborda la responsabilidad de la entidad financiera por la inclusión en un fichero de solvencia patrimonial de un usuario que había sido víctima de un phishing y que había formulado reclamación ante la entidad expresando su disconformidad con la liquidación de cargos realizados en su tarjeta y las compensaciones operadas en sus cuentas la SAP de Coruña, Sección 6ª, de 23 de marzo de 2018. En ella, se concluye la responsabilidad de la entidad por la indebida inclusión de sus datos conforme a la vulneración del principio de calidad de datos con el siguiente razonamiento:

"En el caso que nos ocupa consta documentalmente acreditado y no se combate por la impugnante, que la inclusión en el registro de morosos la llevó a cabo Banco de Santander cuando todavía se hallaba pendiente de resolución la reclamación formalizada por la actora ante el Servicio de Atención al Cliente de la entidad bancaria. Por tanto, no puede afirmarse que concurra el principio de calidad de los datos, puesto que al no haber esperado ni siquiera a la resolución de la reclamación formalizada ante el propio banco, la deuda merece la calificación de incierta y dudosa. Finalmente, la alegación de que se trataba de una deuda vencida liquida y exigible tampoco puede ser aceptada en la medida en que se trata de una afirmación unilateral que adolece de los defectos enunciados".

Finalmente, en lo atinente a la exigibilidad de la deuda, se ha abierto también un interesante debate en los supuestos de los convenios alcanzados en el seno de procedimientos concursales o de restructuración de insolvencias. Bajo nuestro punto de vista una vez que se haya podido alcanzar un acuerdo en el marco del concurso, determinando la exoneración del pasivo insatisfecho o el establecimiento de nuevos plazos, ello ha de determinar la exclusión del afectado en los ficheros de solvencia patrimonial, en tanto que el convenio aprobado establece nuevos plazos que hacen inexigible la deuda en tanto que no venzan. Esta cuestión ha sido abordada con acierto por la SAP de Asturias, Sección 5ª, de 14 de enero de 2020, en la que se revoca la resolución dictada en la instancia por el Juzgado de 1ª Instancia nº 2 de Oviedo:

> *"(...) entendemos que la posibilidad de revocar el beneficio referido en el plazo de cinco años siempre que concurra alguna de las circunstancias legalmente previstas para ello no permite concluir que la deuda sea exigible, y en este extremo comparte la Sala el razonamiento que se contiene en la copia de sentencia aportada por el actor de 21 de mayo de 2018 del Juzgado de Primera Instancia nº 4 de Oviedo, que consideró indebido, en un supuesto análogo al presente, el mantenimiento de la deuda del actor en la CIRBE, con posterioridad al auto de 30 de mayo de 2018 del Juzgado de Primera Instancia no 3 de Oviedo en la que se exoneró de modo definitivo al actor del pasivo insatisfecho declarándose terminado el proceso concursal. Y sin que a ello obste el que no conste que del auto citado tuviera conocimiento la entidad demandada, pues ciertamente se oye, antes de dictarse el auto, a los acreedores personados, no constando que lo estuviera la entidad demandada en el presente caso, consignándose en la resolución que ningún acreedor personado se había opuesto a la solicitud de la exoneración; más aun cuando se entendiera que la entidad demandada no estaba personada en el procedimiento no puede soslayarse el escrito que se aportó por el demandante ante la oficina principal de Banco Popular, que obra al fol. 22 de las actuaciones, en el que consta el sello del Banco y en el que se consigna la existencia de la resolución judicial, fecha de la misma y órgano que lo dictó acordando la exoneración de modo definitivo del pago del pasivo insatisfecho. De modo que cabe concluir que en el presente caso se ha producido una vulneración del derecho al honor del demandante".*

7.4.2.2. Requerimiento previo de pago

Tradicionalmente el requerimiento previo de pago, con advertencia expresa de la posible cesión de los datos de carácter personal a un fichero, ha sido considerado ineludible para autorizar la facilitación de datos de abonados en un registro de solvencia patrimonial y crédito por aplicación del precitado principio de calidad de los datos ex art. 38.1.c) del RD 1720/2007, incumbiendo nuevamente a la demandada la prueba de la referida notificación fehaciente, que es negada por esta parte. Sin embargo, ha de tenerse presente que la nueva redacción dada por el art. 20.1.c) de la LO 3/2018, de 5 de diciembre, de Protección de Datos Personales y garantía de los derechos digitales, modula esta obligación al señalar que la exigencia es que el acreedor haya informado al afectado en el contrato o en el momento de requerir el pago acerca de la posibilidad de la inclusión en dichos sistemas, con indicación de aquellos en los que participe.

La SAN, Sala de lo Contencioso de 27 de noviembre de 2013 advierte de la carga probatoria sobre el requerimiento previo y la obligación del supuesto acreedor de acreditar esta comunicación: *"naturalmente, el hecho de que la entidad demandante remitiera ciertas cartas al denunciado no implica que cumpliera con la obligación de practicarle el requerimiento previo a la inclusión de tales deudas impagadas en los ficheros de solvencia que exige la normativa en materia de protección de datos expresada. Y, lo cierto es que aquella entidad acreedora no ha acreditado en el expediente administrativo ni en este procedimiento que llevara a cabo el citado requerimiento o que las cartas supuestamente remitidas, cuyo contenido se desconoce, llegaran a su destino y fueran objeto de conocimiento por el denunciado, limitándose a afirmarlo sin sustento probatorio alguno"*.

En otra acción derivada de la indebida inclusión en un fichero de solvencia, censura la SAP de Granada, Sección 5ª, de 25 de septiembre de 2009 la ligereza y despreocupación de la entidad acreedora por asegurar el conocimiento previo del afectado: *"El recurrente considera que existió dicha notificación, pero esta Sala entiende, como hace el Juzgador de instancia, que el precario e insuficiente sistema de notificaciones que tiene establecido —remisión de notificaciones por correo ordinario— no es respetuoso con el derecho del presunto moroso que está en juego, que no ha de olvidarse tiene el carácter de derecho fundamental, pues aunque, efectivamente, esta efectuado por personal independiente, no garantiza ni la recepción por el interesado, ni menos aún la devolución por el servicio de correos de las notificación a los efectos de desactivar la originaria inclusión en el fichero, por lo que no puede darse por válida tal notificación, cuanto más que de haberse llevado a efecto la misma de forma adecuada, claramente se hubiera detectado que allí no residía la actora desde hacía muchísimo tiempo —desde 1993—, con lo cual no hubiera persistido la inscripción en el fichero el tiempo que se mantuvo"*.

Y el mismo criterio es expuesto en la SAP de Asturias, Sección 7ª, de 24 de abril de 2015 —reiterado hasta la saciedad en las de 24 de abril y 9 de julio de 2015; 15 de enero, 25 de abril, 17 de mayo, 1 de julio: 22 de septiembre y 7 de octubre de 2016; 20 de septiembre de 2017; 14 de junio, 19 de julio, 13 de septiembre, 26 de septiembre y 11 de octubre de 2018—, al declarar: *"No atestigua su cumplimiento el documento 9 de la demanda en el que un tercero (BB DATA PAPER) simplemente alude a que fueron enviadas al servicio de correos con motivo de un acuerdo concertado con la demandada un total de 67,111 notificaciones de inclusión entre las que se encuentra una correspondiente al demandado, sin que conste hubiese incidencias, documento que no es revelador del cumplimiento de este requisito mediante una notificación personal practicada en forma, como igualmente tampoco lo es el documento 10 de la contestación por el que EQUIFAX afirma que no fue devuelta una carta comunicándole la cesión de crédito llevada a cabo entre VODAFONE y la entidad recurrente. Con ello no se cumple la exigencia del requerimiento previo, que pudo ser acreditado con facilidad a través del servicio de correos o por medios fehacientes de prueba que demuestren tanto el contenido de la comunicación, —en lo que afecta al requerimiento previo de pago a la inclusión en el registro del deudor—, como que le fue remitida la notificación a su domicilio y las circunstancias de su recepción".*

En consecuencia, siendo cierto como indica SAN MARTÍN ARIAS[51] que no existe ninguna obligación de realizar el requerimiento previo de pago mediante correo certificado, burofax o similar, lo meridianamente claro es que la entidad acreedora deberá poder acreditar debidamente dicho requerimiento. Podrá optar por el método que considere más idóneo, pero ha ce ser capaz de adverar esa comunicación. MESA MARRERO[52], recuerda también la importancia del carácter irrefutable de este requerimiento.

Como se ha apuntado esta comunicación previa ha de matizarse a la luz de la redacción dada por el art. 20.1.c) de la LO 3/2018, de 5 de diciembre, de Protección de Datos Personales y garantía de los derechos digitales, que lo que viene a exigir es que el acreedor haya informado al afectado en el contrato o en el momento de requerir el pago acerca de la posibilidad de la inclusión en dichos sistemas, con indicación de aquellos en los que participe. Por lo tanto, como señala la resolución de la Agencia Española de Protección de Datos de 17 de diciembre de 2019 *"La normativa actual de protección de datos*

---

51 SAN MARTÍN ARIAS, I. *Protección de datos en el crédito al consumo.* Cizur Menor, 2015, p. 59.

52 MESA MARRERO, C. "La regulación reglamentaria de los ficheros de información sobre solvencia patrimonial y crédito" en Actualidad Civil nº 19, noviembre 2008, pp. 2064.

no prevé el requerimiento previo de pago como requisito para el tratamiento de los datos en los citados sistemas comunes de información crediticia. Sin embargo, es preciso que el acreedor haya informado al afectado, en el contrato o en el momento de requerir el pago, acerca de la posibilidad de inclusión en dichos sistemas, con indicación de aquéllos en los que participe". Asi viene a corroborarse por la SAN, Sala de lo CA, Sección 1ª, de 18 de marzo de 2021. Por lo tanto, si existe esa previsión contractual no será precisa esa comunicación y de lo contrario —de no existir aquella previsión— se mantendrá la obligación de informar al usuario con carácter a su inclusión.

Especial trascendencia tienen las SSTS 946/22, de 20 de diciembre y 959/22 y 960/22, de 21 de diciembre en las que el Alto Tribunal —en resoluciones de Pleno— resuelven tres recursos relacionados con el requerimiento previo de pago al deudor. Si bien en un principio las tres resoluciones reiteran, como no puede ser de otro modo, que el requerimiento de pago no es un mero requisito formal, sino que nos hallamos ante un requisito esencial que responde a la finalidad del fichero y que trata de evitar la inclusión de personas que, por un simple descuido o un error bancario puedan ser incluidas en un fichero de solvencia patrimonial, matiza que el requerimiento previo de pago es un acto de comunicación recepticio que aún exigiendo una constancia razonable de la recepción de la comunicación ello no equivale a fehaciencia de dicha recepción, que puede considerar probada a través de las presunciones. En uno de los casos enjuiciados (Sentencia 959/22) se descarta la intromisión ilegítima en el derecho al honor del recurrente porque la Audiencia había considerado probado que el requerimiento se remitió por correo ordinario a su domicilio y la carta no fue devuelta. Partiendo de estos datos, y al no inferir que el domicilio fuera incorrecto o que la recepción se hubiera malogrado por razones achacables al servicio de correos, la Sala confirma la resolución de la Audiencia que consideró que habría elementos suficientes para dar por acreditados la realización del requerimiento. En la STS 960/22 se descarta igualmente la intromisión ilegítima en el derecho al honor porque constaba la remisión de dos emails a la dirección de correo facilitada en el contrato por la deudora. Esta nueva línea de máxima flexibilidad y facilidad probatoria en favor de las entidades acreedoras, que frecuentemente gestionan sus envíos a través de empresas participadas o con las que mantienen un evidente vínculo comercial de interés recíproco sitúa al afectado en un escenario próximo a la prueba diabólica si se le exige acreditar de contrario a ausencia de recepción de la comunicación.

De especial interés son las apreciaciones de APARICIO SALOM y VIDAL LASO[53] cuando advierten que en aplicación de las normas civiles, si la obligación de pago recae sobre diversa personas y la responsabilidad es solidaria, cada una de ellas responde de la totalidad de la deuda, por lo que, antes de incluir la información de cualquiera de ellos en el fichero de solvencia, el acreedor, deberá haber requerido de pago, a todos y cada uno de los obligados solidariamente al cumplimiento de la obligación no satisfecha, toda vez que la solidaridad da lugar a que el incumplimiento solo se produce cuando todos los deudores se hayan negado al pago, conforme al artículo 1144 CC.

Por el contrario, si la responsabilidad de los deudores es mancomunada, en aplicación de lo establecido en el artículo 1138 CC, la obligación se presumirá dividida en tantas partes iguales como acreedores o deudores haya, y cada uno responderá exclusivamente de su parte de obligación. Por ello, en el caso de las obligaciones mancomunadas, bastará que se requiera a cada uno de los deudores la parte respectiva para su inclusión por aquella cuota en el fichero en caso de desatención.

Y, finalmente, en el caso de los garantes de una obligación ajena, ya se trate de una fianza o aval solidario o subsidiario, señalan APARICIO SALOM y VIDAL LASO, que será necesario igualmente, que se reclame con carácter previo al avalista antes de incluir los datos relativos al deudor principal. Sobre este particular albergamos mayores dudas, pues en caso de incumplimiento del obligado principal, entendemos que puede ser suficiente para su inclusión. Al contrario, si que sostendríamos que a quien no cabe incluir es a los propios garantes si no se ha requerido previamente de pago al obligado principal. Y sobre este particular, nos permitimos recordar la posición que ya hemos mantenido en otras obras respecto a la nulidad, ex art. 86.7 TRLGDCU y falta de transparencia, de las estipulaciones que predispongan en contratos celebrados con consumidores las cláusulas de

---

53 APARICIO SALOM, J. y VIDAL LASO, M. *Estudio sobre la Protección de Datos*, Cizur Menor, 2019, p. 281

renuncia a los beneficios de excusión, división y orden por parte de fiadores y avalistas.

La fianza se caracteriza por ser un contrato accesorio dado que aparece siempre unido a otro cuya obligación garantiza y por la nota de subsidiariedad, de manera que el fiador responde en el caso de incumplimiento del deudor principal, es decir, la deuda solo será exigible al fiador, previo incumplimiento del deudor. El principio de subsidiariedad implica pues que la obligación del fiador solo ha de nacer si el deudor principal incumple, en tanto que el beneficio de excusión, que presupone el incumplimiento del deudor, conlleva que el fiador no puede ser compelido al pago en tanto existan bienes suficientes para hacer frente al pago de la deuda en el patrimonio del deudor.

BASTANTE GRANELL[54] reflexiona sobre la abusividad de la cláusula de afianzamiento ofreciendo acertados razonamientos cuando sostiene que en primer lugar, la habitualidad de una cláusula en al práctica bancaria no presupone un conocimiento claro y previo de los consumidores como evidencia el debate suscitado entorno a la cláusula suelo. En segundo término, que es evidente que el hecho de que una determinada cláusula pueda ser legal no impide su juicio de abusividad como tampoco este argumento impidió abordar el control de los intereses de demora. En tercer lugar, es inadmisible afirmar que un consumidor medio conoce los términos jurídicos y económicos de la "fianza solidaria" o de la renuncia al "beneficio de excusión" cuando su naturaleza y efectos siguen arrojando dudas y controversias todavía en la doctrina sin que exista una posición unánime. Si su significado es dubitativo para los profesionales del Derecho, lo será todavía más para los consumidores sin conocimientos legales. Por último, es rechazable trasladar la diligencia de conocer tal significado al consumidor o indicar que puede contar con el asesoramiento del notario, pues como manifiesta el Tribunal Supremo la función del notario no suple este especial deber de transparencia que pesa sobre el profesional, siendo este el que debe ofrecer las

54 BASTANTE GRANELL, V. "La cláusula de afianzamiento en préstamos hipotecarios: su abusividad a debate" en Revista Doctrinal Aranzadi Civil-Mercantil nº 3/2017, Cizur Menor, 2017.

explicaciones e informaciones necesarias para que el consumidor llegue a comprender el alcance de las condiciones fijadas en la controvertida cláusula de afianzamiento.

Se renuncia así al beneficio que tiene el fiador a ser reclamado después que el obligado principal. Y se renuncia también a que el fiador no pueda ser compelido a pagar al acreedor sin hacerse antes excusión de todos los bienes del deudor. Esta renuncia a los derechos reconocidos en los artículos 1830 y siguientes del Código Civil, colocan al fiador o avalista en la misma posición que el deudor, exponiéndose con todos sus bienes al mismo riesgo que el prestatario principal, sin ser realmente conocedores de la implicación de su intervención, pues para cualquier lego en la materia la inserción de una frase que invoque el principio de excusión, división u orden, resultarán simple y llanamente inteligibles si no vienen acompañadas de una explicación certera sobre sus efectos. Y es obvio también, que de haber podido participar en un contrato equilibrado y negociado, jamás se hubieran sometido a tal vasallaje contractual. Son miles de casos, en que los padres de los prestatarios, han sido llamados como garantes del préstamo de sus hijos exponiendo sus propios hogares como cobertura adicional del préstamo otorgado, sin ser realmente conscientes del riesgo en que se les sumía. Como anota GARCÍA ABURUZA[55], es especialmente importante además considerar que esta garantía es prestada de modo altruista, comúnmente en relaciones de parentesco, interviniendo así en una relación jurídica y financiera en la que ningún beneficio van a obtener, comprometiendo severamente su patrimonio.

La Sentencia del Juzgado de 1ª Instancia nº 11 de Bilbao de 5 de abril de 2018 desarma con sencillez y ajustado criterio la predisposición de la condición de afianzamiento con los siguientes razonamientos:

> *"La fianza aparece regulada en el Título XIV del Libro IV, relativo a las Obligaciones y Contratos del Código Civil. En concreto, el artículo 1822 CC establece que "Por la fianza se obliga uno a pagar o cumplir por un tercero, en el caso de no hacerlo éste".*

---

55 GARCÍA ABURUZA, Mª. P. "Problemática en relación a los avalistas y sobre su posible condición de consumidores" en Revista Aranzadi Doctrinal nº 1/2017.

Se plantea si, en el caso que nos ocupa, se trata de una condición agregada del contrato de préstamo o debe considerarse como un contrato diferenciado. Aunque, en principio pueda considerarse como una condición accesoria del préstamo, hay que tener en cuenta que esta nota de accesoriedad constituye el elemento esencial de la naturaleza de todo afianzamiento, pues el mismo sólo puede existir para garantizar el cumplimiento de otra obligación principal (que deberá ser válida o convalidable —art. 1824 CC—). Por tanto, puede concluirse que, aunque suponga la aportación de una garantía adicional para el prestatario, lo cierto es que para los demandantes fiadores, la fianza constituye el único vínculo contractual que les liga con la entidad demandada y, en consecuencia, la modalidad o contenido de la misma, constituye el objeto principal de su contrato con la entidad a los afectos de la aplicación del artículo 4.2 de la Directiva 93/13/CEE del Consejo, de 5 de abril de 1993.

Dicho precepto establece que "La apreciación del carácter abusivo de las cláusulas no se referirá a la definición del objeto principal del contrato ni a la adecuación entre precio y retribución, por una parte, ni a los servicios o bienes que hayan de proporcionarse como contrapartida, por otra, siempre que dichas cláusulas se redacten de manera clara y comprensible". La consecuencia de esta argumentación sería, en principio, que la cláusula que nos ocupa, quedara fuera del control de su carácter abusivo por los tribunales siempre que hubiera sido redactada de manera clara y comprensible, esto es, siempre que superara el llamado control de inclusión.

Sin embargo, el Tribunal Supremo, siguiendo la doctrina del TJUE expuesta, entre otras, en la sentencia de 3 de junio de 2010, viene a superar este obstáculo y argumenta que "el hecho de que una cláusula sea definitoria del objeto principal no elimina totalmente la posibilidad de controlar si su contenido es abusivo", reforzando así la protección de los consumidores y empleando para ello, junto al ya mencionado control de inclusión, el control de comprensibilidad real o de transparencia. Razona el TS que en los contratos con consumidores no basta con que la cláusula en cuestión supere el primer control, sino que hace falta que cumpla adecuadamente con el segundo, el de transparencia, lo que significa que es necesario que el adherente conozca o pueda conocer con sencillez tanto la "carga económica" que supone realmente para él el contrato celebrado, como la "carga jurídica" del mismo, es decir, la definición clara de su posición jurídica tanto en los presupuestos o elementos típicos que configuran el contrato celebrado como en la asignación o distribución de los riesgos de la ejecución o desarrollo del mismo (vid. SSTS núm. 241/2013, de 9 mayo; 464/2014, de 8 de septiembre; 138/2015, de 24 de marzo; 139/2015, de 25 de marzo; 222/2015, de 29 de abril; 705/2015, de 23 de diciembre; 367/2016, de 3 de junio; 41/2017, de 20 de enero; 57/2017, de 30 de enero; 171/2017, de 9 de marzo y 367/2017, de 8 de junio).

En el caso que nos ocupa, el apartado II de la escritura, referente a "OTRAS CLÁUSULAS", comprende la que se refiere al afianzamiento en los siguientes términos:

"CLÁUSULA DE AFIANZAMIENTO (HIPOTECA BLUE JOVEN)

DON ÁLVARO, su esposa DOÑA MARÍA, DON ANTONIO MANUEL y su esposa DOÑA MÓNICA, garantizan las obligaciones contraídas por la parte prestataria en esta escritura, en los mismos términos y condiciones en ella expresados, constituyéndose en fiadores obligados al pago solidariamente entre sí y con el deudor principal, con renuncia expresa a los beneficios de orden o excusión y división, con arreglo a los artículos 439 y siguientes del Código de Comercio y 1444, 1822, 1831 y concordantes del Código Civil, mientras no queden totalmente canceladas las obligaciones que se garantizan (...)"

Tal como se observa, la cláusula, en principio resulta legible y también relativamente comprensible para un jurista o persona que cuente con las capacitación y las herramientas técnico-semánticas necesarias, pues resulta obvio que expresiones como "obligados al pago solidariamente" o "beneficios de orden o excusión o división" no resultan expresiones de común conocimiento ni de uso cotidiano, con lo que para determinar si los demandantes estaban en posición de conocer las consecuencias jurídicas y económicas de su contrato, la entidad cumplió o no con las exigencias de transparencia. Es decir, habrá de determinarse si la entidad puede acreditar que actuó de manera leal y equitativa con el consumidor o si, por el contrario, se prevalió en la contratación de su superior posición negociadora y sus superiores medios, incluyendo, sin informar adecuadamente sobre su contenido, unas condiciones que los adherentes no hubieran aceptado razonablemente en el marco de una negociación individual (STJUE de 14 de marzo, C-415/2011, asunto Mohamed Aziz).

Bien, en primer lugar, hay que tener en cuenta que la fianza estipulada, no es la que se regula como natural y en defecto de pacto en el Código Civil, sino que contiene la renuncia de derechos del fiador que se prevén como excepciones a la regla general y que favorecen al acreedor. En este caso, se establece una fianza solidaria y una renuncia de los consumidores a los beneficios de excusión y división. Respecto de estos beneficios, el Código Civil, prevé lo siguiente:

Artículo 1830: "El fiador no puede ser compelido a pagar al acreedor sin hacerse antes excusión de todos los bienes del deudor".

Artículo 1831: "La excusión no tiene lugar: 1.° Cuando el fiador haya renunciado expresamente a ella".

Artículo 1837: "Siendo varios los fiadores de un mismo deudor y por una misma deuda, la obligación a responder de ella se divide entre todos. El acreedor no puede reclamar a cada fiador sino la parte que le corresponda satisfacer, a menos que se haya estipulado expresamente la solidaridad. El beneficio de división contra los cofiadores cesa en los mismos casos y por las mismas causas que el de excusión contra el deudor principal".

> *Por tanto, teniendo en cuenta la trascendencia de las renuncias efectuadas en perjuicio de los consumidores y para mayor seguridad del banco acreedor y de que estas iban a determinar el contenido del contrato de fianza, la entidad debía informar del mismo a los consumidores y del significado de las renuncias que llevaban a cabo, sin bastar la mera cita de la propia cláusula a algunos preceptos legales (y en ningún caso, a todos los que les afectan, pues ni siquiera se menciona el referente a la solidaridad y renuncia a la división). De la prueba obrante en autos no se desprende que tales informaciones llegaran a facilitarse, ni siquiera por el empleado de la entidad que comercializó el préstamo, pues él mismo, en el acto del juicio, no atinó a responder cuando fue preguntado por el significado de los términos de la cláusula y manifestó su desconocimiento de los mismos. Quedando constatada la falta de cumplimiento de los deberes de transparencia, sólo cabe concluir que, en el caso que nos ocupa, los consumidores llevaron a cabo un pacto con la entidad financiera que, indudablemente no hubieran aceptado de haber sido tratados de una manera leal y equitativa que les hubiera permitido conocer las consecuencias económicas y jurídicas del contrato que estaban celebrando y les imponía un desequilibrio importante en su perjuicio que, indudablemente, determina su abusividad."*

La Sentencia del Juzgado de lo Mercantil nº 1 de San Sebastián de 30 de septiembre de 2014, contempla la imposición de la fianza solidaria con renuncia a los beneficios de excusión, división y orden, además desde la perspectiva de la fatal de transparencia, también desde la del desequilibrio por exigirse una garantía desproporcionada:

> *"(...) la redacción de la cláusula, por el carácter solidario de la fianza con renuncia a todos los derechos que protegen al fiador, supone colocarle en una situación semejante al deudor principal, situación que es improbable haya querido realmente. Esos derechos, que desde el siglo XIX amparan a los fiadores, son renunciados sin explicación, porque desde luego la garantía general del art. 1911 CC. respecto de los deudores principales, y la hipoteca que otorga garantía sobre el inmueble, convierten en desproporcionada la renuncia realizada. Se suman y superponen garantías, pues tiene la general del citado art. 1911 CCv respecto a la totalidad del patrimonio del deudor principal, la real sobre el bien hipotecado, y la personal añadida de los avalistas, acumulación que también considera abusiva la DA 1a LCGDU en su apartado 18: "La imposición de garantías desproporcionadas al riesgo asumido", sin que sea aplicable al aval la excepción ("se presumirá que no existe desproporción en los contratos de financiación o de garantías pactadas por entidades financieras que se ajusten a su normativa especifica"), que solo afecta a la garantía hipotecaria."*

También en territorio vasco, el Juzgado de 1ª instancia nº 5 de Donostia, en el seno de un procedimiento de ejecución tuvo el acierto de apreciar de oficio, en cumplimiento de lo establecido en el art. 552.1 pfo. 2º LEC, la eventual nulidad de la cláusula de renuncia al beneficio de excusión. Tras el oportuno traslado a las partes para permitir el debido principio de contradicción, se acordó la nulidad de la referida cláusula de excusión, por Auto de 10 de abril de 2018. La cláusula controvertida presentaba el siguiente literal:

> *"D. Juan Carlos García Morán, Dª María Purificación Feijoo Pérez y Luis José González González garantizan a BANCO DE SABADELL S.A. el cumplimiento de todas y cada una de las obligaciones económicas asumidas por la parte prestataria en esta escritura, constituyéndose en consecuencia, mientras no quede reembolsada la operación, en Fiadores solidarios de ésta con igual carácter solidario entre sí y con renuncia expresa a los beneficios de orden, excusión, división y cualesquiera otros que con carácter general o particular pudieran corresponderles con arreglo a lo dispuesto en los artículos 439 y siguientes del Código de Comercio y 1.144, 1.822, 1.831 y 1.837 y concordantes del Código Civil, relevando además al Banco de toda notificación por falta de pago de la parte prestataria".*

7.4.2.3. Pertinencia, exactitud y actualidad

Al margen de la gravedad que pueda denotar la falta de veracidad y de actualidad de los datos, lo cierto es que la inclusión en ficheros de solvencia patrimonial de aquellos sujetos que atendido regularmente el pago de todas y cada una de las obligaciones que en los restantes ámbitos de su vida ordinaria ha contraído, por una deuda de escasa cuantía, resulta bajo nuestro punto de vista sumamente discutible bajo el principio de pertinencia. Lejos de convertirse en un instrumento útil para enjuiciar su solvencia económica, lo cierto es que se utiliza como instrumento "cuasi coactivo" para el injusto cobro que pretende.

El Fiscal de la Audiencia Provincial de Madrid PÁRAMO DE SANTIAGO[56], apunta también como una de las razones que empujan a la inclusión en los ficheros de solvencia patrimonial de los supuestos

---

56 PÁRAMO DE SANTIAGO, C. "Registro de morosos y derecho al honor" en CEFLegal: revista práctica de derecho. Comentario y casos prácticos nº 221, junio 2019. Madrid, p. 24.

morosos el objetivo de cobrar cantidades amparándose en el temor al descrédito personal, menoscabo de su prestigio profesional y a la denegación del acceso al sistema crediticio. ATIENZA LÓPEZ[57] también alerta que la intimación que se produce en ocasiones sobre el consumidor en contratos de suministros sobre los que existe discrepancia desvirtúa la propia finalidad con la que fueron aprobados este tipo de ficheros de solvencia patrimonial. FERNÁNDEZ BENAVIDES[58] habla de lesión de derechos fundamentales a través de la utilización de técnicas coactivas, cercanas a la extorsión, amenazas, divulgación de datos sobre la morosidad del deudor, etc. Y en el mismo sentido RODRÍGUEZ GUITIÁN[59] o GONZÁLEZ GARCÍA[60] reprueban que se utilice como una presión o coacción para el pago de la supuesta deuda. De este modo, son miles los usuarios, que, por temor a su inclusión, ceden diariamente, a título ilustrativo como analiza GARCÍA MONTORO[61], a las injustas pretensiones de operadoras de telecomunicaciones, a pesar de su disconformidad, pues a través de estas prácticas desleales pueden ver limitada o anulada su capacidad de crédito o endeudamiento. No son pues cesiones de datos que tengan por objeto contribuir a la valoración de la verdadera solvencia del ciudadano y que permitan a otras entidades ponderar los riesgos de un hipotético impago de un préstamo, sino métodos de cobro que, de modo desleal, en el sentido de la Ley 29/09, de 30 de diciembre, presionan al usuario para satisfacer sus propias preten-

---

57 ATIENZA LOPEZ, J. I. "Intromisión ilegítima del derecho al honor y a la intimidad por ingreso indebido en un fichero de morosos" en CEFLegal: revista práctica de derecho. Comentario y casos prácticos nº 182, mayo 2016. Madrid, p. 193.

58 FERNÁNDEZ BENAVIDES, M. "Empresas de cobro de morosos al límite de la legalidad" en www.uclm.es/centro/cesco

59 RODRÍGUEZ GUITIÁN, A. M. "Los ficheros de solvencia patrimonial y el derecho al honor (Reflexiones a propósito de la Sentencia del Tribunal Supremo, 1ª, de 22 de enero de 2014) en Revista de Derecho Mercantil nº 293, Madrid, p. 469.

60 GONZÁLEZ GARCÍA, S. "Doctrina del Tribunal Supremo sobre los principios de la LOPD como garantí del derecho fundamental al honor frente al empleo de los ficheros de morosos como medio de coacción al deudor para el cobro de deudas" en Diario La Ley nº 8987, de 25 de mayo de 2017.

61 GARCÍA MONTORO, L. "Vulneración del derecho al honor del usuario de servicios de telecomunicaciones al que se incluye en un registro de morosos por presunto impago de facturas" en http://centrodeestudiosdeconsumo.com

siones. El hecho de que prácticamente no exista un importe mínimo para que la deuda pueda ser comunicada, pues el límite se sitúa en 50 euros para las personas físicas y 300 para las personas jurídicas, da pie a su utilización para fines realmente distintos del de la evaluación de la solvencia.

Con relación a la escasa cuantía de la deuda se manifestó sin embargo tolerante la STS de 19 de noviembre de 2014, cuando refiere:

> *"Sentado que se cumplan los requisitos exigidos por el principio de calidad de los datos, y que se haya requerido previamente de pago al deudor, la existencia de una deuda impagada de pequeña cuantía puede ser pertinente y proporcionada para la finalidad de este tipo de registros, informar sobre la solvencia. El impago de una pequeña deuda, siempre que la misma sea cierta, exacta y no esté sujeta a una controversia razonable, puede ser indicativo de la insolvencia del deudor, con más razón si cabe que el impago de una deuda de mayor cuantía.*
>
> *Estos ficheros son necesarios no solo para que las empresas puedan otorgar crédito con garantías, sino también para evitar algo tan pernicioso como el sobreendeudamiento de los consumidores. En este sentido, la Directiva 2008/48/CE, de 23 de abril, sobre créditos al consumo, exige en su art. 8 que antes de que se celebre el contrato de crédito, o de que se aumente el importe del crédito concedido, el prestamista debe evaluar la solvencia del consumidor, entre otros medios, basándose en la consulta de la base de datos pertinente e impone a los Estados miembros garantizar que los prestamistas de los demás Estados tengan acceso a las bases de datos utilizadas en su territorio para la evaluación de la solvencia de los consumidores, en condiciones no discriminatorias. Esta previsión ha sido traspuesta en el art. 14 de la Ley 16/2011, de 24 de junio, de contratos de crédito al consumo, y es desarrollada también en normas tales como el art. 29 de la Ley 2/2011, de 4 de marzo, de Economía Sostenible y el art. 18 de la Orden EHA/2899/2011, de 28 de octubre, de transparencia y protección del cliente de servicios bancarios, bajo el epígrafe de "préstamo responsable".*
>
> *En consecuencia, la inclusión de los datos personales de un deudor como consecuencia de una deuda de pequeña cuantía, siempre que se cumplan los requisitos de calidad de los datos y haya existido un previo requerimiento de pago, es congruente con la finalidad de los ficheros de solvencia patrimonial y con las previsiones de otras normas jurídicas, y es un instrumento útil para prevenir el sobreendeudamiento de los consumidores".*

La STS de 23 de marzo de 2018, notoriamente molesta por la creciente tendencia a la utilización indebida de los registros de solvencia patrimonial para la reclamación de deudas litigiosas, recordando su doctrina anterior vuelve a advertir expresamente que *"la inclusión en los registros de morosos no puede constituir una presión ilegítima para que los clientes paguen deudas controvertidas"*. Así se expresa:

> *"Es pertinente recordar aquí lo que declaró la sentencia de esta Sala 176/2013, de 6 de marzo y ha sido recogido en varias sentencias posteriores:*
> *"La inclusión en los registros de morosos no puede ser utilizada por las grandes empresas para buscar obtener el cobro de las cantidades que estiman pertinentes, amparándose en el temor al descrédito personal y menoscabo de su prestigio profesional y a la denegación del acceso al sistema crediticio que supone aparecer en un fichero de morosos, evitando con tal práctica los gastos que conllevaría la iniciación del correspondiente procedimiento judicial, muchas veces superior al importe de las deudas que reclaman"*
> *Por tanto, esta Sala estima que acudir a este método de presión representa en el caso que nos ocupa una intromisión ilegítima en el derecho al honor [...]".*
> *La inclusión de los datos personales de la demandante en los registros de morosos, cuando se habían producido reiteradas irregularidades en la facturación de sus servicios, que provocaron las protestas de la demandante y la emisión de facturas rectificativas, y, en definitiva, determinaron la disconformidad de la cliente con el servicio prestado y con las facturas emitidas, puede interpretarse como una presión ilegítima para que la demandante pagara una deuda que había cuestionado, sin que existan datos que permitan considerar abusiva o manifiestamente infundada la conducta de la afectada".*

La exigencia de actualidad y veracidad de los datos impone que no se podrán mantener cuando la deuda haya sido ya satisfecha. Y en todo caso, tal y como dispone el artículo 20.1.d) LOPDP, con el límite máximo de 5 años del vencimiento de la obligación dineraria, financiera o de crédito —6 años en la anterior normativa—. GONZALEZ GARCÍA[62], advierte con razón, que, aunque este fenómeno no ha abundado en la práctica, no sería extraña su próxima eclosión a raíz del creciente fenómeno de cesión de créditos entre empresas. La compra de grandes bolsas de créditos que suelen considerarse fallidos a precios irrisorios por empresas que pretenden su recobro apunta a esa tendencia.

---

62 GONZALEZ GARCÍA, S. "Doctrina del Tribunal Supremo… Ob. cit. supra.

La SAN, Sala CA, Sección 1ª, de 10 de mayo de 2002, ya declaró también que se infringe el principio de calidad del dato si se mantiene ese apunte con deuda igual a cero durante el periodo máximo de años establecido normativamente. Así determina:

> *"(...) el reflejo del dato personal "saldo 0" no es un reflejo veraz de la situación actual del afectado, puesto que el denunciante no tenía saldo alguno al haberse cancelado la deuda, por lo que la única razón que explica la permanencia del dato en un fichero de solvencia patrimonial, cuando la deuda ha sido cancelada, es informar sobre la morosidad reciente, pero pasada, del afectado, lo que no se conjuga con la previsión del artículo 4.3 de tanta cita que impone que se refleje la situación actual del afectado, es decir, su solvencia en la actualidad.*
> *La única finalidad que tiene el mantenimiento en un registro de solvencia patrimonial, a instancias de la entidad informante y ahora recurrente, de los datos de quien no tiene deudas, con el término "saldo 0", es informar de su morosidad anterior, recordar sus deudas pasadas, lo que resulta incompatibles con la situación "actual" del afectado, que establece el artículo 4.3 de la Ley Orgánica.*
> *Téngase en cuenta que lo real es lo que tiene existencia verdadera y efectiva y lo actual lo que sucede en el tiempo presente, por lo que el "saldo 0" refleja el estado real de una deuda cancelada, pero no sobre la existencia actual de la misma, que no existe".*

Ciertamente si se exige como requisito para la inclusión y permanencia de los datos en el fichero de solvencia patrimonial la veracidad y actualidad de los datos, no puede imputarse deuda alguna a quien ha extinguido su obligación conforme establece el art. 1156.1 CC. De cualquier modo, tras el debate doctrinal suscitado durante la vigencia de la primitiva LORTAD, que había llevado a algunos autores[63] a la defensa de la legalidad del llamado "saldo 0", esta cuestión quedó resuelta ya con la modificación operada por la LOPD, que en su artículo 29.4 ponía el acento en la *situación actual*. Este criterio ha perdurado en las sucesivas modificaciones. Coincidimos, en suma, con RUIZ CARRILLO[64], cuando apuntaba que "moroso" y "deuda cero", son criterios incompatibles y excluyentes.

---

63 PRADO IGLESIAS, R. "Una resolución desacertada de la APD" en Otrosí ICAM, nº 30, octubre 2001.

64 RUIZ CARRILLO, A. *Los datos de carácter personal*, Barcelona, 1999.

Como destaca GARCÍA IZQUIERDO[65], el criterio hermenéutico del artículo 3.1 CC apunta a que la interpretación de la finalidad perseguida por el legislador es la desaparición del fichero cumplida la obligación. A ello, cabe añadir que, hallándonos en el caso de los ficheros de solvencia patrimonial, ante un tratamiento realizado a instancia de una empresa por razón de la relación contractual mantenida con el afectado, y no por éste, o por la obtención de aquellos de fuentes públicas, corresponde al cedente la obligación del mantenimiento actual del dato.

7.4.2.4. Comunicación al interesado

Tal y como establece el artículo 40 del Real Decreto 1720/2007, el responsable del fichero de solvencia patrimonial deberá notificar al interesado respecto del que haya registrado sus datos de carácter personal en el plazo de treinta días desde dicho registro, una referencia de los que hubiesen sido incluidos, informándole así mismo de la posibilidad de ejercitar sus derechos de acceso, rectificación, cancelación y oposición. Dicha notificación se exige que sea practicada través de un medio fiable, auditable e independiente de la entidad notificante, que permita acreditar la efectiva realización del envío.

Según hemos apuntado, la inclusión de una deuda en un fichero de conocimiento generalizado no está exenta del principio del consentimiento del usuario cuyos datos se publicitan, por lo que los datos de solvencia económica para ser lícitamente publicados, o bien provienen de registros o fuentes de acceso público, o si provienen de los propios acreedores, deberán ser comunicados al supuesto deudor, para posibilitarle el ejercicio de sus derechos.

---

65 GARCÍA IZQUIERDO, S. "El saldo cero y los ficheros de prestación de servicios de Información sobre Solvencia Patrimonial" en Revista de Derecho Bancario y Bursátil nº 87, Madrid 2002, pp. 298-304.

7.4.3. Responsabilidad por la indebida inclusión en un fichero patrimonial del afectado de un fraude bancario

Según sintetiza DE LA IGLESIA MONGE[66] al calificarse de errónea una inclusión en un fichero de solvencia patrimonial se incurre en intromisión ilegítima en el derecho al honor de la persona afectada, siendo de aplicación la LO 1/982, de 5 de mayo, de protección civil del derecho al honor, a la intimidad personal y familiar y a la propia imagen, cuyo artículo 9.3 presume la existencia de un perjuicio.

Es jurisprudencia consolidada, sirviendo a modo de cita la Sentencia del Tribunal Supremo de 1 de febrero de 1994 que en virtud del principio inspirador de la denominada "unidad de culpa civil", en los supuestos de concurrencia de acciones de resarcimiento originadas en contratos y a la vez en un acto ilícito extracontractual, es doctrina comúnmente admitida que el perjudicado puede optar entre una y otra acción cuando el hecho causante del daño sea al mismo tiempo incumplimiento de una obligación contractual y violación del deber general de no causar daño a otro, de manera que no es bastante que haya un contrato entre partes para que la responsabilidad contractual opere necesariamente en exclusión de la aquiliana sino que se requiere para que ello suceda la realización de un hecho dentro de la rigurosa órbita de lo pactado y como desarrollo del contenido negocial. En tal sentido la jurisprudencia viene admitiendo en virtud del principio de unidad conceptual, la concurrencia de culpas por los mismos hechos o yuxtaposición de las responsabilidades contractuales y extracontractuales que da lugar a acciones que puedan ejercitarse alternativa o subsidiariamente u optando por una u otra o incluso proporcionando los hechos al juzgador para que este aplique las normas de concurso de ambas responsabilidades que más se acomoden a ello, todo a favor de la víctima y para el logro de un resarcimiento del daño lo más completo posible. Como advierte ORTI VALLEJO[67], se puede extraer el evidente hilo conductor de la

---

66 DE LA IGLESIA MONGE, Mª. I. "Inclusión injustificada de persona física o jurídica en el registro de morosos y el derecho al honor. Análisis jurisprudencial" en Revista Crítica de Derecho Inmobiliario nº 731, Madrid, 2012. p. 1553.

67 ORTI VALLEJO, A. —Dir.— *La responsabilidad civil por daños causados por servicios defectuosos*, Cizur Menor, 2006, p. 56

jurisprudencia, que admite que cuando el daño es personal, el perjudicado puede fundar la acción indemnizatoria en cualquiera de los regímenes de responsabilidad, siempre y cuando el daño pueda ser encuadrado en ambas. La jurisprudencia ha sido vacilante en aplicar el régimen de responsabilidad contractual o extracontractual a la inclusión en los ficheros de solvencia patrimonial.

Conforme es sabido, los daños pueden tener origen contractual o extracontractual, aunque la moderna sistemática parece avocar a una concurrencia de ambas responsabilidades de modo indiferente para el demandante. Si bien nuestro repertorio jurídico actual no enuncia de modo expreso el concepto de daño, la definición recogida en las Partidas (vid. Partida Séptima, Título XV, Ley I. *Qué cosa es daño e cuántas maneras son de él)* mantiene todas las notas esenciales necesarias para sostener su vigencia al referirse a este como: *el empeoramiento o menoscabo o destruimiento que hombre recibe en sí mismo e en sus cosas por culpa de otro. E son tres maneras. La primera es cuando se empeora la cosa por alguna otra que mezclan o por otro mal que hace. La segunda cuando se mengua por razón del daño que hacen en ella. La tercera es cuando por el daño se pierde o se destruye la cosa del todo.*

LARENZ[68] en su ya clásica definición conceptúa el daño como *el menoscabo que, a consecuencia de un acaecimiento o evento determinado, sufre una persona ya en sus bienes vitales naturales, ya en su propiedad o en su patrimonio.* Para SANTOS BRIZ[69] daño es *todo menoscabo material o moral causado contraviniendo una norma jurídica que sufre una persona y del cual ha de responder otra.* Y, MORENO QUESADA[70], en términos similares conceptúa el daño como *el menoscabo producido en un interés legítimo, de carácter personal o patrimonial, de las personas.*

Delimitadas las notas esenciales que pueden componer nuestra noción jurídica de daño resarcible, conviene apuntar también que, a pesar del amplísimo casuismo que pueden presentar los daños, todos ellos pueden ser reconducidos a la tradicional clasificación de daños patrimoniales y daños extra-patrimoniales. Sin ánimo de descender

---

68 LARENZ, K. *Derecho de obligaciones (V. II).* Madrid, 1978, p. 193.

69 SANTOS BRIZ, J. *La responsabilidad civil. Derecho sustantivo y derecho procesal.* Madrid, 1989, p. 140.

70 MORENO QUESADA, B. y TRUJILLO, I. *Derecho civil patrimonial, concepto y normativa básica.* Granada, 1995, p. 461.

a un estudio pormenorizado de las convencionales clasificaciones de los daños, es clásica ya la subdivisión de los daños patrimoniales o materiales, entendiendo por estos los evaluables económicamente por referencia al valor que el bien dañado tiene en el mercado cuando este se ha dañado. Por su parte, dentro de los daños extra-patrimoniales o no materiales comprenderíamos los daños corporales y los daños morales.

Siguiendo la estela del artículo 23 de la Directiva 95/46/CE que ya ordenaba a los Estados miembros el reconocimiento del derecho a indemnización de los perjudicados por el tratamiento ilícito de sus datos —y que había incorporado ya España en su ordenamiento en el artículo 19 LOPD—, el artículo 82 del Reglamento UE 2016/679, del Parlamento Europeo y del Consejo de 27 de abril de 2016, relativo a la protección de las personas físicas en lo que respecta al tratamiento de datos personales y a la libre circulación de estos datos y por el que se deroga la Directiva 95/46/CE Reglamento General de Protección de Datos —RGPD— regula por primera vez de modo directo a nivel de la Unión, el derecho a una indemnización de las personas físicas por los daños causados en el tratamiento ilegal de sus datos de carácter personal. Así se dispone en el indicado artículo 82 RGPD:

> *1. Toda persona que haya sufrido daños y perjuicios materiales o inmateriales como consecuencia de una infracción del presente Reglamento tendrá derecho a recibir del responsable o el encargado del tratamiento una indemnización por los daños y perjuicios sufridos.*
> *2. Cualquier responsable que participe en la operación de tratamiento responderá de los daños y perjuicios causados en caso de que dicha operación no cumpla lo dispuesto por el presente Reglamento. Un encargado únicamente responderá de los daños y perjuicios causados por el tratamiento cuando no haya cumplido con las obligaciones del presente Reglamento dirigidas específicamente a los encargados o haya actuado al margen o en contra de las instrucciones legales del responsable.*
> *3. El responsable o encargado del tratamiento estará exento de responsabilidad en virtud del apartado 2 si demuestra que no es en modo alguno responsable del hecho que haya causado los daños y perjuicios.*
> *4. Cuando más de un responsable o encargado del tratamiento, o un responsable y un encargado hayan participado en la misma operación de tratamiento y sean, con arreglo a los apartados 2 y 3, responsables de cualquier daño o perjuicio causado por dicho tratamiento, cada responsable o encargado será considerado responsable de todos los daños y perjuicios, a fin de garantizar la indemnización efectiva del interesado.*

> *5. Cuando, de conformidad con el apartado 4, un responsable o encargado del tratamiento haya pagado una indemnización total por el perjuicio ocasionado, dicho responsable o encargado tendrá derecho a reclamar a los demás responsables o encargados que hayan participado en esa misma operación de tratamiento la parte de la indemnización correspondiente a su parte de responsabilidad por los daños y perjuicios causados, de conformidad con las condiciones fijadas en el apartado 2.*
> *6. Las acciones judiciales en ejercicio del derecho a indemnización se presentarán ante los tribunales competentes con arreglo al Derecho del Estado miembro que se indica en el artículo 79, apartado 2.*

Según advierte NIETO GARRIDO[71], la acción de responsabilidad prevista en el artículo 82 RGPD surge cuando se infrinjan las disposiciones del propio Reglamento, pero también los actos delegados y ejecutivos adoptados en virtud del RGPD y las normas nacionales sobre la materia.

De una parte, puede generarse un daño al usuario impidiéndole acceder al crédito bancario, con todas las condiciones favorables para su otorgamiento. De otra, piénsese que en el caso de haber mediado la entrega de una señal o arras por la adquisición de determinado bien (imaginemos que el afectado pretendía la financiación para la compra de un vehículo de segunda mano y hubiera entregado una parte al vendedor en concepto de señal que pudiera haber perdido al haberse frustrado la financiación). En tercer lugar, con frecuencia el afectado se ve sometido al continuo hostigamiento en su propio domicilio de reiteradas comunicaciones no sólo conminándole al pago de una deuda inexistente sino atemorizándole con otros perjuicios ulteriores —intereses, costas…—. Y, finalmente no pude obviarse el atentado a su dignidad y crédito por la inclusión, y consulta, de sus datos personales en un fichero de solvencia patrimonial.

La pionera STS de 5 de julio de 2004, en la que se esbozaba aún los rasgos de la afectación del perjudicado, apuntaba ya al carácter reforzado que tenía la protección del consumidor —no comerciante— por su inclusión indebida en un fichero de solvencia patrimonial cuando señalaba:

---

71 NIETO GARRIDO, E. en PIÑAR MAÑAS, J. L. —Dir.— *Reglamento General de Protección de Datos. Hacia un nuevo modelo europeo de privacidad.* Madrid, 2016, p. 560.

"En todo caso el ataque al honor del demandante (mas propiamente ataque a su intimidad personal patrimonial), lo conforma el hecho probado de la inclusión indebida en el registro de morosos, por deuda inexistente, lo que indudablemente, sobre todo tratándose de una persona no comerciante, supone desmerecimiento y descrédito en la consideración ajena (artículo 7-7o Ley Orgánica 1/82), pues esta clase de registros suele incluir a personas valoradas socialmente en forma negativa o al menos con recelos y reparos, sobre todo cuando se trata de llevar a cabo relaciones contractuales con las mismas.".

Cuando el incumplimiento de los deberes impuestos para la inclusión indebida del afectado en un fichero de solvencia patrimonial lesione su honor, su tutela se articulará a través del art. 9.3 de la Ley Orgánica 1/1982, de 5 de mayo, sobre protección civil del derecho al honor, la intimidad y la propia imagen.

La SAP de A Coruña, Sección 6ª, de 3 de marzo de 2018, aborda este supuesto de un usuario víctima de un phishing, determinando la indebida inclusión del usuario en el fichero de solvencia patrimonial, cuando media una reclamación previa en la que denuncia haber sido víctima de un fraude bancario:

"En el caso que nos ocupa consta documentalmente acreditado y no se combate por la impugnante, que la inclusión en el registro de morosos la llevó a cabo Banco de Santander cuando todavía se hallaba pendiente de resolución la reclamación formalizada por la actora ante el Servicio de Atención al Cliente de la entidad bancaria. Por tanto, no puede afirmarse que concurra el principio de calidad de los datos, puesto que al no haber esperado ni siquiera a la resolución de la reclamación formalizada ante el propio banco, la deuda merece la calificación de incierta y dudosa. Finalmente, la alegación de que se trataba de una deuda vencida liquida y exigible tampoco puede ser aceptada en la medida en que se trata de una afirmación unilateral que adolece de los defectos enunciados".

7.4.4. *Daño moral derivado de la inclusión indebida en un fichero de solvencia patrimonial*

El artículo 9.3 de la LO 1/1982, de 5 de mayo, no solo establece la presunción de un perjuicio siempre que se acredite la intromisión ilegítima en el honor, sino que de modo expreso señala que la indemnización se extenderá al daño moral. Y así también el precitado artículo 82 RGPD reconoce expresamente el derecho de indemnización de los "daños materiales o inmateriales", esto es la reparación habrá de alcanzar además de los daños patrimoniales la reparación del daño moral.

El Tribunal Constitucional, en sus Sentencias 112/2000, de 5 de mayo y 49/2001, de 26 de febrero, tiene declarado que el honor, como objeto de derecho consagrado en el artículo 18 CE, ampara la buena reputación de una persona, protegiéndola frente a expresiones o mensajes que puedan hacerla desmerecer en la consideración ajena al ir en su descrédito o menoscabo o al ser tenidas en el concepto público por afrentosas. Y mucho antes de ello, ya el Tribunal Supremo en sus Sentencias de 6 de diciembre de 1912 y la de 12 de marzo de 1928 ya otorgaron su tutela frente a las ilegítimas intromisiones en el derecho al honor, estimándose procedente la responsabilidad civil como modo adecuado para la reparación de los daños y perjuicios por menoscabo en la honra.

El honor, como nos enseñaba MOLINER NAVARRO[72], está vinculado esencialmente a las circunstancias de tiempo y lugar, lesionándose cuando el individuo se siente vejado y efectivamente se le rebaja ante la colectividad. Según ha declarado de modo reiterado nuestro Tribunal Supremo (SSTS 2 de marzo de 1989; 16 de julio de 2009; 31 de marzo de 2010), el honor tiene un sentido subjetivo y un sentido objetivo; el primero es el sentimiento de la propia persona, en su consideración personal, la inmanencia, representado por la estimación que cada persona hace de sí mismo; y el segundo es la trascendencia o exteriorización, representado por la estimativa que los demás hacen de nuestra dignidad; ambos se deben complementar y ambos, se concretan en la dignidad de la persona.

Por lo que respecta a la indebida inclusión de un ciudadano en los ficheros de solvencia patrimonial, resulta ilustrativa la SAP de Tenerife de 28 de agosto de 2007, que, con cita a su vez de la STS de 5 de julio de 2004, establece que el *ataque al honor del demandante, lo*

---

72 MOLINER NAVARRO, R. en DE VERDAD Y BEAMONTE, J. R. *Veinticinco años de aplicación de la Ley Orgánica 1/1982, de 5 de mayo, de protección civil del derecho al honor, a la intimidad personal y familiar y a la propia imagen.* Cizur Menor, 2007, p. 24

conforma el hecho de la inclusión indebida en el registro de morosos por una deuda inexistente, lo que supone un descrédito en la consideración ajena.

En desarrollo del artículo constitucional, nos recuerda el fundamento de derecho segundo de la Sentencia de la Audiencia Provincial de Barcelona, Sección 16ª, de 24 de enero de 2008, *"que de conformidad con lo dispuesto en el artículo 9.2 de la Ley Orgánica 1/1982 de 5 de mayo, de Protección Civil del Derecho al Honor, a la Intimidad Personal y Familiar y a la Propia Imagen, la tutela judicial comprenderá la adopción de todas las medidas necesarias para poner fin a la intromisión ilegítima de que se trate y restablecer al perjudicado en el pleno disfrute de sus derechos, así como para prevenir o impedir intromisiones ulteriores; medidas entre las cuales, por lo que aquí interesa, se incluye "la condena a indemnizar los perjuicios causados".*

Y en el tema particular que nos ocupa, más recientemente, la proliferación de este tipo de conductas abiertamente abusivas, han llegado a destapar la indignación del propio Pleno del Tribunal Supremo, que en su reciente Sentencia, de fecha 24 de abril de 2009, ha resuelto como doctrina jurisprudencial que *como principio, la inclusión en un registro de morosos, erróneamente, sin que concurra veracidad, es una intromisión ilegítima en el derecho al honor, por cuanto es una imputación, la de ser moroso, que lesiona la dignidad de la persona y menoscaba su fama y atenta a su propia estimación. Efectivamente, tal persona, ciudadano particular o profesionalmente comerciante, se ve incluido en dicho registro, lo cual le afecta directamente a su dignidad, interna o subjetivamente e igualmente le alcanza, externa u objetivamente en la consideración de los demás, ya que se trata de una imputación de un hecho consistente en ser incumplidor de su obligación pecuniaria que, como se ha dicho, lesiona su dignidad y atenta a su propia estimación, como aspecto interno y menoscaba su fama, como aspecto externo.*

Y no es ocioso recordar que, como ha mantenido nuestro Alto Tribunal en la precitada sentencia, es intrascendente el que el registro haya sido o no consultado por terceras personas, ya que basta la posibilidad de conocimiento por un público, sea o no restringido y que esta falsa morosidad haya salido de la esfera interna del conocimiento de los supuestos acreedor y deudor, para pasar a ser de una proyección pública. Sin embargo, cuando dicho fichero ha sido consultado por terceros, según razona la STS de 24 de abril de 2009, y ello provoca unas consecuencias económicas negativas, como es en el supuesto sometido a exégesis, la denegación de un préstamo será indemnizable además del daño moral que supone la intromisión en el derecho al honor y que impone el artículo 9.3 de la LO de 5 de mayo de 1982.

Tradicionalmente para que pueda darse lugar a un daño moral indemnizable se viene considerando la existencia en un sufrimiento o padecimiento psíquico (STS de 22 de mayo de 1995, STS de 19 de octubre de 1996, STS de 27 de septiembre de 1999, entre otras). La reciente jurisprudencia se ha referido a diversas situaciones, entre las que cabe citar el impacto o sufrimiento psíquico o espiritual (STS de 23 de julio de 1990), impotencia, zozobra, ansiedad, angustia (STS de 6 de julio de 1990), la zozobra, como sensación anímica de inquietud, pesadumbre, temor o presagio de incertidumbre (STS de 22 de mayo de 1995), el trastorno de ansiedad, impacto emocional, incertidumbre consecuente (STS de 27 de enero de 1998), impacto, quebranto o sufrimiento psíquico (STS de 12 de julio de 1999).

La consagración legal del carácter resarcible del daño moral, como recopila MEDINA CRESPO[73] se remonta a la STS de 6 de diciembre de 1912, fecha que contrasta con el reconocimiento otorgado por el Tribunal francés de Casación mediante Sentencia de 25 de junio de 1833. Esta tardía aceptación del daño moral en nuestro país entronca con la tradicional limitación de miras que ha mantenido nuestro derecho respecto a la finalidad de la responsabilidad civil —y más en particular a la responsabilidad civil en la que concurre una conducta manifiestamente temeraria—, que ha venido centrándose hasta épocas recientes en la denominada *función reparadora*, sin tener en cuenta su *función preventiva*. Fruto de esta concepción, es una limitación extraordinaria de los derechos de los consumidores, en comparación con lo que acontece en los sistemas jurídicos más avanzados de nuestro entorno

Ha de recordarse también, en lo referido a la afectación moral, que tal y como tiene declarado profusa jurisprudencia, en materia del derecho al honor no es necesaria la existencia de intención alguna, pues *se trata de una responsabilidad objetiva e igualmente resulta intras-*

---

73 MEDINA CRESPO, M. "El resarcimiento del daño moral" en Responsabilidad Civil Sepin nº 29, Madrid, 2013, p. 14.

cendente que el registro haya sido o no consultado por terceras personas. Nos hallamos pues ante un régimen de responsabilidad objetiva impuesta legalmente, en el artículo 147 del TRLGDCU.

Más recientemente, la Sentencia de la Audiencia Provincial de Pontevedra, Sección 1ª, de 3 de junio de 2009, en su fundamento de derecho segundo entiende que *"el hecho de incluir a una persona bien sea física o jurídica, en un registro de morosidad, en virtud de una cesión de datos erróneos y falsos, ha de reputarse indudablemente como una grave intromisión en su derecho al honor o prestigio profesional, habiendo de ser indemnizados por los daños morales"*.

Y en idéntica línea se ha pronunciado, la Sentencia de la Audiencia Provincial de Zaragoza, Sección 4ª, de 27 de febrero de 2009 desestimando el recurso interpuesto por la compañía telefónica, alegando que *"la parte demandada ha atribuido al actor, un hecho (impago de deuda) que originó su inclusión en un fichero, lo que produce su descrédito y desmerecimiento y ese es un hecho que ha sido considerado constituyente de intromisión ilegítima en el derecho al honor (así STS núm. 20/08 de 24 de enero, STS núm. 212/2006 de 7 de marzo, SAP Baleares núm. 293/06 de 30 de junio)"*.

En este sentido, cabe recordar que el Tribunal Supremo, en su Sentencia de 31 de mayo de 2000, ya reconoció que el daño moral constituye una noción dificultosa. Iniciada su indemnización en el campo de la culpa extracontractual, se amplió su ámbito al contractual (SSTS de 9 de mayo de 1984; 27 de julio de 1994; 22 de noviembre de 1997; 14 de mayo y 12 de julio de 1999, entre otras), adoptándose una orientación cada vez más amplia, con clara superación de los criterios restrictivos que limitaban su aplicación a la concepción clásica del *Premium dolores* y los ataques a los derechos de la personalidad (STS de 19 de octubre de 1998).

Constituye pacífica doctrina sentada por nuestro Tribunal Supremo, aceptar sin reparo la procedencia de los daños morales, cuya compatibilidad con la indemnización establecida por daños materiales admite de modo indubitado (SSTS de 20 de mayo de 1998 o de 31 de mayo y 11 de octubre de 2000). La reciente jurisprudencia, junto a la asentada aceptación del impacto sobre el honor y descrédito en la reputación ajena que supone la indebida inclusión del usuario en un fichero de solvencia patrimonial, se ha referido también a diversas situaciones, entre las que cabe citar el impacto o sufrimiento psíquico o espiritual (STS de 23 de julio de 1990), impotencia, zozobra, ansiedad, angustia (STS de 6 de julio de 1990), la zozobra, como sensación anímica de inquietud, pesadumbre, temor o presagio de incertidumbre (STS de 22 de mayo de 1995), el trastorno de ansiedad, impacto emocional, incertidumbre consecuente (STS de 27 de enero de 1998), impacto, quebranto o sufrimiento psíquico (STS de 12 de julio de 1999).

Resulta también ilustrativa la SAP de Vizcaya, Sección 3ª, de 11 de junio de 2008, al admitir sin lugar a duda la generación de un daño moral por la situación de prepotencia y abuso de posición: *"(...) ponderando toda la situación descrita, así como su conducta siempre persistente y dentro de la legalidad para denunciar los inconvenientes y quebrantos que se le estaban provocando, permite conceder la totalidad de la cantidad reclamada y ello porque esta situación de nerviosismo y estrés que produce, el estar enviando e intentando que sus quejas sean atendidas, y obtener respuestas, son situaciones de padecimiento personal que se encuadra dentro del concepto de daño moral perfectamente indemnizable".*

La reparación del daño constituye la finalidad esencial de la responsabilidad civil. Acaecido un hecho dañoso ajeno a la intervención de la víctima que lo padece y que ésta no tenga el deber jurídico de soportar, el principio general es que la indemnización debe dejar "indemne" a la víctima del daño injusto, debe procurar una reparación integral del detrimento que dicho daño ha supuesto para su patrimonio, debe restituir éste en su pleno valor anterior al suceso dañoso, cubriendo por tanto todos los daños y perjuicios sufridos en cualquiera de sus bienes y derechos. La víctima de un daño ha de quedar, como afirma ROCA TRÍAS[74], indemne de las consecuencias jurídicas que éste produce, de donde se deduce que del perjuicio nace la obligación jurídica de indemnizar. Es célebre ya en este sentido la STS de 2 de febrero de 1980 al proclamar el *principio capital de indemnidad o de reparación integral, que supone la cobertura de todos los daños y perjuicios sufridos.*

La inclusión de los datos de una persona en un registro de morosos sin cumplirse los requisitos establecidos por la LOPD, sería in-

---

74 ROCA TRÍAS, E. *Derecho de daños*. Valencia, 2000, p, 88

demnizable en primer lugar la afectación a la dignidad en su aspecto interno o subjetivo, y en el externo u objetivo relativo a la consideración de las demás personas. También sería indemnizable, como recuerda la STS de 23 de abril de 2019, el quebranto y la angustia producida por las gestiones más o menos complicadas que haya tenido que realizar el afectado para lograr la rectificación o cancelación de los datos incorrectamente tratados.

La Sentencia 261/2017, de 26 de abril, a la que remite la Sentencia 604/2018, de 6 de noviembre hace una síntesis de la doctrina sobre la procedencia de la indemnización correspondiente en los casos de indebida inclusión en ficheros de solvencia patrimonial. En ella se razona, que *"El artículo 9.3 de la Ley Orgánica 1/1982, en su redacción anterior a la reforma operada por la Ley Orgánica 5/2010, que entró en vigor a partir del 23 de diciembre de 2010 y que es la aplicable dada la fecha de los hechos, dispone que "La existencia de perjuicio se presumirá siempre que se acredite la intromisión ilegítima. La indemnización se extenderá al daño moral que se valorará atendiendo a las circunstancias del caso y a la gravedad de la lesión efectivamente producida, para lo que se tendrá en cuenta en su caso, la difusión o audiencia del medio a través del que se haya producido. También se valorará el beneficio que haya obtenido el causante de la lesión como consecuencia de la misma". Esta sala ha declarado en STS de 5 de junio de 2014, rec. núm. 3303/2012, que dada la presunción iuris et de iure, esto es, no susceptible de prueba en contrario, de existencia de perjuicio indemnizable, el hecho de que la valoración del daño moral no pueda obtenerse de una prueba objetiva no excusa ni imposibilita legalmente a los tribunales para fijar su cuantificación, "a cuyo efecto ha de tenerse en cuenta y ponderar las circunstancias concurrentes en cada caso (sentencias de esta sala núm. 964/2000, de 19 de octubre, y núm. 12/2014, de 22 de enero)". Se trata, por tanto, "de una valoración estimativa, que en el caso de daños morales derivados de la vulneración de un derecho fundamental del art. 18.1 de la Constitución, ha de atender a los parámetros previstos en el art. 9.3 de la Ley Orgánica 1/1982, de acuerdo con la incidencia que en cada caso tengan las circunstancias relevantes para la aplicación de tales parámetros, utilizando criterios de prudente arbitrio".*

Con relación a la carga de la prueba sobre los daños morales, como indica la referida sentencia de la Audiencia Provincial de Barcelona, de 24 de enero de 2008: *"partiendo de la presunción legal, es indis-*

cutible que la denunciada intromisión hubo de causar un cierto daño moral al demandante, daño moral que no precisaba por tanto de especial prueba".

Así se explica que sostenga nuestro Tribunal Supremo que la falta de prueba no basta para rechazar de plano el daño moral (STS de 21 de octubre de 1996), o que no es necesaria puntual prueba o exigente demostración (STS de 15 de febrero de 1994), o que la existencia de aquél no depende de pruebas directas (STS de 3 de junio de 1991). Lo normal es que no sean precias pruebas de tipo objetivo (STS de 23 de julio de 1990, STS de 29 de enero de 1993, STS de 9 de diciembre de 1994 o STS de 21 de junio de 1996, entre otras), sobre todo en relación con su traducción económica, y que haya de estarse a las circunstancias concurrentes (STS de 29 de enero de 1993 y STS de 9 de diciembre de 1994). Cuando el daño moral depende de un juicio de valor consecuencia de la propia realidad litigiosa, que justifica la operatividad de la doctrina de la *in re ipsa loquitur,* o cuando se da una situación de notoriedad (STS de 15 de febrero de 1994 y STS de 11 de marzo de 2000), no es exigible una concreta actividad probatoria.

Cuestión distinta, que ciertamente resulta más compleja de valoración, tal y como esbozaba TELLEZ LAPEIRA[75], es la cuantificación del daño moral pretendido por esa inclusión indebida en un *fichero de morosos* Con respecto al daño moral ha de partirse de su pacífica aceptación hoy en día por nuestros tribunales tal y como recuerda MARCOS OYARZUN[76]

La SAP de Vizcaya, Sección 4ª, de 23 de febrero de 2010, condena a una entidad financiera al pago de una indemnización de 20.000 euros por el indebido mantenimiento en un fichero de solvencia patrimonial durante once meses. La SAP de Baleares, Sección 5ª, de 7 de mayo de 2009, fija una indemnización a la reclamante de 18.000 euros por su improcedente inclusión en otro fichero de solvencia en la que la demandada reclamaba una supuesta deuda de 749 euros. Y otros 18.000 euros, son los determinados como daño moral por idén-

---

75 TELLEZ LAPEIRA, A. "La responsabilidad de las entidades de crédito por la inclusión errónea de morosos en el registro de aceptaciones impagadas" en Diario La Ley nº 5, 1999, Madrid, p. 1890.

76 MARCOS OYARZÚN, F. J. *Reparación integral del daño. El daño moral.* Barcelona, 2002.

tica conducta por la SAP de Zaragoza, Sección 5ª, de 22 de febrero de 2007.

En el caso resuelto por la STS de 6 de marzo de 2013:

> *"Apreciada la intromisión ilegítima en el derecho al honor del recurrente de acuerdo con lo dispuesto en el artículo 9.3 LPDH "[l]a indemnización se extenderá al daño moral que se valorará atendiendo a las circunstancias del caso y a la gravedad de la lesión efectivamente producida, para lo que se tendrá en cuenta, en su caso, la difusión o audiencia del medio a través del que se haya producido."*
>
> *En cuanto a las circunstancias del caso, en la medida en que la ley no las concreta, ha señalado esta Sala, sentencia de 21 de noviembre de 2008, RC nº 1131/2006 que "queda a la soberanía del tribunal de instancia hacerlo, señalando las que, fruto de la libre valoración probatoria, han de entenderse concurrentes y relevantes en este concreto caso para cifrar la cuantía indemnizatoria".*
>
> *En la demanda se solicitaba una indemnización de 9.000 euros para cada uno de los demandantes, siendo dicha cantidad a juicio de esta Sala proporcional con el perjuicio moral causado.*
>
> *También solicitaba en la demanda que se condenara a la demandada a la cancelación de los datos todavía contenidos en los registros de morosos, así como a la notificación de dicha cancelación a todas las personas a quienes se hubieran comunicado o cedido los datos, petición que igualmente debe ser estimada para el supuesto de que no hayan sido retirados".*

La STS de 23 de abril de 2019, siguiendo también la estela de las anteriores SSTS de 26 de abril de 2017 y 6 de noviembre de 2018, ha reiterado que *"no son admisibles las indemnizaciones de carácter meramente simbólico"*. Como declara igualmente la STS núm. 386/2011, de 12 de diciembre, "según la jurisprudencia de esta sala (SSTS de 18 de noviembre de 2002 y 28 de abril de 2003) *"no es admisible que se fijen indemnizaciones de carácter simbólico, pues al tratarse de derechos protegidos por la CE como derechos reales y efectivos, con la indemnización solicitada se convierte la garantía jurisdiccional en un acto meramente ritual o simbólico incompatible con el contenido de los artículos 9.1, 1.1 y 53.2 CE y la correlativa exigencia de una reparación acorde con el relieve de los valores e intereses en juego (STC 186/2001, FJ 8)" (STS 4 de diciembre 2014, rec. núm. 810/2013).*

La STS 512/2017, de 21 de septiembre, declara que una indemnización simbólica, en función de las circunstancias que concurren, tiene un efecto disuasorio inverso:

> *"No disuade de persistir en sus prácticas ilícitas a las empresas que incluyen indebidamente datos personales de sus clientes en registros de morosos, pero sí disuade de entablar una demanda a los afectados que ven vulnerado su derecho al honor puesto que, con toda probabilidad, la indemnización no solo no les compensará el daño moral sufrido, sino que es posible que no alcance siquiera a cubrir los gastos procesales si la estimación de su demanda no es completa."*

Y este mismo reproche vuelve a realizar la Sala del Alto Tribunal en su Sentencia de 21 de junio de 2018, en la que eleva la cuantía de 2.000 euros fijada por la AP de Asturias a los 6.000 euros, insistiendo nuevamente en la doctrina de la improcedencia de establecimiento de indemnizaciones simbólicas por la inclusión indebida en ficheros de solvencia patrimonial.

Si se pone en relación el *quantum* a indemnizar con la escasa trascendencia, por ser pequeña la deuda, la STS de 18 de febrero de 2015 ya ha declarado que no puede aceptarse el argumento de que la inclusión de datos sobre una deuda de pequeña entidad en un registro de morosos no supone una intromisión ilegítima en el derecho al honor de una trascendencia considerable (y por tanto no puede dar lugar más que a una pequeña indemnización) porque claramente muestra que no responde a un problema de solvencia sino a una actuación incorrecta del acreedor. La inclusión en registros de morosos por deudas de pequeña cuantía es correcta y congruente con la finalidad de informar sobre la insolvencia del deudor y el incumplimiento de sus obligaciones dinerarias. Y cuando tal inclusión se ha las exigencias del principio de calidad de los datos, y que por tanto es cierto que el afectado ha dejado de cumplir sus obligaciones dinerarias. Por tanto, la escasa cuantía de la deuda no disminuye la importancia del daño moral que le causó a la demandante la inclusión en los registros de morosos. Tal y como sostiene PEREZ CONESA[77], analizando la precitada STS de 21 de junio de 2018, nada tiene que ver la suma adeudada con la intromisión ilegítima en el derecho al honor. La referida STS de 18 de febrero de 2015, establece en su Fundamento de Derecho Quinto los criterios aplicables para fijar la

---

77 PÉREZ CONESA, C. "Derecho al honor, inclusión en fichero de morosos e indemnización por daño moral (STS de 21 de junio de 2018)" en Revista Doctrinal Aranzadi Civil-Mercantil nº 8, Cizur Menor, 2018.

indemnización por la intromisión ilegítima en el derecho al honor causada por la inclusión indebida de los datos personales en un registro de morosos al resolver el caso de un usuario cuyos datos fueron cedidos por VODAFONE por una supuesta deuda de 135,42 euros frente a la que a su vez había interpuesto una solicitud arbitral de consumo y que finalizó con un lado favorable hacia el consumidor. Así son expuestos estos criterios por la Sala:

"Este perjuicio indemnizable ha de incluir el daño patrimonial, y en él, tanto los daños patrimoniales concretos, fácilmente verificables y cuantificables (por ejemplo, el derivado de que el afectado hubiera tenido que pagar un mayor interés por conseguir financiación al estar incluidos sus datos personales en uno de estos registros), como los daños patrimoniales más difusos pero también reales e indemnizables, como son los derivados de la imposibilidad o dificultad para obtener crédito o contratar servicios (puesto que este tipo de registros está destinado justamente a advertir a los operadores económicos de los incumplimientos de obligaciones dinerarias de las personas cuyos datos han sido incluidos en ellos) y también los daños derivados del desprestigio y deterioro de la imagen de solvencia personal y profesional causados por dicha inclusión en el registro, cuya cuantificación ha de ser necesariamente estimativa.

5.- La indemnización también ha de resarcir el daño moral, entendido como aquel que no afecta a los bienes materiales que integran el patrimonio de una persona, sino que supone un menoscabo de la persona en sí misma, de los bienes ligados a la personalidad, por cuanto que afectan a alguna de las características que integran el núcleo de la personalidad, como es en este caso la dignidad. La determinación de la cuantía de la indemnización por estos daños morales ha de ser también estimativa.

En estos supuestos de inclusión de los datos de una persona en un registro de morosos sin cumplirse los requisitos establecidos por la LOPD, sería indemnizable en primer lugar la afectación a la dignidad en su aspecto interno o subjetivo, y en el externo u objetivo relativo a la consideración de las demás personas.

Para valorar este segundo aspecto ha de tomarse en consideración la divulgación que ha tenido tal dato, pues no es lo mismo que sólo hayan tenido conocimiento los empleados de la empresa acreedora y los de las empresas responsables de los registros de morosos que manejan los correspondientes ficheros, a que el dato haya sido comunicado a un número mayor o menor de asociados al sistema que hayan consultado los registros de morosos.

También sería indemnizable el quebranto y la angustia producida por las gestiones más o menos complicadas que haya tenido que realizar el afectado para lograr la rectificación o cancelación de los datos incorrectamente tratados.

6.- El tribunal de apelación ha utilizado algunos criterios incorrectos para la determinación de la indemnización, bien por la valoración errónea de alguna de las circunstancias concurrentes que según el art. 9.3 de la Ley Orgánica 1/1982 han de tomarse en consideración para fijar la indemnización, bien por no tomar en debida consideración algunas circunstancias que sí debían haber sido valoradas.
Sobre este particular, debe recordarse que el ámbito de la revisión que es posible en casación es más amplio en este tipo de litigios que en otros que versan sobre cuestiones sin trascendencia constitucional. Cuando la resolución del recurso de casación afecta a derechos fundamentales, este tribunal no puede partir de una incondicional aceptación de las conclusiones probatorias obtenidas por las sentencias de instancia sino que debe realizar, asumiendo una tarea de calificación jurídica, una valoración de los hechos en todos aquellos extremos levantes para apreciar la posible infracción de los derechos fundamentales alegados (sentencias núm. 311/2013, de 8 de mayo, y 312/2014, de 5 de junio, entre las más recientes).
7.- Uno de los elementos que el tribunal de apelación ha tomado en consideración para rebajar sustancialmente la indemnización solicitada en la demanda ha sido la pequeña cuantía de la deuda por la que el demandante fue incluido en los registros de morosos. Afirma la Audiencia que "el escasísimo monto de la deuda es dato que por sí mismo ponía de manifiesto frente a terceros que la anotación no podía responder a un problema de solvencia, sino a una actuación de Vodafone España no consentida por su anterior cliente".
La sentencia de esta Sala núm. 672/2014, de 19 de noviembre, consideró que la existencia de una deuda impagada de pequeña cuantía puede ser pertinente y proporcionada para la finalidad de este tipo de registros, que es informar sobre la solvencia. El impago de una pequeña deuda, siempre que la misma sea cierta, exacta y no esté sujeta a una controversia razonable, puede ser indicativo de la insolvencia del deudor, con más razón si cabe que el impago de una deuda de mayor cuantía.
Por ello, esta Sala concluyó que la inclusión correcta de los datos personales de un deudor como consecuencia de una deuda de pequeña cuantía es congruente con la finalidad de los ficheros de solvencia patrimonial y con las previsiones de otras normas jurídicas.
No puede aceptarse el argumento de que la inclusión de datos sobre una deuda de pequeña entidad en un registro de morosos no supone una intromisión ilegítima en el derecho al honor de una trascendencia considerable (y por tanto no puede dar lugar más que a una pequeña indemnización) porque claramente muestra que no responde a un problema de solvencia sino a una actuación incorrecta del acreedor. La inclusión en registros de morosos por deudas de pequeña cuantía es correcta y congruente con la finalidad de informar sobre la insolvencia del deudor y el incumplimiento de sus obligaciones dinerarias. Y cuando tal inclusión se

ha realizado, quienes consultan el registro pueden suponer legítimamente que el acreedor ha cumplido con las exigencias del principio de calidad de los datos, y no lo contrario, que es lo que hace la Audiencia, y que por tanto es cierto que el afectado ha dejado de cumplir sus obligaciones dinerarias.

Por tanto, la escasa cuantía de la deuda por la que el demandante fue incluido en los registros de morosos no disminuye la importancia de los daños patrimoniales y morales que ello le causó, puesto que era significativo de que no había podido cumplir siquiera con las obligaciones de pago de pequeñas deudas, o bien de su falta de formalidad en el pago de cualesquiera obligaciones dinerarias.

8.- Otro elemento que ha tomado en cuenta el tribunal de apelación para rebajar significativamente la indemnización solicitada por el demandante es que, al margen de la denegación de contratar una línea ADSL, no consta que la inclusión de sus datos en los registros de morosos obstaculizara su acceso al crédito.

Esta conclusión no es correcta porque la información sobre incumplimiento de obligaciones dinerarias que se incluye en estos registros va destinada justamente a las empresas asociadas a dichos ficheros, que no solo les comunican los datos de sus clientes morosos, sino que también los consultan cuando alguien solicita sus servicios para evitar contratar y conceder crédito a quienes no cumplen sus obligaciones dinerarias. Además, esa afirmación se contradice con el hecho también reflejado en la sentencia relativo a la imposibilidad que tuvo el demandante para contratar a su nombre una línea ADSL.

En este caso, consta que son al menos cuatro las empresas que consultaron uno de estos registros. Son empresas que facilitan crédito o servicios y suministros, bien porque se trate de entidades financieras, bien porque se trate de entidades que realizan prestaciones periódicas o de duración continuada y que facturan periódicamente sus servicios al cliente (con frecuencia, se facturan los servicios ya prestados, como es el caso de las empresas de telefonía y servicios de internet), por lo que para ellas es importante que se trate de un cliente solvente y cumplidor de sus obligaciones dinerarias. Por ello, estos registros de morosos son consultados por las empresas asociadas para denegar financiación, o para denegar la facilitación de suministros u otras prestaciones periódicas o continuadas, a quien no merezca confianza por haber incumplido sus obligaciones dinerarias. Es más, en ciertos casos, estas empresas no deben facilitar crédito si consta que el solicitante está incluido en uno de estos registros de morosos (es el caso de lo que se ha llamado "crédito responsable", destinado a evitar el sobreendeudamiento de los particulares, a que hacen referencia la Ley 16/2011, de 24 de junio, de Contratos de Crédito al Consumo, el art. 29 de la Ley 2/2011, de 4 de marzo, de Economía Sostenible, y el art. 18 de la Orden EHA/2899/2011, de 28 de octubre, de transparencia y protección del cliente de servicios bancarios). En el caso objeto del recurso, consta incluso que la inclusión en estos registros de morosos impidió que el demandante pudiera contratar a su nombre una línea de ADSL.

Por tanto, el daño indemnizable sufrido por el demandante fue mayor que el reconocido por el tribunal de apelación, puesto que la inclusión de sus datos en los registros de morosos era apta para afectar negativamente al prestigio e imagen de solvencia del demandante y para impedirle la obtención de financiación o la contratación de prestaciones periódicas o continuadas tales como las de telefonía o seguros, sectores a los que se dedican las empresas que consultaron los registros de morosos.

9.- Se observa asimismo que para la fijación de la indemnización no han sido tomadas en consideración determinadas circunstancias que agravan el daño sufrido por el demandante. Este hubo de realizar numerosas gestiones para conseguir la cancelación de sus datos en los registros de morosos, lo que supone una mayor penosidad para el mismo. Y asimismo, que pese a que Vodafone tuvo conocimiento del proceso arbitral y del laudo que en el mismo se dictó declarando la improcedencia de la deuda por la que se había incluido al demandante en los registros de morosos, mantuvo la inclusión de los datos en el registro de morosos hasta la finalización del proceso arbitral y superó incluso el plazo de diez días previsto en el art. 16.1 LOPD para la cancelación de los datos incorrectos, desde que se le notificó el laudo arbitral.

10.- Sin embargo, en contra de lo pretendido por el recurrente, para determinar el importe de la indemnización no es relevante cuál haya sido el importe de la sanción impuesta a Vodafone por la Agencia Española de Protección de Datos. La sanción administrativa por la vulneración de la normativa de protección de datos tiene una finalidad punitiva y disuasoria distinta de la resarcitoria a que responde la indemnización de daños y perjuicios. Por esa razón, las cantidades a que ascienden una y otra pueden ser muy diferentes sin que ello suponga infracción de las reglas determinantes de la cuantía de la indemnización de daños y perjuicios.

11.- Lo expuesto supone que la indemnización fijada en la sentencia recurrida no se ajusta a los criterios establecidos en el art. 9.3 de la Ley Orgánica 1/1982, puesto que da relevancia, para rebajar considerablemente la indemnización solicitada, al dato de la escasa cuantía de la deuda por la que el demandante fue incluido en los registros de morosos, y no toma en la consideración debida las circunstancias concurrentes, muy especialmente, la gravedad del daño moral por el tiempo que sus datos han permanecido incluidos en los registros de morosos y la divulgación que los mismos han tenido, así como el daño patrimonial que para el demandante supone la grave obstaculización de acceso al crédito y la afectación a su imagen de solvencia patrimonial.

No obstante, la indemnización de 30.000 euros que reclama es desmesurada, puesto que no concurren circunstancias excepcionales que justifiquen una cuantía tan elevada.

> *Por ello, resulta más adecuado fijar de modo estimativo una indemnización de 10.000 euros para resarcir tanto los daños patrimoniales como los morales."*

Tampoco cabe tener en cuenta que no conste que la citada inclusión le haya impedido a la recurrente acceder a créditos o servicios. Precisamente la información sobre incumplimiento de obligaciones dinerarias que se incluye en estos registros va destinada justamente a las empresas asociadas a dichos ficheros, que no solo les comunican los datos de sus clientes morosos, sino que también los consultan cuando alguien solicita sus servicios para evitar contratar y conceder crédito a quienes no cumplen sus obligaciones dinerarias.

8. DESARROLLO PROCESAL DE LA ACCIÓN CIVIL EN DEFENSA DEL AFECTADO

8.1. RECLAMACIONES PREVIAS

La reclamación previa tiene como finalidad la búsqueda honesta por ambas partes de la posibilidad de evitar el pleito. Ello quiere decir que no puede emplearse como un mero trámite parejo a los requisitos tradicionales de "procedibilidad", de tal modo que no se otorgue la oportunidad real al reclamado de examinar la disconformidad del usuario y ofrecerle una respuesta. Esta idea, se expresa también en la STS 131/2021, de 9 de marzo, cuando razona:

> *"Una de las finalidades del precepto transcrito es fomentar la solución extrajudicial a los conflictos. Se incentiva al potencial demandante a buscar una solución al conflicto sin acudir a los tribunales, de modo que cuando ha intentado solucionar extrajudicialmente el conflicto antes de interponer la demanda, y no ha obtenido una respuesta satisfactoria a su pretensión, si aquel con quien mantiene el conflicto se allana a la demanda, se considerará que este ha actuado de mala fe y se le impondrán las costas. Y, al contrario, si se interpone la demanda sin haber intentado previamente una solución extrajudicial mediante la práctica de un "requerimiento fehaciente y justificado", el inicio de un procedimiento de mediación o la presentación de una solicitud de conciliación, se corre el riesgo de tener que cargar con las propias costas si el demandado se allana a la demanda antes de contestarla, puesto que para fomentar el allanamiento (que acelera la solución de los conflictos y libera a la administración de justicia de dedicar sus recursos a litigios que no los necesitan), la ley exime de la condena al pago de las costas al demandado que se allana sin que concurra en él mala fe. De este modo, también se incentiva al potencial demandado a solucionar extrajudicialmente el litigio, pues si no atiende el requerimiento extrajudicial que le realice el futuro demandante y este se ve compelido a interponer una demanda ante los tribunales de justicia, en caso de que el demandado se allane a la demanda, se le impondrán las costas por considerarse que ha actuado de mala fe".*

De este modo, el requerimiento previo ha de conceder de modo sensato a la parte demandada la oportunidad real de aceptar la reclamación del usuario, de tal modo que no estaría justificada la inmediata presentación de la demanda en un plazo brevísimo que hiciera materialmente imposible la respuesta, tal y como razonó la STS de 9 de marzo de 2021, al resolver el caso de una demanda presentada a los 6 días de haber remitido una reclamación previa en nombre de 26 afectados. Así se expone:

> *"Las circunstancias concurrentes (en concreto, que el requerimiento extrajudicial estuviera referido a veintiséis préstamos distintos de veintiséis clientes del abogado que formuló la reclamación, se concediera a la entidad requerida 48 horas para cumplir las exigencias —exclusión de la cláusula suelo y devolución de lo cobrado por la aplicación de la misma en los préstamos de veintiséis clientes distintos— y se interpusiera la demanda seis días naturales después de la práctica del requerimiento) suponen que no existió un requerimiento extrajudicial apto para evitar el litigio, pues era prácticamente imposible que, en un lapso de tiempo tan breve, la entidad requerida pudiera localizar los préstamos, analizar su documentación, acceder a eliminar las cláusulas suelo, calcular las cantidades indebidamente cobradas y reintegrarlas a los veintiséis prestatarios".*

Y siguiendo esta misma línea en STS 394/2021, de 8 de junio, vuelve a corroborar la denegación de la imposición de costas cuando se interpone la demanda al haber transcurrido un plazo de diez días desde el requerimiento previo dirigido a la entidad a la interposición de la demanda:

> *"Sobre la cuestión planteada en este recurso se ha pronunciado ya esta sala en su sentencia 131/2021, de 9 de marzo [...] La solución adoptada por la Audiencia Provincial es acorde con esta doctrina, sin que proceda entrar a valorar la corrección del plazo concreto considerado por la Audiencia Provincial como razonable para entender que se ha dado a la demandada la oportunidad de atender el requerimiento, quince días hábiles (en este caso solo habían transcurrido diez).*
>
> *4.- Una vez apreciada la corrección del razonamiento jurídico empleado por la Audiencia Provincial al interpretar y aplicar el art. 395.1 de la Ley de Enjuiciamiento Civil y su ajuste a los arts. 6.1 y 7.1 de la Directiva 93/13/CEE, la fijación de un plazo concreto con carácter de mínimo entre la práctica del requerimiento y la interposición de la demanda, y la apreciación de otras posibles circunstancias concurrentes en el caso concreto que tengan influencia sobre la consideración de suficiencia del plazo transcurrido entre el requerimiento y la interposición de la demanda, constituye una cuestión en la que el tribunal de apelación tiene un cierto margen de discreción.*
>
> *5.- Como hemos declarado en sentencias como las 213/2006, de 27 de febrero, 721/2011, de 26 de octubre, y 501/2012, de 16 julio, la función*

de control en la interpretación y aplicación de la norma y de creación de doctrina jurisprudencial que cumple el recurso de casación, exige el respeto a los pronunciamientos discrecionales, facultativos o de equidad, que constituye materia reservada a la soberanía del tribunal de instancia y, por consiguiente, no puede ser objeto de recurso de casación, salvo que este resuelva el tema de que se trata de forma caprichosa, desorbitada o injusta, lo que no ha sucedido en este supuesto". Se desestima el recurso de casación.

Ahora bien, tampoco se le puede mantener en una parsimoniosa espera por la carencia de los suficientes de recursos internos de la empresa o por pura burocracia interna. Partiendo de la base de que no existe en la LEC un término temporal establecido para la consideración de la desatención del requerimiento previo formulado por el reclamante, como parámetro razonable, acudiendo al plazo establecido en el artículo 21.3 TRLGDCU, podría establecerse el término máximo de un mes desde la presentación de la reclamación. Así este precepto dispone:

"3. En todo caso, y con pleno respeto a lo dispuesto en los apartados precedentes, los empresarios pondrán a disposición de los consumidores y usuarios información sobre la dirección postal, número de teléfono, fax, cuando proceda, y dirección de correo electrónico en los que el consumidor y usuario, cualquiera que sea su lugar de residencia, pueda interponer sus quejas y reclamaciones o solicitar información sobre los bienes o servicios ofertados o contratados. Los empresarios comunicarán además su dirección legal si esta no coincidiera con la dirección habitual para la correspondencia.

Los empresarios deberán dar respuesta a las reclamaciones recibidas en el plazo más breve posible y, en todo caso, en el plazo máximo de un mes desde la presentación de la reclamación".

En otro orden, como es sabido, la prescripción de las acciones se interrumpe por su ejercicio ante los Tribunales, por reclamación extrajudicial del acreedor (SAP de Madrid, de 9 de diciembre de 2004 o SAP de Sevilla de 30 de noviembre de 2006, entre muchas otras a título ilustrativo) y por cualquier acto de reconocimiento de la deuda por el deudor, según determina el artículo 1973 CC. Por ello, en cualquier caso, la reclamación previa es especialmente idónea a efectos de aseverar la pervivencia de la acción.

Finalmente, en lo atinente a las acciones por indebida inclusión en un fichero de solvencia patrimonial, ha de tenerse presente, que tal y como recuerda la Agencia de Protección de Datos, no debe esgrimirse como requisito de procedibilidad de la acción la existencia de una reclamación previa a la Agencia, toda vez que sin perjuicio de la acertada tutela administrativa que pueda dispensarse, ello no excluye el ejercicio de la acción civil tendente a la exclusión del fichero y resarcimiento del usuario indebidamente incluido. Esta cuestión ya fue resuelta por la STS de 4 de junio de 2014:

> *"La resolución de la AEPD no es un requisito necesario para la interposición de la demanda de protección del derecho fundamental al honor vulnerado por la indebida inclusión en un registro de morosos. La actuación de la AEPD, y de los tribunales de lo contencioso-administrativo competentes para conocer los recursos que se interpongan contra la resolución de la AEPD, responde a criterios propios del Derecho administrativo sancionador, mientras que lo que se ejercita ante los tribunales civiles son acciones de protección de derechos fundamentales, no regidos por los principios del Derecho administrativo sancionador, en los que procede acordar las medidas necesarias para la protección del derecho fundamental frente a la intromisión sufrida, entre las que está la fijación de la indemnización de los daños que haya sufrido el afectado por la intromisión ilegítima. Por consiguiente, no es necesario que se resuelva la denuncia que haya podido interponerse ante la AEPD para que pueda ejercitarse la acción de protección del derecho fundamental ante el tribunal civil, y esta puede interponerse sin que haya mediado actuación alguna de la AEPD".*

8.2. CONCILIACIÓN

En agotamiento de los intentos de solución ajenos a un proceso contencioso entre las partes, puede resultar de utilidad el planteamiento previo de una conciliación, que es tramitada por lo común, con aceptable agilidad.

La esencia de la conciliación es, en suma, tal y como expone SANTOS MARTÍNEZ[78] poner fin a una controversia privada mediante la conformidad de las partes evitando que la misma adquiera carácter contencioso.

La conciliación se aproxima más que a un proceso judicial (no ha demanda, no hay sentencia) a un acto de resolución de controver-

---

[78] SANTOS MARTÍNEZ, A. en IZQUIERDO BLANCO, P. *Jurisdicción Voluntaria*, Barcelona, 2016, p. 622.

sias autocompositivo, que se ve incentivado por la intervención de la autoridad. Tal y como destaca LIEBANA ORTIZ[79] en la conciliación, son las partes quienes deciden acudir a un tercero que facilite la solución de la controversia privada. Como razona el magistrado SANTOS MARTÍNEZ *"en la conciliación, el Letrado de la Administración de Justicia se encuentra ante unas partes concretas en conflicto y su función se limita a gestionar este conflicto facilitando el acuerdo entre aquellas"*.

Es cierto, sin embargo, que en ocasiones, hemos percibido ciertas reticencias en algunos órganos judiciales a la admisión de la conciliación. Ello supone una interpretación restrictiva, incompatible con el propio espíritu del procedimiento. Sobre este particular ha tenido ocasión de manifestarse nuestro Tribunal Constitucional a través de su Sentencia 155/2011, de 17 de octubre, manifestándose de modo flexible a la admisión de la conciliación y recordando *que tanto si se atiende al carácter tutelador de la actividad judicial que se presta en la conciliación preprocesal, como a su naturaleza propia de actividad de jurisdicción voluntaria para la que este Tribunal ha reconocido los derechos procesales del art. 24 CE, nada obsta a que se le dispense el mismo trato a dicha conciliación, lo que se traduce, específicamente y en lo que aquí importa, en el reconocimiento para el justiciable que hace uso de este cauce, del derecho de acceso a la jurisdicción.*

El artículo 51 CE supone la consagración en nuestro ordenamiento jurídico del denominado *"principio pro consummatore"*[80]. De estos derechos, como expusiera de modo temprano el Profesor BERCOVITZ[81], los dos primeros contemplados en el apartado 1 del artículo 51, se han venido considerando derechos básicos o sustantivos, imponiéndose a los poderes públicos la obligación de garantizarlos

---

[79] LIÉBANA ORTIZ, JR. "Jurisdicción voluntaria, conciliación y mediación: notas para su delimitación dogmática" en REDUR, 9 de diciembre de 2011, pp. 147-164.

[80] Viid. MARTÍNEZ DE AGUIRRE, C. "Trascendencia del principio de protección a los consumidores en el Derecho de Obligaciones", en ADC 1994, p. 56; GARCÍA CANTERO, G. "Integración del Derecho del consumo en el Derecho de obligaciones", *RJN*, 13, 1992, p. 41; DE LEÓN ARCE, A. *Derechos de los consumidores y usuarios*, Valencia, 2000, p. 61.

[81] *BERCOVITZ*, A. "La protección de los consumidores, la Constitución Española y el Derecho Mercantil" en *Lecturas sobre la Constitución Española*, Madrid, 1978, Vol. II, p. 15

mediante *procedimientos eficaces*. Cercenar el acceso a la conciliación conduciría a restringir la búsqueda de soluciones a los conflictos de los consumidores mediante "procedimientos eficaces" forzándoles a un procedimiento contencioso de prolongada duración de modo innecesario.

El artículo 139 LJV no establece el ámbito de aplicación ni los supuestos en los que puede acudirse a la conciliación, sino que se limita a consignar una serie de casos en los que no puede recurrirse a ella. Con base a ello y sobre el principio *pro actione*, la doctrina más autorizada ha concluido que ante el silencio del artículo 139 LJV, es conciliable *prima facie* cualquier conflicto existente entre particulares sobre materias de libre disposición. Consecuencia del cumplimiento de los requisitos establecidos para la formulación de la conciliación es conforme determina el artículo 142 LJV la procedencia de su admisión.

El Auto de la Audiencia Provincial de Barcelona, Sección 1ª, de 27 de junio de 2022, es expresivo de la facilidad que debe otorgarse a las partes para el intento de solución de sus conflictos a través de la conciliación:

> *"Esta Sala discrepa del razonamiento de la instancia que implícitamente atribuye a la presente demanda de conciliación un fin fraudulento que no se observa, pues cuando la norma indica que la finalidad del procedimiento de conciliación es alcanzar un acuerdo con el fin de evitar el pleito, pretende ciertamente que las partes se ahorren el coste y el tiempo que todo procedimiento contradictorio conlleva, por lo que no cabe hacer objeción alguna a que antes de iniciar la vía contenciosa se procure alcanzar un acuerdo a través del expediente de jurisdicción voluntaria, en el que se anuncia la reclamación y se ofrecen a la parte contraria los argumentos en que la pretensión se asienta para que pueda analizarlos, y todo ello con un coste muy inferior al que se originaría en la vía contenciosa.*
>
> *Los requisitos que ha de reunir la demanda de conciliación se encuentran recogidos en el artículo 141 de la ley 15/2015 citada, y este precepto tan solo exige la correcta identificación de las partes y del objeto de la conciliación que se pretenda y la fecha, determinando con claridad y precisión cuál es el objeto de la avenencia para que si el requerimiento es aceptado se pueda dictar el título ejecutivo a que se refiere el artículo 147 de la ley 15/2015 de cita reiterada.*
>
> *La demanda cumple estas exigencias porque reclama una concreta suma y desglosa las partidas y el fundamento jurídico de su petición, por lo que no se observa ninguna razón para negar su tramitación, en la medida en que cumpliéndose los requisitos legales su inadmisión a trámite resultaría*

contrario al derecho a la tutela judicial efectiva que el Tribunal Constitucional ha hecho extensivo a la jurisdicción voluntaria (STC no 155/2011 de 17 de octubre de 2011), y porque cualquier duda que al respecto pudiera suscitarse debe resolverse en sentido favorable a la tramitación de la demanda".

Y también la AP de Madrid, Sección 21ª, en idéntico supuesto se ha manifestado favorable a la admisión de la conciliación con revocación de la resolución contraria de instancia en resoluciones de 8 de octubre de 2021 y 17 de enero de 2023.

8.3. JURISDICCIÓN Y COMPETENCIA

Corresponde conocer del proceso, a los órganos jurisdiccionales ordinarios españoles, por cuanto se dilucida en el mismo una reclamación para cuyo enjuiciamiento y fallo son competentes los citados órganos, de conformidad con cuanto se dispone entre otros, en los artículos 117.3 de la Constitución Española; 2.1, 9.2, 21.1 de la Ley Orgánica 6/1985 de 1 de julio, del Poder Judicial (LOPJ); artículos 5 y 36.1 de la Ley de Enjuiciamiento Civil (LEC).

Resulta competente el Juzgado de 1ª Instancia correspondiente al domicilio del demandado o aquel en el que tenga establecimiento abierto al público, conforme a lo dispuesto en los artículos 45, 51.1 LEC, en concordancia con el art. 85.1 LOPJ y art. 3.1, 19 bis de la Ley 38/1988 de Demarcación y Planta Judicial.

Los criterios de competencia territorial obligatoria buscan, conforme al artículo 52 LEC, la protección de una parte considerada más débil (los afectados en su honor, intimidad o imagen, los incapaces, los arrendatarios, los consumidores y los supuestos infractores de la competencia leal). En el mismo sentido, según el artículo 54.1º de la LEC el fuero general (domicilio del demandado) quiebra ante los fueros especiales (el del consumidor, en este caso), pues considera imperativas las normas de competencia territorial establecidas en el artículo 52.2 de la LEC. Así se ha pronunciado nuestro Tribunal Supremo de modo pacífico y reiterado a través de los Autos de 5 de noviembre de 2004 y 7 de octubre de 2004; 10 de octubre de 2007; 13 de abril de 2007; 3 de diciembre de 2013; 8 de julio de 2014 y 18 de febrero de 2014, en resolución de los conflictos de competencia elevados. Y, en cualquier caso, aún con carácter subsidiario, dispondría de la facultad el afectado de formular su acción, al amparo de lo dispuesto en el artículo 51.1 LEC, presentándola en aquel territorio en el que el demandado tuviera establecimiento abierto al público o representante autorizado para actuar en su nombre. No obstante, no ofrecer la LEC concepto alguno de lo que entiende por *establecimiento,* puede tomarse como referencia la STJCE de 22 de noviembre de 1978, que apunta como notas del concepto de establecimiento: a) la existencia de un centro de operaciones que sea prolongación de la empresa principal; b) que desde ese centro se realicen transacciones o se ejerzan actividades comerciales, industriales o profesionales y c) que el centro tenga cierto grado de estabilidad. Esta misma idea ha sido trasladada recientemente al artículo 59 bis. 1.d) TRLGDCU tras la modificación operada por la Ley 3/2014, de 27 de marzo.

8.3.1. Prejudicialidad penal. Conexión entre el proceso civil y penal

Las dificultades que presenta el análisis de la cuestión prejudicial han sido advertidas de modo tradicional por la doctrina más autorizada[82]. Sin ánimo de descender a una exposición pormenorizada de las diferentes corrientes doctrinales[83] en cuanto a la consideración de la prejudicialidad penal en el proceso declarativo se pueden distinguir tres supuestos de prejudicialidad penal en el proceso civil, a saber:

a) Prejudicialidad penal vinculada a hechos puestos de manifiesto en el proceso civil (art. 40.1 LEC).
b) Prejudicialidad penal vinculada a la posible falsedad de documentos probatorios aportados al proceso (art. 40.4 LEC).
c) Prejudicialidad penal vinculada a la incoación de un proceso penal con relación a los hechos enjuiciados en el proceso civil (art. 114 LECr).

---

[82] Cfr. MENESTRINA, F. *La pregiudiciale nel proceso civile,* Milan, 1963, p. 2 y ss.; ORTELLS RAMOS, M. *Derecho procesal civil,* Navarra, 2003, p. 686; REYNA QUEROL, N. *La prejudicialidad en el Proceso Civil,* Barcelona, 2006, p. 27.

[83] Cfr. REYNAL QUEROL, N. *La prejudicialidad... Ob. cit. supra,* p. 144.

Abordar la prejudicialidad penal en el proceso civil por vía del art. 114 LECr aconseja, tal y como razonara el Catedrático de Derecho Procesal ORTELLS RAMOS[84] introducir una reflexión sobre si la entrada en vigor de la LEC 2000 supone la derogación tácita del artículo 114 LECrim. No obstante lo señalado, en cualquier caso, y a pesar de que la corriente doctrinal y jurisprudencial mayoritaria apuesta por la derogación tácita del art. 114 LECrim operada por la introducción del art. 40 LEC, lo cierto es que sumergirse en un debate profundo carece de sentido cuando lo relevante habrá de ser el examen la influencia decisiva que pueda albergar el procedimiento penal sobre la eventual resolución civil. Esta cuestión precisamente ha sido abordada por el AAP de Madrid, Sección 13ª, de 20 de enero de 2012, con el siguiente razonamiento:

> *"Dada la deficiencia técnica legislativa de que hace gala la Ley de Enjuiciamiento Civil 1/2000, se suscita la duda de si el artículo 40 de la Ley de Enjuiciamiento Civil ha derogado de modo tácito al artículo 114 de la Ley de Enjuiciamiento Criminal o, si por el contrario, perviven, regulando situaciones distintas aunque con la causa común de la simultaneidad o el concurso de dos procedimientos sobre unos mismos hechos, total o parcialmente, los cuales son tramitados ante jurisdicciones diferentes. Una, la del artículo 114 de la Ley de Enjuiciamiento Civil, que se da cuando el juicio criminal es previo al civil, que impide su nacimiento o lo suspende en el estado en que se hallare cuando se conoce. Y la otra, regulada en el artículo 40 de la Ley de Enjuiciamiento Civil, que surge cuando el procedimiento civil precede al penal, cuyo nacimiento no lo impide, pero que, dada la preeminencia de la jurisdicción penal, provoca la suspensión de aquel una vez comprobada por el juez civil la coincidencia fáctica y la influencia decisiva que la resolución que se produzca en la causa criminal pueda tener en la que ponga término al asunto civil. Suspensión que, salvo que se trate del supuesto contemplado en el apartado 4 (falsedad documental), no se produce inmediatamente en el estado en que se halle el procedimiento, sino que se pospone al momento en que el proceso esté pendiente sólo de sentencia.*
>
> *La doctrina se encuentra dividida, inclinándose la mayoría por la derogación tácita del artículo 114 de la Ley de Enjuiciamiento Civil por el artículo 40 de la Ley de Enjuiciamiento Civil o, al menos, por la prevalencia de su más completa regulación del supuesto de concurrencia de procesos, no sólo por tratarse de una norma posterior, sino por exigir una apreciación del tribunal civil sobre la "influencia decisiva" que pueda tener la decisión*

[84] ORTELLS RAMOS, M. *Derecho procesal civil*, Navarra, 2014. p. 686.

> *del tribunal penal en la resolución del asunto civil, y que no determina de modo automático la suspensión del procedimiento civil, una vez acreditada la existencia de la causa criminal, en ese estado en que se encuentre, sino que pospone tal efecto al momento previo al de dictar sentencia, evitando una dilación innecesaria, salvo el caso de que los hechos investigados por la jurisdicción penal versen sobre el delito de falsedad de alguno de los documentos aportados, cuando, a juicio del tribunal dicho documento pudiera ser decisivo para resolver sobre el fondo del asunto. Posición doctrinal que considera irrelevante la circunstancia de que el proceso penal estuviera ya pendiente, como aquí ocurre, al iniciarse el civil o comenzara después de que el proceso civil estuviera pendiente.*
> *La disquisición doctrinal, en cualquier caso, carece de relevancia, pues para que se de tal situación prejudicial penal con el efecto de suspender las actuaciones del proceso civil, por uno u otro de los cauces señalados, es preciso: a) que el enjuiciamiento llevado a cabo en una y otra jurisdicción sea el mismo; b) que sirva de fundamento a las pretensiones de las partes en el proceso civil; y c) que la decisión del tribunal penal acerca del hecho por el que se sigue el proceso criminal pueda tener influencia decisiva en la resolución del proceso civil.*

A mayor abundamiento, resulta sin duda ilustrativo acudir también a la Exposición de Motivos de la LEC que advierte sin ningún género de dudas de la innovación establecida por el legislador a este respecto cuando destaca: *"por lo que respecta a la prejudicialidad penal, se sienta la regla general de no suspensión del proceso civil, salvo que exista causa criminal en la que se estén investigando, como hechos de apariencia delictiva, alguno o algunos de los que cabalmente fundamentan las pretensiones de las partes en el proceso civil y ocurra, además, que en este haya de dictarse pueda verse decisivamente influida por la que recaiga en el proceso penal"*.

Debe reconocerse, ciertamente, como una novedad de la LEC 2000 la voluntad de recoger explícitamente en su artículo 40 la voluntad de recoger explícitamente en su artículo 40 el criterio no devolutivo para resolver las cuestiones prejudiciales penales aparecidas en un proceso civil. Así, se diferencia de su antecedente histórico inmediato, el artículo 362 LEC 1881, que sólo aludía a las circunstancias en las que la cuestión prejudicial penal en un proceso civil era devolutiva. El supuesto que preveía el artículo 362 LEC 1881, como razonaba la doctrina mayoritaria[85] se configuraba como una excepción al principio general reconocido en el artículo 361 del mismo cuerpo legal, según el cual los jueces y tribunales tenían la obligación de no dilatar ni negar la resolución de los litigios. Esta excepción debía enmarcarse en la prohibición de *non liquet,* según vinculaba la Catedrática de Derecho Procesal SENÉS MOTILLA[86] Ello explicaba que el juez civil que se encontrara ante un hecho presuntamente delictivo imprescindible para resolver la causa, en lugar de dejarla imprejuzgada, suspendiese el fallo hasta que pudiese decidir el asunto.

Descendiendo al análisis de este supuesto, el primero de los requisitos exigidos para la suspensión del proceso civil por incoación del proceso penal es que exista identidad de hechos entre ambos procesos, esto es, que los hechos objeto de del proceso penal en curso deban ser también objeto de decisión en el proceso civil. Se trata pues de una mera cuestión de análisis fáctico de ambos hechos, sin que el juez civil deba descender a la interpretación de los mismos o su posible calificación. Se limita pues esta labor a verificar los hechos expuestos en ambos procesos y a compararlos.

En realidad, según recuerda GONZÁLEZ SÁNCHEZ[87], la suspensión del proceso civil está íntimamente relacionada con la importancia que precisamente esos hechos de apariencia delictiva tienen respecto de la decisión que debe adoptarse en el proceso civil. Es imprescindible que la decisión sobre el problema prejudicial pueda tener una influencia decisiva en la resolución del asunto civil. Y no se refiere a cualquier influencia, sino a una *influencia decisiva,* de tal suerte que la resolución de la cuestión penal sea fundamental para permitir otorgar o denegar la tutela impetrada en el proceso civil. Y

---

85 Cfr. VAZQUEZ IRUZUBIETA, C. *Doctrina y jurisprudencia de la Ley de Enjuiciamiento Civil,* Madrid, 1987, p. 429; BARÓN ROJAS MARCOS, M. "La suspensión de un procedimiento civil por causa penal" en *Estudios sobre Derecho Procesal* - DIEZ PICAZO, G. Dir., Madrid, 1996 p. 402; BROCÁ, MAJADA, GARCÍA VARELA, *Práctica procesal civil,* Barcelona, 1996, p. 894; SÁNCHEZ DE LA PARRA SEPTIÉN, D. *Las cuestiones prejudiciales en el orden jurisdiccional penal, civil, contencioso y social,* Granada, 1996, p. 95.

86 SENES MOTILLA, C. *Las cuestiones prejudiciales en el sistema procesal español,* Madrid, 1996, p. 109.

87 GONZÁLEZ SÁNCHEZ, J. L. *Las cuestiones prejudiciales penales en el proceso civil,* Madrid, 2002, p. 43.

ello, resulta plenamente coherente con la previsión también contenida en el artículo 10 LOPJ, cuando apunta en su apartado segundo para la apreciación de la cuestión prejudicial penal la necesidad de que *"no pueda prescindirse para la debida decisión o que condicione directamente el contenido de ésta"*.

Tal y como recuerda el ATS de 20 de septiembre de 2007, tampoco la demanda acredita en que aspecto esencial puede suponer una influencia decisiva la resolución que se adopte en el proceso penal para valorar si existe o no una responsabilidad civil de la mercantil que representa. Así según razona el TS en el Auto precitado, *"Ni, por otra parte, el proponente asume la carga de justificar en qué medida el juicio penal que en su día recaiga sobre tales hechos pueda tener una influencia decisiva en la resolución de las pretensiones deducidas en el procedimiento en que se insertan los recursos de casación, pues sólo el carácter "decisivo" de tal influencia puede dar lugar a la suspensión, y no la valoración penal que puedan tener algunos 30 de mayo de 2007 y 10 de mayo de 1985, Auto de 24 de noviembre de 1998). En la interpretación de los artículos 362, 514 y 1084 LEC 1881, las Sentencias de 11 de junio de 1992 y 7 de julio de 1995, en doctrina que confirma la de 30 de mayo de 2007, pusieron de relieve que ha de darse la dependencia de la resolución civil respecto de la penal para que proceda la suspensión"*.

De este modo, recuerda el ATS de 1 de octubre de 2013 que *"es doctrina de esta Sala, que para que resulte procedente la suspensión por prejudicialidad penal, el art. 40.2 LEC no sólo exige, en el apartado 1º, la existencia de una causa criminal por unos hechos de apariencia delictiva que fundamenten las pretensión del proceso civil, sino también, en el 2º, que la decisión del tribunal penal acerca del hecho por el que procede la causa criminal pueda tener un influencia decisiva en la resolución sobre el asunto civil."*

La jurisprudencia emanada del Tribunal Supremo ha sido eminentemente restrictiva al considerar la prejudicialidad penal, como sostiene en la STS de 15 de diciembre de 1989. Se exige tradicionalmente una identidad plena entre el hecho civil y penal (SSTS 28 de abril de 1966 y 26 de junio de 1969), hoy en día ciertamente algo atenuada hacia una *íntima conexión* (AAP de Madrid, 17 de febrero de 1999), que además el hecho objeto del proceso penal resulte determinante para el proceso civil (STS 4 de abril de 2013) y que no sea posible la decisión de la cuestión litigiosa por otros elementos probatorios determinantes por sí solos de la resolución del contrato

(SSTS 26 de febrero de 1960; 30 de octubre de 1962; o 18 de marzo de 1968).

De la experiencia cosechada en el precedente de BANKIA, BANCO POPULAR, IDENTAL, DENTIX o de los más remotos fraudes por facturaciones en Servicios de Tarificación Adicional (STA) —que presentan una mayor analogía— y otros tantos casos que han afectado a un ingente número de consumidores en los que se han incoado diligencias previas en el ámbito penal cabe presumir el parco recorrido que puede alcanzar esta excepción.

En el caso concreto de disposiciones de fondos fraudulentas por terceros como consecuencia de un phishing, la ilicitud de dicha conducta o la incoación de diligencias previas para la averiguación de lo acontecido no debe ser obstáculo para la reclamación civil. Ello ha sido abordado por la SAP de Barcelona, Sección 14ª, de 7 de marzo de 2013:

> *"(...) debe rechazarse, pues la actora ante el hecho de disposiciones por terceros en su cuenta on line con Caixa de Catalunya lo denuncia ante los Mossos d'Esquadra, y, se instruyen unas Diligencias Previas, cuyo resultado de las mismas se ignora; lo cual no impide que ejercite aquí demanda de responsabilidad contractual frente a la entidad crediticia con quién contrató dicho servicio de banca on line".*

También es desestimada la excepción de prejudicialidad penal aducida por la entidad bancaria en la SAP de Castellón, Sección 3ª, de 19 de diciembre de 2013:

> *"Es necesario por tanto que se trate de un supuesto en el que la decisión del tribunal penal pueda tener una influencia decisiva en la resolución sobre el asunto civil, lo que aquí no entendemos concurrente en atención a cual es la acción ejercitada, que aquí tiene su fundamento en el artículo 31 de la Ley 16/2009, de 13 de noviembre de servicios de pago, y que afecta a las relaciones existentes, entre la entidad bancaria y su cliente, sin perjuicio de que si de la investigación penal resulte determinada la responsabilidad criminal de un tercero pueda la entidad bancaria en su caso exigir también al mismo las correspondientes responsabilidades civiles.*
> *Por los mismos motivos consideramos acertado no haber acogido la excepción de falta de litisconsorcio pasivo necesario, para que fuera traído al procedimiento la que fuera la administradora de la comunidad de propietarios, la mercantil Servicom Oropesa S.L.".*

Y vuelve a rechazarse la invocación de la pretendida prejudicialidad pena por la SAP de Castellón, Sección 3ª, de 4 de febrero de 2014:

> *"Empezando por el punto relativo a la prejudicialidad penal, que se aduce precisamente en relación con el proceso penal acabado de referir, a la vista de las circunstancias exigidas por el art. 40 de la LEC para dar lugar a la suspensión de este proceso no ha lugar a la aplicación de dicho efecto, dado que no se concreta falsedad documental alguna (de estafa y descubrimiento y revelación de secretos se habla en las diligencias policiales a tenor de los particulares de dicho proceso penal que obran en autos) y dados los términos del art. 31 de la Ley 16/09 carece de influencia decisiva a los efectos que nos ocupan lo decidido en sede del orden jurisdiccional penal, sin perjuicio de las acciones de repetición o responsabilidades civiles que puedan resultar pertinentes de ello"*

La SAP de Girona, Sección 2ª, de 28 de mayo de 2014 rehúsa igualmente la pretendida suspensión por prejudicialidad penal y la existencia de litispendencia ante un supuesto de disposiciones de fondos no autorizadas por el titular: Así es razonado, con cita de la jurisprudencia del TS:

> *"Antes de entrar a resolver si se dan los requisitos necesarios para apreciar la existencia de alguna de estas dos instituciones jurídicas, conviene recordar lo que ha dicho sobre ellas y sus distinciones el Tribunal Supremo. La Sentencia de 13 de marzo de 2012 explica:*
>
> *La litispendencia consiste en un efecto de la admisión de la demanda, tal como dispone el art. 410 LEC. En realidad, se trata de evitar el efecto de cosa juzgada, es decir, que puedan existir sentencias contradictorias sobre el mismo objeto procesal y por ello, el art. 222.1 LEC dice que ésta excluye "conforme a la ley, un ulterior proceso cuyo objeto sea idéntico al del proceso en que aquella se produjo". La litispendencia se adelante a este efecto, precisamente para evitarlo.*
>
> *Los requisitos exigidos por la jurisprudencia de esta Sala para que pueda entenderse que concurre litispendencia son tres: 1o la identidad de las partes o identidad subjetiva; 2o La identidad del objeto del proceso o identidad objetiva, y 3o la pendencia de auténticos procesos, por lo que se requiere que se hayan interpuesto demandas que resulten admitidas, de acuerdo con el art. 410 LEC y que el primer procedimiento deba acabar con una sentencia que produzca los efectos de cosa juzgada...*
>
> *es una figura procesal cuya interpretación teleológica coincide plenamente con la de la cosa juzgada, pues no se puede olvidar que la litispendencia es un anticipo de dicha figura procesal de la cosa juzgada, ya que como dice la jurisprudencia de esta Sala, la litispendencia en nuestro Derecho*

procesal es una excepción dirigida a impedir la simultanea tramitación de dos procesos...

cabe apreciar la excepción cuando el pleito anterior infiere o prejuzga el segundo, ante la posibilidad de dos fallos que no puedan concurrir en armonía decisoria, al resultar interdependientes...

Dice el art. 421 LEC que cuando el Tribunal aprecie la pendencia de otro juicio, dará por finalizada la audiencia y dictará auto de sobreseimiento, lo que no ocurrirá cuando "el de una sentencia firme anterior haya de ser vinculante para el tribunal que está conociendo del proceso posterior".

Al ser la litispendencia un remedio procesal para evitar la simultánea tramitación de procesos debe eliminarse el proceso que se ha iniciado con posterioridad.

La Sentencia del mismo Tribunal de 7 de marzo de 2013 dice:

"La litispendencia y la prejudicialidad son instituciones procesales distintas.

la litispendencia...es una figura procesal cuya interpretación teleológica coincide plenamente con la de la cosa juzgada, pues no se puede olvidar que la litispendencia es un anticipo de dicha figura procesal de la cosa juzgada, ya que como dice la jurisprudencia de esta Sala, la litispendencia en nuestro Derecho procesal es una excepción dirigida a impedir la simultánea tramitación de dos procesos; es una institución presuntiva y tutelar de la cosa juzgada o de la univocidad procesal y del legítimo derecho de quien la esgrime a no quedar sometido a un doble litigio, y en tal sentido jurisprudencia reiterada exige que, sin variación alguna, la identidad de ambos procesos se produzca en cuanto a los sujetos, a las cosas en litigio y a la causa de pedir...

La prejudicialidad tiene otro sentido y atiende a otras finalidades. Siguiendo el criterio de nuestras sentencias de 26-4-99, 21-5-99, y 21-1-02 podemos decir que la prejudicialidad atiende al fenómeno de conexión de procesos, cuando la decisión de uno es base lógico jurídica necesaria para la resolución del otro. También atiende a la seguridad jurídica, impidiendo posiciones contradictorias, ya que es imposible mantener simultáneamente la eficacia y la invalidez, el cumplimiento y la resolución del contrato, la condena y la fijación de las condiciones de la inocencia. Su proximidad con la cosa juzgada proviene de las distintas manifestaciones de la prejudicialidad. Cuando se trata de prejudiciales homogéneas decididas por otro juez, o por el mismo a través de acumulación de autos, se impone la cosa juzgada positiva de la sentencia prejudicial no acumulada, y de ella debe partirse para construir el fallo ulterior, pero sin que se altere la jurisdicción. También se parte de la cosa juzgada prejudicial positiva cuando la cuestión prejudicial es heterogénea, por no pertenecer al mismo orden jurisdiccional, y goza de los caracteres de excluyente y vinculante absoluta —cuestiones penales o constitucionales—. En tal caso se producen alteraciones en la jurisdicción, y en el proceso que debe ser suspendido hasta la resolución de la cuestión ajena dada su evidente conexidad con la civil suscitada. Cuando la cuestión es heterogénea no vinculante, se produce alteración por extensión de la jurisdicción del juez del proceso, y no se produce cosa juzgada, porque se resuelve solo a los efectos prejudiciales, y tampoco se produce suspensión del proceso porque es un paso previo a la decisión del fondo, y a la hora de dictar sentencia".

Haciendo aplicación de estas normas al caso concreto, como hemos dicho anteriormente, resulta que sobre los hechos que provocaron la realización de las tres transferencias se siguió un proceso penal que, a la vista del testigo remitido por el Juzgado que lo tramitaba, se encuentra sobreseído provisionalmente.

Esto hace que tanto la prejudicialidad penal como la pendencia alegada queden actualmente sin sentido.

Cierto que el sobreseimiento provisional no implica un archivo definitivo de la causa penal.

Sin embargo, también lo es que no podemos abocar a los demandantes a esperar por un tiempo indefinido, por ejemplo, hasta que se produzca la prescripción de la acción penal, para que su pretensión sea resuelta en este proceso civil, como parece que pretende el apelando en el escrito de alegaciones que presentó en respuesta al traslado que dio a las partes este tribunal cuando se enteró del archivo del proceso penal.

Esto implicaría una evidente denegación de la tutela judicial efectiva, puesto que, por un lado, el proceso penal está archivado, y por otro, el civil no podría continuar hasta que ese archivo fuera definitivo.

Si a todo esto añadimos que de los informes policiales incorporados a este procedimiento sobre la mecánica operativa de esta clase de fraudes informáticos las posibilidades de llegar a descubrir e identificar a los responsables de los hechos son prácticamente nulas, llegamos a la conclusión de que como ahora ya no existe ningún proceso penal en trámite y que las posibilidades de reiniciarlo son remotas, procede rechazar tanto la prejudicialidad penal como la pendencia alegada en el recurso".

Este mismo criterio lo han aplicado, entre otras, las sentencias de la Sección 4ª de la Audiencia de Málaga de 19 y de 8 de octubre de 2012.

El apelante afirma en su escrito de alegaciones al traslado conferido por este tribunal, que lo que deberíamos estudiar es si la pendencia era procedente cuando se alegó.

Lo primero que debemos decir es que, como resulta del contenido de la sentencia de primera instancia, no es tan claro ni tan lineal que la tramitación del proceso penal determinara de forma automática la estimación de la prejudicialidad y de la pendencia.

En cualquier caso, lo que no tiene ningún sentido es que ahora que el proceso se ha archivado, se denegara la continuación del procedimiento civil y se volcara a la parte demandante a instar de inmediato su reapertura ante el juzgado de primera instancia en la vista del sobreseimiento producido.

En definitiva, nos encontramos ante meras excusas o pretextos para tratar de evitar un pronunciamiento sobre el fondo del asunto y sobre la responsabilidad del banco demandado, como queda patente si tenemos en cuenta su actuación en esta segunda instancia, tratando de ocultar el estado real del procedimiento penal por su innegable influencia sobre estos dos primeros motivos del recurso".

También es analizada la petición de suspensión por prejudicialidad penal invocada por parte de BANCO SANTANDER S.A. en otro supuesto de phishing por parte de la Sentencia del Juzgado de 1ª Instancia nº 4 de Torremolinos de 30 de noviembre de 2021. En ella, vuelve a denegarse la pretendida suspensión con la siguiente motivación:

(...) por prejudicialidad penal, el artículo 40.2 LEC establece que en los casos en los que en un proceso civil se ponga de manifiesto un hecho que ofrezca apariencia de delito o falta, no se ordenará la suspensión de las actuaciones del proceso civil sino cuando concurran las siguientes circunstancias:
1ª. Que se acredite la existencia de causa criminal en la que se estén investigando, como hechos de apariencia delictiva, alguno o algunos de los que fundamenten las pretensiones de las partes en el proceso civil.
2ª. Que la decisión del tribunal penal acerca del hecho por el que se procede en causa criminal pueda tener influencia decisiva en la resolución sobre el asunto civil.
En el presente caso la petición de suspensión debe desestimarse de plano: según los términos en los que está planteado el debate, el resultado de la acción penal, una vez comprobada y asumida la realidad de los hechos, es irrelevante a los efectos de determinar si la entidad emisora de la tarjeta debe responder de los efectos del uso incontenido de la misma. Las diligencias penales, en su caso, serían de interés a la hora de identificar a los posibles responsables y la eventual repetición o reclamación frente a ellos en caso de una condena estimatoria, que pudiera permitir a la emisora de la tarjeta resarcirse de las resultas de este procedimiento. En consecuencia, como queda dicho, la petición no puede prosperar"

La SAP de Pontevedra, Sección 3ª, de 22 de marzo de 2023 desestima igualmente la concurrencia de prejudicialidad penal:

(...) al margen de la cuestión penal de la estafa objeto allí de instrucción y cuya tramitación actual se obvia justificar en autos casi un año después, lo que resulta es que la discusión objeto aquí de conocimiento y decisión, es distinta, concretándose en la responsabilidad de la entidad bancaria en razón del cumplimiento, adecuado y diligente, de las obligaciones que se le imponen en la gestión de los servicios de pago que presta y, en todo

caso, si medió o no negligencia/grave por parte de su cliente en la custodia de sus credenciales. Es perceptible que el análisis del vinculo negocial y obligaciones exigibles derivadas del mismo y de la posible negligencia grave por parte de la aquí actora antes referidos, determinante de la responsabilidad reclamada y objeto de litis, no se ve mediatizado, sujeto ni interferido por la instrucción de la causa penal esgrimida porque en ella el bien jurídico protegido alcanza y trasciende a la protección del patrimonio de las víctimas, abarcando la necesidad de proteger también la seguridad del tráfico financiero y mercantil que facilitan las nuevas tecnologías lo que dista bastante de la responsabilidad y actuaciones que vienen a sostener esta pretensión".

8.3.2. Particularidad de la acción por indebida inclusión en ficheros de solvencia patrimonial

El artículo 79.2 RGPD dispone que las acciones contra un responsable o encargado del tratamiento deberán ejercitarse ante los tribunales del Estado miembro en el que el responsable o encargado tenga un establecimiento. Alternativamente, tales acciones podrán ejercitarse ante los tribunales del Estado miembro en que el interesado tenga su residencia habitual, a menos que el responsable o el encargado sea una autoridad de un Estado miembro que actúe en ejercicio de sus poderes públicos.

De este modo, con carácter ordinario, en los casos en que pretenda el resarcimiento del daño como consecuencia de la inclusión irregular de un afectado en un fichero de solvencia patrimonial corresponde conocer del proceso, a los órganos jurisdiccionales ordinarios españoles, para cuyo enjuiciamiento y fallo son competentes, de conformidad con cuanto se dispone entre otros, en los artículos 117.3 de la Constitución Española; 2.1, 9.2, 21.1 de la Ley Orgánica 6/1985 de 1 de julio, del Poder Judicial; artículos 5 y 36.1 de la Ley de Enjuiciamiento Civil.

Objetivamente, y según lo dispuesto en los artículos 85.1 LOPJ y 45 LEC, el conocimiento de este litigio corresponde a los Juzgados de Primera Instancia. Territorialmente, si se entendiera que la responsabilidad deviene de la afectación del derecho al honor —en los casos de que la acción a ejercitar derive de la indebida inclusión en un fichero de responsabilidad patrimonial en lugar de la acción de responsabilidad civil—, resultaría aplicable la previsión contenida en el artículo 52.1.6º LEC que determina la competencia del juzgado de 1ª Instancia del domicilio del demandante.

8.4. CAPACIDAD Y LEGITIMACIÓN

El Real Decreto-ley 19/2018, de 23 de noviembre, de servicios de pago y otras medidas urgentes, en materia financiera, amplía la protección prevista para los consumidores a las microempresas en relación con la transparencia de las condiciones y requisitos de información aplicables a los servicios de pago, resolución y modificación del contrato marco y los derechos y obligaciones en relación con la prestación y utilización de servicios de pago. No obstante, se exceptiona a las microempresas de la aplicación del derecho a ordenar la devolución de los adeudos domiciliados como consecuencia de una operación de pago autorizada iniciada por un beneficiario o a través del mismo, durante un plazo de ocho semanas contadas a partir de la fecha de adeudo de los fondos en su cuenta. El motivo es que la atribución de tal derecho a las microempresas, según justifica la Exposición de Motivos de la norma, es que distorsionaría el sistema de gestión de los adeudos domiciliados, ocasionando a las microempresas perjuicios derivados del riesgo de crédito que tendrían que asumir los proveedores de servicios de pago en dicho periodo.

Las obligaciones impuestas en materia de transparencia y requisitos de información aplicables a servicios de pago, resolución y modificación del contrato marco, son imperativas para los consumidores y también para las microempresas. Únicamente, según establece el art. 28 del Real Decreto-ley 19/2018, podrá "acordarse" su no aplicación a sujetos que no tengan la condición de consumidor ni microempresa.

Así mismo, el artículo 34 del Real Decreto-ley 19/2018 señala que *cuando el usuario de servicios de pago no sea un consumidor ni una microempresa, las partes podrán convenir que no se apliquen, total o parcialmente, los artículos 35.1, 36.3, 44, 46, 48, 52, 60 y 61 del presente título. También podrán convenir las partes que no se aplique total o parcialmente el artículo 49 y un plazo distinto del que se establece en el artículo 43 cuando el usuario de servicios de pago no sea un consumidor.*

La noción de consumidor, recogida en el elenco definitorio del artículo 3 Real Decreto-ley 19/2018, en este caso, tampoco coincide fielmente, como hubiera sido deseable, con la prevista en el art. 3 TRLGDCU. Así, en la norma de servicios de pago, se define consumidor como *una persona física que, en los contratos de servicios de pago objeto de este real decreto-ley, actúa con fines ajenos a su actividad económica, comercial o profesional.* Olvida, por tanto, que según el art. 3 TRLGDCU *son también consumidores a efectos de esta norma las personas jurídicas y las entidades sin personalidad jurídica que actúen sin ánimo de lucro en un ámbito ajeno a una actividad comercial o empresarial.* La ausencia de concordancia plena no está justificada, máxime cuando se amplía la protección a microempresas y sin embargo este déficit de armonía normativa permite cuestionar la exclusión de las personas jurídicas y entidades sin personalidad que actúen sin ánimo de lucro. A pesar de ello, entendemos, que la interpretación del ámbito de aplicación de la normativa de servicios de pago ha de realizarse desde la óptica del concepto de consumidor recogido en la propia norma especial consumerista.

Por microempresa, hemos de entender, conforme a la definición otorgada igualmente en el apartado 25 del artículo 3 del Real Decreto-ley 19/2018, que se refiere a *una empresa, considerando como tal tanto a las personas físicas que realizan una actividad profesional o empresarial como a las personas jurídicas, que, en la fecha de celebración del contrato de servicios de pago ocupa a menos de diez personas y cuyo volumen de negocios anual o cuyo balance general anual no supera los dos millones de euros, de conformidad con lo establecido en los artículos 1 y 2, apartados 1 y 3, del anexo de la Recomendación de la Comisión, de 6 de mayo de 2003, sobre la definición de microempresas, pequeñas y medianas empresas.*

LA SAP de Barcelona, Sección 16ª de 22 de enero de 2019, con cita de la jurisprudencia del TS, da respuesta a la cuestión de la legitimación pasiva de las entidades que comercializan con sus clientes productos de inversión y financieros. En el caso analizado, se da respuesta a la responsabilidad de la entidad gestora de una cartera de valores ante la venta de estos y la transferencia de los fondos obtenidos a cuentas de terceros, en el caso de operaciones no autorizadas por sus legítimos titulares, por haber sido suplantadas las órdenes cursadas ilícitamente simulando proceder de sus titulares. Así, la sentencia del Tribunal Supremo de 13 de febrero de 2018 recuerda que *"cuando el demandante solo mantiene la relación contractual con la empresa de inversión de la que es cliente, en este caso un banco, y adquiere un producto de inversión que tal empresa comercializa, el negocio no funciona realmente como una intermediación por parte de la empresa de inversión entre el cliente comprador y el emisor del producto de inversión o el anterior titular que transmite, sino como una compraventa entre la empresa de inversión y su cliente, que tiene por objeto un producto (en este caso, unas participaciones preferentes de un banco islandés) que la empresa de inversión se encarga de obtener directamente del emisor o de un anterior titular y, al transmitirla a su cliente, obtiene un beneficio que se asemeja más al margen del distribuidor que a la comisión del agente".*

8.4.1. Inexistente litisconsorcio pasivo necesario

Hay supuestos en que la gestión de la titularidad de la cuenta afectada por el fraude bancario está encomendada a terceros. Esto es especialmente habitual en el caso de las Comunidades de Propietarios, cuyo manejo por operativa se confía con frecuencia a un Administrador de Fincas. En estos supuestos, es obvio que la perjudicada es la Comunidad de Propietarios y la acción de responsabilidad ha de ejercitarse por esta frente a la entidad bancaria, pero no cabe admitir, como pudiera ser alegado por el banco la necesidad de demandar conjuntamente a quien se ha encomendado su gestión (el administrador de fincas o su sociedad gestora), resultando pues improcedente la invocación de una suerte de litisconsorcio pasivo necesario.

La SAP de Castellón, Sección 3ª, de 4 de febrero de 2014, aborda también esta cuestión:

> *"En cuanto a la excepción de falta de litisconsorcio pasivo necesario por no haberse dirigido también la demanda frente a Servicom Oropesa S.L., debe partirse de la base que, como ha señalado el Tribunal Supremo (Sentencia de fecha 31 de octubre de 1985), el litisconsorcio pasivo, como una manifestación del fenómeno de pluralidad de partes en el proceso, merece el calificativo de necesario cuando la pretensión actuada deba ser propuesta imprescindiblemente frente a varios sujetos, bien por así establecerlo un norma positiva, bien por imponerlo la naturaleza de la relación jurídico material discutida.*
>
> *Nada de esto acontece en el presente caso por cuanto de lo que se trata es del cumplimiento de determinados deberes u obligaciones que incumben a la entidad bancaria frente al cliente que tiene depositados determinados fondos en la misma en relación con su gestión en el marco de su particular*

relación, sin perjuicio de las acciones que derivadas de los hechos aquí litigiosos pudieren antes o después deducirse frente a la mercantil anterior".

En otros casos, como el resuelto por la SAP de Madrid, Sección 10ª, de 21 de julio de 2020, *obiter dicta*, se explicita igualmente que el afectado es libre de articular su demanda contra quien considere responsable, siendo igualmente innecesario que lo haga contra el establecimiento que consintió un cargo fraudulento. De este modo, se valida la acción únicamente ejercitada contra el proveedor de servicios de pago: *"Poco importa que la actora no haya interpuesto reclamación alguna frente a Salones Macao S.L., ya que es patente que el perjudicado puede accionar frente a quien estime oportuno, habiéndose decantado por promover un procedimiento frente a la entidad bancaria con apoyatura jurídica en el artículo 31 de la Ley 16/2009, de 13 de noviembre".*

Particular interés reviste el supuesto de concurrencia de distintas sociedades como suele acontecer con aquellos casos en que el afectado es titular de participaciones en fondos de inversión y junto a la sociedad de intermediación financiera con la que haya contratado el perjudicado puede pretender llamarse al pleito a la sociedad gestora de los fondos afectados. O incluso a la entidad bancaria a la que se hubieran podido transferir los importes detraídos ilícitamente. Este supuesto, es analizado con acierto y de modo detallado por la SAP de Barcelona, Sección 16ª de 22 de enero de 2019. En el caso resuelto dos hermanas, tras heredar diversas participaciones en fondos de inversión, mantuvieron un contrato de depósito y administración de la cartera de valores con una sociedad de intermediación (GVC Gaesco Valores SV SA). A raíz de la intervención fraudulenta de terceros, suplantando el correo electrónico y firma de las verdaderas titulares, dichos fondos fueron vendidos y el importe obtenido transferido a distintas cuentas corrientes de otras entidades de titularidad distinta de las afectadas. La Audiencia de Barcelona, desestima el argumento invocado por la demandada por el que pretendía sostener la existencia de un litisconsorcio pasivo necesario, atribuyendo la correcta legitimación a la entidad demandada como intermediaria financiera con los siguientes argumentos:

a) Aunque se admita que, en efecto, la sociedad gestora de los fondos de inversión y las sociedades depositarias eran las destinatarias de las órdenes de reembolso, y que son estas entidades las responsables de su ejecución —y la primera, además, ostenta las facultades de dominio y administra-

ción sobre el patrimonio del fondo—, lo cierto es que quien se obligó contractualmente con las actoras fue precisamente la demandada GVC Gaesco Valores, S.V., con la que concertaron, por su condición de intermediaria financiera, un contrato de depósito y administración de valores.

Es decir, la legitimación de GVC Gaesco Valores, S.V., S.A., con independencia de la actuación de las demás sociedades intervinientes, procede de la relación contractual entablada con las hermanas Aurora Beatriz, y de la documentación adjuntada a la demanda se desprende que, en virtud obviamente de aquella relación contractual, era la ahora apelante con la que las clientas se relacionaban y comunicaban personalmente y por vía de correo electrónico, y, se insiste, a través de ella se cursaban las órdenes relacionadas con los fondos de inversión. Desde tal perspectiva, incumbía a GVC Gaesco Valores, S.V., S.A., como transmisora de las órdenes de reembolso, aplicar con diligencia el primer filtro de verificación de la autenticidad de las repetidas órdenes, deber que, como se razonará, no cumplió cabalmente.

Se significa, además, que, conforme al contrato suscrito entre las ahora litigantes, GVC Gaesco Valores, S.V., S.A. se obligaba a responder (cfr. folio 42 de autos) de "los perjuicios que pueda causar al cliente por el incumplimiento de las obligaciones establecidas en los presentes términos y condiciones [relativos a la prestación de servicios de inversión al cliente minorista], así como por aquellas actuaciones que resulten dolosas o negligentes". A ello no obsta, como se apunta por la representación actora, que la demandada no sea estrictamente una sociedad gestora y en concepto de tal no perciba una comisión, porque, como se ha expuesto, presta un servicio, el de intermediación financiera, que redunda en interés de la sociedad gestora GVC Gaesco Gestión, SGIIC, SAU, que es la que cobra la comisión y que está integrada en el mismo grupo empresarial que GVC Gaesco Valores, S.V., SA.

b) El art. 70 ter 2 de la Ley 24/1988, de 28 de julio, del Mercado de Valores —derogada por el RD Legislativo 4/2015, de 23 de octubre, por el que se aprueba el texto refundido de la Ley del Mercado de Valores, pero vigente en la fecha de la contratación—, relaciona, entre las obligaciones que incumben a las entidades que presten servicios de inversión, la de adoptar las medidas adecuadas, en relación con los fondos que les confían sus clientes, para proteger sus derechos y evitar una utilización indebida de aquellos, así como para que el riesgo operacional no aumente de forma indebida cuando confíen a un tercero la realización de servicios de inversión o el ejercicio de funciones esenciales para la prestación de los servicios de inversión.

Y el art. 39 e) del Real Decreto 217/2008, sobre el régimen jurídico de las empresas de servicios de inversión y de las demás entidades que prestan servicios de inversión, establece que las entidades que presten servicios de inversión "tienen que adoptar las medidas organizativas necesarias para minimizar el riesgo de pérdida o disminución del valor de los activos de los clientes, o de los derechos relacionados con aquellos, como consecuencia de una mala utilización de los activos, fraude, administración deficiente, mantenimiento inadecuado de los registros o negligencia".

c) La jurisprudencia también ha proclamado, en el ámbito de los productos de inversión y financieros, la legitimación pasiva de las entidades que comercializan con sus clientes un producto de aquella índole.

Así, la sentencia del Tribunal Supremo de 13 de febrero de 2018 recuerda que "cuando el demandante solo mantiene la relación contractual con la empresa de inversión de la que es cliente, en este caso un banco, y adquiere un producto de inversión que tal empresa comercializa, el negocio no funciona realmente como una intermediación por parte de la empresa de inversión entre el cliente comprador y el emisor del producto de inversión o el anterior titular que transmite, sino como una compraventa entre la empresa de inversión y su cliente, que tiene por objeto un producto (en este caso, unas participaciones preferentes de un banco islandés) que la empresa de inversión se encarga de obtener directamente del emisor o de un anterior titular y, al transmitirla a su cliente, obtiene un beneficio que se asemeja más al margen del distribuidor que a la comisión del agente".

Y la del Alto Tribunal de 2 de enero de 2015 también apuntaba que "en estas circunstancias, hay que dar la razón a la recurrente cuando afirma que la mediación de Banco S. era más formal que real. Se trataba de un producto diseñado por Banco S., comercializado en su red de oficinas por los empleados de Banco S., promocionado mediante una presentación con el membrete de Banco S. (…) y documentado en impresos con el mismo membrete de Banco S., en el que la inversión iba finalmente a una empresa de su grupo, y de cuya evolución informaba periódicamente Banco S. a su cliente en los estadillos relativos a la cartera de inversiones financieras de esta. (…) La consecuencia de lo expuesto es que Banco S. está legitimado pasivamente para soportar la acción (…). De lo contrario, se estaría permitiendo a Banco S. prevalerse de una estructura negocial artificial y meramente formal, que encubre una inversión en fondos emitidos por empresas de su grupo, para dificultar la satisfacción de los legítimos derechos de sus clientes".

Se significa finalmente, como dato adicional que corrobora la legitimación de GVC Gaesco Valores, S.V., S.A., que, pese a que por su representación se aduce que era GVC Gaesco Gestión, SGIIC, SAU la que remitía a las demandantes los extractos de participaciones y los estados de posiciones, lo cierto es que de la documentación aportada resulta que las clientas se dirigían al personal de la hoy apelante para cualquier gestión relacionada con la inversión, y así lo hicieron cuando en noviembre de 2013 solicitaron de GVC Gaesco Valores, S.V., S.A. la desinversión del importe de 10.000 euros con cargo a determinadas participaciones invertidas en los fondos; también los comprobantes de la operación fueran expedidos precisamente por la demandada (cfr. folio 70 de autos). Consta igualmente otro informe de posiciones (folio 77, documento número 13 de la deman-

da), también emitido por GVC Gaesco Valores, S.V., S.A., lo que desmiente definitivamente que fuera únicamente la entidad gestora de los fondos la que tramitara todas las gestiones relacionadas con esta inversión.
En definitiva, se concluye, en línea con lo mantenido por el magistrado de instancia, que no concurre óbice alguno para aceptar la legitimación pasiva de GVC Gaesco Valores, S.V., S.A. por razón de la relación contractual establecida con las actoras, sin perjuicio de las relaciones de esta última con las sociedades gestoras y depositarias, e incluso de la eventual responsabilidad de la entidad bancaria ING al aceptar el ingreso de las transferencias a favor de quienes figuraban como beneficiarios"

8.4.2. Responsabilidad solidaria en supuestos de duplicado indebido de tarjeta SIM (SIM Swapping)

El Reglamento Delegado (UE) 2018/389 de la Comisión de 27 de noviembre de 2017 por el que se complementa la Directiva (UE) 2015/2366 del Parlamento Europeo y del Consejo en lo relativo a las normas técnicas de regulación para la autenticación reforzada de clientes y unos estándares de comunicación abiertos comunes y seguros, establece los requisitos que deben de cumplir los proveedores de servicios de pago a efectos de medidas de seguridad que permitan aplicar el procedimiento de autenticación reforzada de clientes, y proteger la confidencialidad e integridad de las credenciales de seguridad personalizadas del usuario de servicios de pago, disponiendo de mecanismos de supervisión de las operaciones que les permitan detectar las fraudulentas o no autorizadas (artículo 2). El artículo 97 de la Directiva (UE) 2015/2366 del Parlamento Europeo y del Consejo, de 25 de noviembre de 2015, sobre servicios de pago en el mercado interior y por la que se modifican las Directivas 2002/65/CE, 2009/110/CE y 2013/36/UE y el Reglamento (UE) nº 1093/2010 y se deroga la Directiva 2007/64/CE, impone la obligación a los Estados miembros que velen por que los proveedores de servicios de pago apliquen la autenticación reforzada de clientes cuando el ordenante: a) acceda a su cuenta de pago en línea; b) inicie una operación de pago electrónico; c) realice por un canal remoto cualquier acción que pueda entrañar un riesgo de fraude en el pago u otros abusos.

Como hemos apuntado en el capítulo 3.8, a partir de esta nueva regulación, la obtención de un duplicado de la tarjeta SIM, se convierte en un objetivo de los ciberdelincuentes al permitirles conseguir el “segundo factor” de autentificación que se envía al usuario para la confirmación de una transacción. Ello conlleva también una responsabilidad añadida en los proveedores de servicios de telecomunicaciones al convertirles en un eslabón crítico de la cadena de seguridad. Por ello, junto a la extraordinaria cautela que debe suponer la preservación de la privacidad de las comunicaciones al asegurar que únicamente el titular pueda solicitar un duplicado de su tarjeta SIM, se añade un segundo factor de carácter económico al convertirse la tarjeta SIM en la llave de entrada de eventuales fraudes bancarios.

En este contexto, no nos cabe duda de que la facilitación indebida de un duplicado de tarjeta SIM por parte de un proveedor de servicios de comunicaciones electrónicas a un tercero distinto del titular le hace responsable de los eventuales daños que pudiera padecer su titular como consecuencia de las operaciones bancarias que pudieran desarrollar los ciberdelincuentes.

La SAP de Almería, Sección 1ª, de 1 de marzo de 2023, con revocación de la resolución de instancia dictada por el Juzgado de 1ª Instancia nº 3 de Almería, analiza acertadamente este supuesto en un caso en que la acción de responsabilidad fue cursada contra la operadora VODAFONE ESPAÑA SAU en lugar de dirigirse contra la entidad financiera. La Audiencia almeriense, en el pronunciamiento en el que interviene como ponente MARÍA DEL MAR GUILLEN SOCIAS, determina la responsabilidad solidaria de la operadora de telecomunicaciones, con un meritorio pronunciamiento en el que se analiza detalladamente al mismo tiempo la responsabilidad objetiva o cuasi objetiva de la operadora y la distribución y valoración de la prueba. Así es razonado:

> *“En este caso, no se ejercita responsabilidad contra la entidad bancaria, a cuya banca electrónica desde la aplicación del teléfono móvil, se accede mediante el duplicado de la tarjeta SIM (obteniendo información del DNI, cuentas bancarias etc.); sino únicamente contra VODAFONE, empresa de telecomunicaciones que realizó el duplicado de la tarjeta SIM, sin consentimiento de su titular. Hecho no cuestionado.*
>
> *Mediante el duplicado de la tarjeta, se facilita y comete la denominada estafa o fraude de phishing, que se origina con la suplantación de la identidad del banco por parte del phisher con la finalidad de adquirir información confidencial sobre contraseñas de cuentas bancarias, tarjetas de crédito o cualquier otra información en relación con el banco, que permite entrar en las cuentas de los usuarios en Internet de banca electrónica. La*

duplicación de la tarjeta SIM es un eslabón más de la 'cadena defraudadora' sin el cual no es posible completar la apropiación económica" en cuanto permite acceder a los datos útiles incluido DNI, y cometer el fraude.

La Ley de Servicios de Pago, (16/2009), establece un sistema de responsabilidad cuasi objetivo de la entidad proveedora del servicio de pago, con inversión de la carga probatoria, al presumirse la falta de autorización, si el titular lo niega.

Por ello, salvo actuación fraudulenta, incumplimiento deliberado o negligencia grave del ordenante (art. 32), la responsabilidad será del proveedor del servicio de pago, lo que supone que a él le corresponde la carga de la prueba de que la orden de pago "no se vio afectada por un fallo técnico o cualquier otra deficiencia" (art. 30)."

Es decir que, salvo que se demuestre una tardanza injustificada del usuario de los servicios en comunicar la irregularidad, "en caso de que se ejecute una operación de pago no autorizada, el proveedor de servicios de pago del ordenante le devolverá de inmediato el importe de la operación no autorizada y, en su caso, restablecerá la cuenta de pago en que haya adeudado dicho importe al estado que habría existido de no haberse efectuado la operación de pago no autorizada".

Dicho esto, no podemos compartir los argumentos del juzgador, que atribuye la carga de la prueba al consumidor o usuario del servicio de banca (y añadimos nosotros, al de telecomunicación), cuando en esta materia, rige el principio de inversión de la carga de la prueba. Porque tanto, desde el servicio de banca electrónica, como el de telefonía móvil o telecomunicaciones prestado por la entidad VODAFONE, se comete el fraude; primero se hace el duplicado de la tarjeta, y después, se usan los datos del titular de la tarjeta. Y en consecuencia, rige el principio de responsabilidad cuasi objetiva y solidaria.

En materia de responsabilidad objetiva es de aplicación La Ley General de Defensa de los Consumidores y Usuarios, que dispone, la responsabilidad cuasi objetiva de los proveedores de servicios, en el que se debe incluir el sector de telecomunicaciones, que dispone;

Artículo 147. Régimen general de responsabilidad. "Los prestadores de servicios serán responsables de los daños y perjuicios causados a los consumidores y usuarios, salvo que prueben que han cumplido las exigencias y requisitos reglamentariamente establecidos y los demás cuidados y diligencias que exige la naturaleza del servicio."

Artículo 148. Régimen especial de responsabilidad. "Se responderá de los daños originados en el correcto uso de los servicios, cuando por su propia naturaleza, o por estar así reglamentariamente establecido, incluyan necesariamente la garantía de niveles determinados de eficacia o seguridad, en condiciones objetivas de determinación, y supongan controles técnicos, profesionales o sistemáticos de calidad, hasta llegar en debidas condiciones al consumidor y usuario."

Y la compañía telecomunicaciones, vulnero el principio de confidencialidad de los datos regulado en el art. 5 de la Ley Orgánica 3/2018, de 5 de diciembre, de Protección de Datos Personales y garantía de los derechos digitales, al permitir un duplicado de la tarjeta SIM de la perjudicada, sin previamente acreditar que lo fue a petición del titular legitimo. O el artículo 41 de la Ley 9/2014 de 9 de mayo General de Telecomunicaciones.

Y en particular Vodafone es responsable de las obligaciones dispuestas en el artículo 44 de la Ley 9/2014 de 9 de mayo General de Telecomunicaciones, que dispone: "Los operadores de redes y de servicios de comunicaciones electrónicas disponibles al público, gestionarán adecuadamente los riesgos de seguridad que puedan afectar a sus redes y servicios a fin de garantizar un adecuado nivel de seguridad y evitar o reducir al mínimo el impacto de los incidentes de seguridad en los usuarios y en las redes interconectadas."

En este sentido la responsabilidad de la empresa de telecomunicaciones en orden a la protección de seguridad de los datos, es patente; el correo carta de 25 de agosto de 2020 de Vodafone, indica que la obtención de la tarjeta SIM no se realizó de acuerdo a los procedimientos establecidos, a saber, acudiendo a una tienda previa exhibición de DNI que acredite la titularidad de la misma, o solicitando su envió al domicilio del cliente que consta en los sistemas (archivos) informáticos de VODAFONE

Por lo tanto, dado el método o mecanismo de fraude, confluye en el presente caso, un "supuesto de responsabilidad solidaria" de todas las mercantiles que intervienen y posibilitan el perjuicio económico padecido por la demandante.

En este caso, VODAFONE, detecto el 23 de junio, un día después del duplicado fraudulento de la tarjeta SIM, que había sido realizado a través de Call center, y obtenida a través de un distribuidor minorista del distribuidor mayorista de Vodafone, que es Disashop S.L. (a través de Flor). La misma entidad reconoce en su misiva ya citada, de 25 de agosto de 2020; que VODAFONE aplicará la correspondiente penalización por fraude en sus contratos, al mencionado agente distribuidor Disashop. Y no obstante exculpar su responsabilidad, reconoce y abona a la demandante 96,58 €. por la cuota mensual y por el periodo que la titular del servicio permaneció sin línea (desde que se duplica la tarjeta el 22 de junio hasta el de tiempo que permaneció sin línea en su móvil, mas 5 € por el concepto de duplicado de la tarjeta SIM no reconocida.

Sobre esta materia son pocas las resoluciones dictadas, y contradictorias entre si (sentencias de 9-12-2021 de Primera instancia no 3 de Valladolid desestimatoria y Sentencia de 5-9-2022 del Juzgado de Primera Instancia nº 15 de Zaragoza estimatoria de la condena a la empresa de telefonía), pero habida cuenta los razonamientos expuestos en esta resolución y preceptos aplicados, nos decantamos, por la a responsabilidad solidaria por parte de las empresas proveedoras de servicios, sin perjuicio de las acciones que correspondan entre ellas.

En definitiva, la responsabilidad cuasi objetiva, y el principio de inversión de la carga de la prueba, rigen en esta materia por lo que procede la estimación de la cantidad económica defraudada de 3.200 €"

8.5. POSTULACIÓN Y REPRESENTACIÓN

Conforme a lo prevenido en el artículo 7 de la LEC, en relación con el 31.1 de la misma norma procesal, para las reclamaciones superiores a 2.000 euros, las partes deberán ser defendidas por abogado en ejercicio, según lo dispuesto en los según lo dispuesto en los según lo dispuesto en los artículos 4.2 y 7 del Real Decreto 135/2021, de 2 de marzo, por el que se aprueba el Estatuto General de la Abogacía Española y artículos 542, 545.1 de la Ley Orgánica 6/1985, de 1 de julio, del Poder Judicial.

Comparecerán igualmente con la debida representación procesal a través de procurador legalmente habilitado para actuar ante el tribunal que ha de conocer del juicio según lo dispuesto en el invocado artículo 23.1 LEC, 3 del Real Decreto 1281/2002, de 5 de diciembre, por el que se aprueba el Estatuto General de los Procuradores de los Tribunales de España y 543 y 545.1 LOPJ.

Únicamente en los juicios verbales cuya determinación se haya efectuado por razón de la cuantía y que ésta no exceda de 2.000 euros, tal y como prevén los artículos 23.2.1º y 31.2.1º LEC, podrá comparecer por si mismo el demandante. Aun así, como dispone el art. 32 LEC, recibida la notificación de la demanda, si el demandado pretendiera valerse también de abogado y procurador, lo comunicará al tribunal dentro de los tres días siguientes, pudiendo solicitar también, en su caso, el reconocimiento del derecho a la asistencia jurídica gratuita. En este último caso, el tribunal podrá acordar la suspensión del proceso hasta que se produzca el reconocimiento o denegación de dicho derecho o la designación provisional de abogado y procurador. Obviamente, en cualquier caso, huelga decir que las posibilidades de éxito con el adecuado asesoramiento técnico aconsejan siempre contar con la asistencia letrada.

8.6. PROCEDIMIENTO. ACUMULACIÓN DE ACCIONES

En lo referido al procedimiento para las acciones de responsabilidad por operaciones no autorizadas, de conformidad con lo dispuesto en los artículos 248.2.1°, 249.2 y 250.2 LEC, corresponderá dar a la demanda la tramitación prevista para el juicio ordinario o verbal en función de que la cuantía del proceso sea mayor o menor de 6.000 euros.

Caso distinto que merece un examen más pausado es cuando la acción ejercitada o acumulada es la de responsabilidad por indebida inclusión en un fichero de solvencia patrimonial en aquellos casos en que la víctima de un fraude bancario ha rechazado la procedencia del cargo ilícito y pese a todo la entidad financiera tras exigir su pago ha determinado la inclusión del afectado en dichos ficheros. En estos casos, de conformidad con lo dispuesto en los artículos 248.2.1° y 249.1.2° LEC, corresponderá dar a la demanda la tramitación prevista para el juicio ordinario con independencia de cual sea la cuantía reclamada, hallándonos por tanto ante una especialidad por razón de la materia, siendo así mismo de aplicación las Disposiciones Comunes a los Procesos Declarativos previstas en el Título I de dicho Libro (artículos 248 y siguientes). Por razón de la especialidad del procedimiento, procederá la intervención del Ministerio Fiscal y su tramitación con carácter preferente.

No obstante, ha de tenerse también presente que el artículo 9.1 de la LO 1/982 dispone que la tutela judicial frente a las intromisiones ilegítimas materia de honor, podrá recabarse por las vías procesales ordinarias o por el procedimiento previsto en el artículo 53.2 de la Constitución.

Por supuesto, junto a la solicitud indemnizatoria, lo lógico será que el usuario cuya inclusión persista en el fichero de solvencia patrimonial, al tiempo de interponer la demanda, solicite igualmente su exclusión. En este sentido conviene recordar que el artículo 71.2 LEC dispone a tal efecto que *el actor podrá acumular en la demanda cuantas acciones le competan contra el demandado, aunque provengan de diferentes títulos, siempre que aquellas no resulten incompatibles entre sí.* También será posible según autoriza el artículo 71.4 LEC el planteamiento de dos acciones que, aunque resulten incompatibles entre si, las pretenda hacer valer el actor con carácter subsidiario para el supuesto de no resultar exitosa la pretensión principal. Así lo refrenda también la STS de 10 de abril de 2003: *No se puede afirmar que las acciones formuladas por la actora son incompatibles o alternativas, ya que la jurisprudencia de la Sala Primera tiene claramente establecido que, para la acumulación objetiva de acciones, ya sea simultánea o sucesiva, no cabe exigir compatibilidad material si una se formula con carácter eventual o subsidiario. En este supuesto el fundamento o causa de pedir de las acciones articuladas en la demanda y en la réplica, con carácter principal y subsidiario, es el mismo: el impago de la deuda principal y la exigencia de pago a cargo de la entidad fiadora.* En el mismo sentido se pronuncia, la STS de 16 de octubre de 2006 al resolver sobre la una compraventa litigiosa en los siguientes términos: *las acciones, si bien son inconfundibles, no son incompatibles siempre que se presenten una como principal y la otra como subsidiaria, que es lo que ha ocurrido en el caso, en el que es lógica una pretensión de que se tenga por nula la compraventa pero que, en el supuesta de que hubiera de considerarse válida, se declare ineficaz por fraude de los derechos del acreedor que reclama.*

Como sintetiza la SAP de Barcelona, Sección 4ª, de 11 de junio de 2019, son presupuestos para la acumulación objetiva de acciones, los siguientes:

a) Compatibilidad de pretensiones. Las acciones no pueden excluirse ni ser contrarias entre sí (salvo en la acumulación subsidiaria o alternativa)

b) Conexión subjetiva. No se requiere que las acciones dimanen de un único título. Solo es preciso que se dirijan contra un mismo demandado.

c) Competencia objetiva. El tribunal la debe reunir tanto por razón de la materia como de la cuantía, si bien, en este caso, el que puede lo más puede lo menos.

d) Competencia territorial. Se atribuye al tribunal que conozca de la acción fundamento de la demás. Subsidiariamente, al que conozca de un mayor número de acciones acumuladas. Y, en último término, a quien conozca de la pretensión de mayor cuantía.

e) Procedimiento adecuado. Las acciones no deben tramitarse por juicios distintos (ordinario y especial o dos especiales distintos).

El problema pues lo encontraremos, como hemos avanzado anteriormente, en el caso de que se pretenda la acumulación de una reclamación patrimonial por operaciones no autorizadas cuyo importe sea inferior a 6.000 euros y que por lo tanto haya de tramitarse por las reglas del juicio verbal con una de responsabilidad por indebida inclusión en un fichero de solvencia patrimonial que siempre ha de tramitarse por juicio ordinario. Acudimos en este caso al examen de los requisitos procesales para que resulte procedente la acumulación de acciones, previstos en el artículo 73.1 LEC, que impone los siguientes:

> *1º) Que el tribunal que deba entender de la acción principal posea jurisdicción y competencia por razón de la materia o por razón de la cuantía para conocer de la acumulada o acumuladas. Sin embargo, a la acción que haya de sustanciarse en juicio ordinario podrá acumularse la acción que, por sí sola, se habría de ventilar, por razón de su cuantía, en juicio verbal.*
> *2º) Que las acciones acumuladas no deban, por razón de su materia, ventilarse en juicios de diferente tipo.*
> *3º) Que la ley no prohíba la acumulación en los casos en que se ejerciten determinadas acciones en razón de su materia o por razón del tipo de juicio que se haya de seguir.*

Por lo tanto, entendemos, que sería posible esta acumulación de acciones, aunque la acción de responsabilidad patrimonial por las operaciones no consentidas fuera inferior a 6.000 euros, debiendo tramitarse en el supuesto de que pretendiera también el resarcimiento del daño por la indebida inclusión en el fichero de solvencia patrimonial por el cauce del juicio ordinario. Objeciones a ello sin embargo, se plantean en el recurso examinado por la SAP de Coruña, Sección 6ª, de 23 de marzo de 2018, en el que la entidad recurrente invoca *"que el ejercicio acumulado de la acción de protección los derechos fundamentales (a la que se refiere la LO 1/82, del Honor, la Intimidad y la Propia Imagen que ha de tramitarse por un procedimiento especial por razón de la materia, concretamente, a través del procedimiento ordinario conforme a la regla específica del artículo 249,2º de la Ley de Enjuiciamiento Civil) y una acción de condena basada en la responsabilidad contractual, está vetado por la regla 2ª del artículo 73 de la Ley de Enjuiciamiento Civil, en la que se establece para que sea admisible la acumulación de acciones es preciso que las acciones acumuladas no deban, por razón de su materia, ventilarse en juicios de diferente"*. A pesar de que la Audiencia no llega a entrar al fondo de esta cuestión y resolver por cuanto considera que al haber sido consentida esta situación no se ha generado indefensión, bajo nuestro parecer resulta inaplicable la regla 2ª por cuanto que la acumulación de acciones no responde a dos especialidades por razón de la materia sino que solo la acción de protección del derecho al honor está sometido a especialidad por razón de la materia determinándose por cuantía la acción de responsabilidad ejercitada de modo acumulado.

Se presentarán así mismo los escritos y documentos debidamente firmados, respondiendo de su exactitud con acatamiento de lo imperado por el artículo 274 LEC, expresando el actor su voluntad de cumplir los requisitos exigidos por la Ley, interesando a tenor de lo establecido en el artículo 231 LEC la subsanación de cualquier defecto en el que hubiera podido incurrirse.

Finalmente, por exigirlo el apartado 1º del artículo 253 LEC, habrá de manifestar el afectado la cuantía de la demanda, calculada con arreglo a la regla 1ª del artículo 251 del mismo cuerpo legal.

8.7. CUANTÍA

Atendiendo a lo dispuesto en el artículo 253.1 LEC, en concordancia con lo establecido en el artículo 251.1ª LEC la cuantía se fijará de acuerdo con el interés económico de la demanda.

En el caso de las demandas basadas en el ejercicio de una acción de responsabilidad, la cuantía podrá fijarse con precisión atendiendo al perjuicio generado al usuario, con la inclusión de cualquier eventual comisión o interés moratorio que le hubiera podido resultar aplicable.

Cuestión distinta, que ciertamente resulta más compleja de valoración, tal y como esbozaba TELLEZ LAPEIRA[88], es la cuantificación del daño moral pretendido por la inclusión indebida en un *fichero de morosos* Con respecto al daño moral ha de partirse de su pacífica

---

[88] TELLEZ LAPEIRA, A. "La responsabilidad de las entidades de crédito por la inclusión errónea de morosos en el registro de aceptaciones impagadas" en Diario La Ley nº 5, 1999, Madrid, p. 1890.

aceptación hoy en día por nuestros tribunales tal y como recuerda MARCOS OYARZUN[89]

La SAP de Vizcaya, Sección 4ª, de 23 de febrero de 2010, condena a una entidad financiera al pago de una indemnización de 20.000 euros por el indebido mantenimiento en un fichero de solvencia patrimonial durante once meses. La SAP de Baleares, Sección 5ª, de 7 de mayo de 2009, fija una indemnización a la reclamante de 18.000 euros por su improcedente inclusión en otro fichero de solvencia en la que la demandada reclamaba una supuesta deuda de 749 euros. Y otros 18.000 euros, son los determinados como daño moral por idéntica conducta por la SAP de Zaragoza, Sección 5ª, de 22 de febrero de 2007.

En el caso resuelto por la STS de 6 de marzo de 2013:

> *"Apreciada la intromisión ilegítima en el derecho al honor del recurrente de acuerdo con lo dispuesto en el artículo 9.3 LPDH "[l]a indemnización se extenderá al daño moral que se valorará atendiendo a las circunstancias del caso y a la gravedad de la lesión efectivamente producida, para lo que se tendrá en cuenta, en su caso, la difusión o audiencia del medio a través del que se haya producido."*
>
> *En cuanto a las circunstancias del caso, en la medida en que la ley no las concreta, ha señalado esta Sala, sentencia de 21 de noviembre de 2008, RC nº 1131/2006 que "queda a la soberanía del tribunal de instancia hacerlo, señalando las que, fruto de la libre valoración probatoria, han de entenderse concurrentes y relevantes en este concreto caso para cifrar la cuantía indemnizatoria".*
>
> *En la demanda se solicitaba una indemnización de 9.000 euros para cada uno de los demandantes, siendo dicha cantidad a juicio de esta Sala proporcional con el perjuicio moral causado.*
>
> *También solicitaba en la demanda que se condenara a la demandada a la cancelación de los datos todavía contenidos en los registros de morosos, así como a la notificación de dicha cancelación a todas las personas a quienes se hubieran comunicado o cedido los datos, petición que igualmente debe ser estimada para el supuesto de que no hayan sido retirados".*

La STS de 23 de abril de 2019, siguiendo también la estela de las anteriores SSTS de 26 de abril de 2017 y 6 de noviembre de 2018, ha reiterado que *"no son admisibles las indemnizaciones de carácter me-*

---

[89] MARCOS OYARZÚN, F. J. *Reparación integral del daño. El daño moral.* Barcelona, 2002.

ramente simbólico". Como declara igualmente la STS núm. 386/2011, de 12 de diciembre, "según la jurisprudencia de esta sala (SSTS de 18 de noviembre de 2002 y 28 de abril de 2003) *"no es admisible que se fijen indemnizaciones de carácter simbólico, pues al tratarse de derechos protegidos por la CE como derechos reales y efectivos, con la indemnización solicitada se convierte la garantía jurisdiccional en un acto meramente ritual o simbólico incompatible con el contenido de los artículos 9.1, 1.1 y 53.2 CE y la correlativa exigencia de una reparación acorde con el relieve de los valores e intereses en juego (STC 186/2001, FJ 8)" (STS 4 de diciembre 2014, rec. núm. 810/2013).*

La STS 512/2017, de 21 de septiembre, declara que una indemnización simbólica, en función de las circunstancias que concurren, tiene un efecto disuasorio inverso:

> *"No disuade de persistir en sus prácticas ilícitas a las empresas que incluyen indebidamente datos personales de sus clientes en registros de morosos, pero sí disuade de entablar una demanda a los afectados que ven vulnerado su derecho al honor puesto que, con toda probabilidad, la indemnización no solo no les compensará el daño moral sufrido, sino que es posible que no alcance siquiera a cubrir los gastos procesales si la estimación de su demanda no es completa."*

Y este mismo reproche vuelve a realizar la Sala del Alto Tribunal en su Sentencia de 21 de junio de 2018, en la que eleva la cuantía de 2.000 euros fijada por la AP de Asturias a los 6.000 euros, insistiendo nuevamente en la doctrina de la improcedencia de establecimiento de indemnizaciones simbólicas por la inclusión indebida en ficheros de solvencia patrimonial.

Si se pone en relación el *quantum* a indemnizar con la escasa trascendencia, por ser pequeña la deuda, la STS de 18 de febrero de 2015 ya ha declarado que no puede aceptarse el argumento de que la inclusión de datos sobre una deuda de pequeña entidad en un registro de morosos no supone una intromisión ilegítima en el derecho al honor de una trascendencia considerable (y por tanto no puede dar lugar más que a una pequeña indemnización) porque claramente muestra que no responde a un problema de solvencia sino a una actuación incorrecta del acreedor. La inclusión en registros de morosos por deudas de pequeña cuantía es correcta y congruente con la finalidad de informar sobre la insolvencia del deudor y el incumplimiento de sus obligaciones dinerarias. Y cuando tal inclusión se ha las exigencias del principio de calidad de los datos, y que por tanto es cierto que el afectado ha dejado de cumplir sus obligaciones dinerarias. Por tanto, la escasa cuantía de la deuda no disminuye la importancia del daño moral que le causó a la demandante la inclusión en los registros de morosos. Tal y como sostiene PÉREZ CONESA[90], analizando la precitada STS de 21 de junio de 2018, nada tiene que ver la suma adeudada con la intromisión ilegítima en el derecho al honor. La referida STS de 18 de febrero de 2015, establece en su Fundamento de Derecho Quinto los criterios aplicables para fijar la indemnización por la intromisión ilegítima en el derecho al honor causada por la inclusión indebida de los datos personales en un registro de morosos al resolver el caso de un usuario cuyos datos fueron cedidos por VODAFONE por una supuesta deuda de 135,42 euros frente a la que a su vez había interpuesto una solicitud arbitral de consumo y que finalizó con un lado favorable hacia el consumidor. Así son expuestos estos criterios por la Sala:

> *"Este perjuicio indemnizable ha de incluir el daño patrimonial, y en él, tanto los daños patrimoniales concretos, fácilmente verificables y cuantificables (por ejemplo, el derivado de que el afectado hubiera tenido que pagar un mayor interés por conseguir financiación al estar incluidos sus datos personales en uno de estos registros), como los daños patrimoniales más difusos pero también reales e indemnizables, como son los derivados de la imposibilidad o dificultad para obtener crédito o contratar servicios (puesto que este tipo de registros está destinado justamente a advertir a los operadores económicos de los incumplimientos de obligaciones dinerarias de las personas cuyos datos han sido incluidos en ellos) y también los daños derivados del desprestigio y deterioro de la imagen de solvencia personal y profesional causados por dicha inclusión en el registro, cuya cuantificación ha de ser necesariamente estimativa.*
>
> *5.- La indemnización también ha de resarcir el daño moral, entendido como aquel que no afecta a los bienes materiales que integran el patrimonio de una persona, sino que supone un menoscabo de la persona en sí misma, de los bienes ligados a la personalidad, por cuanto que afectan a alguna de las características que integran el núcleo de la personalidad, como es en este caso la dignidad. La determinación de la cuantía de la indemnización por estos daños morales ha de ser también estimativa.*

---

90 PÉREZ CONESA, C. "Derecho al honor, inclusión en fichero de morosos e indemnización por daño moral (STS de 21 de junio de 2018)" en Revista Doctrinal Aranzadi Civil-Mercantil nº 8, Cizur Menor, 2018.

En estos supuestos de inclusión de los datos de una persona en un registro de morosos sin cumplirse los requisitos establecidos por la LOPD, sería indemnizable en primer lugar la afectación a la dignidad en su aspecto interno o subjetivo, y en el externo u objetivo relativo a la consideración de las demás personas.

Para valorar este segundo aspecto ha de tomarse en consideración la divulgación que ha tenido tal dato, pues no es lo mismo que sólo hayan tenido conocimiento los empleados de la empresa acreedora y los de las empresas responsables de los registros de morosos que manejan los correspondientes ficheros, a que el dato haya sido comunicado a un número mayor o menor de asociados al sistema que hayan consultado los registros de morosos.

También sería indemnizable el quebranto y la angustia producida por las gestiones más o menos complicadas que haya tenido que realizar el afectado para lograr la rectificación o cancelación de los datos incorrectamente tratados.

6.- El tribunal de apelación ha utilizado algunos criterios incorrectos para la determinación de la indemnización, bien por la valoración errónea de alguna de las circunstancias concurrentes que según el art. 9.3 de la Ley Orgánica 1/1982 han de tomarse en consideración para fijar la indemnización, bien por no tomar en debida consideración algunas circunstancias que sí debían haber sido valoradas.

Sobre este particular, debe recordarse que el ámbito de la revisión que es posible en casación es más amplio en este tipo de litigios que en otros que versan sobre cuestiones sin trascendencia constitucional. Cuando la resolución del recurso de casación afecta a derechos fundamentales, este tribunal no puede partir de una incondicional aceptación de las conclusiones probatorias obtenidas por las sentencias de instancia sino que debe realizar, asumiendo una tarea de calificación jurídica, una valoración de los hechos en todos aquellos extremos levantes para apreciar la posible infracción de los derechos fundamentales alegados (sentencias núm. 311/2013, de 8 de mayo, y 312/2014, de 5 de junio, entre las más recientes).

7.- Uno de los elementos que el tribunal de apelación ha tomado en consideración para rebajar sustancialmente la indemnización solicitada en la demanda ha sido la pequeña cuantía de la deuda por la que el demandante fue incluido en los registros de morosos. Afirma la Audiencia que "el escasísimo monto de la deuda es dato que por sí mismo ponía de manifiesto frente a terceros que la anotación no podía responder a un problema de solvencia, sino a una actuación de Vodafone España no consentida por su anterior cliente".

La sentencia de esta Sala núm. 672/2014, de 19 de noviembre, consideró que la existencia de una deuda impagada de pequeña cuantía puede ser pertinente y proporcionada para la finalidad de este tipo de registros, que es informar sobre la solvencia. El impago de una pequeña deuda, siempre que la misma sea cierta, exacta y no esté sujeta a una controversia razonable, puede ser indicativo de la insolvencia del deudor, con más razón si cabe que el impago de una deuda de mayor cuantía.

Por ello, esta Sala concluyó que la inclusión correcta de los datos personales de un deudor como consecuencia de una deuda de pequeña cuantía es congruente con la finalidad de los ficheros de solvencia patrimonial y con las previsiones de otras normas jurídicas.

No puede aceptarse el argumento de que la inclusión de datos sobre una deuda de pequeña entidad en un registro de morosos no supone una intromisión ilegítima en el derecho al honor de una trascendencia considerable (y por tanto no puede dar lugar más que a una pequeña indemnización) porque claramente muestra que no responde a un problema de solvencia sino a una actuación incorrecta del acreedor. La inclusión en registros de morosos por deudas de pequeña cuantía es correcta y congruente con la finalidad de informar sobre la insolvencia del deudor y el incumplimiento de sus obligaciones dinerarias. Y cuando tal inclusión se ha realizado, quienes consultan el registro pueden suponer legítimamente que el acreedor ha cumplido con las exigencias del principio de calidad de los datos, y no lo contrario, que es lo que hace la Audiencia, y que por tanto es cierto que el afectado ha dejado de cumplir sus obligaciones dinerarias.

Por tanto, la escasa cuantía de la deuda por la que el demandante fue incluido en los registros de morosos no disminuye la importancia de los daños patrimoniales y morales que ello le causó, puesto que era significativo de que no había podido cumplir siquiera con las obligaciones de pago de pequeñas deudas, o bien de su falta de formalidad en el pago de cualesquiera obligaciones dinerarias.

8.- Otro elemento que ha tomado en cuenta el tribunal de apelación para rebajar significativamente la indemnización solicitada por el demandante es que, al margen de la denegación de contratar una línea ADSL, no consta que la inclusión de sus datos en los registros de morosos obstaculizara su acceso al crédito.

Esta conclusión no es correcta porque la información sobre incumplimiento de obligaciones dinerarias que se incluye en estos registros va destinada justamente a las empresas asociadas a dichos ficheros, que no solo les comunican los datos de sus clientes morosos, sino que también los consultan cuando alguien solicita sus servicios para evitar contratar y conceder crédito a quienes no cumplen sus obligaciones dinerarias. Además, esa afirmación se contradice con el hecho también reflejado en la sentencia relativo a la imposibilidad que tuvo el demandante para contratar a su nombre una línea ADSL.

En este caso, consta que son al menos cuatro las empresas que consultaron uno de estos registros. Son empresas que facilitan crédito o servicios y suministros, bien porque se trate de entidades financieras, bien porque se trate de entidades que realizan prestaciones periódicas o de duración continuada y que facturan periódicamente sus servicios al cliente (con frecuencia, se facturan los servicios ya prestados, como es el caso de las empresas de telefonía y servicios de internet), por lo que para ellas es importante que se trate de un cliente solvente y cumplidor de sus obligaciones dinerarias. Por ello, estos registros de morosos son consultados por las empresas asociadas para denegar financiación, o para denegar la facilitación de suministros u otras prestaciones periódicas o continuadas, a quien no merezca confianza por haber incumplido sus obligaciones dinerarias. Es más, en ciertos casos, estas empresas no deben facilitar crédito si consta que el solicitante está incluido en uno de estos registros de morosos (es el caso de lo que se ha llamado "crédito responsable", destinado a evitar el sobreendeudamiento de los particulares, a que hacen referencia la Ley 16/2011, de 24 de junio, de Contratos de Crédito al Consumo, el art. 29 de la Ley 2/2011, de 4 de marzo, de Economía Sostenible, y el art. 18 de la Orden EHA/2899/2011, de 28 de octubre, de transparencia y protección del cliente de servicios bancarios). En el caso objeto del recurso, consta incluso que la inclusión en estos registros de morosos impidió que el demandante pudiera contratar a su nombre una línea de ADSL.

Por tanto, el daño indemnizable sufrido por el demandante fue mayor que el reconocido por el tribunal de apelación, puesto que la inclusión de sus datos en los registros de morosos era apta para afectar negativamente al prestigio e imagen de solvencia del demandante y para impedirle la obtención de financiación o la contratación de prestaciones periódicas o continuadas tales como las de telefonía o seguros, sectores a los que se dedican las empresas que consultaron los registros de morosos.

9.- Se observa asimismo que para la fijación de la indemnización no han sido tomadas en consideración determinadas circunstancias que agravan el daño sufrido por el demandante. Este hubo de realizar numerosas gestiones para conseguir la cancelación de sus datos en los registros de morosos, lo que supone una mayor penosidad para el mismo. Y asimismo, que pese a que Vodafone tuvo conocimiento del proceso arbitral y del laudo que en el mismo se dictó declarando la improcedencia de la deuda por la que se había incluido al demandante en los registros de morosos, mantuvo la inclusión de los datos en el registro de morosos hasta la finalización del proceso arbitral y superó incluso el plazo de diez días previsto en el art. 16.1 LOPD para la cancelación de los datos incorrectos, desde que se le notificó el laudo arbitral.

10.- Sin embargo, en contra de lo pretendido por el recurrente, para determinar el importe de la indemnización no es relevante cuál haya sido el importe de la sanción impuesta a Vodafone por la Agencia Española de Protección de Datos. La sanción administrativa por la vulneración de la normativa de protección de datos tiene una finalidad punitiva y disuasoria distinta de la resarcitoria a que responde la indemnización de daños y perjuicios. Por esa razón, las cantidades a que ascienden una y otra pueden

ser muy diferentes sin que ello suponga infracción de las reglas determinantes de la cuantía de la indemnización de daños y perjuicios.
11.- Lo expuesto supone que la indemnización fijada en la sentencia recurrida no se ajusta a los criterios establecidos en el art. 9.3 de la Ley Orgánica 1/1982, puesto que da relevancia, para rebajar considerablemente la indemnización solicitada, al dato de la escasa cuantía de la deuda por la que el demandante fue incluido en los registros de morosos, y no toma en la consideración debida las circunstancias concurrentes, muy especialmente, la gravedad del daño moral por el tiempo que sus datos han permanecido incluidos en los registros de morosos y la divulgación que los mismos han tenido, así como el daño patrimonial que para el demandante supone la grave obstaculización de acceso al crédito y la afectación a su imagen de solvencia patrimonial.
No obstante, la indemnización de 30.000 euros que reclama es desmesurada, puesto que no concurren circunstancias excepcionales que justifiquen una cuantía tan elevada.
Por ello, resulta más adecuado fijar de modo estimativo una indemnización de 10.000 euros para resarcir tanto los daños patrimoniales como los morales."

8.8. PLAZO PARA EL EJERCICIO DE ACCIONES

8.8.1. Acción de responsabilidad frente al proveedor de servicios de pago por operaciones no autorizadas

Como premisa inicial, aunque elemental, ha de tenerse presente que el Real Decreto Ley 19/2018, de 23 de noviembre, de Servicios de pago y otras medidas urgentes en materia financiera, es norma administrativa y ello por tanto no veda el ejercicio de las correspondientes acciones de responsabilidad que pudieran ejercitarse en sede civil. Ello tiene su trascendencia, pues al establecer el artículo 43.1 de la precitada norma *que el usuario de servicios de pago obtendrá la rectificación por parte del proveedor de servicios de pago de una operación de pago no autorizada o ejecutada incorrectamente únicamente si el usuario de servicios de pago se lo comunica sin demora injustificada, en cuanto tenga conocimiento de cualquiera de dichas operaciones que sea objeto de reclamación, incluso las cubiertas por el artículo 60, y, en todo caso, dentro de un plazo máximo de trece meses contados desde la fecha del adeudo,* ello no debe llevarnos a la confusión de la falta de acción transcurrido dicho término, cuando lo que se pretenda es la exigencia de la responsabilidad contractual derivada de estas operaciones no autorizadas. Así, el artículo 45.3 del actual Real Decreto Ley 19/2018, de 23 de noviembre, de Servicios de pago y otras medidas urgentes en materia financiera, señala también que *podrán determinarse otras indemnizaciones económicas de conformidad con la normativa aplicable al contrato celebrado entre el ordenante y el proveedor de servicios de pago o el contrato celebrado entre el ordenante y el proveedor de servicios de iniciación de pagos, en su caso.*

En este sentido, se ha pronunciado la SAP de Barcelona, Sección 1ª, de 1 de marzo de 2021:

> *"(...) cabe destacar que la normativa bancaria no condiciona las reclamaciones que, desde el punto de vista del derecho civil, puedan caber entre cliente bancario y entidad bancaria por razón del incumplimiento del contrato de cuenta corriente entre ambos. A ello se refiere el artículo 31 Ley 16/2009 cuando dice "Sin perjuicio de [...] las indemnizaciones por daños y perjuicios a las que pudiera haber lugar conforme a la normativa aplicable al contrato celebrado entre el ordenante y su proveedor de servicios de pago".*
> *Es decir, por mor de la norma administrativa, en caso de ejecución de operación de pago no autorizada, cumpliéndose los plazos del artículo 29, se debe devolver de inmediato el importe.*
> *Ello no implica que si transcurren los plazos del artículo 29 Ley 16/2009 o al margen de dicha Ley el cliente carezca de acción civil para reclamar al banco daños y perjuicios que haya sufrido por incumplimiento del contrato de cuenta corriente.*
> *Debe deslindarse el ámbito de aplicación y alcance de la Ley 16/2009, norma administrativa que tiene su ámbito de aplicación en unos plazos de reclamación con consecuencias automáticas para el banco, de los derechos y obligaciones y correspondientes acciones que en virtud del derecho civil y del contrato entre las partes puedan surgir. En este ámbito rigen los plazos ordinarios de prescripción de acciones.*
> *Debe destacarse en este caso que la actora no ejercita en su demanda una acción para obligar al banco al cumplimiento de sus obligaciones legales establecidas en la Ley 16/2009, sino una acción de responsabilidad contractual, causa de pedir distinta que la esgrimida por la apelada.*
> *Así se desprende también del considerando 31 de la Directiva 2007/64/CE del Parlamento Europeo y del Consejo de 13 de noviembre de 2007 sobre servicios de pago en el mercado interior, por la que se modifican las Directivas 97/7/CE, 2002/65/CE, 2005/60/CE y 2006/48/CE y por la que se deroga la Directiva 97/5/CE (norma que la Ley 16/2009 transpuso):*
> *"Para reducir los riesgos y las consecuencias de operaciones de pago no autorizadas o que hayan sido ejecutadas incorrectamente, el usuario del servicio de pago debe informar al proveedor de servicios de pago lo antes posible sobre sus posibles reclamaciones en relación con las supuestas*

> *operaciones de pago no autorizadas o que hayan sido ejecutadas incorrectamente, siempre y cuando el proveedor de servicios de pago haya respetado sus obligaciones de información con arreglo a la presente Directiva. Si el usuario del servicio de pago respeta el plazo de la notificación, debe tener la posibilidad de presentar esa reclamación respetando los plazos de prescripción aplicables con arreglo al Derecho nacional. La presente Directiva no debe afectar a otras reclamaciones entre usuarios de servicios de pago y proveedores de servicios de pago".*

Esta misma idea es reproducida por la SAP de Jaén, Sección 1ª, de 1 de junio de 2021.

El plazo para el ejercicio de las acciones personales que no tengan otro previsto legalmente es el establecido en el artículo 1964.2 CC, por lo tanto 5 años desde que pueda exigirse el cumplimiento de la obligación.

Hemos de tener en cuenta que con fecha 6 de octubre de 2015 se ha publicado en el Boletín Oficial del Estado la Ley 42/2015, de 5 de octubre de reforma de la Ley 1/2000, de 7 de enero, de Enjuiciamiento Civil. Entre otras cosas, a través de su disposición final primera, esta Ley modifica el artículo 1964 del Código Civil (por primera vez desde su aprobación) para reducir a cinco años el plazo de prescripción para el ejercicio de acciones personales que no tuvieran previsto un plazo especial frente al plazo de quince años anterior a esta modificación. Asimismo, se aclara que el cómputo de este plazo de prescripción empieza a computarse desde el momento en que se pudiera exigir el cumplimiento de la obligación incumplida y que, en el caso de obligaciones "continuadas" o de tracto sucesivo, el plazo comenzará cada vez que se incumplan.

Esta modificación entró en vigor el 7 de octubre de 2015, debiendo aplicarse conforme a lo previsto en la disposición transitoria quinta de la Ley 42/2015, que se remite al artículo 1939 del Código Civil, en cuya virtud debe entenderse que la prescripción iniciada antes de la referida entrada en vigor se regirá por la regla anterior (quince años), si bien si desde dicha entrada en vigor transcurriese todo el plazo requerido por la nueva norma (cinco años), la prescripción surtirá efecto. Es decir, la prescripción iniciada antes del 7 de octubre de 2015 surtirá efecto cuando se alcance antes bien el quinto aniversario de dicha entrada en vigor o bien la fecha en la que finalice el plazo de quince años desde su inicio.

Sin embargo, como advierte BERTOLÁ NAVARRO[91], tras la declaración del estado de alarma como consecuencia de la crisis sanitaria, el 14 de marzo los plazos sustantivos de prescripción y de caducidad quedaron suspendidos por el Real Decreto 463/2020, que se extendió hasta el 4 de junio, fecha en la que se alzó tal suspensión por el Real Decreto 537/2020, lo que implica que los plazos estuvieron suspendidos durante 82 días, tras el alzamiento de la suspensión, los plazos deberían reanudarse. Por tanto, a partir del 4 de junio, una vez producido el levantamiento de la suspensión, los plazos de prescripción no empiezan a contar de nuevo, sino que se reanudan, y la fórmula más adecuada para el cómputo será la de sumar los 82 días que los plazos estuvieron suspendidos al día en el que la acción personal iba a prescribir.

En consecuencia, todas las acciones personales nacidas entre el 7 de octubre de 2005 y el 7 de octubre de 2015 y que no tengan plazo de prescripción específico prescribirán el 28 de diciembre de 2020 (82 días después del 7 de octubre de 2020).

Como es sabido, la prescripción de las acciones se interrumpe por su ejercicio ante los Tribunales, por reclamación extrajudicial del acreedor (SAP de Madrid, de 9 de diciembre de 2004 o SAP de Sevilla de 30 de noviembre de 2006, entre muchas otras a título ilustrativo) y por cualquier acto de reconocimiento de la deuda por el deudor, según determina el artículo 1973 CC. Por ello, en cualquier caso, si existen dudas el acreedor siempre puede acudir a cualquiera de las tres formas de interrupción de la prescripción reguladas en el art. 1973 CC y así asegurarse que su derecho de crédito no quede extinguido.

8.8.2. Acción de responsabilidad por indebida inclusión en ficheros de solvencia patrimonial

Habiendo diversas posturas sobre la naturaleza contractual o extracontractual de la acción, ha de recordarse que el artículo 1968.2

---

91 BERTOLÁ NAVARRO, I. "Ampliación del plazo de prescripción de acciones personales del 7 de octubre al 28 de diciembre de 2020" en Boletín de la Asociación Española de Derecho de Consumo-SEPIN. SP/DOCT-7106988

del Código Civil somete el ejercicio de la acción de reclamación por culpa extracontractual al plazo de prescripción de un año.

Por otra parte, el artículo 9.5 de la LO 1/982, establece un plazo de caducidad de cuatro años computados desde que el legitimado pudo ejercitarlas. En el mismo sentido, cabe recordar que el artículo 1969 CC sitúa el inicio del cómputo de la acción desde el día en que pudo ejercitarse. Y ello, acontece no sucede en el momento de la inclusión, sino cuando el afectado tiene conocimiento de la intromisión en el derecho al honor en que tal inclusión consiste. Sobre este particular, resulta ilustrativa la STS de 4 de junio de 2014:

> *"En el presente caso, lo que plantea la recurrente es que la cancelación de los datos en el registro de morosos supone el inicio del plazo de caducidad de la acción, aunque el afectado no sea informado de dicho hecho, y lo desconozca. Es más, en el caso objeto del recurso, la conducta de la demandada, al seguir reclamando la deuda a través de un despacho de abogados, hacía suponer que los datos no habían sido cancelados en el registro de morosos.*
>
> *6.- En la cuestión planteada en el recurso deben distinguirse dos planos.*
>
> *En el plano material, la cancelación de los datos en el registro de morosos supone que deje de producirse la intromisión en el derecho al honor (al menos en su aspecto externo, relativo a la posibilidad de que el dato infamante llegue a ser conocido por terceros), lo cual puede ser relevante a efectos de fijar la indemnización, pues la gravedad de los daños será distinta según lo que haya durado la permanencia de los datos personales en el registro de morosos, con la correlativa difusión que los mismos han podido tener.*
>
> *Pero a efectos del inicio del plazo de caducidad, en tanto el afectado no conozca que sus datos han sido dados de baja en el registro de morosos, el cómputo del plazo de cuatro años que comporta la extinción por caducidad de la acción no puede iniciarse porque ese es el momento desde el cual el legitimado puede ejercitar la acción, al conocer la gravedad y las consecuencias que ha tenido la intromisión en su derecho al honor producida por la inclusión indebida de sus datos en el registro de morosos. Y ese es justamente el criterio utilizado en el art. 9.5 de la Ley Orgánica 1/1982 para determinar el día inicial del plazo de caducidad de la acción.*
>
> *7.- La expresión que utiliza el art. 9.5 de la Ley Orgánica 1/1982 para fijar el momento inicial del cómputo del plazo de ejercicio de las acciones para la protección de su derecho al honor, "desde que el legitimado pudo ejercitarlas", es muy similar a la utilizada en el art. 1969 del Código Civil para fijar el momento inicial del cómputo del plazo general de ejercicio de las acciones, a de salvo disposición especial, que es "desde el día en que*

pudieron ejercitarse ". La distinta naturaleza de uno y otro plazo (caducidad, el primero, y prescripción, el segundo) es irrelevante a este respecto. Cuando se trata de la acción de indemnización de daños extracontractuales, la jurisprudencia, poniendo en relación el art. 1969 del Código Civil con el art. 1968.2 del Código Civil, que es considerado como una previsión especifica de la regla fijada en el art. 1969 del Código Civil, parte del criterio general de que el conocimiento del daño sufrido ha de determinar el comienzo del plazo de ejercicio de la acción. El día inicial para el ejercicio de la acción es aquel en que puede ejercitarse, según el principio "actio nondum nata non praescribitur" [la acción que todavía no ha nacido no puede prescribir], de manera que el plazo de ejercicio de la acción no comienza a correr en contra de la parte que se propone ejercitar la acción mientras no disponga de los elementos fácticos y jurídicos idóneos para fundar una situación de aptitud plena para litigar, es decir, hasta el efectivo conocimiento por el perjudicado del alcance o grado del daño sufrido (que en el caso objeto del recurso, es el daño causado por la persistencia de sus datos personales en un registro de morosos que puede ser consultado por sus asociados). En este sentido se pronuncian las sentencias de esta sala núm. 528/2013, de 4 de septiembre, 199/2014, de 2 de abril, y las que en ellas se citan.

La parecida naturaleza de la reparación propia de la causación de daños extracontractuales con la de los daños provocados por la intromisión en el derecho al honor determina la aplicación de este criterio para la fijación del día inicial del plazo de ejercicio de la acción previsto en el art. 9.5 de la Ley Orgánica 1/1982.

8.- No es obstáculo a lo anteriormente expuesto que el afectado tuviera la posibilidad de solicitar a la empresa titular del registro de morosos que le informara sobre sus datos seguían incluidos en el registro.

El fichero automatizado de datos de carácter personal sobre incumplimiento de obligaciones dinerarias previsto en el art. 29.2 LOPD no es un registro público cuya finalidad sea evitar que pueda alegarse el desconocimiento de los datos en él publicitados. Se trata de un fichero de titularidad privada destinado a facilitar información sobre la solvencia de los clientes o potenciales clientes de las empresas asociadas a dicho registro.

Por otra parte, la buena fe exigía que la demandada hubiera comunicado al afectado la cancelación de sus datos en el registro de morosos, máxime cuando dicho afectado remitió numerosas comunicaciones negando la deuda y exigiendo la cancelación de sus datos en el registro de morosos. La demandada no solo no comunicó dicha baja al demandante, sino que continuó realizándole reclamaciones de la deuda, llevando al demandante a creer que sus datos seguían incluidos en el registro. En tales circunstancias, no puede admitirse que el demandante pudo razonablemente conocer la cancelación de los datos en el registro de morosos mostrando la diligencia exigible, para anticipar el inicio del plazo de caducidad de la acción al momento de cancelación de sus datos en el fichero de morosos.

> *9.- Por consiguiente, no puede aceptarse la tesis que sostiene la recurrente de que el plazo de caducidad comenzó a transcurrir el 22 de abril de 2005, cuando se cancelaron los datos del demandante en el registro de morosos, puesto que el demandante desconocía ese hecho y entendió que sus datos seguían incluidos en el registro. El momento en que razonablemente pudo conocer dicha cancelación fue cuando se le notificó la resolución de la AEPD en que se impuso la sanción a France Telecom, resolución que es de fecha 3 de octubre de 2007, en cuyos hechos probados se indicaba la fecha de cancelación de los datos del demandante en el fichero Asnef. Por ello, cuando se interpuso la demanda el 31 de julio de 2009, la acción no había caducado.*
> *Lo expuesto lleva a desestimar el recurso de casación interpuesto por France Telecom."*

Además, la inclusión en un fichero de solvencia patrimonial no ha de contemplarse como un hecho puntual que se agote en sí mismo, sino que perdura en tanto que el afectado permanece inscrito. La STS de 30 de noviembre de 2011, aborda la caducidad de la acción desde esta perspectiva:

> *"(...) es pertinente hacer una distinción entre el daño continuado y el daño duradero o permanente, que es aquel que se produce en un momento determinado por la conducta del demandado, pero persiste a lo largo del tiempo con la posibilidad, incluso, de agravarse por factores ya del todo ajenos a la acción u omisión del demandado. En este caso de daño duradero o permanente el plazo de prescripción comenzará a correr "desde que lo supo el agraviado", como dispone el artículo 1968.2.o CC, es decir desde que tuvo cabal conocimiento del mismo y pudo medir su trascendencia mediante un pronóstico razonable, porque de otro modo se daría la hipótesis de absoluta imprescriptibilidad de la acción hasta la muerte del perjudicado, en el caso de daños personales, o la total pérdida de la cosa, en caso de daños materiales, vulnerándose así la seguridad jurídica garantizada por el artículo 9.3 de la Constitución y fundamento, a su vez, de la prescripción. En cambio, en los casos de daños continuados o de producción sucesiva no se inicia el cómputo del plazo de prescripción, hasta la producción del definitivo resultado (STS 28 de octubre de 2009 y 14 de julio de 2010), si bien matizando que esto es así "cuando no es posible fraccionar en etapas diferentes o hechos diferenciados la serie proseguida" (SSTS 24 de mayo de 1993, 5 de junio de 2003, 14 de marzo de 2007 y 20 de noviembre de 2007),*
> *En el presente caso, de acuerdo con la anterior distinción, consideramos que los daños producidos por la inclusión indebida en uno de estos registros o ficheros de solvencia patrimonial tienen naturaleza de daños continuados, como lo demuestra el hecho de que la causa que origina la*

intromisión en el derecho al honor (la imputación de ser moroso) persista durante el tiempo en su eficacia potencialmente lesiva del honor ajeno hasta que no se cancela o se produce la baja del demandante en los citados registros, al margen de que el registro haya sido o no consultado por terceras personas, ya que basta la posibilidad de conocimiento por un público, sea o no restringido y que esta falsa morosidad haya salido de la esfera interna del conocimiento de los supuestos acreedor y deudor, para pasar a ser de una proyección pública (STS 24 de abril de 2009).

De esta forma y de conformidad con lo alegado por el Ministerio Fiscal, si bien el demandante tuvo conocimiento de su inclusión por parte de la entidad demandada en uno de estos registros de morosos desde el mes de febrero de 2001, lo cierto es que esta inclusión se prolongó en el tiempo, al menos hasta la finalización de los procedimientos monitorios de reclamación de cantidad que se interpusieron en su contra y que concluyeron con sendas resoluciones absolutorias de fechas 31 de mayo y 19 de octubre de 2007, consumándose la intromisión o atentado al derecho al honor al constatarse la inexistencia de la deuda, momento a partir del cual se inicia el plazo para poder ejercitar las acciones correspondientes.

Consecuentemente, esta Sala considera que no ha transcurrido el plazo de caducidad previsto en el artículo 9.5 de LPDH, por lo que al haberlo apreciado así la sentencia recurrida incurre en la infracción denunciada".

8.9. PRUEBA

En todo proceso no es suficiente con tener razón, hay que demostrar lo que se alega y convencer al juzgador de las pretensiones que se defienden, de ahí la importancia de la prueba. MONTERO AROCA[92] define la prueba como la actividad procesal por la que se tiende a alcanzar el convencimiento psicológico del juzgador sobre la existencia o inexistencia de los datos que han sido aportados al proceso o fijarlos conforme a una norma legal.

La finalidad de la prueba, que la distingue del resultado, es la de conseguir la aportación de aquellos datos, referentes al *thema probandi*, al órgano que ha de resolver o decidir acerca de una determinada cuestión, para ayudar a la formación de su criterio, previa la realización de las operaciones necesarias para su depuración.

---

92 MONTERO AROCA, J. *Derecho Jurisdiccional. II Proceso Civil.* Barcelona, 1995, p. 179.

Tal y como señala acertadamente MARTÍN OSTOS[93] el legislador ha apostado decididamente por el *numerus apertus* de los medios probatorios o las fuentes de prueba (el ordinal tercero del artículo 299 LEC se refiere a cualquier otro medio no expresamente previsto en los apartados anteriores). Los contemplados en el precitado artículo 299 LEC, como es sabido son los siguientes:

1º Interrogatorio de las partes.

2º Documentos públicos.

3º Documentos privados.

4º Dictamen de peritos.

5º Reconocimiento judicial.

6º Interrogatorio de testigos.

7º Reproducción de la palabra, el sonido y la imagen y de los instrumentos que permitan archivar y conocer datos relevantes para el proceso.

Por la experiencia cosechada en este tipo de procedimientos, actualmente, suele bastar con la proposición de prueba documental por parte de la parte actora que conviene comprenda además de aquellos documentos que den soporte a la disposición indebida de fondos y relación con la entidad demandada, los referidos a todo el proceso de reclamación previa o denuncia ante las fuerzas y cuerpos de seguridad. Por la parte demandada es frecuente la petición de interrogatorio de parte. Y en ocasiones, trata de acompañarse con estereotipados informes periciales descriptivos de las bondades del sistema de seguridad de la entidad bancaria —en nuestra opinión de utilidad muy limitada. Tampoco consideramos útil y pertinente la testifical de empleados, con independencia de su proponente, toda vez que teniendo su origen en una defraudación cometida por medios informáticos resulta ajena a la intervención del personal de la entidad.

---

93 MARTÍN OSTOS, J. *"Comentarios a la Ley de Enjuiciamiento Civil. Tomo II"* Valladolid, 2000, p. 1806.

8.9.1. Valoración de la prueba

La prueba de la autenticación y ejecución de las operaciones de pago viene preceptuada en el artículo 44 del Real Decreto-ley 19/2018, de 23 de noviembre, en el que se dispone:

> *1. Cuando un usuario de servicios de pago niegue haber autorizado una operación de pago ya ejecutada o alegue que ésta se ejecutó de manera incorrecta, corresponderá al proveedor de servicios de pago demostrar que la operación de pago fue autenticada, registrada con exactitud y contabilizada, y que no se vio afectada por un fallo técnico u otra deficiencia del servicio prestado por el proveedor de servicios de pago.*
> *Si el usuario de servicios de pago inicia la operación de pago a través de un proveedor de servicios de iniciación de pagos, corresponderá a éste demostrar que, dentro de su ámbito de competencia, la operación de pago fue autenticada y registrada con exactitud y no se vio afectada por un fallo técnico u otras deficiencias vinculadas al servicio de pago del que es responsable.*
> *2. A los efectos de lo establecido en el apartado anterior, el registro por el proveedor de servicios de pago, incluido, en su caso, el proveedor de servicios de iniciación de pagos, de la utilización del instrumento de pago no bastará, necesariamente, para demostrar que la operación de pago fue autorizada por el ordenante, ni que éste ha actuado de manera fraudulenta o incumplido deliberadamente o por negligencia grave una o varias de sus obligaciones con arreglo al artículo 41.*
> *3. Corresponderá al proveedor de servicios de pago, incluido, en su caso, el proveedor de servicios de iniciación de pagos, probar que el usuario del servicio de pago cometió fraude o negligencia grave.*
> *4. El proveedor de servicios de pago conservará la documentación y los registros que le permitan acreditar el cumplimiento de las obligaciones establecidas en este Título y sus disposiciones de desarrollo y las facilitará al usuario en el caso de que así le sea solicitado, durante, al menos, seis años. No obstante, el proveedor de servicios de pago conservará la documentación relativa al nacimiento, modificación y extinción de la relación jurídica que le une con cada usuario de servicios de pago al menos durante el periodo en que, a tenor de las normas sobre prescripción puedan resultarles conveniente para promover el ejercicio de sus derechos contractuales o sea posible que les llegue a ser exigido el cumplimiento de sus obligaciones contractuales.*
> *Lo dispuesto en este apartado se entiende sin perjuicio de lo establecido en la Ley 10/2010, de 28 de abril, de prevención del blanqueo de capitales y de la financiación del terrorismo, así como en otras disposiciones nacionales o de la Unión Europea aplicables.*

Respecto a este particular, aún referido al anterior art. 30 LSP, se pronuncia la SAP de Barcelona, Sección 4ª, de 6 de julio de 2018, recordando a la entidad la ausencia de validez de la invocación de sus propios registros para destruir la presunción favorable al usuario del servicio de pago en aquellos casos en que niega haber otorgado su autorización para el pago, señalando: *"presunción que abarca en sentido amplio la falta de autorización pues establece, como ya hemos indicado, una presunción a favor de usuario ya que el registro por el proveedor de servicios de la utilización del instrumento de pago no bastará para demostrar que la operación de pago fue autorizada por el ordenante, ni que éste actuó de manera fraudulenta o incumplió deliberadamente o por negligencia grave una o varias de sus obligaciones (art. 30.2 de la referida Ley), lo que precisa necesariamente de prueba. De ahí que deba desestimarse ese motivo de apelación".*

Desecha también la invocación de los propios registros de la entidad como prueba válida para destruir la presunción legal favorable al usuario de servicios de pago la SAP de Coruña, Sección 6ª, de 23 de marzo de 2018:

> *"En la Impugnación de la sentencia no se niegan los hechos y las afirmaciones en las que la juzgadora funda su decisión, sino que se argumenta que la prueba que se le solicita (demostrar que la operación de pago fue autenticada, registrada con exactitud y contabilizada, y que no se vio afectada por un fallo técnico o cualquier otra deficiencia) es imposible porque "el banco no puede probar un hecho negativo como es la deficiencia de un fallo técnico o deficiencia en el sistema de seguridad". En su defensa razona que los testigos coincidieron en que las operaciones se habían efectuado a través de un sistema seguro que requería dos claves (una para acceder a la página del comercio del banco y otra personal para confirmar y validar la operación), insistiendo en que o bien la actora las facilitó a un tercero o bien fueron captadas de Internet a través de phishing, en cuyo caso, la entidad bancaria no tiene intervención alguna. Finalmente se acude a las reglas que rigen la distribución de la carga de la prueba para insistir en que no es aplicable al caso que nos ocupa una inversión de la carga de la prueba.*
>
> *Estos argumentos son inconsistentes y están en franca contradicción con la norma especial antes transcrita, que es nítida y no deja lugar a dudas. En el caso que nos ocupa se cumplen todas las exigencias del precepto, puesto que la actora negó haber autorizado las operaciones de pago de las que se siguen los cargos y así lo denunció ante el banco, ante la Guardia Civil y ante el Banco de España. Lo que determina que por mandato legal sea la entidad bancaria la que deba demostrar que la operación de pago fue autenticada, registrada con exactitud y contabilizada y que no*

> *se vio afectada por un fallo técnico o cualquier otra deficiencia. Sin que a tenor del apartado 2. del art. 30 sea suficiente un registro por el proveedor del servicio para justificar la responsabilidad del cliente.*
> *Consecuentemente, el motivo se desestima toda vez que se han respetado las reglas de distribución de la carga de la prueba y ésta ha sido valorada acertadamente".*

Y esta misma línea, en lo referente a la entrega o envío del instrumento de pago y su posible interceptación por terceros, el artículo 42.2 del Real Decreto-ley 19/2018, de 23 de noviembre, como es lógico y de Perogrullo, establece que el proveedor de servicios de pago soportará los riesgos derivados del envío de un instrumento de pago al usuario de servicios de pago o del envío de cualesquiera elementos de seguridad personalizados del mismo.

La SAP Alicante 632/2018, Sección 8ª de 12 de marzo de 2018, que también es reproducida por la SAP de Madrid, Sección 10ª, de 23 de enero de 203, señala:

> *"Y es que no es cierto que la carga de la prueba sobre la implementación de medidas de seguridad adecuadas, suficientes, eficientes y actuales al nivel de riesgo modalidades de ataques informáticos en la red bancaria de banca online lo sea a cargo del usuario del sistema, pues el marco de responsabilidad establecido para el caso de operaciones de pagos hechos por proveedores de servicios no autorizadas o ejecutadas incorrectamente, es el de la cuasi-objetividad tal cual se desprende de la regulación específica sobre la materia —a la que seguidamente aludiremos—, sin perjuicio del régimen general de la carga de la prueba. Tres son las razones que abogan la contrariedad del argumento del recurrente, a saber, el contenido del precepto que se dice infringido —art. 217 LEC— y, por llamada del mismo, la legislación de consumo y la legislación específica de servicios de pago. Por lo que hace al contenido del art. 217 LEC, hemos de recordar que párrafo séptimo establece que "para la aplicación de lo dispuesto en los apartados anteriores de este artículo el Tribunal deberá tener presente la disponibilidad y facilidad probatoria que corresponde a cada una de las partes del litigio". Para valorar el alcance de esta norma al caso hemos de entender que la regla general aplicable a la prestación de servicios que no tenga adjetivada una especial peligrosidad o requiera de un particular cuidado ha de ser la regla general del art. 217 LEC, de manera que cuando se trata de prestaciones contractuales o no contractuales, del tenor del art. 1101 y 1902 Cc en relación al art. 217.2 LEC se desprenderá que corresponde al perjudicado demandante la carga de la prueba de la culpa del causante del daño demandado. Ahora bien, no es así cuando "una disposición legal expresa" —art. 217.6— imponga al demandado la carga*

de probar que hizo cuanto le era exigible para prevenir el daño; o cuando tal inversión de la carga de la prueba venga reclamada por los principios de "disponibilidad y facilidad probatoria" a los que se refiere el artículo 217.7 LEC, y ello sin perjuicio de que en aplicación de lo dispuesto en el artículo 386 LEC el tribunal pueda imputar la culpa al demandado del resultado dañoso acaecido cuando, por las especiales características de éste y conforme a una máxima de la experiencia, pertenezca a una categoría de resultados que típicamente se produzcan (sean realización de un riesgo creado) por impericia o negligencia, y no proporcione el demandado al tribunal una explicación causal de ese resultado dañoso que, como excepción a aquella máxima, excluya la culpa por su parte. La lógica de la norma de acceso a la fuente de la prueba y facilidad probatoria en lo que hace a la implementación de medidas de seguridad en la prestación de un servicio que se da por las entidades de crédito a sus clientes a través de una oficina virtual que se desenvuelve en redes bien de internet, bien de comunicaciones móviles, se presenta como criterio más que de razonable atención al caso en el que la propia seguridad y debida reserva de la red se contrapone al acceso por parte de un tercero distinto al titular de la misma que asume poner en la red pública un conjunto de comunicaciones para permitir operaciones bancarias que requiere de soluciones tecnológicas muy avanzadas que minimicen las amenazas contra la autenticidad, integridad y la confidencialidad de los datos que circulan a través de la red. Por otro lado, el apartado 6 del artículo 217 LEC dispone que las normas contenidas en los apartados precedentes "se aplicarán siempre que una disposición legal expresa no distribuya con criterios especiales la carga de probar los hechos relevantes". (...) Así resulta además del particular régimen jurídico de responsabilidad en la prestación de servicios de pago que, con la llamada del 217.6 LEC, penetra en la configuración de la específica modalidad de responsabilidad que asume este prestador y con ello, la variación del régimen legal del sistema de gravamen probatorio, regulación legal de los servicios de pago que constituye una legislación ad hoc a no ignorar por el hecho de que se haya positivizado en la ley posterior a los hechos que nos ocupa la Ley 16/2009, de 13 de noviembre, de servicios de pago (en vigor desde el día 4 de diciembre de ese mismo año) porque dicha norma transpone (fuera del plazo dado en la misma) la Directiva 2007/64/CE, del Parlamento Europeo y del Consejo Europeo de 13 de noviembre de 2007 vigente al tiempo de los hechos (hoy derogada por la Directiva 2015/2366, de 25 de noviembre), donde se establece —art. 59— el siguiente contenido normativo que ha sido traspuesto al art. 30 de la Ley 16/2009, de servicios de pago: "Los Estados miembros exigirán que, cuando un usuario de servicios de pago niegue haber autorizado una operación de pago ya ejecutada o alegue que esta se ejecutó de manera incorrecta, corresponda a su proveedor de servicios de pago demostrar que la operación de pago fue autenticada, registrada con exactitud y con-

tabilizada, y que no se vio afectada por un fallo técnico o cualquier otra deficiencia...".

Y concluye en relación con la carga de la prueba:

... "En conclusión, la responsabilidad del proveedor de los servicios de banca online, en este caso Barclays, es de riesgo y consecuentemente, es por ley que a la entidad corresponde acreditar que la operación ordenada sí fue auténtica y que no estuvo afectada por un fallo técnico o por otra deficiencia como, por ejemplo, por un ataque informático de naturaleza fraudulenta al sistema bancario que hubiera permitido el acceso a las cuentas de sus clientes y disponer ilícitamente, de las mismas ordenando operaciones en detrimento de aquellos...".

Incide también en la inversión de la carga de la prueba en supuestos de phishing la SAP de Murcia, Sección 1ª, de 30 de julio de 2013, cuando señala:

"El TS sentenció en 23/7/01 que el art. 25 de la Ley General para la Defensa de los Consumidores y Usuarios establece un principio de inversión de la carga de la prueba, haciendo recaer sobre el productor o suministrador de los productos o servicios la carga de probar que el origen de los daños y perjuicios se encuentra en la conducta culposa del usuario o de las personas por las que debe responder, cometido que no ha logrado alcanzar el banco demandado"

En otro orden, la SAP de Almería, Sección 1ª, de 31 de enero de 2023, rechaza el recurso interpuesto por la entidad financiera que pretendía sustanciarse en el error en la valoración de la prueba por no apreciar el juzgador de instancia la existencia de responsabilidad del titular de la cuenta ante el correo electrónico malicioso que recibió:

"Las pruebas acreditaban tanto que la demandante recibió un correo con el anagrama de la entidad demandante, con copia de tarjetas similares a las empleadas por la entidad y remitido a la demandante como cliente de la misma, sin que, el hecho de no constar el remitente en el mismo, afecte al resultado de la presente, en tanto que el formato empleado por los delincuentes era totalmente apto para provocar el error en la demandante, a la que, cuando se le dio acceso a la posibilidad de operar a través de la red no se le exigieron conocimientos informáticos que excediesen del nivel usuario para ello o advertencias expresas de seguridad a tal efecto".

El Servicio de Reclamaciones del Banco de España, a partir de 1991, comienza a informar como no ajustado a las buenas prácticas bancarias no aplicar al titular de la tarjeta el límite de responsabilidad Recomendación 87/598 de 8 de diciembre de 1987 de la Unión Europea sobre el Código de buena conducta en materia de pago electrónico y la 97/489 de 30 de julio de 1997 que la revisa y actualiza y que contempla la responsabilidad del titular de la tarjeta durante el tiempo que media entre su pérdida o sustracción ilegitima hasta la notificación de este hecho al emisor en solo 150 euros, excepto cuando haya actuado de forma fraudulenta o negligentemente grave.

El Banco de España, en su Memoria de Reclamaciones de 2018 apuntó que *"la prueba de autenticación y ejecución de las operaciones de pago, en el caso de operaciones no autorizadas, corresponde a la entidad bancaria"*. Se atribuye así a la entidad financiera la carga probatoria de que la operación fue *"autenticada, registrada con exactitud y contabilizada, y que no se ve afectada por un fallo técnico o por cualquier otra anomalía"*.

La SAP Alicante, Sección 9ª, 111/07 de 30 de marzo ya advirtió que *"la doctrina ha venido recogiendo con carácter general, el criterio de establecer como de cargo de la Entidad emisora de la tarjeta, la prueba de la culpa grave del usuario o titular". Así se recoge también por la SAP de Asturias de 15 de febrero de 2005,* a la que expresamente se refiere la SAP de Madrid de 25 de abril de 2006.

La SAP Alicante, Sección 9ª, de 11 de febrero de 2019, ha razonado: *"quien tiene el primer deber de impedir el mal uso de la tarjeta es el emisor que ha puesto en marcha el sistema y de ahí su responsabilidad por circunstancias relativas al funcionamiento del sistema cuyos riesgos y limitaciones él conoce y que no deben ser imputados al usuario, y, de ahí, también que sea de su cargo la prueba de la mala fe o negligencia grave del usuario o titular de la tarjeta"*.

Nuestros Tribunales han recogido este criterio de establecer como de cargo del emisor la prueba de la culpa grave del usuario o titular (en este sentido, sentencias de las Audiencias Provinciales de Toledo, de 1 de julio de 1999, o Madrid, de 6 de octubre de 2004).

Conforme a las reglas de la carga de la prueba fijadas en el artículo 217 LEC, y con arreglo a la doctrina y normativa comunitaria expuesta, corresponde a las entidades bancarias acreditar que el cliente ha sido negligente o no ha tenido la diligencia exigible en la conservación de la tarjeta y uso de la tarjeta (SAP de Toledo 1 de julio de 1999, SAP de Málaga de 23 de julio de 2002). En consecuencia, como dice la SAP de Valencia de 17 de mayo de 2006, siguiendo el criterio también fijado por la SAP de Murcia de 29 de septiembre de 2004, *"caso de quedar acreditado que esas disposiciones no autorizadas, realizadas por tercero y obtenidas ilícitamente, el titular de la tarjeta solo será responsable en caso de un uso negligente o falta del deber de diligencia en las obligaciones de custodia y secreto, pues fuera de tales casos el riesgo técnico tendrá que ser asumido por la parte fuerte contratante y que impulsa el sistema."*

Con relación a la tradicional imputación de falta de diligencia que atribuyen en estos casos las entidades financieras a los usuarios afectados o la pretendida atribución de la carga de la prueba, la SAP de Alicante, Sección 8ª, de 12 de marzo de 2018, señala con rotundidad que *"no es cierto que la carga de la prueba sobre la implementación de medidas de seguridad adecuadas, suficientes, eficientes y actuales al nivel de riesgo modalidades de ataques informáticos en la red bancaria de banca online lo sea a cargo del usuario del sistema, pues el marco de responsabilidad establecido para el caso de operaciones de pagos hechos por proveedores de servicios no autorizadas o ejecutadas incorrectamente, es el de la cuasi-objetividad tal cual se desprende de la regulación específica sobre la materia".* Este argumento es reproducido nuevamente, con cita a la precitada Sentencia por la SAP de Cuenca, Sección 1ª de 16 de mayo de 2023.

La SAP de Cáceres, Sección 1ª, de 16 de febrero de 2022, da también respuesta a la distribución de la carga de la prueba en casos de víctimas de *phishing*, con aplicación de las previsiones contenidas en los artículos 41 y siguientes del Real Decreto Ley 19/2018, de 23 de noviembre, de Servicios de pago y otras medidas urgentes en materia financiera, determinando la responsabilidad de la entidad bancaria:

> *"Pues bien, la conjunción de estos tres preceptos conduce a aseverar (trasladadas sus disposiciones normativas al supuesto que se somete a la consideración de este Tribunal por mor del Recurso de Apelación interpuesto) que el demandante observó toda la diligencia que objetivamente le puede ser exigible cuando comprobó la realización en sus cuentas bancarias de operaciones que no había realizado ni autorizado y que, indudablemente, eran fraudulentas, como son, fundamentalmente, las siguientes actuaciones: la denuncia de los hechos ante la Guardia Civil y la comunicación de las disposiciones de efectivo a la entidad bancaria. Luego no le fue imposible evitar, ni la primera disposición, ni las demás, sucedidas —algunas— incluso después de la denuncia de los hechos y de su comunicación a la entidad financiera. Por tanto, la entidad financiera demandada no puede invertir la carga de la prueba exonerándose de la actividad acreditativa que le corresponde al amparo de la alegación de*

que todas las operaciones habían sido autenticadas, registradas y contabilizadas, en la medida en que, de ser así, lo fueron de forma fraudulenta porque el titular de los contratos no las autorizó y comunicó formalmente el fraude. Es a la entidad financiera a quien corresponde acreditar la falta de diligencia del usuario, sin apelar a meras conjeturas, no demostradas, como seria la utilización de una red wifi abierta, o la facilitación de las credenciales a un tercero. Adviértase que el artículo 44 del Real Decreto Ley 19/2018, de 23 de noviembre, no solo se refiere a "demostrar que la operación de pago fue autenticada, registrada con exactitud y contabilizada" sino también a que "no se vio afectada por un fallo técnico u otra deficiencia del servicio prestado por el proveedor de servicios de pago"; y este último extremo no ha resultado acreditado por la entidad financiera mediante un elenco probatorio absolutamente objetivo.

8.9.2. Código OTP

Otro argumento de defensa recurrente de las entidades financieras suele construirse entorno al envío de códigos confirmatorios de uso único a los terminales móviles del cliente, de tal modo que con ello se pretende justificar la seguridad del sistema mediante un doble factor de autentificación.

Ciertamente el método de autenticación de doble factor (2FA) denominado comúnmente OoB (Out of Band) u OTP que combina dos canales de comunicación como son la red de Internet y el teléfono móvil ha contribuido en un primer momento a la reducción de fraudes. Sin embargo, este argumento por una parte obvia la realidad incontrovertida de la cada vez más frecuente manipulación o duplicado del terminal móvil del cliente, que puede ser afectado mediante múltiples técnicas (*sim swipping, malware* instalado a través de aplicaciones, etc.). De otra, no puede ignorarse la célere superación de esta técnica por los ciberdelincuentes. Y finamente, orilla igualmente que el contrato no solo obliga al cumplimiento de lo estrictamente pactado sino también a todas las consecuencias que según su naturaleza sean conformes a la buena fe, al uso y a la ley.

A esta vía que pretende la exculpación de la entidad, da respuesta la SAP de Zaragoza, Sección 5ª, de 17 de noviembre de 2022, razonando:

"La sentencia no dice otra cosa. De hecho, afirma que "En el caso de las OTP (es lo que se estima se da en este caso), al realizar la operación financiera se envía al número de teléfono móvil, que previamente se ha

dado de alta en la cuenta, un mensaje SMS con un Código (OTP) que se debe introducir en la web o app donde se esté realizando la compra o en el servicio bancario en el que se esté efectuando una transacción. De esta manera, el doble factor se consigue al conocer los datos bancarios y disponer del número de teléfono móvil donde recibir la contraseña de un solo uso." Y concluye que "el sistema existente en Ibercaja que por la forma de diseño se estima que (con todas las prevenciones al tratarse de una cuestión de orden muy técnico), si se acomoda al régimen normativo existente, siendo de señalar que ante una sospecha de obtención de datos (y como indicó el Sr Fermín), el sistema de Ibercaja permite perfectamente al cliente darle un nuevo nombre de usuario y una nueva clave de forma que los datos que pudieren haber obtenido los delincuentes ya no tienen valor y eficacia alguna."

Señala el recurrente que hay contradicción entre esta afirmación y la de que se trata de una banca segura consignada en el párrafo anterior al afirmar que "cabe considerar que se acomoda al régimen normativo antes expuesto". En puridad, la sentencia no dice que se trata de una banca on line segura, sino que "se acomoda al régimen normativo existente." En cualquier caso, el concepto de "banca segura" no puede entenderse en el sentido de que es 100% segura, pues en materia informática lo que hoy es técnicamente lo último, mañana estará obsoleto. Este es uno de los motivos por los que, como dijimos, la diligencia no se agota con el cumplimiento de las normas, que en esta materia tienden a quedar obsoletas, y mucho menos cuando media de por medio un contrato, pues como dice el artículo 1258 CC, los contratos obligan "no sólo al cumplimiento de lo expresamente pactado, sino también a todas las consecuencias que, según su naturaleza, sean conformes a la buena fe, al uso y a la ley."

Y ya que el recurrente saca a colación al testigo Sr. Fermín, esta Sala no quiere dejar pasar la ocasión de expresar sus dudas acerca de que su afirmación de que el sistema de envío de un código por medio de un mensaje SMS al teléfono del cliente que debe introducir para que la transferencia se efectúe es más seguro que el de la tarjeta de coordenadas. Y ello porque tal conclusión es contraria a la que sustenta la policía (Grupo de fraudes tecnológicos de la Brigada Regional de Policía Judicial), en su informe al Juzgado de Instrucción, dice: "El denunciante disponía de una tarjeta de coordenadas y hasta entonces siempre había sido necesario a validar cada transferencia tanto con el código SMS como con una coordenada aleatoria de la Tarjeta de Coordenadas. Sin embargo, los estafadores utilizaron la nueva web de Ibercaja en la que lamentablemente solo solicitan el SMS para confirmar una transferencia y no una tarjeta de coordenadas como ocurría con la antigua."

Da también respuesta a la posibilidad, cada vez más habitual de superación del denominado doble factor de autentificación mediante la instalación de un programa maligno —*malware*— en el disipativo del usuario, la SAP de Burgos, Sección 3ª, de 5 de diciembre de 2022, en la que rechazando la existencia de negligencia grave del usuario afectado se concluye:

> *"La negligencia que se imputa al usuario consiste en haber abierto en el móvil un mensaje procedente de Fedex que le instaba a clicar en un enlace y descargarse una aplicación, supuestamente para poder hacer el seguimiento de su pedido. Según las explicaciones que ha dado don Sebastián, que son las mismas que se recogen en la contestación de la demanda, la aplicación de Fedex consiste en la instalación en el móvil del usuario de un malware mediante el cual un tercero puede tener acceso a todos los datos del móvil del usuario, y a los que este introduzca a partir de entonces. De esa forma el tercero puede conocer las credenciales de seguridad (nombre de usuario y contraseña) y suplantar la identidad del usuario en la página web de Ibercaja. El hecho de haberse descargado esta aplicación, pensando de buena fe que procedía de la empresa a la que se había hecho un pedido, es algo que han reconocido, no solo el actor, sino también el titular de la cuenta de la sucursal de Alfaro, donde fueron los 19.000 de la cuenta del actor, y otra persona a la que también sacaron dinero con el mismo procedimiento.*
>
> *Las explicaciones del empleado de Ibercaja no justifican, sin embargo, la forma en la que los defraudadores se han saltado el segundo paso de autenticación, que es la autenticación reforzada, recibiendo en su propio móvil los mensajes o SMSs enviados al móvil del actor. Posiblemente, y puesto que ninguno de los tres testigos dice haberse descargado ninguna otra aplicación o haber pinchado en otro enlace sospechoso, la instalación del malware tenía también el efecto de permitir la recepción de los mensajes enviados al destinatario. Pero si esto fue así, no se cumpliría con el plus de seguridad que exige la autenticación reforzada, basada en la adición de otro elemento (mensaje enviado al móvil) además de las claves de seguridad (elemento de conocimiento), porque con la vulneración de la seguridad de las claves se vulnera también la seguridad del segundo elemento. La autenticación reforzada exige, por el contrario, que los elementos de conocimiento y posesión sean independientes, es decir, que la vulneración de uno no comprometa la fiabilidad de los demás".*

8.9.3. Presentación de documentos y posición de la prueba

Con relación a la aportación de documentos y dictámenes por la entidad financiera es relativamente común encontrar dos tipos de prácticas en el uso forense que deben merecer el reproche del juzgador y la alerta o correspondiente protesta —y en su caso recurso— por la parte actora.

De una parte, cada vez con más frecuencia debido a cierta desorganización interna de algunas entidades —agravada con los procesos de fusiones— nos encontramos con la pretendida presentación extemporánea en el acto de la Audiencia Previa de documentos que debieron acompañarse con la contestación de la demanda y que la mercantil demandada trata de introducir al proceso con posterioridad. En estos supuestos, cobijados usualmente bajo el argumento de cierta dificultad para su obtención, a pesar de que se trata de documentos de la propia entidad, resulta muy ilustrativo el pronunciamiento de la SAP de Valencia, Sección 9ª de 26 de noviembre de 2014:

> *"Expuesto cuanto antecede, en ejercicio de la facultad revisora de la prueba que nos atribuye el recurso de apelación en tanto recurso ordinario en que el tribunal tiene plenas facultades para valorar la prueba practicada, ello, sin constituir un nuevo Juicio, sino una revisión de la primera instancia, seguidamente se procede al estudio de la forma y tiempo de incorporación al proceso del documento denominado "de autorización bancaria", al S Y S Tomo II, folio 7 y ss. de lo actuado que se pretende por la entidad demandada otorgado para "variación de personas firmantes, autorización de firma", en el que figura como titular actuante hasta la fecha de su otorgamiento, 7 de julio de 2010, la Sra. Joaquina, y como entrante, su sobrino, Don. Fabio, documento que accedió al procedimiento en el acto de Juicio celebrado en fecha 21 de octubre de 2013.*
>
> *Al efecto anunciado, el artículo 265.1 de la Ley de Enjuiciamiento Civil, exige la aportación de una serie de documentos junto a los escritos iniciales del proceso, como son aquellos en que las partes fundan su derecho a la tutela judicial que pretenden, y como excepción en la audiencia previa al juicio —apartado 3— autoriza al actor a aportar los documentos, medios, instrumentos, dictámenes e informes, relativos al fondo del asunto, "cuyo interés o relevancia solo se ponga de manifiesto a consecuencia de las alegaciones efectuadas por el demandado en la contestación a la demanda". Son documentos dirigidos a determinar tanto los hechos constitutivos, es decir, aquellos en los que fundamenta su pretensión, como los impeditivos, que servirán para enervarlos, y que el actor y el demandado han de aportar en los escritos alegatorios iniciales, en razón no solo a permitir al órgano jurisdiccional tener todos los elementos necesarios para dar curso a la demanda, sino de evitar toda posible indefensión a los litigantes, a cuya disposición se ponen inicialmente los datos necesarios para desplegar adecuadamente su defensa; incumplimiento que sanciona el artículo 269 con la pérdida del derecho a su incorporación posterior y*

con el consiguiente efecto sobre la prueba de hechos esenciales para su pretensión (STS 28 de enero 2010).
En el supuesto que ocupa a la presente resolución, el documento al que se refiere la parte apelante sería de los previstos en el núm. 2º del citado precepto legal, en tanto es de fecha anterior a la demanda, a la contestación y a la audiencia previa al juicio. Ahora bien, su incorporación se realizó en el acto de Juicio y la parte que lo presentó no acreditó la justificación que expuso para amparar la no aportación del documento desde el inicio del proceso. Como tal se alegó, "la dificultad de su localización dado que se trata de un expediente antiguo que sumado a la centralización de todos los expedientes a resultas de la fusión con BANCO CAM, hacía extremadamente complicada su localización en un corto espacio de tiempo". Tal alegación, además de que como se ha expuesto no fue acreditada, es de difícil sustento, pues hubo tiempo más que sobrado para la localización del documento, tratándose de uno esencial para defensa de los intereses de la demandada para exoneración de la responsabilidad que se le pudiera demandar de adverso, ya en mayo de 2011, y al conocer las irregularidades que afectaban a su cuenta corriente, la actora dirigió reclamación al Banco en solicitud de la documentación necesaria para conocer la naturaleza y alcance de lo sucedido, reclamación reiterada en numerosas ocasiones, al efecto; documentos cinco a once de los adjuntos a la demanda. Por tanto, el documento que se incorporó a los autos no se encuentra en ninguno de los supuestos enunciados en el citado precepto, por lo que necesariamente devenía su inadmisión.
Declarada infringida la normativa procesal aplicable por la admisión de la documental anteriormente analizada, tampoco comparte la Sala la valoración que, del documento discutido, fue realizada en Primera Instancia. Ni el documento, ni la pericia a la que fue sometido pueden servir para acreditar que la actora fuese conocedora y consentidora por autorización de la forma en la que su sobrino, Don Fabio, operó sobre su cuenta bancaria. Supuestamente el documento controvertido autoriza al Sr. Joaquina para intervenir en la cuenta de su tía, pero negado por este tal consentimiento, de forma inexplicable la pericia realizada no recayó sobre la autenticidad de su firma, sino sobre la del pretendido autorizado, quien, por razones obvias, aún ajeno al presente proceso, no niega haber firmado tal documento tal y como congruentemente confirma la prueba pericial caligráfica a la que se ha hecho referencia.
Los motivos de apelación analizados deben de ser admitidos".

En otro orden, también hemos observado otra práctica irregular consistente en el intento de aportación como medio de prueba de determinados bloques documentales de distintas resoluciones judiciales que puedan resultar en algún sentido favorables para la entidad demandada. Desde una óptica procesal, la pertinencia de su aportación y correlativa admisión debe ser contemplada desde el prisma de la previsión contenida en el artículo 271.2 LEC. Con base a ello y conforme a muy reiterada doctrina, su admisión, está constreñida de modo imperativo *("no se admitirán")* al requisito previo de que las *sentencias o resoluciones judiciales o de autoridad administrativa, pudieran resultar condicionantes o decisivas para resolver en primera instancia o en cualquier recurso*. Con absoluto respeto como no puede ser de otra manera a las resoluciones aportadas, lo cierto es que aquéllas no son ni condicionantes ni decisivas para la resolución de la presente *litis*, sino meras resoluciones dictadas por otros juzgados de igual clase que no condicionan ni resultan decisivos para la decisión que pueda acordarse en el presente pleito.

La SAP de Pontevedra, sección 6ª, de 20 de diciembre de 2018, razona:

> *"(…) resulta presupuesto básico para la admisión y eventual valoración de las resoluciones judiciales que se aporten al amparo del art. 271. 2 de la Ley de Enjuiciamiento Civil, su carácter condicionante o decisivo para resolver el recurso.*
> *Evidentemente (…) no resulta vinculante para este tribunal, de modo que no puede considerarse condicionante ni decisiva para resolver el debate del recurso. Procede, por ello, decretar su inadmisión, acordando su desglose y devolución a la parte interesada".*

En similares términos se pronuncia la SAP de A Coruña, Sección 4ª, de 16 de julio de 2015:

> *"(…) esta Sala entiende que no procede incorporar al presente procedimiento la Sentencia del Tribunal Supremo invocada por la parte apelante, toda vez que se trata de una pretensión que no tiene cabida en el supuesto contemplado en el art. 271.2 LEC. La posibilidad de presentar sentencias dictadas o notificadas con posterioridad al momento de formular conclusiones se refiere a aquellas resoluciones judiciales que, por razón de su objeto o de los sujetos, pudieran resultar condicionantes o decisivas a la hora de resolver el pleito en cuestión. En este sentido, se ha dicho que la excepción a la preclusión definitiva de la presentación de documentos hecha en favor de las sentencias resulta coherente con lo dispuesto en la Ley de Enjuiciamiento Civil sobre prejudicial dad en sus arts. 40, 43 y 44. Sin embargo, lo que en realidad hace la entidad recurrente en este caso no es aportar una resolución judicial que sea condicionante o decisiva para resolver el presente recurso en el sentido del art. 271.2 LEC, sino que simplemente se dedica a traer a colación la doctrina jurisprudencial contenida en la Sentencia alegada (…) Es decir, la apelante no estaría*

incorporando al pleito una decisión judicial condicionante de la solución del presente recurso, sino meramente jurisprudencia que podría servir de apoyo".

Idéntico espíritu es el expresado en la SAP de Valencia, Sección 9ª, de 25 de septiembre de 2014:

"El articulo 271.2 de la LEC, dispone que, en los supuestos contemplados en la norma, el tribunal se pronunciara sobre la admisibilidad y alcance del documento judicial o administrativo al tiempo de dictar sentencia, y es de ver que en el caso que ahora nos ocupa no procede la incorporación a las actuaciones de la referenciada porque no se cumplen los presupuestos de admisibilidad dado que su finalidad es la mera ilustración de la Sala y no es condicionante ni decisiva para resolver el recurso. Este Tribunal no está vinculado por la fundamentación de la Sentencia apelada derivada da la cita de resoluciones de órganos de primera instancia o de apelación que no tienen valor jurisprudencial."

Y la misma conclusión es alcanzada en la Sentencia del Juzgado de lo Mercantil nº 2 de Palma de Mallorca de 5 de noviembre de 2014:

"Y en cuanto a la sentencia, el precepto exige que sea condicionante o decisiva para resolver en primera instancia o en cualquier recurso, por lo que tratándose de una sentencia dictada por un Juzgado de lo Mercantil, por tanto en primera instancia y que aún no ha adquirido firmeza, no es apta para consolidar jurisprudencia, y aún así también cabría la posibilidad de considerarla como no condicionante o decisiva, ya que en nuestro ordenamiento jurídico está reconocido constitucionalmente el principio de independencia judicial, es decir, como dicen los profesores Moreno Catana, Cortes Domínguez y Gimeno Cendra en su obra Introducción al Derecho Procesal "Existe, ciertamente, un complejo entramado de órganos jurisdiccionales que se estructuran sobre la base de un criterio jerárquico, de tal forma que los "superiores" están llamados a revisar, confirmando o anulando, las actuaciones y las decisiones de los "inferiores"; sin embargo, lo cierto es que cada juzgado o Tribunal detenta la potestad jurisdiccional en toda su plenitud, y en el ejercicio de esa potestad cada juez o magistrado es soberano e independiente en sus decisiones respecto de todos los órganos judiciales y de gobierno del Poder Judicial (art. 12.1 LOPPJ). Por todo ello, no procede la admisión de la sentencia del Juzgado de lo Mercantil no 2 de Barcelona de 30 de septiembre de 2014, por lo que no se van a tener en cuenta sus razonamientos en la presente resolución, debiendo acordarse también su devolución".

No ha lugar por tanto a su admisión por no ser necesario ilustrar al juzgador sobre la Ley y jurisprudencia nacional, sometiéndose únicamente a prueba el Derecho Extranjero, de conformidad con el art. 281 LEC.

Pese a lo expuesto, si en algún momento se produjera la admisión de los citados bloques documentales de distintas resoluciones judiciales, sugerimos la formulación del correspondiente recurso de reposición frente a la admisión de dicha prueba al amparo de lo establecido en el artículo 285.2 LEC por infracción del art. 271.2 LEC por las razones expuestas. Y para el supuesto de su desestimación dejar constancia de la oportuna protesta a los efectos de segunda instancia.

Sobre el carácter recurrible de la resolución que admite la prueba, se ha manifestado los magistrados TASENDE CALVO y VARELA AGREL[94] quienes refieren: "*Debemos interpretar que la resolución que admite la prueba es también recurrible, puesto que el art. 285, lejos de hacer distinción alguna entre la decisión de admitir y la de denegar la prueba, como hacía el art. 567 de la LECiv/1881, se refiere, en general, a la resolución "sobre la admisibilidad" o "sobre la admisión" de las pruebas. Hay que tener en cuenta que la admisión de medios impertinentes o inútiles, además de dilatar y encarecer el proceso, puede resultar perturbadora para la apreciación judicial de la prueba y la decisión del litigio. Por otro lado, los arts. 287 y 446 de la LECiv contemplan, respectivamente, la posibilidad de recurrir en el acto del juicio, o de formular protesta en la vista del juicio verbal, contra las resoluciones del tribunal en los casos en que se denuncie que las pruebas admitidas fueron obtenidas ilícitamente y con vulneración de derechos fundamentales*".

8.10. INTERESES

Las cantidades objeto de restitución por parte del proveedor de servicios de pago como consecuencia de disposiciones fraudulentas, deberán verse incrementadas en los correspondientes intereses legales desde la fecha de reclamación a la entidad por parte del afectado. Y lógicamente, tras la sentencia judicial que decrete su reintegro con el incremento de la mora procesal previsto en el art. 576 LEC.

---

94 TASENDE CALVO y VARELA AGRELO, "Estudio práctico sobre la Audiencia Previa", Ed. Aranzadi, Pamplona, 2009

Sobre este particular se pronuncia la SAP de Madrid, Sección 10ª, de 21 de julio de 2020, rechazando la petición de la entidad de la supresión de la imposición de intereses:

> *"(...) tampoco cabe excluir los intereses desde la intimación extrajudicial, al no poder sostenerse con rigor que la oposición de la entidad bancaria ha sido razonable, entre otras razones, ya que ha rehusado dar cumplimiento a la obligación prevista legalmente, como se deduce de la misiva enviada el día 3/9/2018", donde se afirma, dado que se han realizado (los cargos) "con lectura del Chip EMU y tecleo de PIN", e incluso los términos vertidos en el escrito de interposición del recurso van mucho más allá de lo aducido en el escrito de contestación a la demanda".*

En el mismo sentido la SAP de Baleares, Sección 5ª de 17 de febrero de 2023:

> *"La cantidad a cuyo abono se condena a la parte demandada devengará, conforme a los artículos 1100, 1101 y 1108 del Código Civil, el interés legal desde la fecha de los cargos en cuenta (1 octubre 2020) hasta hoy, así como el interés que determina el artículo 576 de la Ley de Enjuiciamiento Civil desde la fecha de la presente resolución hasta que la misma haya sido totalmente ejecutada".*

8.11. GASTOS O COMISIONES ADICIONALES

En ocasiones, junto a la defraudación padecida por el titular de la cuenta o del miedo de pago se pretende hacerle soportar otros gastos adicionales derivados del hecho dañoso tales como la imposición de comisiones por descubierto. Evidentemente, estas cantidades han de ser rechazadas con absoluta firmeza.

En la SAP de Valencia, Sección 9ª, de 23 de abril de 2013, se aborda esta cuestión otorgando la razón a la mercantil afectada por un phishing bancario:

> *"(...) en el supuesto presente la demandante solicitaba el reintegro de 43.660'25 Euros, correspondientes —hecho sexto— al principal que fue transferido, más los gastos que cobró el banco por la operación fraudulenta —159'38 Euros, documento 10— más los intereses de la parte proporcional de los 42.500 Euros defraudados que la demandante ha debido satisfacer, pese a no disponer de tal cantidad. La sentencia acoge, en parte, la restitución del principal, e íntegramente la de los gastos, con los intereses legales correspondientes de la suma que concede, lo que, en modo alguno incurre en incongruencia..."*

8.12. COSTAS

La justicia en España no es gratuita excepto para aquellos que acrediten insuficiencia de recursos para litigar como preconiza el art. 119 CE y desarrolla la Ley Orgánica 1/1996, de 15 de enero de Asistencia Justicia Gratuita[95]. Esto es, aunque los ciudadanos no han de soportar de modo directo —lógicamente lo hacen a través de sus tributos— el coste real del mantenimiento de la Administración de Justicia, los gastos de los profesionales que intervienen en el procedimiento si deben ser soportados por los litigantes. Estos profesionales son esencialmente Abogados, Procuradores y Peritos.

Tal y como dispone el artículo 242.5 LEC *los abogados, peritos y demás profesionales que no estén sujetos a arancel fijarán sus honorarios con sujeción en su caso a las normas reguladoras de su estatuto profesional.* Tal exigencia, como ha puesto de manifiesto nuestra mejor doctrina[96] supone traer a colación el Estatuto General de la Abogacía. Por lo que respecta a los abogados, el artículo 25 del vigente Estatuto General de la Abogacía Española (EGAE) aprobado por RD 135/2021, de 2 de marzo, siguiendo la estela del contenido recogido en el artículo 44.1 de su predecesor establece que *"El profesional de la Abogacía tiene derecho a una contraprestación por sus servicios, así como al reintegro de los gastos ocasionados"*. Y según determina el art. 25 EGAE, *La cuantía de los honorarios será libremente convenida entre el cliente y el profesional de la Abogacía, con respeto a las normas deontológicas y sobre defensa de la competencia y competencia desleal.*

Estos gastos de profesionales usualmente son impuestos a la parte litigante que ha visto desestimadas sus pretensiones a través de la consabida tasación de costas. MORENO CATENA[97] definía las costas como los gastos que han de satisfacer los litigantes como consecuencia de un proceso, de los que una de las partes puede reembolsarse si se produce la condena en costas de la contraria. Como advierte MAR-

---

95 Sobre este particular vid. FONT DE MORA RULLÁN, J. y ARRIBAS ATIENZA, P. *Beneficio de justicia gratuita y costas del procedimiento*, Las Rozas, 2020.

96 cfr. TORRES LÓPEZ y DÍEZ BARBERO, *Las costas en el proceso civil*, Madrid, 2008, p. 111

97 MORENO CATENA, V. *Derecho Procesal, Tomo I, Vol. II*, Valencia, 1987, p. 643

TÍN CONTRERAS[98], el actual artículo 241 LEC ha tratado de definir y diferenciar los conceptos de gastos y costas, aunque la distinción no haya sido muy acertada. De acuerdo con este precepto, se considerarán gastos del proceso aquellos desembolsos que tengan su origen directo e inmediato en la existencia de dicho proceso, y costas la parte de aquéllos que se refieran al pago de los siguientes conceptos:

> *1.º Honorarios de la defensa y de la representación técnica cuando sean preceptivas.*
> *2.º Inserción de anuncios o edictos que de forma obligada deban publicarse en el curso del proceso.*
> *3.º Depósitos necesarios para la presentación de recursos.*
> *4.º Derechos de peritos y demás abonos que tengan que realizarse a personas que hayan intervenido en el proceso.*
> *5.º Copias, certificaciones, notas, testimonios y documentos análogos que hayan de solicitarse conforme a la Ley, salvo los que se reclamen por el tribunal a registros y protocolos públicos, que serán gratuitos.*
> *6.º Derechos arancelarios que deban abonarse como consecuencia de actuaciones necesarias para el desarrollo del proceso.*
> *7.º La tasa por el ejercicio de la potestad jurisdiccional, cuando sea preceptiva. No se incluirá en las costas del proceso el importe de la tasa abonada en los procesos de ejecución de las hipotecas constituidas para la adquisición de vivienda habitual. Tampoco se incluirá en los demás procesos de ejecución derivados de dichos préstamos o créditos hipotecarios cuando se dirijan contra el propio ejecutado o contra los avalistas.*

Como razonaba la SAP Málaga, Sección 4ª, de 11 de octubre de 2013: "*A través de la condena en costas a que se refiere el artículo 394 de la comentada Ley Procesal se cumple la finalidad tanto de resarcir a la parte a cuyo favor se ha resuelto judicialmente, no teniendo que sufrir perjuicio patrimonial quien ha tenido necesidad de acudir a los tribunales en defensa de derechos que le han sido reconocidos, como en sentido contrario, y por el principio de indemnidad, el de reconocer a la parte que ha sido absuelta de los pedimentos del actor, el derecho a repercutir contra ella los gastos provocados por su llamada al proceso, teniendo declarado el Tribunal Constitucional que la imposición de costas constituye un efecto derivado del ejercicio temerario o de mala fe de las acciones judiciales o de la desestimación "total" de éstas, según sea el régimen legal que rija el proceso o el recurso, por lo que en consecuencia, la posibilidad de imposición de las costas de una determinada litis, al cons-*

---

[98] MARTÍN CONTRERAS, L. *La tasación de costas*, Granada, 2001, p. 5.

tituir un riesgo potencial, exige en los litigantes la necesaria ponderación, mesura y asesoramientos convenientes respecto al éxito de sus acciones y pretensiones, viniendo a actuar, en cierto sentido, como corrección a litigiosidades caprichosas, totalmente infundadas, empecinadas e incluso fraudulentas —TC 2ª S. 84/1991, de 22 de abril, y TS 1ª S. de 15 de octubre de 1992—, encontrando su razonabilidad o justificación en prevenir los resultados distorsionadores del entero sistema judicial que se derivarían de una excesiva litigiosidad, y en restituir a la parte contraria de los gastos que, en menoscabo de la satisfacción de sus pretensiones, le ocasione la defensa de sus derechos e intereses legítimos frente a quienes promuevan acciones o recursos legalmente merecedores de la imposición de costas —TC 2ª S. 146/1991, de 1 de julio—, existiendo dos criterios para la imposición a las partes litigantes en un proceso de las costas que se han producido por la tramitación o sustanciación de éste, el objetivo del vencimiento y el subjetivo de la temeridad o mala fe, reconociéndose por la jurisprudencia del Tribunal Constitucional la admisibilidad compatible de ambos criterios de imposición, sin que afecte ninguno de ellos a la tutela judicial efectiva —TC SS. 13/1986, de 29 de octubre, y 147/1989, de 21 de septiembre—, siendo en este sentido que el artículo 394.1 de la Ley 1/2000, de 7 de enero, de Enjuiciamiento Civil, en su deseo el legislador de poner en su más directa relación la regulación de la condena en costas con el resultado del litigio, determina que en los procesos declarativos, las costas de la primera instancia se impondrán a la parte que haya visto rechazadas sus pretensiones, salvo que el tribunal aprecie, y así lo razone, que el caso presenta serias dudas de hecho o de derecho, instituyendo así como regla general el principio de la condena fundada en la victoria procesal de una de las partes respecto de la otra, esto es, del principio "victus victoris", sistema cuyo fundamento se encuentra a la vez que persigue una doble finalidad, que el proceso no sirva para conllevar o que no implique, un perjuicio patrimonial para la parte cuyos derechos hayan sido reconocidos, y, de otro, el interés del propio legislador, del juzgador e, incluso, del propio Estado, de que el hecho de acudir a la vía procesal quienes se estimen perjudicados y no obstante haber obtenido el reconocimiento de sus derechos, no puedan verse perjudicados con la carga de las costas, aun cuando sólo fuera en parte —TS 1ª SS. de 22 junio 1993 y 21 marzo 2000—, siendo cierto que para poder entender que se produce vencimiento no es necesario el acogimiento íntegro de las pretensiones contenidas en demanda, bastando con que su estimación sea "sustancial", pues así nos lo viene a decir la jurisprudencia en reiterada doctrina como, por ejemplo, en las sentencias de la Sala Primera del Tribunal Supremo de 29 octubre 1992,

1 julio y 27 noviembre 1993, 4 y 9 julio 1997, 5 diciembre 1998, 12 julio y 23 abril 1999, 18 diciembre 2000, 14 diciembre 2001, 17 julio 2003, 15 diciembre 2004 y 10 marzo y 20 octubre 2005"

Este resarcimiento para que sea íntegro, lógicamente ha de incluir los impuestos aplicables a los servicios prestados por el profesional (IVA, IGIC). Así se han pronunciado reiteradamente nuestro Tribunal Supremo en Sentencias de 20 de septiembre de 2006, 7 de febrero de 2007 o 26 de abril de 2007, entre otras, pronunciándose esta última en los siguientes términos: "*La condena en costas tiene por objeto resarcir a la parte beneficiada de los pagos que tuvo que realizar a causa del proceso y, dado que entre ellos figura el de abonar a su Letrado y Procurador el IVA correspondiente a la prestación de servicios, cuando tal pago tuvo lugar con carácter prescriptivo, y además se solicita y justifica, su derecho de crédito, derivado de aquella condena, comprende el de ser resarcido de la suma correspondiente, sin perjuicio de la ponderación que corresponde en su caso al tribunal para fijar la suma principal, y como efecto de ésta, la devengada por dicho impuesto*".

En suma, como ha determinado la STS de 6 de noviembre de 2012, la inclusión del IVA en la tasación de costas es una cuestión ajena al proceso y por tanto no ha de entrar el tribunal a su valoración.

Damos también por sentada y pacífica la conocida doctrina del TS, plasmada entre otras en su STS de 19 de enero de 2015 en la que se razona que *la minuta incluida en la tasación debe ser una media ponderada y razonable dentro de los parámetros de la profesión, no solo calculada de acuerdo a criterios de cuantía, sino además adecuada a las circunstancias concurrentes en el pleito, el grado de complejidad del asunto, la fase del proceso en que nos encontramos, los motivos del recurso, la extensión y desarrollo del escrito de impugnación del mismo, la intervención de otros profesionales en la misma posición procesal y las minutas por ellos presentadas a efectos de su inclusión en la tasación de costas, sin que, para la fijación de esa media razonable que debe incluirse en la tasación de costas, resulte vinculante el preceptivo informe del Colegio de Abogados, ni ello suponga que el abogado minutante no pueda facturar a su representado el importe íntegro de los honorarios concertados con su cliente por sus servicios profesionales.*

8.12.1. Del vencimiento objetivo

El artículo 394 LEC establece con carácter general en nuestro ordenamiento procesal civil el principio objetivo del vencimiento. Se mantiene así el principio del vencimiento introducido en el art. 523 LEC 1881 sustituyendo la redacción de la excepción prevista en el citado *artículo "salvo que el Tribunal aprecie la concurrencia de circunstancias excepcionales que justifiquen su no imposición"*, por *"salvo que el tribunal aprecie, y así lo razone, que el caso presentaba serias dudas de hecho o de derecho"*. El propio legislador a partir de la reforma de la Ley de Enjuiciamiento Civil por la Ley 24/84, de 6 de agosto, modificó el régimen sobre las costas procesales existente en nuestro ordenamiento procesal civil, sustituyendo el principio de temeridad por el de vencimiento objetivo y desplazando así el punto de mira desde la posición de la parte a la del Tribunal, lo que ratificó la nueva Ley de Enjuiciamiento Civil. Siendo pues admitida la estimación sustancial de la demanda, procede la imposición de las costas causadas en esta instancia al recurrente conforme al principio rector en nuestro derecho procesal civil consagrado en el brocardo *"victus victoris"* (cfr. SSTS 19 de octubre de 1992; 15 de marzo de 1997 o 28 de febrero de 2002, entre otras), fundamentado, como recuerda la SAP de Madrid, Sección 20ª, de 3 de octubre de 2007, en la regla chiovendana que determina la imposición de las costas procesales.

Partiendo del criterio objetivo del vencimiento, se pretende que a través de la condena en costas será resarcida la parte a cuyo favor se falla, de los gastos realizados para la llevanza del proceso, de tal suerte que no sufra perjuicio patrimonial quien haya tenido la necesidad de acudir a los tribunales en defensa de los derechos que le han sido reconocidos (SSTS de 11 de febrero y 25 de marzo de 1997). Y, a sensu contrario, por el principio de indemnidad al reconocer a la parte que ha sido absuelta de los pedimentos del actor, el derecho a repercutir contra ella los gastos provocados por su llamada al proceso (STS de 22 de abril de 2009).

La jurisprudencia ha venido clarificando progresivamente la ineludible imposición de costas en esta clase de asuntos. Tal y como advierte la STS de 4 de julio de 2017, no solo procede por la justa aplicación del principio de vencimiento objetivo, sino porque lo contrario produciría un *efecto disuasorio inverso* a los consumidores.

8.12.2. De la mala fe o temeridad

En lo atinente a la temeridad o mala fe de la entidad, ha de destacarse que el artículo 395 LEC no permite que en casos en los que exista requerimiento previo, el demandado que en contra de la buena fe ha ignorado las reclamaciones del demandante forzándole a acudir al procedimiento judicial, incoado aquél, se sustraiga de la imposición de costas trasladando al actor la obligación de soportar los gastos del procedimiento que ha sido forzado a asumir ante la desidia deliberada del demandado. Ello ha de tenerse presente para los casos de allanamiento tras la recepción de la demanda que ha venido precedida de reclamaciones del usuario desatendidas.

Según ha razonado la SAP de Barcelona, Sección 13ª, de 7 de noviembre de 2007, al referirse al allanamiento del demandado con relación a la imposición de costas previstas en el artículo 395 LEC *""la expresión en todo caso" supone existencia de "mala fe", sin necesidad de apreciación ni razonamiento por parte del Tribunal"*. En idéntico sentido resulta ilustrativa la SAP de Pontevedra, Sección 1ª, de 28 de marzo de 2007 al señalar: *"Efectivamente han mantenido los demandados una injustificada conducta de inhibición y pasividad ante la pretensión de la actora, forzando con ello a la actora a promover un pleito como único remedio para lograr el reconocimiento y efectividad de su derecho, para luego e iniciado, aquietarse a sus pretensiones, conducta que sin duda constituye la mala fe de que hace gala el artículo 395.1 LEC y que justifica la condena en costas causadas a la actora"*.

La mala fe, es en definitiva un comportamiento malicioso de injustificada negativa a una pretensión que se sabe justa haciendo caso omiso a las reclamaciones que de la misma se le formulen, obligando así al titular del derecho a ejercitar finalmente su acción en proceso judicial para exigir la conducta que sabiendo el deudor que es debido no ha querido maliciosamente cumplir. Así se viene señalando, según explicitan la SAP de La Rioja de 27 de septiembre de 2001 o la SAP de Castellón de 3 de julio de 2002, que concurre siempre que previamente hubiera sido requerido por la parte actora para que realizara alguna actividad o abonara una determinada cantidad a fin de evitar una posterior reclamación judicial ante la conducta pasiva del requerido.

8.12.2.1. Condena en costas en casos de allanamiento tras la reclamación previa del afectado

Sobre este mismo particular en casos concretos de allanamiento de la entidad financiera tras la presentación previa de una reclamación por el usuario resulta ilustrativa la reciente Sentencia del Juzgado de 1ª Instancia nº 19 de Zaragoza de 2 de febrero de 2016:

> *"Conforme al artículo 395 1. de la Ley de Enjuiciamiento Civil, si el demandado se allanare a la demanda antes de contestarla, no procederá la imposición de costas salvo que el tribunal, razonándolo debidamente, aprecie mala fe en el demandado.*
> *Se entenderá que, en todo caso, existe mala fe, si antes de presentada la demanda se hubiese formulado al demandado requerimiento fehaciente y justificado de pago, o si se hubiera iniciado procedimiento de mediación o dirigido contra él solicitud de conciliación. En el presente caso, procede, habiéndose producido el allanamiento total a la demanda por parte de la demandada dentro del plazo para contestar a la demanda, de acuerdo con lo dispuesto en el artículo 395. 1 LEC, la imposición de costas a la demandada, pues formulada reclamación al Banco, que se acompaña como documento 5 a la demanda, dirigido al Servicio de atención al cliente, la misma no fue contestada, obligando a los demandantes a interponer la demanda objeto de autos"*

Así también la Sentencia del Juzgado de 1ª Instancia nº 7 de A Coruña de 22 de octubre de 2021, viene a razonar la imposición de la condena en costas con mala fe ante esa mutación de parecer de la entidad financiera que ignoró o rechazó la reclamación previa del usuario para aquietarse posteriormente a ella en vía judicial pretendiendo la exoneración de costas, tildándolo acertadamente de *ejercicio anómalo del allanamiento:*

> *"Se sanciona ese ejercicio anómalo del allanamiento, que pretende que el demandante, pese a ver reconocida judicialmente su pretensión, ha tenido que abonar costes. Lo que, en algunos casos, puede convertir su victoria procesal en pírrica. El demandado no se aviene a reconocer extrajudicialmente la pretensión a la que posteriormente se allana, dilatando el cumplimiento de su obligación, y forzando a la otra parte a que sufrague los consabidos gastos".*

Por idénticas razones, tampoco debería permitir eludir la condena en costas el hecho de que una vez presentada la demanda, tras la existencia de una reclamación previa, la entidad financiera procediera a hacer efectiva la devolución de las cantidades indebidamente percibidas al usuario. Tal y como han puesto de manifiesto TORRES LÓPEZ y DÍAZ BARBERO[99] *"son muchas las ocasiones en las que dicha satisfacción extraprocesal encubre un allanamiento, precisamente con la única finalidad de evitar aquella imposición [de costas]"*. Así es apreciado a título ilustrativo en supuestos similares al presente por el AAP de Barcelona, Sección 4ª, de 14 de marzo de 2007 o la SAP de Valencia, Sección 8ª, de 14 de abril de 2005.

No es infrecuente el supuesto en que las entidades, proceden a la consignación de las cantidades debidas pretendiendo con ello forzar la terminación del pleito y aceptación del consumidor obviando los gastos que ha tenido que soportar el usuario. Advertida esta circunstancia por el Tribunal Supremo, se da respuesta a ello en su Sentencia de 10 de enero de 2018:

> *"El recurso de casación se estima por las siguientes consideraciones:*
> *1ª) BBVA, la demandada ahora recurrida, manifiesta expresamente que no se opone al recurso de casación, de manera coherente con la sentencia del TJUE de 21 de diciembre de 2016 y con la necesaria acomodación a la misma que, de acuerdo con lo dispuesto en el art. 4 bis.1 LOPJ, ha realizado esta Sala a partir de la sentencia del Pleno 123/2017, de 24 de febrero. Procede, por tanto, aplicando el art. 1303 CC con normalidad y sin restricciones, declarar que BBVA debe restituir a los demandantes todas las cantidades abonadas como consecuencia de la aplicación de la cláusula suelo.*
> *Sucede que BBVA alega en su escrito se alegaciones que, "ante la imposibilidad de cerrar extrajudicialmente el procedimiento", ha procedido a consignar las cantidades reclamadas, por lo que entiende que el recurso carece de objeto. BBVA acompaña a su escrito de alegaciones un resguardo de consignación del que resultaría que, con valor 26 de octubre de 2017, ha ingresado en la cuenta del Juzgado de lo Mercantil nº 1 de Valladolid la suma de 12.056,18 euros, en concepto de principal e intereses, con referencia a los presentes autos ("4662/0000/ 04/0057/14 PRINC/ INT").*
> *Es cierto que el deudor tiene derecho a liberarse de su obligación y que, si el acreedor se niega sin razón a admitir el pago que se le ofrece, el deudor queda libre mediante la consignación (art. 1176 CC). Pero, conforme al art. 1180 CC, para que se extinga la obligación es precisa la aceptación de la consignación por el acreedor o que exista una declaración judicial*

---

99 TORRES LÓPEZ, A. y DÍAZ BARBERO, A. *Las costas en el proceso civil*, Madrid, 2008, p. 42.

de que está bien hecha (art. 99.2.II, 3, 4 y 5 de la Ley 15/2015, de 2 de julio, de la jurisdicción voluntaria [LJV]). Por tanto, la consignación no se entiende producida por la puesta de la cosa a disposición de la autoridad judicial (ni, si es notarial, por la puesta a disposición del notario, caso en el que la consignación sólo producirá efecto con la aceptación del acreedor, pues no cabe que el notario la declare bien hecha, cfr. arts. 1180 CC y 69.4 de la Ley del Notariado).

En el presente caso solo consta un certificado de la transferencia realizada por BBVA a la cuenta del Juzgado. No consta un decreto del letrado de la Administración de Justicia teniendo por aceptada la consignación (art. 99.3 LJV) ni, en defecto de aceptación por los demandantes ahora recurrentes, un auto judicial que tenga por bien hecha la consignación (art. 99.5 LJV). En definitiva, no puede afirmarse que se haya extinguido la obligación de BBVA de restituir a los demandantes las cantidades derivadas de la aplicación de la cláusula nula ni, en consecuencia, que el presente recurso carezca de objeto.

2ª) Sin duda, la postura de las partes encuentra explicación por el tema de las costas procesales.

En sentencia de Pleno nº 419/2017, de 4 de julio, esta Sala ha declarado que en los casos de estimación del recurso de casación por aplicación por el Tribunal Supremo de un criterio acorde con la doctrina del TJUE sobre los efectos de la nulidad de las cláusulas suelo, procede la imposición de costas de las instancias, dada la concurrencia de los principios de vencimiento, no vinculación del consumidor a las cláusulas abusivas y efectividad del derecho comunitario.

La atención a estos mismos principios mueve a considerar que no le es reprochable al consumidor que no acepte en este momento procesal un ofrecimiento de pago que no cubra los gastos derivados de su defensa y representación, a pesar de contar con una norma procesal que le eximiría de tales gastos, porque no se restablecería la situación en la que se encontraría de no haber mediado la cláusula nula. Subsiste por tanto el interés legítimo de los demandantes recurrentes en que exista un pronunciamiento sobre su recurso de casación y no puede entenderse, por lo ya explicado, que se haya producido la terminación del proceso por satisfacción extraprocesal o carencia sobrevenida de objeto.

La estimación del recurso de casación determina que deba desestimarse íntegramente el recurso de apelación interpuesto por la entidad financiera demandada, a fin de confirmar la sentencia de primera instancia y estimar la demanda".

8.12.3. De la existencia de serias dudas de hecho o de derecho

La claridad de la normativa sobre la responsabilidad del proveedor de medios de pago en caso de operaciones no autorizadas por el titular y el carácter cuasi objetivo de su responsabilidad no permite la invocación de la existencia de dudas para pretender una exoneración de costas cuando existe una reclamación previa del afectado.

La SAP de Madrid, Sección 10ª, de 21 de julio de 2020, rechaza con contundencia esta línea de defensa de las entidades, al razonar:

> *"El mismo destino claudicante ha de alcanzar a los demás reproches esgrimidos frente a la sentencia discutida, en cuanto que la dicción del artículo 31 de la Ley 16/2009, de 13 de noviembre, vigente al tiempo de acontecer los hechos a que se circunscriben las actuaciones, no suscita la menor duda hermenéutica, al obligar, en el caso de que se ejecute una operación de pago no autorizada al proveedor de servicios de pagos del ordenante, a devolver de inmediato el importe de la operación no autorizada y, en su caso, restablecer en la cuenta de pago en que se haya adeudado dicho importe el estado que había existido de no haberse efectuado la operación de pago no autorizada, no pudiendo subsumirse el supuesto controvertido en el radio de acción de los apartados 2 y 3 del artículo 32 del mismo texto legal, donde se regulaba la responsabilidad del ordenante en caso de operaciones de pago no autorizadas, supuesto que en modo alguno puede mantenerse que las operaciones de pago no autorizadas a que se constriñen las actuaciones de que trae causa esta alzada sean fruto de una actuación fraudulenta o del incumplimiento, deliberado o por negligencia grave, de una o varias de sus obligaciones con arreglo al artículo 27.*
> *(…)*
> *Tampoco puede mantenerse que existan serias dudas fácticas o jurídicas, careciendo, en puridad, el alegato vertebrador de esta última objeción de todo desarrollo argumental; razonamientos que comportan el fenecimiento del recurso".*

También es contundente la SAP de Murcia, Sección 1ª, de 19 de diciembre de 2022 al desestimar la eventual exoneración de imposición de costas a la entidad financiera en otra demanda de responsabilidad de un usuario víctima de phishing:

> *"18.- El último motivo de apelación radica en la Impugnación de la condena en costas por serias dudas de hecho o de derecho.*
> *19.- Dicho motivo debe de ser desestimado. En nuestro derecho procesal rige el principio de vencimiento objetivo en el artículo 394.1 LEC para los casos en los que las pretensiones de las partes hayan sido totalmente estimadas, como ha ocurrido en este caso. En relación a las dudas de derecho alegadas, no existen propiamente dado que el régimen legal, perfectamente conocido por la entidad de crédito, es claro en la delimitación de las responsabilidades en sede de operaciones de servicio de pago no autorizadas. Tampoco puede hablarse de dudas de hecho, pues los he-*

chos están claros y reconocidos por ambas partes, debiendo añadir que la parte apelante no ha llevado a cabo actuación alguna tendente a intentar justificar las causas por las cuales se eximiría de responsabilidad y esta pasaría a la actora y apelada. Las únicas dudas que se plantean son las interesadamente alegadas por la parte apelante, pero con una absoluta orfandad probatoria y ello a pesar de que legalmente el régimen de carga de la prueba recae sobre la entidad de crédito demandada".

9. FORMULARIOS

9.1. MODELO DE SOLICITUD DE CONCILIACIÓN JUDICIAL

AL JUZGADO DE 1ª INSTANCIA QUE POR TURNO CORRESPONDA DE __________

____________________, Procurador/a de los Tribunales, colegiado/a ___ ICP_, y de _______________, según *escritura de poder* que se aporta como *documento nº 1,* bajo la dirección letrada de ____________________ colegiado/a ___ ICA_, ante el Juzgado comparezco y como mejor proceda en Derecho, DIGO:

Que por medio del presente escrito, y de conformidad con lo dispuesto en el artículo 139 y concordantes de la Ley 15/2015, de 2 de julio de la Jurisdicción Voluntaria, vengo a formular **SOLICITUD DE ACTO DE CONCILIACIÓN JUDICIAL** con ___________ **S.A.,** titular de CIF __________, con domicilio social en la Calle __________ de _______ CP ________, y domicilio a efectos de notificaciones para la presente acción en su oficina sita en ________________, de _________, CP ______.

Y ello a los siguientes **EFECTOS:**

Primero.- Para que ________, S.A., se avenga a reconocer que en fecha de __ de ______ de ___, suscribió con mi patrocinado contrato de cuenta corriente y tarjeta de crédito.

Se aporta como documento nº 2, documento acreditativo de la contratación.

Segundo.- Para que __________ S.A., se avenga a reconocer que, en fecha de __ de ______ de ___, tras advertir mi patrocinado la realización de unos cargos no consentidos por operaciones no autorizadas por el titular, comunicó sin demora su existencia a la entidad solicitando la devolución de los importes de las operaciones no autorizadas, presentando igualmente la correspondiente denuncia ante las fuerzas y cuerpos de seguridad por las operaciones realizadas por terceros.

Se aporta como bloque documental nº 3, copia de las operaciones no autorizadas, como documento nº 4 copia de la reclamación presentada a la entidad y como documento nº 5 denuncia formulada ante las fuerzas y cuerpos de seguridad.

Tercero.- Para que __________, S.A., se avenga a reintegrar a mi representado la suma de ___________ euros (___ €), correspondiente a las operaciones de pago no autorizadas por el titular Y ello, incrementado en los intereses legales devengados desde la fecha de la reclamación interpuesta a la entidad.

Cuarto.- Para que _________ S.A., se dé por notificada de que, en caso de no avenirse a lo solicitado, esta parte iniciará las acciones judiciales procedentes, para la defensa de los intereses del promotor de la presente conciliación, siendo en ese caso de cuenta de la demandada los gastos y costas que se ocasionen.

En virtud de lo expuesto,

SUPLICO AL JUZGADO: Que teniendo por presentada esta solicitud, se sirva admitirla en nombre de quien comparezco, por solicitada la celebración de acto de conciliación ante el LAJ con ____________**, S.A.,** para que, en su virtud, la acuerde con señalamiento de día y hora, y citación de las partes, a quienes se efectuarán los apercibimientos legales oportunos, y, una vez celebrado, con avenencia o sin ella, o intentado sin efecto, se expida certificación literal del acta para su entrega a esta parte, con cuanto además proceda en Derecho.

Es justicia que respetuosamente se espera alcanzar, en _____________ a ___ de _________________ de 202_

__________________ ____________________

Letrado/a _____ ICA_ Procurador/a ____ ICP_

9.2. MODELO DE DEMANDA DE RESPONSABILIDAD FRENTE A ENTIDAD FINANCIERA POR DISPOSICIONES AJENAS NO AUTORIZADAS

AL JUZGADO DE 1ª INSTANCIA DE _______
QUE POR TURNO CORRESPONDA

____________________, Procurador/a de los Tribunales, colegiado/a ___ ICP_, de _______________ y de _______________, según *escritura de poder* que se aporta como *documento nº 1,* bajo la dirección letrada de __________________ colegiado/a ___ ICA_, ante el Juzgado comparezco y como mejor proceda en Derecho, DIGO:

Que, por medio del presente escrito, formulo **DEMANDA DE JUICIO DECLARATIVO VERBAL/ORDINARIO, en ejercicio de acción de responsabilidad contractual y reclamación de cantidad,** contra la entidad bancaria _________, titular de CIF _______, con **domicilio social y a efectos de notificaciones en la Calle ________________, de CP 2_____ de** ____, con base en los siguientes:

HECHOS

Primero.- Mi mandante, ___________, es un consumidor y usuario, cliente de la demandada, sin especiales conocimientos financieros o informáticos, titular de la cuenta identificada como __________, donde tenía depositados sus ahorros, y solo había operado con ella para operaciones domésticas y convencionales —esencialmente domiciliación de recibos— no habiendo efectuado nunca ninguna transferencia internacional, ni ninguna otra operación similar.

La demandada, _______., como es notorio, es una importante entidad financiera, proveedora de servicios de pago.

Segundo.- En fecha de __ de _____ de ___, la actora recibió un mensaje de la entidad demanda en la que se manifestaba que se habían hecho una serie de movimientos no habituales que pudieran ser fraudulentos, habiéndose autorizado algunos de ellos y denegado otros. Ante dicha comunicación, la actora verificó su cuenta constatando la existencia de tres movimientos realizados no reconocidos ("autorizados" en la terminología de la entidad aún cuando no lo han sido por la actora) y cuatro no realizados ("denegados" en la terminología de la entidad e igualmente no consentidos por la actora). El importe correspondiente a los tres cargos efectuados y no rococidos asciende a la suma de __________________ ____________ (_______€)

En particular, los cargos referidos son los siguientes:

____

____

____

Se adjunta como documento nº 2 capturas de pantalla correspondientes a las operaciones no autorizadas ni consentidas por la actora.

Tercero.- Ante la verificación de la existencia de operaciones no autorizadas con su tarjeta, la actora, sin demora, procedió a confirmar a su entidad, a través del número de teléfono habilitado por la entidad ______, su ausencia de participación y consentimiento en dichas operaciones, solicitando el bloqueo de su tarjeta y la retroacción de los cargos indebidos. Así mismo, se personó ese mismo día, en la Comisaría de Policía Nacional de ________ para denunciar los hechos de los que había sido víctima, recogiéndose la denuncia en el atestado correspondiente.

Se adjunta como documento nº 3 copia de la denuncia interpuesta ante el CNP.

Cuarto.- Igualmente, a través de los canales habilitados por la entidad demandada, presentó la correspondiente reclamación en línea en fecha de __ de _________ de _____, en la que tras exponer la ausencia de autorización por su parte para la realización de las operaciones reseñadas, solicitaba la devolución de los importes indebidamente cargados. Por parte de la entidad demandada se rechazó, mediante escrito datado el __ de _______ de ____ cualquier responsabilidad.

> *Se adjunta como bloque documental nº 5 reclamación formulada por la actora a la demandada y respuestas desestimatorias de esta.*

A los anteriores hechos, resultan de aplicación los siguientes:

FUNDAMENTOS DE DERECHO

Preliminar.- En orden a facilitar la lectura y célere localización de un Fundamento concreto, se desglosa con carácter preliminar los expuestos en la presente demanda.

Primero.- *Jurisdicción.*

Segundo.- *Competencia*

Tercero.- *Capacidad y legitimación*

Cuarto.- *Postulación y representación.*

Quinto.- *Procedimiento. Cuantía. Copias de escritos y documentos y su traslado.*

Sexto.- *Fondo.*

A) Del principio *pro consumatore*. De la protección de los intereses económicos de los usuarios. Y en particular, de los servicios financieros y bancarios.

B) De la responsabilidad de la entidad demandada. Normativa aplicable en materia de servicios de pago.

B1) De la diligencia exigible a las partes. En particular, de la diligencia del usuario ante supuestos de fraude perpetrados por bandas criminales organizadas.

B2) De las operaciones de pago no autorizadas.

B3) De las obligaciones del proveedor de servicios de pago en relación con los instrumentos de pago.

B4) De la responsabilidad cuasi objetiva de la entidad.

Séptimo.- *Tempestividad de la acción.*

Octavo.- Valoración de la prueba.

Noveno.- *Intereses.*

Décimo.- *Costas.*

Undécimo.- *Iura Novita Curia.*

Primero.- *Jurisdicción.* Corresponde conocer del proceso, a los órganos jurisdiccionales ordinarios españoles, por cuanto se dilucida en el mismo una reclamación entre españoles, para cuyo enjuiciamiento y fallo son competentes los citados órganos, de conformidad con cuanto se dispone entre otros, en los artículos 117.3 de la Constitución Española; 2, 9.2, 21.1 de la Ley Orgánica 6/1985 de 1 de julio, del Poder Judicial (LOPJ en adelante); artículos 5 y 36 de la Ley de Enjuiciamiento Civil (LEC a continuación).

Segundo.- *Competencia.* Resulta competente el Juzgado de Primera Instancia ante el que comparecemos, **correspondiente al domicilio del demandado o a aquel en el que tenga establecimiento abierto al público o representante autorizado** conforme a lo dispuesto en los artículos 45 y 51.1 LEC, en concordancia con el art. 85.1 LOPJ y art. 3.1, 19 bis de la Ley 38/1988 de Demarcación y Planta Judicial.

Tercero.- ***Capacidad y legitimación.*** Dispone de la necesaria capacidad la actora según lo establecido en el artículo 6.1.1º de la ley rituaria civil y la demandada atendiendo al ordinal 3º del mismo precepto. Así mismo, está legitimada activamente la parte actora y pasivamente la demandada, conforme a lo dispuesto en el artículo 10 de la Ley de Enjuiciamiento Civil, en concordancia con los arts. 3 y 4 del Real Decreto Legislativo 1/2007, de 16 de noviembre, por el que se aprueba el Texto Refundido de la Ley General para la Defensa de los Consumidores y Usuarios y otras normas complementarias (TRLGDCU en lo sucesivo).

Cuarto.- ***Postulación y representación.*** Conforme a lo prevenido en el artículo 7 de la LEC, en relación con el 31.1 de la misma norma procesal, esta parte comparece siendo defendida por abogado en ejercicio, según lo dispuesto en los según lo dispuesto en los según lo dispuesto en los artículos 4.2 y 7 del Real Decreto 135/2021, de 2 de marzo, por el que se aprueba el Estatuto General de la Abogacía Española y artículos 542, 545.1 de la Ley Orgánica 6/1985, de 1 de julio, del Poder Judicial. Comparece la demandante igualmente con la debida representación procesal a través de procurador legalmente habilitado para actuar ante el tribunal que ha de conocer del juicio según lo dispuesto en el invocado artículo 23.1 LEC, 3 del Real Decreto 1281/2002, de 5 de diciembre, por el que se aprueba el Estatuto General de los Procuradores de los Tribunales de España y 543 y 545.1 LOPJ.

Quinto.- ***Procedimiento. Cuantía. Copias de escritos y documentos y su traslado.***

De conformidad con lo dispuesto en los artículos 248.2. 1º, 249.2 LEC, corresponde dar a la presente demanda la tramitación prevista para el juicio ordinario regulado en los artículos 399 y ss. LEC.

La cuantía del presente procedimiento se cifra en ______________________ (_____ €) conforme a lo dispuesto en el art. 251.1ª y 253.1 LEC.

Se presentan así mismo los escritos y documentos debidamente firmados, respondiendo de su exactitud con acatamiento de lo imperado por el art. 274 LEC. Expresa el actor su voluntad de cumplir los requisitos exigidos por la Ley, interesando a tenor de lo establecido en el art. 231 LEC la subsanación de cualquier defecto en el que hubiera podido incurrirse.

Sexto.- ***Fondo.***

A) Del principio *pro consumatore*.

Apuntada la condición de consumidor y usuario de la parte actora y la de empresario de la demandada conforme a lo dispuesto en los artículos 3 y 4 TRLGD-

CU (artículo 1.2 y 1.3 de la Ley 26/1984, de 19 de julio, General para la Defensa de los Consumidores y Usuarios vigente entonces —en lo sucesivo LGDCU—), el derecho en liza ha de ser examinado en clave consumerista. Consagran el principio *pro consumatore* lo establecido en los artículos 153 del Tratado Constitutivo de la Unión Europea, 51.1 y 53.3 CE. Nos hallamos ante reglas impuestas a los poderes públicos, que en consecuencia habrán de informar la legislación positiva, la práctica judicial y la actuación de los poderes públicos, vinculando en suma al legislador (STC 71/1982, de 30 de noviembre) y al juez y poderes públicos (SSTC 19/1982, de 5 de mayo y 14/1992, de 10 de febrero).

Merecen especial tutela los intereses económicos de los consumidores según reconocen los artículos 8 b) y 19 TRLGDCU. *A fortiori,* los servicios bancarios y financieros, son calificados como *servicios de uso o consumo común, ordinario y generalizado*, conforme a lo dispuesto por el Anexo I, letra C, ap. 13 del Real Decreto 1507/2000, de 1 de septiembre, lo que se traduce en el imperativo de una aplicación reforzada de los principios consumeristas que afectan a este servicio.

B) De la responsabilidad de la entidad demandada.

Conforme es sabido, los daños pueden tener origen contractual o extracontractual, aunque la moderna sistemática parece avocar a una concurrencia de ambas responsabilidades, descansando la responsabilidad del dañador en los artículos 1101, 1103, 1104, 1106 y 1902 del Código Civil. Debemos recordar que de modo reiterado se ha pronunciado nuestro Tribunal Supremo (sirvan de epítome por todas ellas las SSTS de 30 de diciembre de 1980 y 14 de febrero de 1994) de modo favorable a que el perjudicado pueda ejercitar conjuntamente la acción contractual y extracontractual, manteniendo ambas su origen en el *alterum non laedere*. De este modo nada empece a una yuxtaposición de responsabilidades o su apreciación con carácter alternativo o subsidiario, de la extracontractual respecto de la contractual, conforme admite el art. 71.4 LEC.

La SAP de Alicante, Sección 8ª, de 12 de marzo de 2018, en caso de operaciones fraudulentas por phishing aprecia en la entidad financiera la concurrencia de una responsabilidad contractual y extracontractual:

> *"La decisión de este motivo trae causa casi completa en lo ya resuelto con ocasión de los tres motivos anteriores a saber, en primer lugar, que la responsabilidad de Barclays, en tanto prestadora de los servicios de banca online y respecto de los perjuicios que con ocasión de su uso pueden padecer los usuarios de la misma, tiene naturaleza cuasi-objetiva o de riesgo por razón legal y, en segundo lugar, que Barclays si infringió sus obligaciones, tanto contractuales de implementación del sistema de las medidas de seguridad exigibles para un uso seguro por su cliente, como extracontractuales, al no haber actuado con diligencia tras la denuncia del fraude informático padecido en la cuenta de la cliente al acceder al sistema on-*

line terceros no autorizados para operar con aquella, todo lo cual deriva no solo en lo ya expuesto con ocasión del primero de los motivos sobre el alcance de la presunción iuris tantum en materia de carga de la prueba, sino en el alcance de dicha presunción que en caso de concurrencia de la conducta descrita se extiende tanto al dolo o culpa grave como a su incidencia causal en la provocación o agravamiento de la insolvencia, siendo así que en todo caso, y como ha quedado explicitado a lo largo de esta Sentencia, la no acreditación de las necesarias medidas de seguridad, la acreditación de la diligencia de la usuaria, y la inacreditación de la conducta posterior a la denuncia del fraude por el banco, omitiendo las medidas necesarias para evitar, en su caso, la pérdida definitiva del dinero, constituyen los presupuestos que permiten apreciar la realidad de una causalidad adecuada entre la conducta omisiva de la entidad y el resultado dañoso".

B1) De la diligencia exigible a las partes. En particular, de la diligencia del usuario ante supuestos de fraude perpetrados por bandas criminales organizadas.

Sobre el grado de diligencia exigible al usuario de servicios bancarios titular del medio de pago, ha de tenerse presente que el artículo 32 de la Ley 16/2009, de 13 de noviembre, de servicios de pago, en el que bebe el actual artículo 41 de Real Decreto-ley 19/2018, de 23 de noviembre, no apunta la exigencia de una diligencia cualificada propia de la actuación de un profesional, sino la actuación conforme a unos principios de razonabilidad y buena fe comunes al imponerle la comunicación del posible extravío, sustracción o apropiación indebida "sin demora indebida en cuanto tenga conocimiento de ello".

El Considerando 72 de la Directiva UE 2015/2366 del Parlamento Europeo y del Consejo, de 25 de noviembre de 2015, sobre servicios de pago en el mercado interior y por la que se modifican las Directivas 2002/65/CE, 2009/110/CE y 2013/36/UE y el Reglamento UE no 1093/2010 y se deroga la Directiva 2007/64/CE, aborda esta cuestión destacando la necesidad de una negligencia grosera por parte del usuario para poder imputarle responsabilidad por el uso fraudulento de sus medios de pago en operaciones no autorizadas. Así lo señala: *"A la hora de evaluar la posible negligencia o la negligencia grave del usuario de servicios de pago, deben tomarse en consideración todas las circunstancias. Las pruebas de una presunta negligencia, y el grado de esta, deben evaluarse con arreglo a la normativa nacional. No obstante, si el concepto de negligencia supone un incumplimiento del deber de diligencia, la negligencia grave tiene que significar algo más que la mera negligencia, lo que entraña una conducta caracterizada por un grado significativo de falta de diligencia".*

Lo cierto, es que, para un usuario medio, este tipo de fraudes cometidos por delincuentes profesionales o bandas criminales organizadas no es sencillo de detectar ni tampoco de evitar, por lo que no resulta aceptable trasladarles una responsabilidad que no les corresponde. Sobre esta dificultad reflexiona la SAP de Madrid, Sección 21ª, de 31 de octubre de 2017: *"Y debe indicarse que no es un sistema fácil sino complejo, que no es detectable por el particular usuario, aun teniendo instalados antivirus porque el tema más de uso de estos es de sistemas, para lo que se requiere algo más que tener cuidado y tener instalado tanto en el ordenador como en el móvil un antivirus".*

La diligencia exigible a la entidad, sin embargo, no es la diligencia del *pater familias*, ni siquiera la del ordenado comerciante. Es una diligencia reforzada por razón de la singularidad de la actividad que desarrollan, que se ha venido denominando la diligencia del *bonus argentarius*. Y esta singular diligencia implica no solo el establecimiento de unas determinadas medidas de seguridad consustanciales a la actividad bancaria, sino la continua y permanente mejora e implementación de nuevos sistemas que deben ofrecer una célere respuesta a los avances que en materia de fraude también puedan acontecer. Y es que, al igual que la entidad protege sus propias instalaciones y fondos, debe aplicar igual o mayor celo en la seguridad de los confiados por sus clientes.

La exigencia de la concurrencia de una diligencia grave, y por tanto, más allá de la simple negligencia, viene corroborada por la lectura del art. 46 del Real Decreto-ley 19/2018, de 23 de noviembre, en el que se excluye la limitación de la responsabilidad de 50 euros del ordenante en caso de operaciones de pago no autorizadas, en los supuestos de que este hubiera actuado de manera fraudulenta o por haberse incumplido, deliberadamente o por *negligencia grave*, una o varias de las obligaciones del titular establecidas en el artículo 41 de la misma norma. Este límite cuantitativo es recordado también por la SAP de Murcia, Sección 1ª, de 19 de diciembre de 2022.

Como recuerdan la SAP de Baleares de 25 de junio de 1999; SAP de Salamanca de 1 de junio de 2004; SAP de Castellón de 5 de noviembre de 2004 o la SAP de Alicante Sección 9ª, de 11 de febrero de 2019 se ha entendido que esa diligencia exigible al usuario de servicios de pago es aquella que contempla el artículo 1104 del Código Civil.

La SAP de Pontevedra, Sección 3ª, de 1 de diciembre de 2022 determina que *"como parámetro del actuar negligente también cabrá acudir al art. 1104 CC, que exige la diligencia asociada a la naturaleza de la obligación y a las circunstancias personales, de tiempo y lugar. Ello destacándose la complejidad y grado de perfección que presenta en la actualidad el método de "phishing" de difícil detección por persona de formación media, así como el deber de la proveedora, del servicio de dotarse de tecnología suficiente y adecuada con exigencia de medi-*

das implantadoras activas, sin entenderse suficientes avisos generales o en página web de mero carácter informativo o divulgativo —por todas, SS. AP Pontevedra (Secc. 6ª) 21.12.21 y Madrid (20ª) 20.5.2022, en la línea de lo razonado en SS. AP Valencia (6ª) 13.6.2022, Granada (5ª) 20.6.2022 y Badajoz (3ª) 21.6.2022". Este mismo fundamento es reproducido en la posterior resolución de la misma Sección y Audiencia pontevedresa de 23 de marzo de 2023.

En base a todos estos criterios la sentencia de la Audiencia Provincial de Madrid Sección 9ª 178/2015 de 4 mayo de 2015 condena a la entidad al reembolso de las cantidades, señalando que la Ley de los Servicios de Pago establece un sistema de responsabilidad cuasi objetiva para la entidad financiera, previendo que en caso de disposiciones fraudulentas el proveedor de servicios de pago deberá devolver de inmediato el importe de la operación no autorizada, (art. 31), quedando exento de esta obligación solo en el caso de que la operación no autorizada sea fruto de la actuación fraudulenta del cliente o del incumplimiento, deliberado o por negligencia grave, de una o varias de sus obligaciones (art. 32). Además, la Ley prevé una inversión de la carga de la prueba en tanto es el proveedor de los servicios, quien debe probar que la operación fue debidamente autenticada, cuando el usuario de los servicios lo niegue (art. 30).

La SAP de Madrid, Sección 20ª, de 20 de mayo de 2022, analiza con detalle un caso interesante de phishing en el que el usuario afectado recibe un mensaje SMS simulando provenir de su entidad bancaria invitándole a hacer un clic en un enlace clonado de la página del Banco demandando, realizando las operaciones que se le requirieron con la consecuencia de seis sustracciones por importe de 6.000 euros a raíz del latrocinio. Así es razonado por la Audiencia:

> *TERCERO.- La aplicación de la normativa anteriormente indicada al caso presente, nos lleva a estimar la Impugnación formulada por el demandante en cuanto, no discutiéndose la forma en que se llegaron a materializar las 6 retiradas de efectivo por un importe total de 6.000 €, iniciadas por una actuación fraudulenta de tercero, no cabe apreciar en el demandante un comportamiento negligente de la gravedad y entidad para con base en el mismo hacerle responsable, ni siquiera de la primera disposición de efectivo realizada con la tarjeta usada de manera fraudulenta por un tercero. Como se indica en la Directiva 2015/2036 la negligencia que le hace responder al cliente es la que se deriva de una conducta caracterizada por un grado significativo de falta de diligencia, lo que supone que la misma surge o se produce por iniciativa del usuario, no como consecuencia del engaño al que ha sido inducido por un delincuente profesional. Tampoco puede calificarse como grave dicho comportamiento conforme a la normativa del Código civil, pues siendo exigible al demandante la diligencia que exija la naturaleza de la obligación y correspondan a las circunstancias de las personas, tiempo y lugar (art. 1.104 del cc), el método fraudulento empleado —phishing— es de una complejidad y gra-*

do de perfección, difícilmente detectable por un cliente de las características del demandante, sin que la forma en que se denominaba al Banco en el SMS recibido o el error gramatical al emplear la palabra "lo" en lugar de "le", sean errores de entidad suficiente para detectar con base en ellos el fraude de que estaba siendo objeto. En esas circunstancias, era preciso ser un experto en la materia para poder detectar que la comunicación obedecía a una estafa o fraude. Es cierto que dicho comportamiento no puede considerarse diligente, pero para hacer soportar al cliente las consecuencias, aún parciales como se concluye en la sentencia apelada, es preciso apreciar en él una negligencia y que además sea grave, que en la normativa europea antes referida se equipara a la comisión de un fraude, actuación en la que no se ha acreditado incurriese el demandante, por el hecho de haber pinchado el link que se le ofrecía y facilitar los datos y clave de la tarjeta

CUARTO.- Por el contrario, la responsabilidad exigida a la entidad demandada, como proveedora del servicio, es la que se deriva de la naturaleza de tal prestación y de la posición contractual en la que se encuentran las partes, lo que le obliga a adoptar una serie de medidas de seguridad y dotarse de mecanismos de supervisión que permitieran detectar operaciones fraudulentas en la prestación de servicios de pago, tal como señala el artículo 2 del Reglamento Delegado 2018/389, pues como se indica también en la sentencia citada de la Audiencia de Pontevedra, incluyendo la técnica del phishing, la creación y puesta en la red de páginas que clonan las del sitio oficial de las entidades emisoras de instrumentos de pago, el deber de diligencia de la entidad demandada exigía dotarse de la tecnología antiphishing precisa para detectar las páginas clonadas de las oficiales propias y cerrarlas o eliminarlas, lo que, de producirse, impediría que el defraudador pudiera hacerse con las credenciales del usuario del instrumento de pago por ella emitido, pues la rotura del enlace del correo electrónico haría ya ineficaz cualquier conducta que frente al mismo pudiera observar el usuario receptor. Dicha actuación diligente no puede considerarse acreditada por las información que se facilita a los clientes a través de su página web, en cuanto la efectividad de esas obligaciones preventivas, lo que requerían era implementar en el sistema informático el mecanismo tecnológico adecuado para evitarlo; es decir mediante una con una conducta activa y no simplemente informativa o divulgativa.

De dicha omisión, no puede quedar exonerada por el hecho de que el cliente no tuviera activado el sistema de alarma en la tarjeta utilizada fraudulentamente, pues siendo obligación suya adoptar las medidas de seguridad adecuadas, esa obligación no puede entenderse cumplida con la simple puesta a disposición del cliente, sino que es ella quien debe adoptar una actitud activa para su implantación, no solo ponerla a disposición del cliente.

En consecuencia, la demandada incurrió en un incumplimiento de los deberes de diligencia en la prevención del fraude mediante phishing, que le hace ser responsable del perjuicio total sufrido por el demandante, pues no podía la entidad desconocer que frecuentemente mediante esa técnica el tercero defraudador utiliza los datos de la tarjeta para activarla en una aplicación de pago de la que tiene dominio, por lo que debiendo conocer que el teléfono desde el que se le había solicitado la activación no se encontraría entre los que hubiera registrado su nombre el demandante en su ficha de cliente, la comunicación del número de terminal telefónico devenía exigible para que aquélla pudiera conocer que era un tercero quien podría disponer de los datos de la tarjeta mediante la aplicación de pago que se activaría.

No habiendo quedado acreditado que la entidad demandada cumplió en la forma que le es exigible los deberes de diligencia en la autenticación de las operaciones de pago, pues ni habría probado haber implementado un mecanismo antiphising de protección de los usuarios de los instrumentos de pago por ella emitidos frente al uso fraudulento por un tercero de páginas imitativas de las propias para hacerse con las credenciales del instrumento, ni habría puesto en conocimiento del usuario los datos necesarios para que este conociera que se trataba de instalar su tarjeta en una aplicación de pago de un terminal de un tercero y no apreciándose que el demandante incurrió en negligencia grave en el cumplimiento de sus deberes de custodia y uso de la tarjeta, ha de declararse la responsabilidad de la entidad demandada como proveedora de los servicios de pago usados de manera fraudulenta por un tercero y por tanto es quien debe responder de las pérdidas sufridas por el demandante con tales operaciones, responsabilidad que se hace extensible a la totalidad de la pérdida, pues en momento alguno anterior a que se realizase la última de las operaciones fraudulentas de pago, la entidad demandada había informado a la demandante del número del terminal telefónico desde el que se estaban realizando las órdenes de pago fraudulentas, ni de circunstancia alguna que hubiera permitido conocer al demandante tal uso fraudulento".

Lo cierto, es que, para un usuario medio, este tipo de fraudes cometidos por delincuentes profesionales no es sencillo de detectar ni tampoco de evitar, por lo que no resulta aceptable trasladarles una responsabilidad que no les corresponde. Sobre esta dificultad reflexiona la SAP de Madrid, Sección 21ª, de 31 de octubre de 2017: *"Y debe indicarse que no es un sistema fácil sino complejo, que no es detectable por el particular usuario, aun teniendo instalados antivirus porque el tema más de uso de estos es de sistemas, para lo que se requiere algo más que tener cuidado y tener instalado tanto en el ordenador como en el móvil un antivirus".*

B2) De las operaciones de pago no autorizadas.

Desde la entrada en vigor a finales de 2018 de la nueva Directiva (UE) 2018/843 del Parlamento Europeo y del Consejo, de 30 de mayo de 2018, por la que se modifica la Directiva (UE) 2015/849 relativa a la prevención de la utilización del sistema financiero para el blanqueo de capitales o la financiación del terrorismo, y por la que se modifican las Directivas 2009/138/CE y 2013/36/UE (Directiva AML5) y junto con el Reglamento (UE) n° 910/2014 del Parlamento Europeo y del Consejo, de 23 de julio de 2014, relativo a la identificación electrónica y los servicios de confianza para las transacciones electrónicas en el mercado interior y por la que se deroga la Directiva 1999/93/CE (Reglamento e IDAS) la biometría facial respaldada por procesos de video identificación se encuentra aceptada normativamente.

En particular, el artículo 42 del Real Decreto-ley 19/2018, de 23 de noviembre, de servicios de pago y otras medidas urgentes en materia financiera, entre las obligaciones que atribuye al proveedor de servicios de pago en relación con los instrumentos de pago, les atribuye las siguientes:

a) Se cerciorará de que las credenciales de seguridad personalizadas del instrumento de pago solo sean accesibles para el usuario de servicios de pago facultado para utilizar dicho instrumento, sin perjuicio de las obligaciones que incumben al usuario de servicios de pago con arreglo al artículo 41.

b) Se abstendrá de enviar instrumentos de pago que no hayan sido solicitados, salvo en caso de que deba sustituirse un instrumento de pago ya entregado al usuario de servicios de pago.

   Esta sustitución podrá venir motivada por la incorporación al instrumento de pago de nuevas funcionalidades, no expresamente solicitadas por el usuario, siempre que en el contrato marco se hubiera previsto tal posibilidad y la sustitución se realice con carácter gratuito para el cliente.

c) Garantizará que en todo momento estén disponibles medios adecuados y gratuitos que permitan al usuario de servicios de pago efectuar una notificación en virtud del artículo 41.b), o solicitar un desbloqueo con arreglo a lo dispuesto en el artículo 40.4. A este respecto, el proveedor de servicios de pago facilitará, también gratuitamente, al usuario de dichos servicios, cuando éste se lo requiera, medios tales que le permitan demostrar que ha efectuado dicha comunicación, durante los 18 meses siguientes a la misma.

d) Ofrecerá al usuario de servicios de pago la posibilidad de efectuar una notificación en virtud del artículo 41.b), gratuitamente y cobrar, si acaso, únicamente los costes de sustitución directamente imputables al instrumento de pago.

e) Impedirá cualquier utilización del instrumento de pago una vez efectuada la notificación en virtud del artículo 41.b).

El artículo 45 del repetidamente citado Real Decreto-ley 19/2018, de 23 de noviembre, de servicios de pago y otras medidas urgentes en materia financiera, determina la responsabilidad del proveedor de servicios de pago en caso de operaciones de pago no autorizadas, señalando a tal efecto:

> *"1. Sin perjuicio del artículo 43 de este real decreto-ley, en caso de que se ejecute una operación de pago no autorizada, el proveedor de servicios de pago del ordenante devolverá a éste el importe de la operación no autorizada de inmediato y, en cualquier caso, a más tardar al final del día hábil siguiente a aquel en el que haya observado o se le haya notificado la operación, salvo cuando el proveedor de servicios de pago del ordenante tenga motivos razonables para sospechar la existencia de fraude y comunique dichos motivos por escrito al Banco de España, en la forma y con el contenido y plazos que éste determine. En su caso, el proveedor de servicios de pago del ordenante restituirá la cuenta de pago en la cual se haya efectuado el adeudo al estado en el que se habría encontrado de no haberse efectuado la operación no autorizada.*
>
> *La fecha de valor del abono en la cuenta de pago del ordenante no será posterior a la fecha de adeudo del importe devuelto.*
>
> *2. Cuando la operación de pago se inicie a través de un proveedor de servicios de iniciación de pagos, el proveedor de servicios de pago gestor de cuenta devolverá inmediatamente y, en cualquier caso, a más tardar al final del día hábil siguiente, el importe de la operación de pago no autorizada y, en su caso, restituirá la cuenta de pago en la cual se haya efectuado el adeudo al estado en el que se habría encontrado de no haberse efectuado la operación no autorizada.*
>
> *Si el responsable de la operación de pago no autorizada es el proveedor de servicios de iniciación de pagos, deberá resarcir de inmediato al proveedor de servicios de pago gestor de cuenta, a petición de este, por las pérdidas sufridas o las sumas abonadas para efectuar la devolución al ordenante, incluido el importe de la operación de pago no autorizada. De conformidad con el artículo 44.1, corresponderá al proveedor de servicios de iniciación de pagos demostrar que, dentro de su ámbito de competencia, la operación de pago fue autenticada y registrada con exactitud y no se vio afectada por un fallo técnico u otras deficiencias vinculadas al servicio de pago del que es responsable.*
>
> *3. Podrán determinarse otras indemnizaciones económicas de conformidad con la normativa aplicable al contrato celebrado entre el ordenante y el proveedor de servicios de pago o el contrato celebrado entre el ordenante y el proveedor de servicios de iniciación de pagos, en su caso"*

Tal y como recuerda la SAP de Alicante, Sección 9ª, de 11 de febrero de 2019, la razón de atribuir a la entidades financieras y proveedores de pago una singular responsabilidad, descansa sobre estas premisas: *"el sistema para funcionamiento de las tarjetas lo dispone el emisor o un tercero con el que el emisor contrata su uso en beneficio propio y el sistema operativo de las tarjetas electrónicas no es completamente seguro; en el estado actual no se puede garantizar una seguridad absoluta y quien tiene el primer deber de impedir el mal uso de la tarjeta es el emisor que ha puesto en marcha el sistema y de ahí su responsabilidad por circunstancias relativas al funcionamiento del sistema cuyos riesgos y limitaciones él conoce y que no deben ser imputados al usuario, y, de ahí, también que sea de su cargo la prueba de la mala fe o negligencia grave del usuario o titular de la tarjeta".*

Como expresa la Sentencia de la Audiencia Provincial de Alicante, Sección 8ª, de 21 de enero de 2014 y reitera la SAP de Castellón, Sección 3ª, de 17 de mayo de 2019: *"Es evidente que tanto por razón de la normativa fiscal y bancaria, como por la obligación que soportan de las entidades de velar por el interés del cliente, las entidades bancarias depositarias del efectivo de sus clientes han de extremar la precaución al comprobar la identidad de quienes realizan operaciones bancarias sobre tales depósitos."*

La SAP de Madrid, Sección 11ª, de 28 de febrero de 2022 se refiere al denominado "riesgo operacional", atribuyendo a la entidad financiera su asunción frente a conductas fraudulentas que afectan a los fondos de sus clientes, así como la obligación de un conocimiento del mismo y de su operativa habitual:

> *"(...) el conocido "riesgo operacional", que debe ser asumido por los bancos en virtud de su posición de garante al ser una pieza clave para evitar la comisión de fraudes. Asimismo, existe una obligación genérica de las entidades financieras por buenas práctica profesionales, gestión de riesgos y defensa frente a fraudes, estableciendo procedimientos que garantizan el principio "Conoce a tu Cliente", que incluye que los bancos deben conocer el tipo de operaciones que estos realizan e identificar posibles operaciones irregulares y/o fraudes de los que puedan ser víctimas".*

Constituye por tanto obligación esencial de las entidades prestadoras del servicio de banca online el dotarse de medidas suficientes que garanticen al usuario la seguridad de las operaciones por lo que, en el supuesto de insuficiencia o mal funcionamiento de las adoptadas, deben ser las entidades bancarias las que asuman las consecuencias derivadas de los fallos de seguridad del sistema. La SAP de Madrid, Sección 9ª, de 4 de mayo de 2015, razona con contundencia: *"parece de una obviedad incontestable que no ha de ser el cliente quien tenga que detectar las disfunciones de un sistema que ni ha creado ni manejado, ni tiene posibilidad de ello".*

La SAP de Barcelona, Sección 14ª, de 7 de marzo de 2013 determina: *"En definitiva, lo que no puede ofrecerse es un sistema on line sin adoptar las medidas de seguridad necesarias, conociendo además de su existencia (...) Pues, por más recomendaciones que se hagan al usuario o cliente, como se alega por la Caixa, es ésta la que ofrece un producto en principio seguro, pero con conocimiento de los distintos riesgos ajenos a un uso del cliente con todas las recomendaciones, por lo que corresponde a la misma adoptar las medidas de seguridad o control necesarias, y renovarse ante los distintos modos de "ataque" informático".*

Como razona la SAP de Alicante, Sección 8ª, de 12 de marzo de 2018:

> *"Siendo Internet una red pública de comunicaciones, la seguridad de las operaciones bancarias precisa de soluciones tecnologías avanzadas a los efectos de garantizar tanto la autenticidad como la integridad y la confidencialidad de los datos.*
>
> *Por estos motivos las entidades prestadoras del servicio de banca online deben dotarse de medidas suficientes que garanticen al usuario la seguridad de las operaciones.*
>
> *Consecuencia derivada de la omisión, insuficiencia o defectuoso funcionamiento de las adoptadas es que han de ser las entidades bancarias las que asuman las consecuencias derivadas de los fallos de seguridad del sistema.*
>
> *La banca electrónica está siendo objeto de transferencias no autorizadas por el cliente y que vienen antecedidas por el método delictivo conocido como phishing que constituye una modalidad específica de fraude informático que visualiza las deficiencias de seguridad del sistema informático de una entidad y que trae causa en el uso de las redes telemáticas.*
>
> *(...)*
>
> *La responsabilidad en estos supuestos no puede atribuirse directamente al supuesto ordenante de la transferencia por entenderse esta autorizada al haberse realizado de acuerdo con los sistemas de autenticación del banco.*
>
> *Los sistemas de autenticación se establecen por los proveedores de servicios de pago y si un banco no ha sido capaz de limitar el acceso al canal de banca electrónica no puede pretender que el presunto ordenante víctima de esta práctica fraudulenta sea el único responsable, pues es el banco quien tiene responsabilidad respecto del buen funcionamiento y la seguridad del mismo".*

La SAP de Cáceres, Sección 1ª, de 16 de febrero de 2022 es del mismo parecer rechazando la traslación de responsabilidad al usuario que trataba de justificar la entidad bancaria:

> *"Debe tenerse en cuenta que estos mecanismos de pago, tanto por medio de tarjetas, como a través de la banca a distancia o digital, no solo los articula la entidad financiera a través de las correspondientes aplicaciones y software, sino que potencia su utilización por sus clientes y usuarios bancarios, por lo que tiene —y debe— implementar todas las medidas de seguridad necesaria para evitar fraudes, incluida la suplantación de identidad; y, si el fraude es externo, es decir, a través*

de estafas informáticas (o "phishing"), lo único que puede exigirse al usuario es que el dispositivo que utilice para la realización de este tipo de operaciones tenga un mantenimiento de seguridad que, en principio, pudiera evitarlo, exigencia que, en el supuesto que examinamos, ha verificado el demandante quien goza —no debe olvidarse— de la condición de "consumidor" y, en consecuencia, de una protección reforzada".

La SAP de Madrid, Sección 20ª, de 20 de mayo de 2022, incide en la responsabilidad de la entidad financiera por las disposiciones fraudulentas ocasionadas por terceros a través de conductas delictivas de phishing, aún cuando el usuario hubiera podido hacer clic en algún mensaje malicioso que hubiera supuesto la captura de sus claves por no haber implementado las debidas medidas seguridad antiphishing:

> *"En consecuencia, la demandada incurrió en un incumplimiento de los deberes de diligencia en la prevención del fraude mediante phishing, que le hace ser responsable del perjuicio total sufrido por el demandante, pues no podía la entidad desconocer que frecuentemente mediante esa técnica el tercero defraudador utiliza los datos de la tarjeta para activarla en una aplicación de pago de la que tiene dominio, por lo que debiendo conocer que el teléfono desde el que se le había solicitado la activación no se encontraría entre los que hubiera registrado su nombre el demandante en su ficha de cliente, la comunicación del número de terminal telefónico devenía exigible para que aquélla pudiera conocer que era un tercero quien podría disponer de los datos de la tarjeta mediante la aplicación de pago que se activaría.*
>
> *No habiendo quedado acreditado que la entidad demandada cumplió en la forma que le es exigible los deberes de diligencia en la autenticación de las operaciones de pago, pues ni habría probado haber implementado un mecanismo antiphising de protección de los usuarios de los instrumentos de pago por ella emitidos frente al uso fraudulento por un tercero de páginas imitativas de las propias para hacerse con las credenciales del instrumento, ni habría puesto en conocimiento del usuario los datos necesarios para que este conociera que se trataba de instalar su tarjeta en una aplicación de pago de un terminal de un tercero y no apreciándose que el demandante incurrió en negligencia grave en el cumplimiento de sus deberes de custodia y uso de la tarjeta, ha de declararse la responsabilidad de la entidad demandada como proveedora de los servicios de pago usados de manera fraudulenta por un tercero y por tanto es quien debe responder de las pérdidas sufridas por el demandante con tales operaciones, responsabilidad que se hace extensible a la totalidad de la pérdida, pues en momento alguno anterior a que se realizase la última de las operaciones fraudulentas de pago, la entidad demandada había informado a la demandante del número del terminal telefónico desde el que se estaban realizando las órdenes de pago fraudulentas, ni de circunstancia alguna que hubiera permitido conocer al demandante tal uso fraudulento".*

B3) De las obligaciones del proveedor de servicios de pago en relación con los instrumentos de pago.

El artículo 41 del Real Decreto-ley 19/2018, de 23 de noviembre, de servicios de pago y otras medidas urgentes en materia financiera establece como obligaciones del usuario de servicios de pago en relación con los instrumentos de pago y las credenciales de seguridad personalizadas

a) utilizar el instrumento de pago de conformidad con las condiciones que regulen la emisión y utilización del instrumento de pago que deberán ser objetivas, no discriminatorias y proporcionadas y, en particular, en cuanto reciba un instrumento de pago, tomará todas las medidas razonables a fin de proteger sus credenciales de seguridad personalizadas;

b) en caso de extravío, sustracción o apropiación indebida del instrumento de pago o de su utilización no autorizada, lo notificará al proveedor de servicios de pago o a la entidad que este designe, sin demora indebida en cuanto tenga conocimiento de ello.

Partiendo de estas premisas, el debate en los casos de fraude bancario suele centrarse, de una parte, en si resulta imputable al cliente la conducta de facilitación de claves a un tercero cuando este ha sido víctima de un engaño por el que se ha suplantado la identidad de la entidad financiera o proveedor de servicios de pago y si ello permite a esta exonerarse de su responsabilidad.

La SAP de Vizcaya, Sección 3°, de 10 de noviembre de 2016 aborda esta cuestión, revocando la resolución de instancia en la que se absolvía inicialmente a la entidad demandada:

> *"La Sentencia de primera instancia desestima la demanda porque imputa una negligencia grave en los demandantes, quienes entregaron las claves bancarias a terceros sin que en su caso tuviera relevancia en el fraude la mayor o menor vulnerabilidad del sistema bancario on line de la demandada; pero dicha afirmación para esta Sala de cuantas conductas se realicen a través de la banca electrónica y ello en cuanto que precisamente este tipo de fraude comienza con la posibilidad de que los defraudadores interesan las claves de acceso a los clientes de los bancos (en este incide la mecánica delictiva). Téngase en cuenta que el fraude se comete creando los delincuentes una página web similar a la del Banco, que se realizan a través de la linea bancaria reiteradas operaciones en la misma semana (hasta 30 movimientos) y por cantidades elevadas (...)*
>
> *Dichas circunstancias vienen a contemplar un sistema bancario electrónico diseñado por la entidad demandada adoleciendo de seguridad, la oferta a los clientes para operar a través de dicha banca electrónica y que es un hecho conocido de que cada vez se impone más por las entidades bancarias a los clientes,*

eliminando los servicios en ventanilla, se publicita por ser seguro contener los filtros para detectar fraudes y operar de forma fiable siendo así que en cuanto se ha probado la mecánica de la facilidad para operar por terceros no autorizados a través de la banca electrónica de la demandada difícilmente podemos decir de que el Banco demandado no haya incurrido en negligencia grave de sus obligaciones, se han permitido efectuar operaciones bancarias (30 movimientos) sin superar ningún filtro cuando la legislación bancaria tiende precisamente a establecer que se efectúen y se establezcan diferentes controles por los bancos en protección de los clientes, tendiendo a establecerse una responsabilidad cuasi objetiva de las entidades bancarias en cuanto deben soportar los riesgos de su actividad profesional en cuanto que se establece con el cliente una responsabilidad contractual del servicio de depósito, custodia y pagos de las cuentas del cliente."

Este mismo sentir late en la SAP de La Rioja, Sección 1ª, de 17 de febrero de 2023:

"Ha sido la Banca la que principalmente se ha beneficiado de las nuevas tecnologías: su uso le ha permitido abaratar costes mediante el sistema de que sean los clientes los que realicen materialmente las operaciones que antes llevaban a cabo sus empleados en las oficinas o sucursales bancarias, lo cual ha permitido a las entidades financieras despedir a muchos de aquellos y cerrar muchas de estas.

En esa situación, resulta justo que sea el banco el que se haga cargo de ese margen de riesgo que ha introducido el uso de las nuevas tecnologías y que antes, cuando las operaciones se hacían presencialmente, era inexistente.

En este punto, debe hacerse especial mención de que el banco es perfectamente consciente que en esta dinámica de contratación, es el dispositivo de telefonía móvil el que habitualmente más se utiliza por los clientes para la realización de estas operaciones on line; no en vano, los bancos facilitan e incentivan su uso mediante la creación de sus propias apps, cuyo uso preconizan y publicitan de forma insistente entre sus clientes. Por eso resulta de todo punto inadmisible que el banco, para exonerarse de responsabilidad, arguya que no es responsable de la seguridad de esos dispositivos, cuando resulta que es el propio banco quien, mediante la creación apps, facilita cuando no incentiva su utilización de los teléfonos móviles por los clientes para realizar este tipo de operaciones, sin que conste que el banco, cuando facilita o difunde esta utilización, se preocupe de cual es concretamente el rango o nivel de seguridad que presenta cada uno de los dispositivos de sus clientes a través de los cuales se realizan las operaciones.

Y queremos destacar que, para quedar exento de responsabilidad, el Banco deberá acreditar no sólo que la orden de pago no se vio afectada por un fallo técnico que es en lo que se centra el recurrente, sino tampoco por "otra deficiencia del servicio prestado por el proveedor de servicios de pago."

Esto quiere decir que el banco debe actuar con la diligencia exigible, que no es sólo la reglamentariamente prevista sino la adecuada a las circunstancias de personas, lugar y tiempo.

Entre estas, cobran especial relevancia datos tales como, el perfil del cliente, los movimientos inusuales, los importes dispuestos, la hora en que se hace la operación, etc.".

Esta asimetría ha sido también resaltada por la SAP de Zaragoza, Sección 4ª, de 17 de febrero de 2023, en cuyo fundamento de derecho primero se establece como premisa los particulares beneficios ofrecidos tanto a usuarios como a las propias entidades, que son indudablemente no solo las responsables de su implantación sino quienes que en términos de rentabilidad económica mayores aportes han cosechado con ello. Así es apuntado:

"Entender el régimen jurídico en los servicios de pago, en particular en las operaciones en línea, pasa por exponer y comprender el modelo de negocio de las entidades bancarias y de los proveedores de estos servicios de pago.

Tal modelo de negocio responde hoy, y tras unos cambios vertiginosos, a la prestación de unos servicios financieros en general, y el de pagos en particular, articulado sobre un modelo digitalizado y telemático, en gran medida, aunque no del todo, bidireccional.

Ese modelo aporta beneficios para todas las partes, al cliente y ordenante y para el prestador del servicio.

Pero no en la misma posición ni proporción, pues así como para el ordenante operar en línea, es solo realizar una operación concreta, para el prestador del servicio es, como se ha dicho, un modelo rentabilísimo de negocio, que le proporciona uno ahorro de costes, aunque, eso sí, acompañado de incontestable deterioro de la atención presencia".

B4) De la responsabilidad cuasi objetiva de la entidad.

Conforme a lo dispuesto en el artículo 147 del Texto Refundido de la Ley para la Defensa de los Consumidores y Usuarios y otras leyes complementarias, aprobado por el Real Decreto Legislativo 1/2007, de 16 de noviembre "*Los prestadores de servicios serán responsables de los y perjuicios causados a los consumidores o usuarios, salvo que prueben que han cumplido las exigencias y requisitos reglamentariamente establecidos y demás cuidados y diligencias que exige la naturaleza del servicio*".

Así mismo, el artículo 148 TRLGDCU determina que "*se responderá de los daños originados en el correcto uso de los servicios, cuando por su propia naturaleza, o por estar así reglamentariamente establecido, incluyan necesariamente la garantía de niveles determinados de eficacia o seguridad, en condiciones objeti-*

vas de determinación, y supongan controles técnicos, profesionales o sistemáticos de calidad, hasta llegar en debidas condiciones al consumidor y usuario". De este precepto, como razona la SAP de Alicante, Sección 8ª, de 12 de marzo de 2018, al resolver precisamente un supuesto de phishing padecido por una usuaria, se desprende que *"el fundamento de la responsabilidad presunta del proveedor de servicios en el ámbito de la sociedad de la información, en particular cuando no aparece vinculada exclusivamente a la falta de específicas medidas de autoprotección por parte de aquellos sino a la falta de un especial cuidado en atención a la naturaleza del servicio de que se trata, al modo empresarial de su prestación y al rol que en este desempeña un usuario típico, ponderado el hecho de que si el evento dañoso acaece es porque hay un déficit de la seguridad que legítimamente no cabía esperar del servicio prestado. Y dado que se produce —cuando el evento ocurre— dentro de un ámbito que se halla bajo el control del empresario prestador del servicio, que es quien cuenta con la información sobre las medidas de cuidado exigibles, y en su caso adoptadas, a fin de reducir el riesgo de riesgos, es el proveedor quien deviene responsable del daño"*.

Inicien en el carácter de la responsabilidad cuasi-objetiva de la entidad financiera, entre otras, la SAP de Albacete, Sección 2ª, de 23 de febrero de 2012; SAP de Asturias, Sección 1ª, de 18 de septiembre de 2012; Sentencia J. 1ª Instancia nº 4 Majadahonda, de 8 de noviembre de 2012; SAP de Badajoz, Sección 2ª, de 7 de febrero de 2013; SAP de Sevilla, Sección 6ª, de 7 de febrero de 2013; SAP de Zaragoza, Sección 4ª, de 14 de mayo de 2013; SAP de Castellón, Sección 3ª, de 4 de febrero de 2014; SAP Madrid, Sección 9ª, de 4 de mayo de 2015; SAP Vizcaya, Sección 3ª, de 10 de noviembre de 2016; SAP de Sevilla, Sección 6ª, de 4 de octubre de 2018; SAP de Valencia, Sección 8ª, de 8 de abril de 2019; SAP Pontevedra, Sección 6ª, de 7 de abril de 2021; SAP Madrid, Sección 11ª, de 28 de febrero de 2022; SAP de Granada, Sección 5ª, de 20 de junio de 2022; SSAP de Zaragoza, Sección 5ª, de 1 de julio y 17 de noviembre de 2022; SAP de Pontevedra, Sección 3ª, de 1 de diciembre de 2022; SAP de Jaén, Sección 1ª, de 14 de diciembre de 2022; SAP de Murcia, Sección 1ª, de 19 de diciembre de 2022; SAP de Madrid, Sección 10ª, de 13 de enero de 2023; SAP de Almería, Sección 1ª de 31 de enero de 2023; SAP Baleares, Sección 5ª, de 17 de febrero de 2023; SAP de Navarra, Sección 3ª, de 9 de marzo de 2023; SAP de Ourense, Sección 1ª, de 12 de mayo de 2023; SAP de Cuenca, Sección 1ª, de 16 de mayo de 2023; Sentencia J. 1ª Instancia e Instrucción nº 1 de Moncada de 31 de mayo de 2023.

Séptimo.- *Tempestividad de la acción.* Como premisa inicial, aunque elemental, ha de tenerse presente que el Real Decreto Ley 19/2018, de 23 de noviembre, de Servicios de pago y otras medidas urgentes en materia financiera, es norma administrativa y ello por tanto no veda el ejercicio de las correspondientes acciones de responsabilidad que pudieran ejercitarse en sede civil. Ello tiene su trascendencia, pues al establecer el artículo 43.1 de la precitada norma *que el usuario de servicios de pago obtendrá la rectificación por parte del proveedor de servicios de pago de una operación de pago no autorizada o ejecutada incorrectamente únicamente si el usuario de servicios de pago se lo comunica sin demora injustificada, en cuanto tenga conocimiento de cualquiera de dichas operaciones que sea objeto de reclamación, incluso las cubiertas por el artículo 60, y, en todo caso, dentro de un plazo máximo de trece meses contados desde la fecha del adeudo,* ello no debe llevarnos a la confusión de la falta de acción transcurrido dicho término, cuando lo que se pretenda es la exigencia de la responsabilidad contractual derivada de estas operaciones no autorizadas. Así, el artículo 45.3 del actual Real Decreto Ley 19/2018, de 23 de noviembre, de Servicios de pago y otras medidas urgentes en materia financiera, señala también que *podrán determinarse otras indemnizaciones económicas de conformidad con la normativa aplicable al contrato celebrado entre el ordenante y el proveedor de servicios de pago o el contrato celebrado entre el ordenante y el proveedor de servicios de iniciación de pagos, en su caso.*

En este sentido, se ha pronunciado la SAP de Barcelona, Sección 1ª, de 1 de marzo de 2021:

> *"(...) cabe destacar que la normativa bancaria no condiciona las reclamaciones que, desde el punto de vista del derecho civil, puedan caber entre cliente bancario y entidad bancaria por razón del incumplimiento del contrato de cuenta corriente entre ambos. A ello se refiere el artículo 31 Ley 16/2009 cuando dice "Sin perjuicio de [...] las indemnizaciones por daños y perjuicios a las que pudiera haber lugar conforme a la normativa aplicable al contrato celebrado entre el ordenante y su proveedor de servicios de pago".*
>
> *Es decir, por mor de la norma administrativa, en caso de ejecución de operación de pago no autorizada, cumpliéndose los plazos del artículo 29, se debe devolver de inmediato el importe.*
>
> *Ello no implica que si transcurren los plazos del artículo 29 Ley 16/2009 o al margen de dicha Ley el cliente carezca de acción civil para reclamar al banco daños y perjuicios que haya sufrido por incumplimiento del contrato de cuenta corriente.*
>
> *Debe deslindarse el ámbito de aplicación y alcance de la Ley 16/2009, norma administrativa que tiene su ámbito de aplicación en unos plazos de reclamación con consecuencias automáticas para el banco, de los derechos y obligaciones y correspondientes acciones que en virtud del derecho civil y del contrato entre las partes puedan surgir. En este ámbito rigen los plazos ordinarios de prescripción de acciones.*

Debe destacarse en este caso que la actora no ejercita en su demanda una acción para obligar al banco al cumplimiento de sus obligaciones legales establecidas en la Ley 16/2009, sino una acción de responsabilidad contractual, causa de pedir distinta que la esgrimida por la apelada.

Así se desprende también del considerando 31 de la Directiva 2007/64/CE del Parlamento Europeo y del Consejo de 13 de noviembre de 2007 sobre servicios de pago en el mercado interior, por la que se modifican las Directivas 97/7/CE, 2002/65/CE, 2005/60/CE y 2006/48/CE y por la que se deroga la Directiva 97/5/CE (norma que la Ley 16/2009 transpuso):

"Para reducir los riesgos y las consecuencias de operaciones de pago no autorizadas o que hayan sido ejecutadas incorrectamente, el usuario del servicio de pago debe informar al proveedor de servicios de pago lo antes posible sobre sus posibles reclamaciones en relación con las supuestas operaciones de pago no autorizadas o que hayan sido ejecutadas incorrectamente, siempre y cuando el proveedor de servicios de pago haya respetado sus obligaciones de información con arreglo a la presente Directiva. Si el usuario del servicio de pago respeta el plazo de la notificación, debe tener la posibilidad de presentar esa reclamación respetando los plazos de prescripción aplicables con arreglo al Derecho nacional. La presente Directiva no debe afectar a otras reclamaciones entre usuarios de servicios de pago y proveedores de servicios de pago".

Esta misma idea es reproducida por la SAP de Jaén, Sección 1ª, de 1 de junio de 2021.

El plazo para el ejercicio de las acciones personales que no tengan otro previsto legalmente es el establecido en el artículo 1964.2 CC, por lo tanto 5 años desde que pueda exigirse el cumplimiento de la obligación.

A su vez, como es sabido, la prescripción de las acciones se interrumpe por su ejercicio ante los Tribunales, por reclamación extrajudicial del acreedor (SAP de Madrid, de 9 de diciembre de 2004 o SAP de Sevilla de 30 de noviembre de 2006, entre muchas otras a título ilustrativo) y por cualquier acto de reconocimiento de la deuda por el deudor, según determina el artículo 1973 CC.

Octavo.- *Valoración de la prueba.* El Banco de España, en su Memoria de Reclamaciones de 2018 ya apuntó que *"la prueba de autenticación y ejecución de las operaciones de pago, en el caso de operaciones no autorizadas, corresponde a la entidad bancaria".* Se atribuye así a la entidad financiera la carga probatoria de que la operación fue *"autenticada, registrada con exactitud y contabilizada, y que no se ve afectada por un fallo técnico o por cualquier otra anomalía".*

La SAP Alicante, Sección 9ª, 111/07 de 30 de marzo ya advirtió que *"la doctrina ha venido recogiendo con carácter general, el criterio de establecer como de cargo de la Entidad emisora de la tarjeta, la prueba de la culpa grave del usuario o titular". Así se recoge también por la SAP de Asturias de 15 de febrero de 2005*, a la que expresamente se refiere la SAP de Madrid de 25 de abril de 2006.

La prueba de la autenticación y ejecución de las operaciones de pago viene preceptuada en el artículo 44 del Real Decreto-ley 19/2018, de 23 de noviembre, en el que se dispone:

> *1. Cuando un usuario de servicios de pago niegue haber autorizado una operación de pago ya ejecutada o alegue que ésta se ejecutó de manera incorrecta, corresponderá al proveedor de servicios de pago demostrar que la operación de pago fue autenticada, registrada con exactitud y contabilizada, y que no se vio afectada por un fallo técnico u otra deficiencia del servicio prestado por el proveedor de servicios de pago.*
>
> *Si el usuario de servicios de pago inicia la operación de pago a través de un proveedor de servicios de iniciación de pagos, corresponderá a éste demostrar que, dentro de su ámbito de competencia, la operación de pago fue autenticada y registrada con exactitud y no se vio afectada por un fallo técnico u otras deficiencias vinculadas al servicio de pago del que es responsable.*
>
> *2. A los efectos de lo establecido en el apartado anterior, el registro por el proveedor de servicios de pago, incluido, en su caso, el proveedor de servicios de iniciación de pagos, de la utilización del instrumento de pago no bastará, necesariamente, para demostrar que la operación de pago fue autorizada por el ordenante, ni que éste ha actuado de manera fraudulenta o incumplido deliberadamente o por negligencia grave una o varias de sus obligaciones con arreglo al artículo 41.*
>
> *3. Corresponderá al proveedor de servicios de pago, incluido, en su caso, el proveedor de servicios de iniciación de pagos, probar que el usuario del servicio de pago cometió fraude o negligencia grave.*
>
> *4. El proveedor de servicios de pago conservará la documentación y los registros que le permitan acreditar el cumplimiento de las obligaciones establecidas en este Título y sus disposiciones de desarrollo y las facilitará al usuario en el caso de que así le sea solicitado, durante, al menos, seis años. No obstante, el proveedor de servicios de pago conservará la documentación relativa al nacimiento, modificación y extinción de la relación jurídica que le une con cada usuario de servicios de pago al menos durante el periodo en que, a tenor de las normas sobre prescripción puedan resultarles conveniente para promover el ejercicio de sus derechos contractuales o sea posible que les llegue a ser exigido el cumplimiento de sus obligaciones contractuales.*
>
> *Lo dispuesto en este apartado se entiende sin perjuicio de lo establecido en la Ley 10/2010, de 28 de abril, de prevención del blanqueo de capitales y de la financiación del terrorismo, así como en otras disposiciones nacionales o de la Unión Europea aplicables.*

Respecto a este particular, aún referido al anterior art. 30 LSP, se pronuncia la SAP de Barcelona, Sección 4ª, de 6 de julio de 2018, recordando a la entidad la ausencia de validez de la invocación de sus propios registros para destruir la presunción favorable al usuario del servicio de pago en aquellos casos en que niega haber otorgado su autorización para el pago, señalando: *"presunción que abarca en sentido amplio la falta de autorización pues establece, como ya hemos indicado, una presunción a favor de usuario ya que el registro por el proveedor de servicios de la utilización del instrumento de pago no bastará para demostrar que la operación de pago fue autorizada por el ordenante, ni que éste actuó de manera fraudulenta o incumplió deliberadamente o por negligencia grave una o varias de sus obligaciones (art. 30.2 de la referida Ley), lo que precisa necesariamente de prueba. De ahí que deba desestimarse ese motivo de apelación".*

Desecha también la invocación de los propios registros de la entidad como prueba válida para destruir la presunción legal favorable al usuario de servicios de pago la SAP de Coruña, Sección 6ª, de 23 de marzo de 2018:

> *"En la Impugnación de la sentencia no se niegan los hechos y las afirmaciones en las que la juzgadora funda su decisión, sino que se argumenta que la prueba que se le solicita (demostrar que la operación de pago fue autenticada, registrada con exactitud y contabilizada, y que no se vio afectada por un fallo técnico o cualquier otra deficiencia) es imposible porque "el banco no puede probar un hecho negativo como es la deficiencia de un fallo técnico o deficiencia en el sistema de seguridad". En su defensa razona que los testigos coincidieron en que las operaciones se habían efectuado a través de un sistema seguro que requería dos claves (una para acceder a la página del comercio del banco y otra personal para confirmar y validar la operación), insistiendo en que o bien la actora las facilitó a un tercero o bien fueron captadas de Internet a través de phishing, en cuyo caso, la entidad bancaria no tiene intervención alguna. Finalmente se acude a las reglas que rigen la distribución de la carga de la prueba para insistir en que no es aplicable al caso que nos ocupa una inversión de la carga de la prueba.*
>
> *Estos argumentos son inconsistentes y están en franca contradicción con la norma especial antes transcrita, que es nítida y no deja lugar a dudas. En el caso que nos ocupa se cumplen todas las exigencias del precepto, puesto que la actora negó haber autorizado las operaciones de pago de las que se siguen los cargos y así lo denunció ante el banco, ante la Guardia Civil y ante el Banco de España. Lo que determina que por mandato legal sea la entidad bancaria la que deba demostrar que la operación de pago fue autenticada, registrada con exactitud y contabilizada y que no se vio afectada por un fallo técnico o cualquier otra deficiencia. Sin que a tenor del apartado 2. del art. 30 sea suficiente un registro por el proveedor del servicio para justificar la responsabilidad del cliente.*

> *Consecuentemente, el motivo se desestima toda vez que se han respetado las reglas de distribución de la carga de la prueba y ésta ha sido valorada acertadamente".*

La SAP Alicante 632/2018, Sección 8ª de 12 de marzo de 2018, que también es reproducida por la SAP de Madrid, Sección 10ª, de 23 de enero de 203, señala:

> *"Y es que no es cierto que la carga de la prueba sobre la implementación de medidas de seguridad adecuadas, suficientes, eficientes y actuales al nivel de riesgo modalidades de ataques informáticos en la red bancaria de banca online lo sea a cargo del usuario del sistema, pues el marco de responsabilidad establecido para el caso de operaciones de pagos hechos por proveedores de servicios no autorizadas o ejecutadas incorrectamente, es el de la cuasi-objetividad tal cual se desprende de la regulación específica sobre la materia —a la que seguidamente aludiremos—, sin perjuicio del régimen general de la carga de la prueba. Tres son las razones que abogan la contrariedad del argumento del recurrente, a saber, el contenido del precepto que se dice infringido —art. 217 LEC— y, por llamada del mismo, la legislación de consumo y la legislación específica de servicios de pago. Por lo que hace al contenido del art. 217 LEC, hemos de recordar que párrafo séptimo establece que "para la aplicación de lo dispuesto en los apartados anteriores de este artículo el Tribunal deberá tener presente la disponibilidad y facilidad probatoria que corresponde a cada una de las partes del litigio". Para valorar el alcance de esta norma al caso hemos de entender que la regla general aplicable a la prestación de servicios que no tenga adjetivada una especial peligrosidad o requiera de un particular cuidado ha de ser la regla general del art. 217 LEC, de manera que cuando se trata de prestaciones contractuales o no contractuales, del tenor del art. 1101 y 1902 Cc en relación al art. 217.2 LEC se desprenderá que corresponde al perjudicado demandante la carga de la prueba de la culpa del causante del daño demandado. Ahora bien, no es así cuando "una disposición legal expresa" —art. 217.6— imponga al demandado la carga de probar que hizo cuanto le era exigible para prevenir el daño; o cuando tal inversión de la carga de la prueba venga reclamada por los principios de "disponibilidad y facilidad probatoria" a los que se refiere el artículo 217.7 LEC, y ello sin perjuicio de que en aplicación de lo dispuesto en el artículo 386 LEC el tribunal pueda imputar la culpa al demandado del resultado dañoso acaecido cuando, por las especiales características de éste y conforme a una máxima de la experiencia, pertenezca a una categoría de resultados que típicamente se produzcan (sean realización de un riesgo creado) por impericia o negligencia, y no proporcione el demandado al tribunal una explicación causal de ese resultado dañoso que, como excepción a aquella máxima, excluya la culpa por su parte. La lógica de la norma de acceso a la fuente de la prueba y facilidad probatoria en lo que hace a la implementación de medidas de seguridad en la prestación de un servicio que se da por las entidades de crédito a sus clientes a través de una oficina virtual que se desenvuelve en redes bien de internet, bien de comunicaciones móviles, se presenta como criterio más que de razonable atención al caso en el que la propia seguridad y debida*

reserva de la red se contrapone al acceso por parte de un tercero distinto al titular de la misma que asume poner en la red pública un conjunto de comunicaciones para permitir operaciones bancarias que requiere de soluciones tecnológicas muy avanzadas que minimicen las amenazas contra la autenticidad, integridad y la confidencialidad de los datos que circulan a través de la red. Por otro lado, el apartado 6 del artículo 217 LEC dispone que las normas contenidas en los apartados precedentes "se aplicarán siempre que una disposición legal expresa no distribuya con criterios especiales la carga de probar los hechos relevantes". (...) Así resulta además del particular régimen jurídico de responsabilidad en la prestación de servicios de pago que, con la llamada del 217.6 LEC, penetra en la configuración de la específica modalidad de responsabilidad que asume este prestador y con ello, la variación del régimen legal del sistema de gravamen probatorio, regulación legal de los servicios de pago que constituye una legislación ad hoc a no ignorar por el hecho de que se haya positivizado en la ley posterior a los hechos que nos ocupa la Ley 16/2009, de 13 de noviembre, de servicios de pago (en vigor desde el día 4 de diciembre de ese mismo año) porque dicha norma transpone (fuera del plazo dado en la misma) la Directiva 2007/64/CE, del Parlamento Europeo y del Consejo Europeo de 13 de noviembre de 2007 vigente al tiempo de los hechos (hoy derogada por la Directiva 2015/2366, de 25 de noviembre), donde se establece —art. 59— el siguiente contenido normativo que ha sido traspuesto al art. 30 de la Ley 16/2009, de servicios de pago: "Los Estados miembros exigirán que, cuando un usuario de servicios de pago niegue haber autorizado una operación de pago ya ejecutada o alegue que esta se ejecutó de manera incorrecta, corresponda a su proveedor de servicios de pago demostrar que la operación de pago fue autenticada, registrada con exactitud y contabilizada, y que no se vio afectada por un fallo técnico o cualquier otra deficiencia...".

Y concluye en relación con la carga de la prueba:

... "En conclusión, la responsabilidad del proveedor de los servicios de banca online, en este caso Barclays, es de riesgo y consecuentemente, es por ley que a la entidad corresponde acreditar que la operación ordenada sí fue auténtica y que no estuvo afectada por un fallo técnico o por otra deficiencia como, por ejemplo, por un ataque informático de naturaleza fraudulenta al sistema bancario que hubiera permitido el acceso a las cuentas de sus clientes y disponer ilícitamente, de las mismas ordenando operaciones en detrimento de aquellos...".

Incide también en la inversión de la carga de la prueba en supuestos de phishing la SAP de Murcia, Sección 1ª, de 30 de julio de 2013, cuando señala:

"El TS sentenció en 23/7/01 que el art. 25 de la Ley General para la Defensa de los Consumidores y Usuarios establece un principio de inversión de la carga de la prueba, haciendo recaer sobre el productor o suministrador de los productos o servicios la carga de probar que el origen de los daños y perjuicios se encuentra en la conducta culposa del usuario o de las personas por las que debe responder, cometido que no ha logrado alcanzar el banco demandado"

En otro orden, la SAP de Almería, Sección 1ª, de 31 de enero de 2023, rechaza el recurso interpuesto por la entidad financiera que pretendía sustanciarse en el error en la valoración de la prueba por no apreciar el juzgador de instancia la existencia de responsabilidad del titular de la cuenta ante el correo electrónico malicioso que recibió:

> *"Las pruebas acreditaban tanto que la demandante recibió un correo con el anagrama de la entidad demandante, con copia de tarjetas similares a las empleadas por la entidad y remitido a la demandante como cliente de la misma, sin que, el hecho de no constar el remitente en el mismo, afecte al resultado de la presente, en tanto que el formato empleado por los delincuentes era totalmente apto para provocar el error en la demandante, a la que, cuando se le dio acceso a la posibilidad de operar a través de la red no se le exigieron conocimientos informáticos que excediesen del nivel usuario para ello o advertencias expresas de seguridad a tal efecto".*

La SAP Alicante, Sección 9ª, de 11 de febrero de 2019, ha razonado: *"quien tiene el primer deber de impedir el mal uso de la tarjeta es el emisor que ha puesto en marcha el sistema y de ahí su responsabilidad por circunstancias relativas al funcionamiento del sistema cuyos riesgos y limitaciones él conoce y que no deben ser imputados al usuario, y, de ahí, también que sea de su cargo la prueba de la mala fe o negligencia grave del usuario o titular de la tarjeta".*

Nuestros Tribunales han recogido este criterio de establecer como de cargo del emisor la prueba de la culpa grave del usuario o titular (en este sentido, sentencias de las Audiencias Provinciales de Toledo, de 1 de julio de 1999, o Madrid, de 6 de octubre de 2004).

Conforme a las reglas de la carga de la prueba fijadas en el artículo 217 LEC, y con arreglo a la doctrina y normativa comunitaria expuesta, corresponde a las entidades bancarias acreditar que el cliente ha sido negligente o no ha tenido la diligencia exigible en la conservación de la tarjeta y uso de la tarjeta (SAP de Toledo 1 de julio de 1999, SAP de Málaga de 23 de julio de 2002). En consecuencia, como dice la SAP de Valencia de 17 de mayo de 2006, siguiendo el criterio también fijado por la SAP de Murcia de 29 de septiembre de 2004, *"caso de quedar acreditado que esas disposiciones no autorizadas, realizadas por tercero y obtenidas ilícitamente, el titular de la tarjeta solo será responsable en caso de un uso negligente o falta del deber de diligencia en las obligaciones de custodia y secreto, pues fuera de tales casos el riesgo técnico tendrá que ser asumido por la parte fuerte contratante y que impulsa el sistema."*

Con relación a la tradicional imputación de falta de diligencia que atribuyen en estos casos las entidades financieras a los usuarios afectados o la pretendida atribución de la carga de la prueba, la SAP de Alicante, Sección 8ª, de 12 de marzo de 2018, señala con rotundidad que *"no es cierto que la carga de la prueba sobre la implementación de medidas de seguridad adecuadas, suficientes, eficientes y actuales al nivel de riesgo modalidades de ataques informáticos en la red bancaria de banca online lo sea a cargo del usuario del sistema, pues el marco de responsabilidad establecido para el caso de operaciones de pagos hechos por proveedores de servicios no autorizadas o ejecutadas incorrectamente, es el de la cuasi-objetividad tal cual se desprende de la regulación específica sobre la materia".* Este argumento es reproducido nuevamente, con cita a la precitada Sentencia por la SAP de Cuenca, Sección 1ª de 16 de mayo de 2023.

La SAP de Cáceres, Sección 1ª, de 16 de febrero de 2022, da también respuesta a la distribución de la carga de la prueba en casos de víctimas de *phishing*, con aplicación de las previsiones contenidas en los artículos 41 y siguientes del Real Decreto Ley 19/2018, de 23 de noviembre, de Servicios de pago y otras medidas urgentes en materia financiera, determinando la responsabilidad de la entidad bancaria:

> *"Pues bien, la conjunción de estos tres preceptos conduce a aseverar (trasladadas sus disposiciones normativas al supuesto que se somete a la consideración de este Tribunal por mor del Recurso de Apelación interpuesto) que el demandante observó toda la diligencia que objetivamente le puede ser exigible cuando comprobó la realización en sus cuentas bancarias de operaciones que no había realizado ni autorizado y que, indudablemente, eran fraudulentas, como son, fundamentalmente, las siguientes actuaciones: la denuncia de los hechos ante la Guardia Civil y la comunicación de las disposiciones de efectivo a la entidad bancaria. Luego no le fue imposible evitar, ni la primera disposición, ni las demás, sucedidas —algunas— incluso después de la denuncia de los hechos y de su comunicación 2 la entidad financiera. Por tanto, la entidad financiera demandada no puede invertir la carga de la prueba exonerándose de la actividad acreditativa que le corresponde al amparo de la alegación de que todas las operaciones habían sido autenticadas, registradas y contabilizadas, en la medida en que, de ser así, lo fueron de forma fraudulenta porque el titular de los contratos no las autorizó y comunicó formalmente el fraude. Es a la entidad financiera a quien corresponde acreditar la falta de diligencia del usuario, sin apelar a meras conjeturas, no demostradas, como seria la utilización de una red wifi abierta, o la facilitación de las credenciales a un tercero. Adviértase que el artículo 44 del Real Decreto Ley 19/2018, de 23 de noviembre, no solo se refiere a "demostrar que la operación de pago fue autenticada, registrada con exactitud y contabilizada" sino también a que "no se vio afectada por un fallo técnico u otra deficiencia del servicio prestado por el proveedor de servicios de pago"; y este último extremo no ha resultado acreditado por la entidad financiera mediante un elenco probatorio absolutamente objetivo.*

Con relación a los denominados métodos de autenticación de doble factor (2FA) denominado comúnmente OoB (Out of Band) u OTP que combina dos canales de comunicación como son la red de Internet y el teléfono móvil ha contribuido en un primer momento a la reducción de fraudes. Sin embargo, este argumento por una parte obvia la realidad incontrovertida de la cada vez más frecuente manipulación o duplicado del terminal móvil del cliente, que puede ser afectado mediante múltiples técnicas (*sim swipping, malware* instalado a través de aplicaciones, etc.). De otra, no puede ignorarse la célere superación de esta técnica por los ciberdelincuentes. Y finamente, orilla igualmente que el contrato no solo obliga al cumplimiento de lo estrictamente pactado sino también a todas las consecuencias que según su naturaleza sean conformes a la buena fe, al uso y a la ley.

A esta vía que pretende la exculpación de la entidad, da respuesta la SAP de Zaragoza, Sección 5ª, de 17 de noviembre de 2022, razonando:

> *"La sentencia no dice otra cosa. De hecho, afirma que "En el caso de las OTP (es lo que se estima se da en este caso), al realizar la operación financiera se envía al número de teléfono móvil, que previamente se ha dado de alta en la cuenta, un mensaje SMS con un Código (OTP) que se debe introducir en la web o app donde se esté realizando la compra o en el servicio bancario en el que se esté efectuando una transacción. De esta manera, el doble factor se consigue al conocer los datos bancarios y disponer del número de teléfono móvil donde recibir la contraseña de un solo uso." Y concluye que "el sistema existente en Ibercaja que por la forma de diseño se estima que (con todas las prevenciones al tratarse de una cuestión de orden muy técnico), si se acomoda al régimen normativo existente, siendo de señalar que ante una sospecha de obtención de datos (y como indicó el Sr Fermín), el sistema de Ibercaja permite perfectamente al cliente darle un nuevo nombre de usuario y una nueva clave de forma que los datos que pudieren haber obtenido los delincuentes ya no tienen valor y eficacia alguna."*
>
> *Señala el recurrente que hay contradicción entre esta afirmación y la de que se trata de una banca segura consignada en el párrafo anterior al afirmar que "cabe considerar que se acomoda al régimen normativo antes expuesto". En puridad, la sentencia no dice que se trata de una banca on line segura, sino que "se acomoda al régimen normativo existente." En cualquier caso, el concepto de "banca segura" no puede entenderse en el sentido de que es 100% segura, pues en materia informática lo que hoy es técnicamente lo último, mañana estará obsoleto. Este es uno de los motivos por los que, como dijimos, la diligencia no se agota con el cumplimiento de las normas, que en esta materia tienden a quedar obsoletas, y mucho menos cuando media de por medio un contrato, pues como dice el artículo 1258 CC, los contratos obligan "no sólo al cumplimiento de lo expresamente pactado, sino también a todas las consecuencias que, según su naturaleza, sean conformes a la buena fe, al uso y a la ley."*
>
> *Y ya que el recurrente saca a colación al testigo Sr. Fermín, esta Sala no quiere dejar pasar la ocasión de expresar sus dudas acerca de que su afirmación de que el*

sistema de envío de un código por medio de un mensaje SMS al teléfono del cliente que debe introducir para que la transferencia se efectúe es más seguro que el de la tarjeta de coordenadas. Y ello porque tal conclusión es contraria a la que sustenta la policía (Grupo de fraudes tecnológicos de la Brigada Regional de Policía Judicial), en su informe al Juzgado de Instrucción, dice: "El denunciante disponía de una tarjeta de coordenadas y hasta entonces siempre había sido necesario a validar cada transferencia tanto con el código SMS como con una coordenada aleatoria de la Tarjeta de Coordenadas. Sin embargo, los estafadores utilizaron la nueva web de Ibercaja en la que lamentablemente solo solicitan el SMS para confirmar una transferencia y no una tarjeta de coordenadas como ocurría con la antigua."

Da también respuesta a la posibilidad, cada vez más habitual de superación del denominado doble factor de autentificación mediante la instalación de un programa maligno —*malware*— en el dispositivo del usuario, la SAP de Burgos, Sección 3ª, de 5 de diciembre de 2022, en la que rechazando la existencia de negligencia grave del usuario afectado se concluye:

"La negligencia que se imputa al usuario consiste en haber abierto en el móvil un mensaje procedente de Fedex que le instaba a clicar en un enlace y descargarse una aplicación, supuestamente para poder hacer el seguimiento de su pedido. Según las explicaciones que ha dado don Sebastián, que son las mismas que se recogen en la contestación de la demanda, la aplicación de Fedex consiste en la instalación en el móvil del usuario de un malware mediante el cual un tercero puede tener acceso a todos los datos del móvil del usuario, y a los que este introduzca a partir de entonces. De esa forma el tercero puede conocer las credenciales de seguridad (nombre de usuario y contraseña) y suplantar la identidad del usuario en la página web de Ibercaja. El hecho de haberse descargado esta aplicación, pensando de buena fe que procedía de la empresa a la que se había hecho un pedido, es algo que han reconocido, no solo el actor, sino también el titular de la cuenta de la sucursal de Alfaro, donde fueron los 19.000 de la cuenta del actor, y otra persona a la que también sacaron dinero con el mismo procedimiento.

Las explicaciones del empleado de Ibercaja no justifican, sin embargo, la forma en la que los defraudadores se han saltado el segundo paso de autenticación, que es la autenticación reforzada, recibiendo en su propio móvil los mensajes o SMSs enviados al móvil del actor. Posiblemente, y puesto que ninguno de los tres testigos dice haberse descargado ninguna otra aplicación o haber pinchado en otro enlace sospechoso, la instalación del malware tenía también el efecto de permitir la recepción de los mensajes enviados al destinatario. Pero si esto fue así, no se cumpliría con el plus de seguridad que exige la autenticación reforzada, basada en la adición de otro elemento (mensaje enviado al móvil) además de las claves de seguridad (elemento de conocimiento), porque con la vulneración de la seguridad de las claves se vulnera también la seguridad del segundo elemento. La autenticación reforzada exige, por el contrario, que los elementos de conocimiento y posesión sean independientes, es decir, que la vulneración de uno no comprometa la fiabilidad de los demás".

Noveno.- *Intereses.* En lo referido a los intereses, han de adicionarse al principal los correspondientes, por aplicación de lo dispuesto en los artículos 1101 y 1108 CC y, en su caso, los imperativos del artículo 576 LEC desde que fuere dictada en primera instancia la resolución judicial.

Sobre este particular se pronuncia la SAP de Madrid, Sección 10ª, de 21 de julio de 2020, rechazando la petición de la entidad de la supresión de la imposición de intereses:

> *"(...) tampoco cabe excluir los intereses desde la intimación extrajudicial, al no poder sostenerse con rigor que la oposición de la entidad bancaria ha sido razonable, entre otras razones, ya que ha rehusado dar cumplimiento a la obligación prevista legalmente, como se deduce de la misiva enviada el día 3/9/2018", donde se afirma, dado que se han realizado (los cargos) "con lectura del Chip EMU y tecleo de PIN", e incluso los términos vertidos en el escrito de interposición del recurso van mucho más allá de lo aducido en el escrito de contestación a la demanda".*

En el mismo sentido la SAP de Baleares, Sección 5ª de 17 de febrero de 2023:

> *"La cantidad a cuyo abono se condena a la parte demandada devengará, conforme a los artículos 1100, 1101 y 1108 del Código Civil, el interés legal desde la fecha de los cargos en cuenta (1 octubre 2020) hasta hoy, así como el interés que determina el artículo 576 de la Ley de Enjuiciamiento Civil desde la fecha de la presente resolución hasta que la misma haya sido totalmente ejecutada".*

Décimo.- Costas. Conforme a lo dispuesto en el artículo 394 LEC, en los procesos declarativos se impondrán las costas a la parte que haya visto rechazadas todas sus pretensiones, salvo que el tribunal aprecie, y así lo razone, que el caso presentaba serias dudas de hecho o de derecho. Consta así mismo realizado requerimiento fehaciente y justificado de pago previo a la presentación de la demanda, por lo que ha de apreciarse en todo caso la mala fe de la demandada según lo establecido en el artículo 395 LEC.

La claridad de la normativa sobre la responsabilidad del proveedor de medios de pago en caso de operaciones no autorizadas por el titular y el carácter cuasi objetivo de su responsabilidad no permite la invocación de la existencia de dudas para pretender una exoneración de costas cuando existe una reclamación previa del afectado.

La SAP de Madrid, Sección 10ª, de 21 de julio de 2020, rechaza con contundencia esta línea de defensa de las entidades, al razonar:

"El mismo destino claudicante ha de alcanzar a los demás reproches esgrimidos frente a la sentencia discutida, en cuanto que la dicción del artículo 31 de la Ley 16/2009, de 13 de noviembre, vigente al tiempo de acontecer los hechos a que se circunscriben las actuaciones, no suscita la menor duda hermenéutica, al obligar, en el caso de que se ejecute una operación de pago no autorizada al proveedor de servicios de pagos del ordenante, a devolver de inmediato el importe de la operación no autorizada y, en su caso, restablecer en la cuenta de pago en que se haya adeudado dicho importe el estado que había existido de no haberse efectuado la operación de pago no autorizada, no pudiendo subsumirse el supuesto controvertido en el radio de acción de los apartados 2 y 3 del artículo 32 del mismo texto legal, donde se regulaba la responsabilidad del ordenante en caso de operaciones de pago no autorizadas, supuesto que en modo alguno puede mantenerse que las operaciones de pago no autorizadas a que se constriñen las actuaciones de que trae causa esta alzada sean fruto de una actuación fraudulenta o del incumplimiento, deliberado o por negligencia grave, de una o varias de sus obligaciones con arreglo al artículo 27.

(...)

Tampoco puede mantenerse que existan serias dudas fácticas o jurídicas, careciendo, en puridad, el alegato vertebrador de esta última objeción de todo desarrollo argumental; razonamientos que comportan el fenecimiento del recurso".

También es contundente la SAP de Murcia, Sección 1ª, de 19 de diciembre de 2022 al desestimar la eventual exoneración de imposición de costas a la entidad financiera en otra demanda de responsabilidad de un usuario víctima de phishing:

"18.- El último motivo de apelación radica en la Impugnación de la condena en costas por serias dudas de hecho o de derecho.

19.- Dicho motivo debe de ser desestimado. En nuestro derecho procesal rige el principio de vencimiento objetivo en el artículo 394.1 LEC para los casos en los que las pretensiones de las partes hayan sido totalmente estimadas, como ha ocurrido en este caso. En relación a las dudas de derecho alegadas, no existen propiamente dado que el régimen legal, perfectamente conocido por la entidad de crédito, es claro en la delimitación de las responsabilidades en sede de operaciones de servicio de pago no autorizadas. Tampoco puede hablarse de dudas de hecho, pues los hechos están claros y reconocidos por ambas partes, debiendo añadir que la parte apelante no ha llevado a cabo actuación alguna tendente a intentar justificar las causas por las cuales se eximiría de responsabilidad y esta pasaría a la actora y apelada. Las únicas dudas que se plantean son las interesadamente alegadas por la parte apelante, pero con una absoluta orfandad probatoria y ello a pesar de que legalmente el régimen de carga de la prueba recae sobre la entidad de crédito demandada".

Undécimo.- *Iura Novit Curia.* Y, en todo lo no invocado, resulta de aplicación los principios *iura novit curia* y *da mihi factum, dabo tibi ius,* plasmados en el art. 218.1 LEC, que según recuerda la Sentencia del Tribunal Supremo de 24 de julio de 1990 *"autoriza al órgano jurisdiccional a aplicar las normas jurídicas que estima procedentes así como a modificar el fundamento jurídico en que se basan las pretensiones de las partes, con la simple exigencia de concordar el derecho con las cuestiones de hecho que los litigantes sometan a conocimiento, sin alterar la causa de pedir".*

En virtud de lo expuesto,

SUPLICO AL JUZGADO: Se tenga por presentado este escrito con los documentos y copias que se acompañan, se sirva admitirlo y, en mérito al mismo, de conformidad con las manifestaciones que contiene, tenga por interpuesta **DEMANDA DE JUICIO ORDINARIO** contra la mercantil ____________, se me tenga por parte demandante en la representación acreditada, mandando se entiendan conmigo las sucesivas diligencias y previo cumplimiento de los trámites procesales de rigor, se dicte sentencia, por la que declarando la responsabilidad de la demandada, se le condene a pagar a la parte actora la cantidad de ______________________(_____ **€**) incrementada en los intereses legales devengados desde la fecha de la reclamación extrajudicial y los correspondientes en su caso del art. 576 LEC desde que fuera dictada la sentencia. Y ello, con imposición de costas a la demandada.

Es justicia que se espera alcanzar en _____, a __de ______ de 20__.

OTROSI DIGO: Que, interesa al derecho de esta parte, que se acuerde el recibimiento del pleito a prueba en el momento procesal oportuno, a cuyos efectos designo los archivos y registros de la entidad bancaria demandada, y de cuantos otros públicos o privados puedan tener relación con el presente procedimiento.

SUPLICO AL JUZGADO: Que tenga por hecha la anterior manifestación a los efectos probatorios oportunos.

Es de justicia que reitero.

_______________ _______________

Letrado/a ICA_ ______ Procurador/a ICP_ ___

9.3. ESCRITO DE OPOSICIÓN A LA EXISTENCIA DE PREJUDICIALIDAD PENAL

AL JUZGADO DE 1ª INSTANCIA DE ______
QUE POR TURNO CORRESPONDA

____________________, Procurador/a de los Tribunales, colegiado/a ___ ICP_, de ______________ y de ______________, según consta acreditado en autos, bajo la dirección letrada de ________________ colegiado/a ___ ICA_, ante el Juzgado comparezco y como mejor proceda en Derecho, DIGO:

Que habiéndosenos conferido traslado para la realización de manifestaciones sobre la solicitud de suspensión por prejudicialidad penal, por el presente escrito, vengo a evacuar el trámite otorgado, dentro del plazo conferido, interesando la **CONTINUACIÓN** del procedimiento, con expresión de las siguientes

ALEGACIONES

Primera.- DE LA PREJUDICIALIDAD PENAL.

Descendiendo al análisis de este supuesto, el primero de los requisitos exigidos para la suspensión del proceso civil por incoación del proceso penal es que exista identidad de hechos entre ambos procesos, esto es, que los hechos objeto de del proceso penal en curso deban ser también objeto de decisión en el proceso civil. Se trata pues de una mera cuestión de análisis fáctico de ambos hechos, sin que el juez civil deba descender a la interpretación de los mismos o su posible calificación. Se limita pues esta labor a verificar los hechos expuestos en ambos procesos y a compararlos.

En realidad, la suspensión del proceso civil está íntimamente relacionada con la importancia que precisamente esos hechos de apariencia delictiva tienen respecto de la decisión que debe adoptarse en el proceso civil. Es imprescindible que la decisión sobre el problema prejudicial pueda tener una influencia decisiva en la resolución del asunto civil. Y no se refiere a cualquier influencia, sino a una *influencia decisiva,* de tal suerte que la resolución de la cuestión penal sea fundamental para permitir otorgar o denegar la tutela impetrada en el proceso civil. Y ello, resulta plenamente coherente con la previsión también contenida en el artículo 10 LOPJ, cuando apunta en su apartado segundo para la apreciación de la cuestión prejudicial penal la necesidad de que *"no pueda prescindirse para la debida decisión o que condicione directamente el contenido de ésta".*

Tal y como recuerda el ATS de 20 de septiembre de 2007, tampoco la demanda acredita en que aspecto esencial puede suponer una influencia decisiva la resolución que se adopte en el proceso penal para valorar si existe o no una responsabilidad civil de la mercantil que representa. Así según razona el TS en el Auto precitado, *"Ni, por otra parte, el proponente asume la carga de justificar en qué medida el juicio penal que en su día recaiga sobre tales hechos pueda tener una influencia decisiva en la resolución de las pretensiones deducidas en el procedimiento en que se insertan los recursos de casación, pues sólo el carácter "decisivo" de tal influencia puede dar lugar a la suspensión, y no la valoración penal que puedan tener algunos 30 de mayo de 2007 y 10 de mayo de 1985, Auto de 24 de noviembre de 1998). En la interpretación de los artículos 362, 514 y 1084 LEC 1881, las Sentencias de 11 de junio de 1992 y 7 de julio de 1995, en doctrina que confirma la de 30 de mayo de 2007, pusieron de relieve que ha de darse la dependencia de la resolución civil respecto de la penal para que proceda la suspensión".*

De este modo, recuerda el ATS de 1 de octubre de 2013 que *"es doctrina de esta Sala, que para que resulte procedente la suspensión por prejudicialidad penal, el art. 40.2 LEC no sólo exige, en el apartado 1º, la existencia de una causa criminal por unos hechos de apariencia delictiva que fundamenten las pretensión del proceso civil, sino también, en el 2º, que la decisión del tribunal penal acerca del hecho por el que procede la causa criminal pueda tener un influencia decisiva en la resolución sobre el asunto civil."*

La jurisprudencia emanada del Tribunal Supremo ha sido eminentemente restrictiva al considerar la prejudicialidad penal, como sostiene en la STS de 15 de diciembre de 1989. Se exige tradicionalmente una identidad plena entre el hecho civil y penal (SSTS 28 de abril de 1966 y 26 de junio de 1969), hoy en día ciertamente algo atenuada hacia una *íntima conexión* (AAP de Madrid, 17 de febrero de 1999), que además el hecho objeto del proceso penal resulte determinante para el proceso civil (STS 4 de abril de 2013) y que no sea posible la decisión de la cuestión litigiosa por otros elementos probatorios determinantes por sí solos de la resolución del contrato (SSTS 26 de febrero de 1960; 30 de octubre de 1962; o 18 de marzo de 1968).

En el caso concreto de disposiciones de fondos fraudulentas por terceros como consecuencia de un phishing, la ilicitud de dicha conducta o la incoación de diligencias previas para la averiguación de lo acontecido no debe ser obstáculo para la reclamación civil. Ello ha sido abordado por la SAP de Barcelona, Sección 14ª, de 7 de marzo de 2013:

"(...) debe rechazarse, pues la actora ante el hecho de disposiciones por terceros en su cuenta on line con Caixa de Catalunya lo denuncia ante los Mossos d'Esquadra, y, se instruyen unas Diligencias Previas, cuyo resultado de las mismas se ignora; lo cual no impide que ejercite aquí demanda de responsabilidad contractual frente a la entidad crediticia con quién contrató dicho servicio de banca on line".

También es desestimada la excepción de prejudicialidad penal aducida por la entidad bancaria en la SAP de Castellón, Sección 3ª, de 19 de diciembre de 2013:

"Es necesario por tanto que se trate de un supuesto en el que la decisión del tribunal penal pueda tener una influencia decisiva en la resolución sobre el asunto civil, lo que aquí no entendemos concurrente en atención a cual es la acción ejercitada, que aquí tiene su fundamento en el artículo 31 de la Ley 16/2009, de 13 de noviembre de servicios de pago, y que afecta a las relaciones existentes, entre la entidad bancaria y su cliente, sin perjuicio de que si de la investigación penal resulte determinada la responsabilidad criminal de un tercero pueda la entidad bancaria en su caso exigir también al mismo las correspondientes responsabilidades civiles.

Por los mismos motivos consideramos acertado no haber acogido la excepción de falta de litisconsorcio pasivo necesario, para que fuera traído al procedimiento la que fuera la administradora de la comunidad de propietarios, la mercantil Servicom Oropesa S.L.".

Y vuelve a rechazarse la invocación de la pretendida prejudicialidad pena por la SAP de Castellón, Sección 3ª, de 4 de febrero de 2014:

"Empezando por el punto relativo a la prejudicialidad penal, que se aduce precisamente en relación con el proceso penal acabado de referir, a la vista de las circunstancias exigidas por el art. 40 de la LEC para dar lugar a la suspensión de este proceso no ha lugar a la aplicación de dicho efecto, dado que no se concreta falsedad documental alguna (de estafa y descubrimiento y revelación de secretos se habla en las diligencias policiales a tenor de los particulares de dicho proceso penal que obran en autos) y dados los términos del art. 31 de la Ley 16/09 carece de influencia decisiva a los efectos que nos ocupan lo decidido en sede del orden jurisdiccional penal, sin perjuicio de las acciones de repetición o responsabilidades civiles que puedan resultar pertinentes de ello"

La SAP de Girona, Sección 2ª, de 28 de mayo de 2014 rehúsa igualmente la pretendida suspensión por prejudicialidad penal y la existencia de litispendencia ante un supuesto de disposiciones de fondos no autorizadas por el titular: Así es razonado, con cita de la jurisprudencia del TS:

"Antes de entrar a resolver si se dan los requisitos necesarios para apreciar la existencia de alguna de estas dos instituciones jurídicas, conviene recordar lo que ha dicho sobre ellas y sus distinciones el Tribunal Supremo.

La Sentencia de 13 de marzo de 2012 explica:

La litispendencia consiste en un efecto de la admisión de la demanda, tal como dispone el art. 410 LEC. En realidad, se trata de evitar el efecto de cosa juzgada, es decir, que puedan existir sentencias contradictorias sobre el mismo objeto procesal y por ello, el art. 222.1 LEC dice que ésta excluye "conforme a la ley, un ulterior proceso cuyo objeto sea idéntico al del proceso en que aquella se produjo". La litispendencia se adelante a este efecto, precisamente para evitarlo.

Los requisitos exigidos por la jurisprudencia de esta Sala para que pueda entenderse que concurre litispendencia son tres: 1o la identidad de las partes o identidad subjetiva; 2o La identidad del objeto del proceso o identidad objetiva, y 3o la pendencia de auténticos procesos, por lo que se requiere que se hayan interpuesto demandas que resulten admitidas, de acuerdo con el art. 410 LEC y que el primer procedimiento deba acabar con una sentencia que produzca los efectos de cosa juzgada...

es una figura procesal cuya interpretación teleológica coincide plenamente con la de la cosa juzgada, pues no se puede olvidar que la litispendencia es un anticipo de dicha figura procesal de la cosa juzgada, ya que como dice la jurisprudencia de esta Sala, la litispendencia en nuestro Derecho procesal es una excepción dirigida a impedir la simultanea tramitación de dos procesos...

cabe apreciar la excepción cuando el pleito anterior infiere o prejuzga el segundo, ante la posibilidad de dos fallos que no puedan concurrir en armonía decisoria, al resultar interdependientes...

Dice el art. 421 LEC que cuando el Tribunal aprecie la pendencia de otro juicio, dará por finalizada la audiencia y dictará auto de sobreseimiento, lo que no ocurrirá cuando "el de una sentencia firme anterior haya de ser vinculante para el tribunal que está conociendo del proceso posterior". Al ser la litispendencia un remedio procesal para evitar la simultánea tramitación de procesos debe eliminarse el proceso que se ha iniciado con posterioridad.

La Sentencia del mismo Tribunal de 7 de marzo de 2013 dice:

"La litispendencia y la prejudicialidad son instituciones procesales distintas.

la litispendencia...es una figura procesal cuya interpretación teleológica coincide plenamente con la de la cosa juzgada, pues no se puede olvidar que la litispendencia es un anticipo de dicha figura procesal de la cosa juzgada, ya que como dice la jurisprudencia de esta Sala, la litispendencia en nuestro Derecho procesal es una excepción dirigida a impedir la simultánea tramitación de dos procesos; es una institución presuntiva y tutelar de la cosa juzgada o de la univocidad procesal y del legítimo derecho de quien la esgrime a no quedar sometido a un doble litigio, y en tal sentido jurisprudencia reiterada exige que, sin variación alguna, la identidad de ambos procesos se produzca en cuanto a los sujetos, a las cosas en litigio y a la causa de pedir...

La prejudicialidad tiene otro sentido y atiende a otras finalidades. Siguiendo el criterio de nuestras sentencias de 26-4-99, 21-5-99, y 21-1-02 podemos decir que la prejudicialidad atiende al fenómeno de conexión de procesos, cuando la decisión de uno es base lógico jurídica necesaria para la resolución del otro. También atiende a la seguridad jurídica, impidiendo posiciones contradictorias, ya que es imposible mantener simultáneamente la eficacia y la invalidez, el cumplimiento y la resolución del contrato, la condena y la fijación de las condiciones de la inocencia. Su proximidad con la cosa juzgada proviene de las distintas manifestaciones de la prejudicialidad. Cuando se trata de prejudiciales homogéneas decididas por otro juez, o por el mismo a través de acumulación de autos, se impone la cosa juzgada positiva de la sentencia prejudicial no acumulada, y de ella debe partirse para construir el fallo ulterior, pero sin que se altere la jurisdicción. También se parte de la cosa juzgada prejudicial positiva cuando la cuestión prejudicial es heterogénea, por no pertenecer al mismo orden jurisdiccional, y goza de los caracteres de excluyente y vinculante absoluta —cuestiones penales o constitucionales—. En tal caso se producen alteraciones en la jurisdicción, y en el proceso que debe ser suspendido hasta la resolución de la cuestión ajena dada su evidente conexidad con la civil suscitada. Cuando la cuestión es heterogénea no vinculante, se produce alteración por extensión de la jurisdicción del juez del proceso, y no se produce cosa juzgada, porque se resuelve solo a los efectos prejudiciales, y tampoco se produce suspensión del proceso porque es un paso previo a la decisión del fondo, y a la hora de dictar sentencia".

Haciendo aplicación de estas normas al caso concreto, como hemos dicho anteriormente, resulta que sobre los hechos que provocaron la realización de las tres transferencias se siguió un proceso penal que, a la vista del testigo remitido por el Juzgado que lo tramitaba, se encuentra sobreseído provisionalmente.

Esto hace que tanto la prejudicialidad penal como la pendencia alegada queden actualmente sin sentido.

Cierto que el sobreseimiento provisional no implica un archivo definitivo de la causa penal.

Sin embargo, también lo es que no podemos abocar a los demandantes a esperar por un tiempo indefinido, por ejemplo, hasta que se produzca la prescripción de la acción penal, para que su pretensión sea resuelta en este proceso civil, como parece que pretende el apelando en el escrito de alegaciones que presentó en respuesta al traslado que dio a las partes este tribunal cuando se enteró del archivo del proceso penal.

Esto implicaría una evidente denegación de la tutela judicial efectiva, puesto que, por un lado, el proceso penal está archivado, y por otro, el civil no podría continuar hasta que ese archivo fuera definitivo.

Si a todo esto añadimos que de los informes policiales incorporados a este procedimiento sobre la mecánica operativa de esta clase de fraudes informáticos las posibilidades de llegar a descubrir e identificar a los responsables de los hechos son prácticamente nulas, llegamos a la conclusión de que como ahora ya no existe ningún proceso penal en trámite y que las posibilidades de reiniciarlo son remotas, procede rechazar tanto la prejudicialidad penal como la pendencia alegada en el recurso".

Este mismo criterio lo han aplicado, entre otras, las sentencias de la Sección 4ª de la Audiencia de Málaga de 19 y de 8 de octubre de 2012.

El apelante afirma en su escrito de alegaciones al traslado conferido por este tribunal, que lo que deberíamos estudiar es si la pendencia era procedente cuando se alegó.

Lo primero que debemos decir es que, como resulta del contenido de la sentencia de primera instancia, no es tan claro ni tan lineal que la tramitación del proceso penal determinara de forma automática la estimación de la prejudicialidad y de la pendencia.

En cualquier caso, lo que no tiene ningún sentido es que ahora que el proceso se ha archivado, se denegara la continuación del procedimiento civil y se volcara a la parte demandante a instar de inmediato su reapertura ante el juzgado de primera instancia en la vista del sobreseimiento producido.

En definitiva, nos encontramos ante meras excusas o pretextos para tratar de evitar un pronunciamiento sobre el fondo del asunto y sobre la responsabilidad del banco demandado, como queda patente si tenemos en cuenta su actuación en esta segunda instancia, tratando de ocultar el estado real del procedimiento penal por su innegable influencia sobre estos dos primeros motivos del recurso".

Segunda. DE LA PROCEDENTE CONDENA EN COSTAS.

La desestimación del incidente generado ha de conllevar aparejada la consecuente condena en costas a la entidad financiera promotora. Junto al criterio del vencimiento objetivo dimanante de los arts. 243 y 394 LEC ha de adicionarse la manifiesta temeridad en su planteamiento. Es abrumadora y bien conocida por la entidad demandada la respuesta negativa que ha recibido esta pretensión a lo largo y ancho de la geografía nacional de modo ya reiterado. Y evidentemente el hecho de que la demandada se halle sometida a miles de procedimientos judiciales no exime a aquélla del debido rigor jurídico, pues no es sino acreedora de la respuesta que con su conducta generó. Son miles de horas de trabajo estériles de letrados, procuradores y servidores públicos las que arrastra con su obstinada persistencia en la reiteración de una cuestión ya solventada por la superioridad tras las que es palmario no se esconde sino un ánimo dilatorio que no es compatible con la buena fe procesal.

SUPLICO AL JUZGADO: Se tenga por presentado este escrito y por realizadas las manifestaciones contenidas en su cuerpo, con desestimación de la cuestión prejudicial penal y civil alegada de contrario, interesándose en mérito al mismo, la CONTINUACIÓN del procedimiento por los trámites de rigor con expresa imposición de costas a la parte demandada por el incidente generado.

Es justicia que se espera alcanzar en ________, a __ de _____ de ____

Letrado/a ICA_ _____ Procurador/a ICP_ ____

9.4. MODELO DE RECURSO DE APELACIÓN ANTE DESESTIMACIÓN DE DEMANDA DE RESPONSABILIDAD FRENTE A ENTIDAD FINANCIERA POR DISPOSICIONES NO AUTORIZADAS

AL JUZGADO DE 1ª INSTANCIA Nº __ DE ______
PARA ANTE LA AUDIENCIA PROVINCIAL

Procedimiento Ordinario ___/__

____________________, Procurador/a de los Tribunales, colegiado/a ___ ICP_, de ________________ y de _______________, según consta acreditado en autos, bajo la dirección letrada de ___________________ colegiado/a ___ ICA_, ante el Juzgado comparezco y como mejor proceda en Derecho, DIGO:

Que habiéndosenos notificado Sentencia desestimatoria datada el __ de ______ de ____ y entendiendo la resolución dictada lesiva a los intereses de mis mandantes y respetuosamente no ajustada a derecho, vengo por medio del presente escrito, conforme a lo previsto en los artículos 458.1 y siguientes de la Ley de Enjuiciamiento Civil, a interponer **RECURSO DE APELACIÓN** con base a los siguientes

MOTIVOS

Introito.- Se interpone el presente recurso de apelación de modo armónico a lo dispuesto en el artículo 456.1 LEC, sin la introducción de cuestión novedosa alguna *(lite pendente nihil innovetur)*, que dentro de las plenas facultades atribuidas al órgano judicial *ad quem*, el Tribunal de apelación pueda revisar la ponderación efectuada por el juzgador respecto de la valoración de la prueba y aplicación de la norma que entiende esta parte infringida, pues en ello consiste precisamente una de las finalidades inherentes al recurso de apelación. Así pues, la apelación, dada su condición de medio de impugnación ordinario, atribuye al Tribunal de segundo grado la potestad necesaria para valorar y tener en cuenta, sin condicionamiento alguno, todas las pruebas practicadas en primera instancia, incluso con discrepancia del criterio que al respecto hubiera podido adoptar el juez *a quo*, adquiriendo por ello el Tribunal de apelación plena jurisdicción para resolver todas las cuestiones de hecho o de derecho, puesto que cual indica la STS de 2 de febrero de 1995, la apelación traslada al órgano superior ante el que se interpone plena jurisdicción sobre el caso en idéntica situación a la del juzgado de instancia, no sólo en lo que respecta a la subsunción de los hechos en las normas jurídicas, sino para la determinación de tales hechos a través de la valoración de la prueba. Y ello, sin más limitación que las apuntadas por la STC 3/1996.

Sentado pues el alcance del presente recurso, se impugnan, a tenor de lo dispuesto en el artículo 458.2 LEC, la Sentencia precitada en sus Fundamentos de Derecho ______, ______ y en el Fallo de ésta, referidos a la responsabilidad de la entidad financiera demandada y la imposición de costas a los consumidores demandantes habida cuenta, cuanto menos, de la existencia de serias dudas de derecho.

Primero.- ***Al amparo del artículo 459 LEC, por infracción de los artículos 41, 42 y 45 del Real Decreto Ley 19/2018, de 23 de noviembre, de servicios de pago y otras medidas urgentes en materia financiera, en concordancia con el artículo 1104 CC y artículos 147 y 148 del Real Decreto Legislativo 1/2007, de 16 de noviembre, por el que se aprueba el Texto Refundido de la Ley General para la Defensa de los Consumidores y Usuarios y otras normas complementarias.***

Siendo un hecho pacífico entre las partes —y por ende exento de la necesidad de prueba ex art. 281.3 LEC— la existencia de una conducta delictiva que originó la disposición fraudulenta de fondos del matrimonio de usuarios demandante, se disiente respetuosamente de la conclusión alcanzada por el juzgador, por infracción de lo establecido en los artículos 41, 42 y 45 del Real Decreto Ley 19/2018, de 23 de noviembre, de servicios de pago y otras medidas urgentes en materia financiera, en concordancia con el artículo 1104 CC y artículos 147 y 148 del Real Decreto Legislativo 1/2007, de 16 de noviembre, por el que se aprueba el Texto Refundido de la Ley General para la Defensa de los Consumidores y Usuarios y otras normas complementarias.

El artículo 41 del Real Decreto-ley 19/2018, de 23 de noviembre, de servicios de pago y otras medidas urgentes en materia financiera establece como obligaciones del usuario de servicios de pago en relación con los instrumentos de pago y las credenciales de seguridad personalizadas

a) utilizar el instrumento de pago de conformidad con las condiciones que regulen la emisión y utilización del instrumento de pago que deberán ser objetivas, no discriminatorias y proporcionadas y, en particular, en cuanto reciba un instrumento de pago, tomará todas las medidas razonables a fin de proteger sus credenciales de seguridad personalizadas;

b) en caso de extravío, sustracción o apropiación indebida del instrumento de pago o de su utilización no autorizada, lo notificará al proveedor de servicios de pago o a la entidad que este designe, sin demora indebida en cuanto tenga conocimiento de ello.

Partiendo de estas premisas, el debate se centra, de una parte, en si resulta imputable al cliente la conducta de facilitación de claves a un tercero cuando este ha sido víctima de un engaño perpetrado por una banda de delincuencia organizada por el que se ha suplantado la identidad de la entidad financiera o proveedor de servicios de pago y si ello permite a esta exonerarse de su responsabilidad, valorando a su vez la diligencia exigible a ambas partes.

En particular, el artículo 42 del Real Decreto-ley 19/2018, de 23 de noviembre, de servicios de pago y otras medidas urgentes en materia financiera, entre las obligaciones que atribuye al proveedor de servicios de pago en relación con los instrumentos de pago, le atribuye la siguiente:

a) Se cerciorará de que las credenciales de seguridad personalizadas del instrumento de pago solo sean accesibles para el usuario de servicios de pago facultado para utilizar dicho instrumento, sin perjuicio de las obligaciones que incumben al usuario de servicios de pago con arreglo al artículo 41.

El artículo 45 del repetidamente citado Real Decreto-ley 19/2018, de 23 de noviembre, de servicios de pago y otras medidas urgentes en materia financiera, determina la responsabilidad del proveedor de servicios de pago en caso de operaciones de pago no autorizadas, señalando a tal efecto:

> *"1. Sin perjuicio del artículo 43 de este real decreto-ley, en caso de que se ejecute una operación de pago no autorizada, el proveedor de servicios de pago del ordenante devolverá a éste el importe de la operación no autorizada de inmediato y, en cualquier caso, a más tardar al final del día hábil siguiente a aquel en el que haya observado o se le haya notificado la operación, salvo cuando el proveedor de servicios de pago del ordenante tenga motivos razonables para sospechar la existencia de fraude y comunique dichos motivos por escrito al Banco de España, en la forma y con el contenido y plazos que éste determine. En su caso, el proveedor de servicios de pago del ordenante restituirá la cuenta de pago en la cual se haya efectuado el adeudo al estado en el que se habría encontrado de no haberse efectuado la operación no autorizada.*
>
> *La fecha de valor del abono en la cuenta de pago del ordenante no será posterior a la fecha de adeudo del importe devuelto.*
>
> *2. Cuando la operación de pago se inicie a través de un proveedor de servicios de iniciación de pagos, el proveedor de servicios de pago gestor de cuenta devolverá inmediatamente y, en cualquier caso, a más tardar al final del día hábil siguiente, el importe de la operación de pago no autorizada y, en su caso, restituirá la cuenta de pago en la cual se haya efectuado el adeudo al estado en el que se habría encontrado de no haberse efectuado la operación no autorizada.*
>
> *Si el responsable de la operación de pago no autorizada es el proveedor de servicios de iniciación de pagos, deberá resarcir de inmediato al proveedor de servicios de pago gestor de cuenta, a petición de este, por las pérdidas sufridas o las*

sumas abonadas para efectuar la devolución al ordenante, incluido el importe de la operación de pago no autorizada. De conformidad con el artículo 44.1, corresponderá al proveedor de servicios de iniciación de pagos demostrar que, dentro de su ámbito de competencia, la operación de pago fue autenticada y registrada con exactitud y no se vio afectada por un fallo técnico u otras deficiencias vinculadas al servicio de pago del que es responsable.

Tal y como recuerda la SAP de Alicante, Sección 9ª, de 11 de febrero de 2019, la razón de atribuir a la entidades financieras y proveedores de pago una singular responsabilidad, descansa sobre estas premisas: *"el sistema para funcionamiento de las tarjetas lo dispone el emisor o un tercero con el que el emisor contrata su uso en beneficio propio y el sistema operativo de las tarjetas electrónicas no es completamente seguro; en el estado actual no se puede garantizar una seguridad absoluta y quien tiene el primer deber de impedir el mal uso de la tarjeta es el emisor que ha puesto en marcha el sistema y de ahí su responsabilidad por circunstancias relativas al funcionamiento del sistema cuyos riesgos y limitaciones él conoce y que no deben ser imputados al usuario, y, de ahí, también que sea de su cargo la prueba de la mala fe o negligencia grave del usuario o titular de la tarjeta".*

Como expresa la Sentencia de la Audiencia Provincial de Alicante, Sección 8ª, de 21 de enero de 2014 y reitera la SAP de Castellón, Sección 3ª, de 17 de mayo de 2019: *"Es evidente que tanto por razón de la normativa fiscal y bancaria, como por la obligación que soportan de las entidades de velar por el interés del cliente, las entidades bancarias depositarias del efectivo de sus clientes han de extremar la precaución al comprobar la identidad de quienes realizan operaciones bancarias sobre tales depósitos."*

La SAP de Madrid, Sección 11ª, de 28 de febrero de 2022 se refiere al denominado "riesgo operacional", atribuyendo a la entidad financiera su asunción frente a conductas fraudulentas que afectan a los fondos de sus clientes, así como la obligación de un conocimiento del mismo y de su operativa habitual:

> *"(...) el conocido "riesgo operacional", que debe ser asumido por los bancos en virtud de su posición de garante al ser una pieza clave para evitar la comisión de fraudes. Asimismo, existe una obligación genérica de las entidades financieras por buenas práctica profesionales, gestión de riesgos y defensa frente a fraudes, estableciendo procedimientos que garantizan el principio "Conoce a tu Cliente", que incluye que los bancos deben conocer el tipo de operaciones que estos realizan e identificar posibles operaciones irregulares y/o fraudes de los que puedan ser víctimas".*

Constituye por tanto obligación esencial de las entidades prestadoras del servicio de banca online el dotarse de medidas suficientes que garanticen al usuario la seguridad de las operaciones por lo que, en el supuesto de insuficiencia o mal funcionamiento de las adoptadas, deben ser las entidades bancarias las que asuman las consecuencias derivadas de los fallos de seguridad del sistema. La SAP de Madrid, Sección 9ª, de 4 de mayo de 2015, razona con contundencia: *"parece de una obviedad incontestable que no ha de ser el cliente quien tenga que detectar las disfunciones de un sistema que ni ha creado ni manejado, ni tiene posibilidad de ello".*

La SAP de Barcelona, Sección 14ª, de 7 de marzo de 2013 determina: *"En definitiva, lo que no puede ofrecerse es un sistema on line sin adoptar las medidas de seguridad necesarias, conociendo además de su existencia (...) Pues, por más recomendaciones que se hagan al usuario o cliente, como se alega por la Caixa, es ésta la que ofrece un producto en principio seguro, pero con conocimiento de los distintos riesgos ajenos a un uso del cliente con todas las recomendaciones, por lo que corresponde a la misma adoptar las medidas de seguridad o control necesarias, y renovarse ante los distintos modos de "ataque" informático".*

Como razona la SAP de Alicante, Sección 8ª, de 12 de marzo de 2018:

> *"Siendo Internet una red pública de comunicaciones, la seguridad de las operaciones bancarias precisa de soluciones tecnologías avanzadas a los efectos de garantizar tanto la autenticidad como la integridad y la confidencialidad de los datos.*
>
> *Por estos motivos las entidades prestadoras del servicio de banca online deben dotarse de medidas suficientes que garanticen al usuario la seguridad de las operaciones.*
>
> *Consecuencia derivada de la omisión, insuficiencia o defectuoso funcionamiento de las adoptadas es que han de ser las entidades bancarias las que asuman las consecuencias derivadas de los fallos de seguridad del sistema.*
>
> *La banca electrónica está siendo objeto de transferencias no autorizadas por el cliente y que vienen antecedidas por el método delictivo conocido como phishing que constituye una modalidad específica de fraude informático que visualiza las deficiencias de seguridad del sistema informático de una entidad y que trae causa en el uso de las redes telemáticas.*
>
> *(...)*
>
> *La responsabilidad en estos supuestos no puede atribuirse directamente al supuesto ordenante de la transferencia por entenderse esta autorizada al haberse realizado de acuerdo con los sistemas de autenticación del banco.*
>
> *Los sistemas de autenticación se establecen por los proveedores de servicios de pago y si un banco no ha sido capaz de limitar el acceso al canal de banca electrónica no puede pretender que el presunto ordenante víctima de esta práctica*

fraudulenta sea el único responsable, pues es el banco quien tiene responsabilidad respecto del buen funcionamiento y la seguridad del mismo".

La SAP de Cáceres, Sección 1ª, de 16 de febrero de 2022 es del mismo parecer rechazando la traslación de responsabilidad al usuario que trataba de justificar la entidad bancaria:

"Debe tenerse en cuenta que estos mecanismos de pago, tanto por medio de tarjetas, como a través de la banca a distancia o digital, no solo los articula la entidad financiera a través de las correspondientes aplicaciones y software, sino que potencia su utilización por sus clientes y usuarios bancarios, por lo que tiene —y debe— implementar todas las medidas de seguridad necesaria para evitar fraudes, incluida la suplantación de identidad; y, si el fraude es externo, es decir, a través de estafas informáticas (o "phishing"), lo único que puede exigirse al usuario es que el dispositivo que utilice para la realización de este tipo de operaciones tenga un mantenimiento de seguridad que, en principio, pudiera evitarlo, exigencia que, en el supuesto que examinamos, ha verificado el demandante quien goza —no debe olvidarse— de la condición de "consumidor" y, en consecuencia, de una protección reforzada".

La SAP de Madrid, Sección 20ª, de 20 de mayo de 2022, incide en la responsabilidad de la entidad financiera por las disposiciones fraudulentas ocasionadas por terceros a través de conductas delictivas de phishing, aún cuando el usuario hubiera podido hacer clic en algún mensaje malicioso que hubiera supuesto la captura de sus claves por no haber implementado las debidas medidas seguridad antiphishing:

"En consecuencia, la demandada incurrió en un incumplimiento de los deberes de diligencia en la prevención del fraude mediante phishing, que le hace ser responsable del perjuicio total sufrido por el demandante, pues no podía la entidad desconocer que frecuentemente mediante esa técnica el tercero defraudador utiliza los datos de la tarjeta para activarla en una aplicación de pago de la que tiene dominio, por lo que debiendo conocer que el teléfono desde el que se le había solicitado la activación no se encontraría entre los que hubiera registrado su nombre el demandante en su ficha de cliente, la comunicación del número de terminal telefónico devenía exigible para que aquélla pudiera conocer que era un tercero quien podría disponer de los datos de la tarjeta mediante la aplicación de pago que se activaría.

No habiendo quedado acreditado que la entidad demandada cumplió en la forma que le es exigible los deberes de diligencia en la autenticación de las operaciones de pago, pues ni habría probado haber implementado un mecanismo antiphising de protección de los usuarios de los instrumentos de pago por ella emitidos frente al uso fraudulento por un tercero de páginas imitativas de las propias para hacerse con las credenciales del instrumento, ni habría puesto en conocimiento del usuario los datos necesarios para que este conociera que se trataba de instalar su tarjeta en una aplicación de pago de un terminal de un tercero y no apreciándose que el demandante incurrió en negligencia grave en el cumplimiento de sus deberes de custodia y uso de la tarjeta, ha de declararse la responsabilidad de la entidad demandada como proveedora de los servicios de pago usados de manera fraudulenta por un tercero y por tanto es quien debe responder de las pérdidas sufridas por el demandante con tales operaciones, responsabilidad que se hace extensible a la totalidad de la pérdida, pues en momento alguno anterior a que se realizase la última de las operaciones fraudulentas de pago, la entidad demandada había informado a la demandante del número del terminal telefónico desde el que se estaban realizando las órdenes de pago fraudulentas, ni de circunstancia alguna que hubiera permitido conocer al demandante tal uso fraudulento".

La SAP de Vizcaya, Sección 3º, de 10 de noviembre de 2016 aborda esta cuestión, revocando la resolución de instancia en la que se absolvía inicialmente a la entidad demandada:

"La Sentencia de primera instancia desestima la demanda porque imputa una negligencia grave en los demandantes, quienes entregaron las claves bancarias a terceros sin que en su caso tuviera relevancia en el fraude la mayor o menor vulnerabilidad del sistema bancario on line de la demandada; pero dicha afirmación para esta Sala de cuantas conductas se realicen a través de la banca electrónica y ello en cuanto que precisamente este tipo de fraude comienza con la posibilidad de que los defraudadores interesan las claves de acceso a los clientes de los bancos (en este incide la mecánica delictiva). Téngase en cuenta que el fraude se comete creando los delincuentes una página web similar a la del Banco, que se realizan a través de la línea bancaria reiteradas operaciones en la misma semana (hasta 30 movimientos) y por cantidades elevadas (...)

Dichas circunstancias vienen a contemplar un sistema bancario electrónico diseñado por la entidad demandada adoleciendo de seguridad, la oferta a los clientes para operar a través de dicha banca electrónica y que es un hecho conocido de que cada vez se impone más por las entidades bancarias a los clientes, eliminando los servicios en ventanilla, se publicita por ser seguro contener los filtros para detectar fraudes y operar de forma fiable siendo así que en cuanto se ha probado la mecánica de la facilidad para operar por terceros no autorizados a través de la banca electrónica de la demandada difícilmente podemos decir de que el Banco demandado no haya incurrido en negligencia grave de sus obligaciones, se han permitido efectuar operaciones bancarias (30 movimientos) sin superar ningún filtro cuando la legislación bancaria tiende precisamente a establecer que se efectúen y se establezcan diferentes controles por los bancos en protección de los clientes, tendiendo a establecerse una responsabilidad cuasi objetiva de las entidades bancarias en cuanto deben soportar los riesgos de su actividad profesional en cuanto que se establece con el cliente una responsabilidad contractual del servicio de depósito, custodia y pagos de las cuentas del cliente."

Este mismo sentir late en la SAP de La Rioja, Sección 1ª, de 17 de febrero de 2023:

> *"Ha sido la Banca la que principalmente se ha beneficiado de las nuevas tecnologías: su uso le ha permitido abaratar costes mediante el sistema de que sean los clientes los que realicen materialmente las operaciones que antes llevaban a cabo sus empleados en las oficinas o sucursales bancarias, lo cual ha permitido a las entidades financieras despedir a muchos de aquellos y cerrar muchas de estas.*
>
> *En esa situación, resulta justo que sea el banco el que se haga cargo de ese margen de riesgo que ha introducido el uso de las nuevas tecnologías y que antes, cuando las operaciones se hacían presencialmente, era inexistente.*
>
> *En este punto, debe hacerse especial mención de que el banco es perfectamente consciente que en esta dinámica de contratación, es el dispositivo de telefonía móvil el que habitualmente más se utiliza por los clientes para la realización de estas operaciones on line; no en vano, los bancos facilitan e incentivan su uso mediante la creación de sus propias apps, cuyo uso preconizan y publicitan de forma insistente entre sus clientes. Por eso resulta de todo punto inadmisible que el banco, para exonerarse de responsabilidad, arguya que no es responsable de la seguridad de esos dispositivos, cuando resulta que es el propio banco quien, mediante la creación apps, facilita cuando no incentiva su utilización de los teléfonos móviles por los clientes para realizar este tipo de operaciones, sin que conste que el banco, cuando facilita o difunde esta utilización, se preocupe de cual es concretamente el rango o nivel de seguridad que presenta cada uno de los dispositivos de sus clientes a través de los cuales se realizan las operaciones.*
>
> *Y queremos destacar que, para quedar exento de responsabilidad, el Banco deberá acreditar no sólo que la orden de pago no se vio afectada por un fallo técnico que es en lo que se centra el recurrente, sino tampoco por "otra deficiencia del servicio prestado por el proveedor de servicios de pago."*
>
> *Esto quiere decir que el banco debe actuar con la diligencia exigible, que no es sólo la reglamentariamente prevista sino la adecuada a las circunstancias de personas, lugar y tiempo.*
>
> *Entre estas, cobran especial relevancia datos tales como, el perfil del cliente, los movimientos inusuales, los importes dispuestos, la hora en que se hace la operación, etc.".*

Esta asimetría ha sido también resaltada por la SAP de Zaragoza, Sección 4ª, de 17 de febrero de 2023, en cuyo fundamento de derecho primero se establece como premisa los particulares beneficios ofrecidos tanto a usuarios como a las propias entidades, que son indudablemente no solo las responsables de su implantación sino quienes que en términos de rentabilidad económica mayores aportes han cosechado con ello. Así es apuntado:

"Entender el régimen jurídico en los servicios de pago, en particular en las operaciones en línea, pasa por exponer y comprender el modelo de negocio de las entidades bancarias y de los proveedores de estos servicios de pago.

Tal modelo de negocio responde hoy, y tras unos cambios vertiginosos, a la prestación de unos servicios financieros en general, y el de pagos en particular, articulado sobre un modelo digitalizado y telemático, en gran medida, aunque no del todo, bidireccional.

Ese modelo aporta beneficios para todas las partes, al cliente y ordenante y para el prestador del servicio.

Pero no en la misma posición ni proporción, pues así como para el ordenante operar en línea, es solo realizar una operación concreta, para el prestador del servicio es, como se ha dicho, un modelo rentabilísimo de negocio, que le proporciona uno ahorro de costes, aunque, eso sí, acompañado de incontestable deterioro de la atención presencia".

Bajo esta cuestión subyace la interpretación de la diligencia exigible a las partes. El Considerando 72 de la Directiva UE 2015/2366 del Parlamento Europeo y del Consejo, de 25 de noviembre de 2015, sobre servicios de pago en el mercado interior y por la que se modifican las Directivas 2002/65/CE, 2009/110/CE y 2013/36/UE y el Reglamento UE no 1093/2010 y se deroga la Directiva 2007/64/CE, aborda esta cuestión destacando la necesidad de una negligencia grosera por parte del usuario para poder imputarle responsabilidad por el uso fraudulento de sus medios de pago en operaciones no autorizadas. Así lo señala: *"A la hora de evaluar la posible negligencia o la negligencia grave del usuario de servicios de pago, deben tomarse en consideración todas las circunstancias. Las pruebas de una presunta negligencia, y el grado de esta, deben evaluarse con arreglo a la normativa nacional. No obstante, si el concepto de negligencia supone un incumplimiento del deber de diligencia, la negligencia grave tiene que significar algo más que la mera negligencia, lo que entraña una conducta caracterizada por un grado significativo de falta de diligencia".*

La exigencia de la concurrencia de una falta de diligencia grave, y por tanto, más allá de la simple negligencia, viene corroborada por la lectura del art. 46 del Real Decreto-ley 19/2018, de 23 de noviembre, en el que se excluye la limitación de la responsabilidad de 50 euros del ordenante en caso de operaciones de pago no autorizadas, en los supuestos de que este hubiera actuado de manera fraudulenta o por haberse incumplido, deliberadamente o por *negligencia grave*, una o varias de las obligaciones del titular establecidas en el artículo 41 de la misma norma. Este límite cuantitativo es recordado también por la SAP de Murcia, Sección 1ª, de 19 de diciembre de 2022.

Como recuerdan la SAP de Baleares de 25 de junio de 1999; SAP de Salamanca de 1 de junio de 2004; SAP de Castellón de 5 de noviembre de 2004 o la SAP de Alicante Sección 9ª, de 11 de febrero de 2019 se ha entendido que esa diligencia exigible al usuario de servicios de pago es aquella que contempla el artículo 1104 del Código Civil.

La SAP de Pontevedra, Sección 3ª, de 1 de diciembre de 2022 determina que *"como parámetro del actuar negligente también cabrá acudir al art. 1104 CC, que exige la diligencia asociada a la naturaleza de la obligación y a las circunstancias personales, de tiempo y lugar. Ello destacándose la complejidad y grado de perfección que presenta en la actualidad el método de "phishing" de difícil detección por persona de formación media, así como el deber de la proveedora, del servicio de dotarse de tecnología suficiente y adecuada con exigencia de medidas implantadoras activas, sin entenderse suficientes avisos generales o en página web de mero carácter informativo o divulgativo —por todas, SS. AP Pontevedra (Secc. 6ª) 21.12.21 y Madrid (20ª) 20.5.2022, en la línea de lo razonado en SS. AP Valencia (6ª) 13.6.2022, Granada (5ª) 20.6.2022 y Badajoz (3ª) 21.6.2022".* Este mismo fundamento es reproducido en la posterior resolución de la misma Sección y Audiencia pontevedresa de 23 de marzo de 2023.

Señala la SAP de Madrid de 25 de abril de 2006 que además en esta materia cabe citar la Recomendación de la Comisión 590/1988, de 17 noviembre, sobre "sistema de pago y en particular a las relaciones entre titulares y emisores de tarjetas" que recomienda a los suministradores de tarjetas la acomodación de su actividad a las disposiciones que contiene. El párrafo 8.2 de su anexo establece, para el caso de sustracción o pérdida, un sistema de responsabilidad objetiva del titular pero limitado en la cuantía hasta que notifique la desaparición, salvo que concurra negligencia por su parte. El titular de la tarjeta no asume el riesgo en casos de pérdida sustracción o extravió, y la propia legislación, tanto a nivel europeo, como nacional, contempla la exención de su responsabilidad, salvo en la cuantía de 150 euros, siempre y cuando cumpla unos mínimos deberes de diligencia.

Sobre la jurisprudencia aplicable, la sentencia de la Audiencia Provincial de Madrid, Sección 11ª de 28 de febrero de 2022, hace un compendio de la misma y se menciona la sentencia de la Audiencia Provincial de Madrid (Sección 9ª) núm. 178/2015 de 4 mayo de 2015 (JUR 2015\151311), que se pronuncia en el sentido siguiente: *"Salvo actuación fraudulenta, incumplimiento deliberado o negligencia grave del ordenante (Art. 32), la responsabilidad será del proveedor del servicio de pago, lo que supone que a él le corresponde la carga de la prueba de que la orden de pago "no se vio afectada por un fallo técnico o cualquier otra deficiencia" (art. 30).*

Y en este sentido, la SAP de Madrid, Sección 10ª de 13 de enero de 2023, con reproducción de la precitada SAP Madrid, Sección 11ª, de 28 de febrero de 2022, continúa razonando: *"Esta interpretación efectuada de la Ley 16/2009, de 13 de noviembre, de servicios de pago, es absolutamente acorde no sólo con la literalidad de la norma, sino con el espíritu y finalidad de la misma (ex. art. 3 CC), en función de lo previsto, por tanto, en los artículos 30 y 32 de la mentada Ley 16/2009, de 13 de noviembre, de servicios de pago".*

En base a todos estos criterios la sentencia de la Audiencia Provincial de Madrid Sección 9ª 178/2015 de 4 mayo de 2015, condena a la entidad al reembolso de las cantidades, señalando que la Ley de los Servicios de Pago establece un sistema de responsabilidad cuasi objetiva para la entidad financiera, previendo que en caso de disposiciones fraudulentas el proveedor de servicios de pago deberá devolver de inmediato el importe de la operación no autorizada, (art. 31), quedando exento de esta obligación solo en el caso de que la operación no autorizada sea fruto de la actuación fraudulenta del cliente o del incumplimiento, deliberado o por negligencia grave, de una o varias de sus obligaciones (art. 32). Además, la Ley prevé una inversión de la carga de la prueba en tanto es el proveedor de los servicios, quien debe probar que la operación fue debidamente autenticada, cuando el usuario de los servicios lo niegue (art. 30).

La SAP de Madrid, Sección 20ª, de 20 de mayo de 2022, analiza con detalle un caso interesante de phishing en el que el usuario afectado recibe un mensaje SMS simulando provenir de su entidad bancaria invitándole a hacer un clic en un enlace clonado de la página del Banco demandando, realizando las operaciones que se le requirieron con la consecuencia de seis sustracciones por importe de 6.000 euros a raíz del latrocinio. Así es razonado por la Audiencia:

> *TERCERO.- La aplicación de la normativa anteriormente indicada al caso presente, nos lleva a estimar la Impugnación formulada por el demandante en cuanto, no discutiéndose la forma en que se llegaron a materializar las 6 retiradas de efectivo por un importe total de 6.000 €, iniciadas por una actuación fraudulenta de tercero, no cabe apreciar en el demandante un comportamiento negligente de la gravedad y entidad para con base en el mismo hacerle responsable, ni siquiera de la primera disposición de efectivo realizada con la tarjeta usada de manera fraudulenta por un tercero. Como se indica en la Directiva 2015/2036 la negligencia que le hace responder al cliente es la que se deriva de una conducta caracterizada por un grado significativo de falta de diligencia, lo que supone que la misma surge o se produce por iniciativa del usuario, no como consecuencia del engaño al que ha sido inducido por un delincuente profesional. Tampoco puede calificarse como grave dicho comportamiento conforme a la normativa del código civil, pues siendo exigible al demandante la diligencia que exija la naturaleza de la obligación y correspondan a las circunstancias de las personas, tiempo y lugar (art. 1.104 del*

cc), el método fraudulento empleado —phishing— es de una complejidad y grado de perfección, difícilmente detectable por un cliente de las características del demandante, sin que la forma en que se denominaba al Banco en el SMS recibido o el error gramatical al emplear la palabra "lo" en lugar de "le", sean errores de entidad suficiente para detectar con base en ellos el fraude de que estaba siendo objeto. En esas circunstancias, era preciso ser un experto en la materia para poder detectar que la comunicación obedecía a una estafa o fraude. Es cierto que dicho comportamiento no puede considerarse diligente, pero para hacer soportar al cliente las consecuencias, aún parciales como se concluye en la sentencia apelada, es preciso apreciar en él una negligencia y que además sea grave, que en la normativa europea antes referida se equipara a la comisión de un fraude, actuación en la que no se ha acreditado incurriese el demandante, por el hecho de haber pinchado el link que se le ofrecía y facilitar los datos y clave de la tarjeta

CUARTO.- Por el contrario, la responsabilidad exigida a la entidad demandada, como proveedora del servicio, es la que se deriva de la naturaleza de tal prestación y de la posición contractual en la que se encuentran las partes, lo que le obliga a adoptar una serie de medidas de seguridad y dotarse de mecanismos de supervisión que permitieran detectar operaciones fraudulentas en la prestación de servicios de pago, tal como señala el artículo 2 del Reglamento Delegado 2018/389, pues como se indica también en la sentencia citada de la Audiencia de Pontevedra, incluyendo la técnica del phishing, la creación y puesta en la red de páginas que clonan las del sitio oficial de las entidades emisoras de instrumentos de pago, el deber de diligencia de la entidad demandada exigía dotarse de la tecnología antiphishing precisa para detectar las páginas clonadas de las oficiales propias y cerrarlas o eliminarlas, lo que, de producirse, impediría que el defraudador pudiera hacerse con las credenciales del usuario del instrumento de pago por ella emitido, pues la rotura del enlace del correo electrónico haría ya ineficaz cualquier conducta que frente al mismo pudiera observar el usuario receptor. Dicha actuación diligente no puede considerarse acreditada por las información que se facilita a los clientes a través de su página web, en cuanto la efectividad de esas obligaciones preventivas, lo que requerían era implementar en el sistema informático el mecanismo tecnológico adecuado para evitarlo; es decir mediante una con una conducta activa y no simplemente informativa o divulgativa.

De dicha omisión, no puede quedar exonerada por el hecho de que el cliente no tuviera activado el sistema de alarma en la tarjeta utilizada fraudulentamente, pues siendo obligación suya adoptar las medidas de seguridad adecuadas, esa obligación no puede entenderse cumplida con la simple puesta a disposición del cliente, sino que es ella quien debe adoptar una actitud activa para su implantación, no solo ponerla a disposición del cliente.

En consecuencia, la demandada incurrió en un incumplimiento de los deberes de diligencia en la prevención del fraude mediante phishing, que le hace ser responsable del perjuicio total sufrido por el demandante, pues no podía la entidad desconocer que frecuentemente mediante esa técnica el tercero defraudador utiliza los datos de la tarjeta para activarla en una aplicación de pago de la que tiene dominio, por lo que debiendo conocer que el teléfono desde el que se le había solicitado la activación no se encontraría entre los que hubiera registrado su nombre el demandante en su ficha de cliente, la comunicación del número de terminal telefónico devenía exigible para que aquélla pudiera conocer que era un tercero quien podría disponer de los datos de la tarjeta mediante la aplicación de pago que se activaría.

No habiendo quedado acreditado que la entidad demandada cumplió en la forma que le es exigible los deberes de diligencia en la autenticación de las operaciones de pago, pues ni habría probado haber implementado un mecanismo anti-phising de protección de los usuarios de los instrumentos de pago por ella emitidos frente al uso fraudulento por un tercero de páginas imitativas de las propias para hacerse con las credenciales del instrumento, ni habría puesto en conocimiento del usuario los datos necesarios para que este conociera que se trataba de instalar su tarjeta en una aplicación de pago de un terminal de un tercero y no apreciándose que el demandante incurrió en negligencia grave en el cumplimiento de sus deberes de custodia y uso de la tarjeta, ha de declararse la responsabilidad de la entidad demandada como proveedora de los servicios de pago usados de manera fraudulenta por un tercero y por tanto es quien debe responder de las pérdidas sufridas por el demandante con tales operaciones, responsabilidad que se hace extensible a la totalidad de la pérdida, pues en momento alguno anterior a que se realizase la última de las operaciones fraudulentas de pago, la entidad demandada había informado a la demandante del número del terminal telefónico desde el que se estaban realizando las órdenes de pago fraudulentas, ni de circunstancia alguna que hubiera permitido conocer al demandante tal uso fraudulento".

Lo cierto, es que, para un usuario medio, este tipo de fraudes cometidos por delincuentes profesionales no es sencillo de detectar ni tampoco de evitar, por lo que no resulta aceptable trasladarles una responsabilidad que no les corresponde. Sobre esta dificultad reflexiona la SAP de Madrid, Sección 21ª, de 31 de octubre de 2017: *"Y debe indicarse que no es un sistema fácil sino complejo, que no es detectable por el particular usuario, aun teniendo instalados antivirus porque el tema más de uso de estos es de sistemas, para lo que se requiere algo más que tener cuidado y tener instalado tanto en el ordenador como en el móvil un antivirus".*

En el caso resuelto por el Juzgado de 1ª Instancia nº 2 de Pamplona y confirmado por la SAP de Navarra, Sección 3ª de 9 de marzo de 2023, se destaca nuevamente la elevada complejidad técnica de este tipo de conductas delictivas al estimar la reclamación formulada por un agente de la policía foral de Navarra en contra de los argumentos invocados por la entidad financiera que trataba de imputar la responsabilidad al afectado señalando que debía ser conocedor de los casos de fraude bancario y técnicas de phishing:

"(...) la sentencia descarta que concurra negligencia imputable al propio demandante, al no constar que la misma derive de una iniciativa propia sino de un engaño al que ha sido inducido a través de una suplantación difícilmente detectable, sin que tenga incidencia la condición profesional de agente de policía del demandante, al no demostrarse que se ocupe en particular de ciberseguridad.

(...)

Destaca el recurso de apelación que el propio Sr. Desiderio reconoció en juicio su "negligencia", pero es que como ha quedado visto en palabras de la Directiva, no basta con cualquier falta de diligencia o precaución en la custodia de las credenciales personales, sino que debe darse una conducta significativamente negligente. De esta forma, "grave" seria la negligencia de quien toma la iniciativa a la hora de desproteger sus credenciales, o la negligencia de quien hace entrega de los datos y credenciales a un tercero que se muestra claramente como tal, como ajeno a la entidad bancaria mediante signos y evidencias suficientes de tal ajenidad. Pero no ostenta la misma "gravedad" relevante la negligencia de quien no actúa por iniciativa propia sino arrastrado por comportamiento fraudulento de tercero, mediante un mecanismo de fraude muy específico y complejo, y de difícil detección, en el que es fácil ser víctima de un engaño ante la apariencia y creencia de oficialidad de la entidad, sin embargo, fraudulentamente aparentada por suplantación, sin que se aprecie en ello una cualificada negligencia. Como afirma la SAP Pontevedra 623/2022, de 1 de diciembre, "En interpretación de directiva 2015/2366, la negligencia que hace responder al cliente es la que se deriva de una conducta caracterizada por un grado significativo de falta de diligencia, lo que supone que la misma surge o se produce por iniciativa del usuario, no como consecuencia del engaño al que haya podido ser inducido por un delincuente profesional. Como parámetro del actuar negligente también cabrá acudir al art. 1.104 CC, que exige la diligencia asociada a la naturaleza de la obligación y a las circunstancias personales, de tiempo y lugar. Ello destacándose la complejidad y grado de perfección que presenta en la actualidad el método de "phishing" de difícil detección por persona de formación media, así como el deber de la proveedora del servicio de dotarse de tecnología suficiente y adecuada con exigencia de medidas implantadoras activas, sin entenderse suficientes avisos generales o en página web de mero carácter informativo o divulgativo —por todas, SS. AP Pontevedra (Secc. 6ª) 21.12.21 y Madrid (20ª) 20.5.2022, en la línea de lo razonado en SS. AP Valencia (6a) 13.6.2022, Granada (5ª) 20.6.2022 y Badajoz (3ª) 21.6.2022—".

En última instancia, alude la recurrente a que la circunstancia personal de ser el demandante agente de la Policía Foral redundaría en la valoración de la gravedad de la negligencia, toda vez que en tal condición profesional debería ser conocedor de las alertas y recomendaciones de seguridad contra el phishing publicitadas por el propio cuerpo policial. Sin embargo, cabe compartir con la sentencia apelada que se trata de una alegación absolutamente genérica, pues no se ha profundizado en las funciones profesionales asignadas al demandante —sin demostrar, en particular, que haya trabajado en el grupo de ciberdelincuencia—

como tampoco se ha concretado el grado de conocimiento personal adquirido por tales advertencias, que a falta de prueba es el mismo conocimiento común y general de toda la ciudadanía, y que no es un conocimiento que exonere de sus responsabilidades a la entidad demandada (como tampoco lo hace, según reiterada jurisprudencia bien citada en la sentencia apelada, la información que en ocasiones las propias entidades facilitan a sus clientes sobre prevención de este tipo de fraudes).

Este mismo razonamiento es el contenido igualmente en la Sentencia dictada por el Juzgado de 1ª Instancia nº 1 de Moncada de 31 de mayo de 2023 en el que se razona:

> *"(…) debemos valorar que la mercantil demandada no ha probado en modo alguno que la actora haya actuado de manera fraudulenta o con negligencia grave. La entidad bancaria se ha limitado a manifestar que la demandante no fue diligente al facilitar sus datos a los autores del engaño delictivo. Sin embargo, no podemos olvidar que, para trasladar al cliente los efectos del riesgo de estos cargos fraudulentos, la ley no exige la concurrencia de una culpa leve o de tipo medio; al contrario, nuestra legislación indica que la negligencia debe ser grave. Y en este caso no puede calificarse como grave la falta de diligencia de la actora.*
>
> *Ha de valorarse que en estos supuestos de phishing nos encontramos ante conductas delictivas muy elaboradas, a menudo perpetradas por profesionales del engaño, que simulan con precisión los formatos auténticos de las entidades bancarias e inducen a error con cierta facilidad. Las dificultades para la detección del fraude por parte de los usuarios se evidencian ante la multitud de procedimientos penales que se tramitan en nuestros órganos judiciales por estafas de este tipo.*
>
> *Por ello, ha de valorarse que el legislador no ha querido trasladar a los usuarios la carga de atribuirles la responsabilidad por estas operaciones no autorizadas y de exigirles que procedan con un cuidado extremo, ante su carencia de medios para detectar estos fraudes. En cambio, son las entidades bancarias las que se benefician por la introducción de las mejoras tecnológicas y las que deben contar con instrumentos adecuados para la detección de las actuaciones fraudulentas. En consecuencia, la ley ha optado por un sistema de responsabilidad cuasi objetiva, que atribuye a las entidades bancarias el deber de restitución ante operaciones no aceptadas, con la excepción de conductas de los usuarios que sean maliciosas o gravemente negligentes.*
>
> *Dichas razones nos deben llevar a valorar que la conducta de la actora no puede suponer una negligencia grave. Como señaló en un caso similar la sentencia de la Audiencia Provincial de Madrid de 13 de enero de 2023, "no podemos calificar la posible negligencia de la demandante en la conservación de sus claves como "grave" en ningún caso. Estamos ante un tipo de fraude muy específico del que es fácil ser víctima, sin que ello implique una actuación negligente del cliente, dado lo bien articulada en su ejecución que está esta modalidad de fraude".*

Entendemos así, en línea con el razonamiento desarrollado por la SAP de Jaén, Sección 1ª, de 14 de diciembre de 2022, que nos encontramos ante un error realmente excusable. Así es razonado:

> *"Y en un plano subjetivo, también debe descartarse la negligencia grave que la apelante imputa al señor Hilario en su proceder pues, de modo muy diferente a como se postula en el recurso, las características del correo recibido bien pueden inducir a pensar a cualquier cliente normal en que era remitido por la entidad de que era cliente, dada la dirección electrónica del remitente ("DIRECCION000", bien similar a la del contrato de octubre de 2015), haberse dirigido precisamente a una dirección propia del actor y requerírsele en un plazo perentorio ("dos días") para rellenar en un modelo a obtener a través de un enlace datos y circunstancias personales, pero especialmente propias de la relación de un cliente con su entidad financiera. Así las cosas, el error ha de entenderse excusable en los términos en que es definido por la jurisprudencia, esto es, aquel en que puede incurrirse pese al empleo de una diligencia media o regular y, pese a ello, sufre un error que vicia su consentimiento, no imputable al interesado, en el sentido de causado por él —o personas de su círculo jurídico—, en sintonía con un elemental postulado de buena fe (Arts. 7.1 y 1258 del Código Civil) a efectos de impedir que se proteja a quien no merece dicha protección por su conducta negligente (SSTS, Sala 1a, de 12 de julio de 2002; 24 de enero de 2003; 12 de noviembre y 12 de diciembre de 2004; 17 de febrero de 2005; y 17 de julio de 2006)".*

La diligencia del usuario en los casos en que haya sido víctima de un delito de estafa a través de estas modalidades comisivas de phishing es también analizada con detalle, a la luz de los principios establecidos en la Directiva 2015/2036 y Código Civil por la SAP de Madrid, Sección 20ª, de 20 de mayo de 2022:

> *"Como se indica en la Directiva 2015/2036 la negligencia que le hace responder al cliente es la que se deriva de una conducta caracterizada por un grado significativo de falta de diligencia, lo que supone que la misma surge o se produce por iniciativa del usuario, no como consecuencia del engaño al que ha sido inducido por un delincuente profesional. Tampoco puede calificarse como grave dicho comportamiento conforme a la normativa del código civil, pues siendo exigible al demandante la diligencia que exija la naturaleza de la obligación y correspondan a las circunstancias de las personas, tiempo y lugar (art. 1.104 del cc), el método fraudulento empleado —phishing— es de una complejidad y grado de perfección, difícilmente detectable por un cliente de las características del demandante, sin que la forma en que se denominaba al Banco en el SMS recibido o el error gramatical al emplear la palabra "lo" en lugar de "le", sean errores de entidad suficiente para detectar con base en ellos el fraude de que estaba siendo objeto. En esas circunstancias, era preciso ser un experto en la materia para poder detectar que la comunicación obedecía a una estafa o fraude. Es cierto que dicho comportamiento no puede considerarse diligente, pero para hacer soportar al cliente las consecuencias, aún parciales como se concluye en la sentencia apelada, es preciso*

apreciar en él una negligencia y que además sea grave, que en la normativa europea antes referida se equipara a la comisión de un fraude, actuación en la que no se ha acreditado incurriese el demandante, por el hecho de haber pinchado el link que se le ofrecía y facilitar los datos y clave de la tarjeta.

CUARTO.- Por el contrario, la responsabilidad exigida a la entidad demandada, como proveedora del servicio, es la que se deriva de la naturaleza de tal prestación y de la posición contractual en la que se encuentran las partes, lo que le obliga a adoptar una serie de medidas de seguridad y dotarse de mecanismos de supervisión que permitieran detectar operaciones fraudulentas en la prestación de servicios de pago, tal como señala el artículo 2 del Reglamento Delegado 2018/389, pues como se indica también en la sentencia citada de la Audiencia de Pontevedra, incluyendo la técnica del phishing, la creación y puesta en la red de páginas que clonan las del sitio oficial de las entidades emisoras de instrumentos de pago, el deber de diligencia de la entidad demandada exigía dotarse de la tecnología antiphishing precisa para detectar las páginas clonadas de las oficiales propias y cerrarlas o eliminarlas, lo que, de producirse, impediría que el defraudador pudiera hacerse con las credenciales del usuario del instrumento de pago por ella emitido, pues la rotura del enlace del correo electrónico haría ya ineficaz cualquier conducta que frente al mismo pudiera observar el usuario receptor. Dicha actuación diligente no puede considerarse acreditada por las información que se facilita a los clientes a través de su página web, en cuanto la efectividad de esas obligaciones preventivas, lo que requerían era implementar en el sistema informático el mecanismo tecnológico adecuado para evitarlo; es decir mediante una con una conducta activa y no simplemente informativa o divulgativa.

De dicha omisión, no puede quedar exonerada por el hecho de que el cliente no tuviera activado el sistema de alarma en la tarjeta utilizada fraudulentamente, pues siendo obligación suya adoptar las medidas de seguridad adecuadas, esa obligación no puede entenderse cumplida con la simple puesta a disposición del cliente, sino que es ella quien debe adoptar una actitud activa para su implantación, no solo ponerla a disposición del cliente.

En consecuencia, la demandada incurrió en un incumplimiento de los deberes de diligencia en la prevención del fraude mediante phishing, que le hace ser responsable del perjuicio total sufrido por el demandante, pues no podía la entidad desconocer que frecuentemente mediante esa técnica el tercero defraudador utiliza los datos de la tarjeta para activarla en una aplicación de pago de la que tiene dominio, por lo que debiendo conocer que el teléfono desde el que se le había solicitado la activación no se encontraría entre los que hubiera registrado su nombre el demandante en su ficha de cliente, la comunicación del número de terminal telefónico devenía exigible para que aquélla pudiera conocer que era un tercero quien podría disponer de los datos de la tarjeta mediante la aplicación de pago que se activaría".

La SAP de Pontevedra, Sección 3ª, de 1 de diciembre de 2022 comparte igualmente la tesis más respetuosa con los derechos e indemnidad del afectado al concluir:

> *"Partiendo de que la autorización propiciada por el cliente se funda en comportamiento fraudulento de tercero —extremo admitido por la demandada—, deberá entenderse que la negligencia plasmada en la cesión de datos personales producida se debió al complejo engaño recibido, y no a la iniciativa o acción directa personal del usuario, que, en definitiva, cumple con las obligaciones señaladas en art. 41 LSP, excluyéndose razonablemente la gravedad en el reproche por falta de custodia de claves y, con ello, la responsabilidad con arreglo a art. 46.1 de la Ley y art. 1104 CC, persistiendo el incumplimiento por la prestadora del servicio del deber esencial de facilitar un sistema de banca telemática seguro".*

También más sensible a la víctima se sitúa la SAP de Madrid, Sección 10ª, de 13 de enero de 2023, cuando concluye:

> *"(...) no podemos calificar la posible negligencia de la demandante en la conservación de sus claves como "grave" en ningún caso. Estamos ante un tipo de fraude muy específico del que es fácil ser víctima, sin que ello implique una actuación negligente del cliente, dado lo bien articulada en su ejecución que está esta modalidad de fraude".*

La diligencia exigible a la entidad, sin embargo, no es la diligencia del *pater familias*, ni siquiera la del ordenado comerciante. Es una diligencia reforzada por razón de la singularidad de la actividad que desarrollan, que se ha venido denominando la diligencia del *bonus argentarius*. Este mismo sentir late en la doctrina establecida por la AP de Zaragoza que sintetiza la SAP de Zaragoza, Sección 5ª, de 1 de julio de 2022, cuando apunta: *"hay un deber de diligencia de la entidad depositaria y gerente del servicio de caja y el de una información precisa y detallada, pues la exigible es la de un "comerciante experto" y no la de un buen padre de familia. En este sentido, Ss. AP Zaragoza, Sección 5ª, de 29-6-2007, 17-5-2010, La Coruña, Sección 3º, 13-1-2006 y del T. S. 24-3-2006"*

La SAP de Pontevedra, Sección 6ª, de 7 de abril de 2021 incide en la asimetría existente entre la diligencia exigible a la entidad financiera y el cliente, sin que quepa equiparar ambas por la singular pericia que debe presumirse a quien profesionalmente desarrolla la actividad de bancaria o financiera:

> *"O comportamento do Banco non pode ser pasivo, conformista ou puramente inercial, senón que se require que haxa por parte del un labor de vixilancia extrema, profesionalizada e maior que a exixible á toda persoa media. O incumprimento deste específico deber de vixilancia da lugar a unha responsabilidade por "culpa in vigilando".*

> *Debe partirse dunha asimetría culposa, de tal maneira que a atención, cautela, celo, pericia e esmero que se require no Banco ten que ser notoriamente maior que a do cliente, pouco preparado e avezado, comparativamente con aquel, en trucos e fraudes informáticos."*

Y esta singular diligencia implica no solo el establecimiento de unas determinadas medidas de seguridad consustanciales a la actividad bancaria, sino la continua y permanente mejora e implementación de nuevos sistemas que deben ofrecer una célere respuesta a los avances que en materia de fraude también puedan acontecer. Y es que, al igual que la entidad protege sus propias instalaciones y fondos, debe aplicar igual o mayor celo en la seguridad de los confiados por sus clientes.

Tal y como advierte la SAP de Alicante, Sección 8ª, de 12 de marzo de 2018: *"Es la prestadora de los servicios de pago quien tiene la obligación de facilitar un sistema de banca telemática segura, y no son sus clientes-usuarios los que deben prevenir ni averiguar las modalidades de riesgos que el sistema conlleva, ni prevenir con un asesoramiento experto los mismos, no pudiendo en suma la parte obligada legalmente a ofrecer un modelo de servicio de caja que requiere de un especial nivel de seguridad, objetar que el usuario debía conocer aspectos técnicos tales como identificar una web como falsa —cuando no consta que fuera burda y por tanto, evidente de toda falsedad—, ni que no eran fallos técnicos sino riesgos fraudulentos, determinados comportamientos de la plataforma que, no se olvide, son tan factibles que incluso el contrato de banca directa alude —para eludir responsabilidades el prestador— al riesgo de fallos técnicos, errores, interrupciones, desconexiones, sobrecargas y otras formas de defectos en la conexión"*

Esta distinta exigencia de responsabilidad es también destacada por la SAP de Pontevedra, Sección 6ª, de 7 de abril de 2021:

> *"Debe partirse de una asimetría culposa, de tal manera que la atención, cautela, celo, pericia y diligencia que se requiere en el Banco tiene que ser notoriamente mayor que la del cliente, poco preparado y experimentado comparativamente con aquel, en trucos y fraudes informáticos"*

Desde otra óptica, es procedente traer a colación la doctrina que desde hace decenas de años se viene aplicando en países de nuestro entorno, tanto en los de corte anglosajón bajo la máxima "KYC" (*Know your customer* —conoce a tu cliente—), que exige indagar en los conocimientos y experiencia financiera del cliente, su intención y su predisposición a la asunción de riesgos, como en los de carácter continental, como revela la Sentencia del Tribunal Federal Alemán en el año 1993 por el caso "Bond-Entscheidung", que reprocha a la entidad financiera no haber profundizado en las circunstancias del cliente.

Esta misma idea subyace en la resolución dictada por la AP de La Rioja, Sección 1ª de 17 de febrero de 2023, al resolver la acción de reclamación de un afectado por phishing, cuando apunta:

> *"El banco debe actuar con la diligencia exigible, que no es solo la reglamentariamente prevista sino la adecuada a las circunstancias de personas, lugar y tiempo. Entre estas, cobran especial relevancia datos tales como el perfil del cliente, los movimientos inusuales, los importes dispuestos, la hora en que se hace la operación, etc. (...). Y no basta con medidas genéricas de protección o avisos estereotipados de cuidado, pues tales avisos ostentarían la calificación de "fórmulas predispuestas", vacías de contenido. No son los clientes los que deben prevenir ni averiguar las modalidades de riesgos que el sistema conlleva, o estar al tanto de lo mismos, ni prevenir con su asesoramiento experto dichos riesgos".*

La SAP de La Rioja, Sección 1ª, de 17 de febrero de 2023, corroborando la resolución dictada por el Juzgado de 1ª Instancia nº 7 de Logroño, en cuyos antecedentes apunta de modo acertado las características de la víctima (enfermera que usaba de manera ordenada la cuenta en la que ingresaba su nómina para pagos de baja cuantía, gastos habituales de compras y gastos corrientes y nunca transferencias a terceros de importes altos) desliza *obiter dicta* esta misma cuestión:

> *"En el supuesto sometido a nuestra consideración, doña Piedad ha negado tajantemente haber realizado las operaciones cuestionadas, que además no se corresponden con su modo habitual de proceder en el uso de la banca y la tarjeta".*

No puede olvidarse de hecho, que dentro de las condiciones generales de la contratación a las que se adhiere el usuario suele predisponerse que el usuario autoriza a la entidad financiera a la realización de estudios, comportamientos de riesgos mediante modelos de *scoring*, sistemas de información integrados u otros de similar naturaleza. Así se recoge a título ilustrativo en las Condiciones Generales de Caixa Catalunya como recuerda la SAP de Vizcaya, Sección 3ª, de 10 de noviembre de 2016.

Lo cierto es que, acudiendo a las fuentes públicas de información ofrecidas por el Sistema Estadístico de Criminalidad elaborado por Dirección General de coordinación y Estudios, dependiente de la Secretaría de Estado de Seguridad del Ministerio del Interior, el número de usuarios que son víctimas de estos fraudes es de una notabilísima importancia ascendiendo los a 267.011 hechos conocidos en 2021. Según los datos publicados en la Memoria Anual de la Fiscalía General del Estado de 2022 y el Portal Estadístico de Criminalidad[100] los fraudes informá-

---

100 https://estadisticasdecriminalidad.ses.mir.es/publico/portalestadistico/portal/datos.html?type=pcaxis&path=/Datos5/&file=pcaxis

ticos suponen el mayor número de hechos delictivos conocidos en este último año en el ámbito de la cibercriminalidad. El crecimiento experimentado en los últimos años, y en particular desde la pandemia, arroja unas cifras alarmantes en lo referido a la evolución de la ciberdelincuencia.

Como también se hacía eco la revista jurídica Economist & Jurist[101], la ciberdelincuencia ha crecido un 716,52% desde que existen estadísticas en 2011. Este crecimiento se ha centrado fundamentalmente en los denominados "fraudes informáticos" que han pasado de los 21.075 casos registrados en 2011 a los 257.907 del año 2020, lo que supone un incremento acumulado del 713,02%.

En el análisis estadístico de las distintas tipologías delictivas en el ámbito de la cibercriminalidad, los fraudes informáticos ocupan, con notable prevalencia, la posición más destacada. Del total de los 305.477 hechos conocidos por infracciones de ciberdelincuencia en 2021, los fraudes informáticos suponen un 87,41%.

Por Comunidades Autónomas, Cataluña es la más afectada, reportando un total de 47.314 hechos conocidos; Madrid 46.978; Andalucía 35.288; Comunidad Valenciana 24.428; Galicia 19.496; País Vasco 15.016; Castilla y León 14.457; Castilla-La Mancha 9.797; Canarias 8.916; Aragón 7.310; Islas Baleares 7.005; Región de Murcia 6.754; Asturias 6.187; Extremadura 4.594; Comunidad Foral de Navarra 3.673; Cantabria 3.243; La Rioja 1.794; Ceuta 402; Melilla 348. Estas estadísticas acreditan de modo objetivo que no es un supuesto de grosera falta de diligencia de un ciudadano aislado sino un serio problema de falta de seguridad de los sistemas que trasciende lo individual.

Conforme a lo dispuesto en el artículo 147 del Texto Refundido de la Ley para la Defensa de los Consumidores y Usuarios y otras leyes complementarias, aprobado por el Real Decreto Legislativo 1/2007, de 16 de noviembre "*Los prestadores de servicios serán responsables de los y perjuicios causados a los consumidores o usuarios, salvo que prueben que han cumplido las exigencias y requisitos reglamentariamente establecidos y demás cuidados y diligencias que exige la naturaleza del servicio*".

Con estos datos, cabe a su vez incidir en el carácter objetivo de la responsabilidad de la entidad financiera ante supuestos de fraudes de phishing a sus clientes conforme a o establecido en los artículos 147 y 148 TRLGDCU, por cuanto que exigen que se *incluyan necesariamente la garantía de niveles determinados*

---

[101] https://www.economistjurist.es/articulos-juridicos-destacados/ciberdelincuencia-situacion-actual-y-nuevas-estadisticas-oficiales/

de eficacia o seguridad, en condiciones objetivas de determinación, y supongan controles técnicos, profesionales o sistemáticos de calidad, hasta llegar en debidas condiciones al consumidor y usuario. Cuando existen más de 47.000 casos anuales en Cataluña y casi 258.000 al año en el conjunto del territorio nacional es obvio que las medidas de seguridad implantadas no son las adecuadas o suficientes.

De este precepto, como razona la SAP de Alicante, Sección 8ª, de 12 de marzo de 2018, al resolver precisamente un supuesto de phishing padecido por una usuaria, se desprende que *"el fundamento de la responsabilidad presunta del proveedor de servicios en el ámbito de la sociedad de la información, en particular cuando no aparece vinculada exclusivamente a la falta de específicas medidas de autoprotección por parte de aquellos sino a la falta de un especial cuidado en atención a la naturaleza del servicio de que se trata, al modo empresarial de su prestación y al rol que en este desempeña un usuario típico, ponderado el hecho de que si el evento dañoso acaece es porque hay un déficit de la seguridad que legítimamente no cabía esperar del servicio prestado. Y dado que se produce —cuando el evento ocurre— dentro de un ámbito que se halla bajo el control del empresario prestador del servicio, que es quien cuenta con la información sobre las medidas de cuidado exigibles, y en su caso adoptadas, a fin de reducir el riesgo de riesgos, es el proveedor quien deviene responsable del daño".*

Inicien en el carácter de la responsabilidad cuasi-objetiva de la entidad financiera, entre otras, la SAP de Albacete, Sección 2ª, de 23 de febrero de 2012; SAP de Asturias, Sección 1ª, de 18 de septiembre de 2012; Sentencia J. 1ª Instancia nº 4 Majadahonda, de 8 de noviembre de 2012; SAP de Badajoz, Sección 2ª, de 7 de febrero de 2013; SAP de Sevilla, Sección 6ª, de 7 de febrero de 2013; SAP de Zaragoza, Sección 4ª, de 14 de mayo de 2013; SAP de Castellón, Sección 3ª, de 4 de febrero de 2014; SAP Madrid, Sección 9ª, de 4 de mayo de 2015; SAP Vizcaya, Sección 3ª, de 10 de noviembre de 2016; SAP de Sevilla, Sección 6ª, de 4 de octubre de 2018; SAP de Valencia, Sección 8ª, de 8 de abril de 2019; SAP Pontevedra, Sección 6ª, de 7 de abril de 2021; SAP Madrid, Sección 11ª, de 28 de febrero de 2022; SAP de Granada, Sección 5ª, de 20 de junio de 2022; SSAP de Zaragoza, Sección 5ª, de 1 de julio y 17 de noviembre de 2022; SAP de Pontevedra, Sección 3ª, de 1 de diciembre de 2022; SAP de Jaén, Sección 1ª, de 14 de diciembre de 2022; SAP de Murcia, Sección 1ª, de 19 de diciembre de 2022; SAP de Madrid, Sección 10ª, de 13 de enero de 2023; SAP de Almería, Sección 1ª de 31 de enero de 2023; SAP Baleares, Sección 5ª, de 17 de febrero de 2023; SAP de Navarra, Sección 3ª, de 9 de marzo de 2023; SAP de Ourense, Sección 1ª, de 12 de mayo de 2023; SAP de Cuenca, Sección 1ª, de 16 de mayo de 2023; Sentencia J. 1ª Instancia e Instrucción nº 1 de Moncada de 31 de mayo de 2023.

Segundo.- ***Al amparo del artículo 459 LEC, por infracción del artículo 394 LEC. Existencia de serias dudas de hecho o de derecho.***

Fina este recurso, con el postrero motivo que invoca, con carácter subsidiario, de no compartirse las poderosas razones expuestas la exoneración de costas a la actora que supone un gravísimo quebranto en su modesta economía, cuando como mínimo ha de reconocerse las serias deudas de hecho o de derecho previstas en el art. 394.1 LEC de las que resulta paradigmático el caso enjuiciado.

Las serias dudas existentes, conforme a una jurisprudencia ciertamente poco uniforme y el elevadísimo número de víctimas que acredita la existencia de un serio problema de seguridad en el ámbito de la banca electrónica y sus servicios de pago acreditan, cuando menos la existencia de serias dudas de hecho y de derecho. Y es que además, de un análisis minucioso de las resoluciones judiciales más recientes se colige, a mayor abundamiento, que la mayoría vienen a determinar la responsabilidad de la entidad financiera, rechazando la existencia de una falta de diligencia grave cuando la conducta del usuario víctima del fraude viene inducida por una acción delictiva perpetrada por organizaciones criminales organizadas.

Por lo que se refiere a las supuestas dudas, ha de recordarse que conforme advierte la SAP de Sevilla, Sección 6ª, de 20 de junio de 2013, para apreciar, a los efectos de condena en costas, que el caso era jurídicamente dudoso, se habrá de tener en cuenta la jurisprudencia recaída en casos similares. Y se han expuesto detalladamente la existencia de una multiplicidad de casos resueltos en sentido adverso Y ello, amén del intenso debate doctrinal existente al respecto.

Señala la SAP e Madrid, Sección 14ª, de 13 de noviembre de 2007, que la existencia de serias dudas de hecho o de derecho, *está supeditada a que aquéllas sean de cierta entidad o intensidad y objetivas, y en multitud de supuestos sometidos a litigio en que se estiman o rechazan las pretensiones de una y otra parte (…).* Y trasladando esta doctrina al supuesto analizado, tras décadas de estudio a esta disciplina, honestamente debe apreciarse, cuando menos esas serias dudas que merecen subsidiariamente la benevolencia de la exoneración de costas.

Por ello, en todo caso, la resolución dictada, con posterioridad a los AATS de 18 de mayo y 19 de julio de 2022 y a las que no hace referencia alguna, no debiera trasladar tan pesada losa de la imposición de las costas procesales al consumidor, pues cuando menos es patente la existencia de serias dudas de derecho como requiere el art. 395 LEC, al tiempo que esta severidad resulta también discordante con el propio espíritu del art. 6.1 de la Directiva 93/13 en sentido inverso.

En virtud de lo expuesto,

SUPLICO: Se tenga por presentado este escrito con las copias que se acompañan y en mérito al mismo, tenga por interpuesto recurso de apelación contra la sentencia dictada por el Juzgado de 1ª Instancia nº __ de ______, el __ de ______ de ___, en los autos de Procedimiento Ordinario _____, con la voluntad de haber intentado cumplir los requisitos legales exigibles y su voluntad de subsanar cualquier involuntario defecto en que hubiere podido incurrir, conforme a lo dispuesto en el art. 231 LEC, admitiéndolo y previo cumplimiento de los trámites procesales de rigor y remisión de las actuaciones a la Ilustrísima Audiencia Provincial, se revoque por ésta la resolución recurrida, dictándose nueva sentencia ajustada a derecho estimatoria de la pretensión ejercitada por la demandante por las razones expuestas en el cuerpo de este escrito. O subsidiariamente, con exoneración de costas a la parte actora.

Es justicia que respetuosamente se espera alcanzar, tal y como se pide en ________, a __ de ________ de ____

OTROSÍ DIGO: Siendo las cuestiones sometidas a exégesis judicial de eminente carácter jurídico, al no resultar controvertidos los hechos, que se cimientan sobre la documental aportada, se considera innecesario, salvo mejor criterio del Tribunal, a los efectos del artículo 464 LEC, la celebración de vista.

SUPLICO: Se tenga por realizada la anterior manifestación, procediéndose a la resolución de la apelación conforme a lo dispuesto en el artículo 465 LEC, sin necesidad de vista.

TERCER OTROSÍ DIGO: Se aporta como documento nº 1 resguardo del depósito efectuado para la presentación del presente recurso.

SUPLICO: Se tenga por aportado el resguardo del depósito efectuado para la interposición del presente recurso

Reitero justicia impetrada ut supra.

Es justicia que se espera alcanzar en ________, a __ de _____ de ____

________________ ________________

Letrado/a ICA_ _____ Procurador/a ICP_ ____

9.5. MODELO ORIENTADOR DE RECLAMACIÓN PREVIA AL TITULAR DEL FICHERO Y CEDENTE DE LOS DATOS

_________________ SA _________________

C/ _________________ C/ _________________

CP ________ CP ______

En ________, a __ de ______ de 202_

Como titular del contrato de prestación de servicios suscrito con la mercantil referenciada y dando respuesta a su reclamación económica, cúmpleme manifestarles mi disconformidad con los importes referidos, tanto por la falta de asunción de los gastos reclamado, que como se les ha expuesto no han sido realizados por mi persona al habérseme sustraído el terminal móvil y DNI según fue denunciado ante las Fuerzas y Cuerpos de Seguridad y se les dio el oportuno traslado, como por la liquidación unilateral por esta practicada.

En atención a lo expuesto, les manifiesto mi oposición a la certidumbre, pertinencia, liquidez y exigibilidad de la deuda reclamada, por lo que les requiero expresamente se abstengan de proceder a la cesión o inclusión de mis datos en cualquier registro de solvencia patrimonial, o de haberse efectuado, sean excluidos de modo inmediato, pudiendo acudir si así lo consideran a los cauces judiciales ordinarios para la reclamación de la que se jacten acreedores.

Sin perjuicio del ejercicio de las acciones que hubiera lugar en derecho y la eventual reclamación de los daños y perjuicios que procedan, de no ser atendida la presente comunicación, este escrito tiene el carácter de reclamación extrajudicial expresa a los efectos del art. 1973 CC y requerimiento fehaciente y justificado, conforme a lo previsto en el artículo 395 LEC.

Atentamente,

Fdo: ______________________

Nombre y apellidos del afectado: ______________________

Dirección: ____

DNI ______________ (adjunto copia)

9.6. MODELO SIMPLIFICADO DE DEMANDA JUDICIAL POR RESPONSABILIDAD DERIVADA DE LA INDEBIDA INCLUSIÓN DEL USUARIO EN UN FICHERO DE SOLVENCIA PATRIMONIAL

AL JUZGADO DE 1ª INSTANCIA QUE POR TURNO CORRESPONDA DE ___________

____________________, Procurador/a de los Tribunales, colegiado/a ___ ICP_, de ________________ y de _______________, según *escritura de poder* que se aporta como *documento nº 1,* bajo la dirección letrada de ___________________ colegiado/a ___ ICA_, ante el Juzgado comparezco y como mejor proceda en Derecho, DIGO:

Que por medio del presente escrito formuló DEMANDA DE JUICIO ORDINARIO SOBRE TUTELA DEL DERECHO AL HONOR, contra _______________ SA, titular de CIF__________, con domicilio social en ____________________ de ____________, CP ________, con base en los siguientes

HECHOS

Primero.- El actor es un consumidor y usuario titular de una tarjeta de crédito emitida por la entidad demandada. En fecha de _______ interpuso denuncia por sustracción de su tarjeta comunicando este hecho de modo simultáneo igualmente a la demandada

Se adjunta como documento nº 2 copia del contrato de tarjeta de crédito. Como documento nº 3 se aporta copia de la denuncia presentada por la actora ante el Cuerpo Nacional de Policía.

Segundo.- Tras la comunicación de la sustracción precitada se realizaron diversas compras por terceros no autorizados por un total de 900 euros, reclamándose su importe a mi mandante. Rechazado el cargo por mi mandante por no haberse realizado por el, la demandada ha reiterado su petición de reembolso. Finalmente, mi mandante ha tenido conocimiento de la inclusión sus datos a un fichero de solvencia patrimonial.

Como documento nº 4 se aporta reclamación de deuda remitida por la demandada a mi mandante. Como documento nº 5 se adjunta copia acreditativa de la inclusión de mi representada en el fichero de solvencia patrimonial.

Tercero.- Por parte de la actora se presentaron distintas reclamaciones a la demandada solicitando su exclusión en el fichero de solvencia patrimonial. Así mismo la actora acudió a los servicios municipales de consumo en búsqueda de una solución extrajudicial. Todos sus intentos de evitar un procedimiento judicial han resultado infructuosos, resultando desatendidas las reclamaciones previas interpuestas.

Como documento nº 6 se acompaña reclamación a la entidad financiera. Como documento nº 7 se aporta reclamación presentada ante los servicios municipales de consumo.

A los anteriores hechos les son de aplicación los siguientes

FUNDAMENTOS DE DERECHO

Primero.- *Jurisdicción.* Corresponde conocer del proceso, a los órganos jurisdiccionales ordinarios españoles, para cuyo enjuiciamiento y fallo son competentes los citados órganos, de conformidad con cuanto se dispone entre otros, en los artículos 117.3 de la Constitución Española; 2.1, 9.2, 21.1 de la Ley Orgánica 6/1985 de 1 de julio, del Poder Judicial; artículos 5 y 36.1 de la Ley de Enjuiciamiento Civil Y 79.2 RGPD.

Segundo.- *Competencia.* Objetivamente, y según lo dispuesto en los artículos 85.1 LOPJ y 45 LEC, el conocimiento de este litigio corresponde a los Juzgados de Primera Instancia. Territorialmente, resulta aplicable la previsión contenida en el artículo 52.1.6º LEC que determina la competencia del juzgado de 1ª Instancia del domicilio del demandante.

Tercero.- *Capacidad y legitimación.* Ambas partes se encuentran capacitadas y legitimadas activamente la demandante y pasivamente la demandada a tenor de lo dispuesto en los artículos 6, 7 y 10 LEC. El artículo 82 RGPD apunta también al responsable y/o al encargado del tratamiento ilícito como responsables por los daños causados cuando el primero incumpla las obligaciones que le impone el RGPD o las instrucciones del responsable del tratamiento.

Cuarto.- *Postulación y representación.* Conforme a lo prevenido en el artículo 7 de la LEC, en relación con el 31.1 de la misma norma procesal, esta parte comparece siendo defendida por abogado en ejercicio, según lo dispuesto en los artículos 4.2 y 7 del Real Decreto 135/2021, de 2 de marzo, por el que se aprueba el Estatuto General de la Abogacía Española y 542 y 545.1 de la Ley Orgánica 6/1985, de 1 de julio, del Poder Judicial. Comparece la demandante igualmente con la debida representación procesal a través de procurador legalmente habilitado para actuar ante el tribunal que ha de conocer del juicio según lo dispuesto en el invocado artículo 23.1 LEC, 3 del Real Decreto 1281/2002, de 5 de diciembre, por el que se aprueba el Estatuto General de los Procuradores de los Tribunales de España y 543 y 545.1 LOPJ.

Quinto.- *Procedimiento, copias de escritos y documentos y su traslado y cuantía.* De conformidad con lo dispuesto en los artículos 248.2.1º y 249.1.2º corresponde dar a la presente demanda la tramitación prevista para el juicio ordinario regulado en el Título II del Libro II de la Ley (artículos 399 y siguientes), siendo así mismo de aplicación las Disposiciones Comunes a los Procesos Declarativos previstas en el Título I de dicho Libro (artículos 248 y siguientes). Por razón de la especialidad del procedimiento, procederá la intervención del Ministerio Fiscal y su tramitación con carácter preferente.

Se presentan así mismo los escritos y documentos debidamente firmados, respondiendo de su exactitud con acatamiento de lo imperado por el artículo 274 LEC. Expresa el actor su voluntad de cumplir los requisitos exigidos por la Ley, interesando a tenor de lo establecido en el artículo 231 LEC la subsanación de cualquier defecto en el que hubiera podido incurrirse.

Por exigirlo el apartado 1º del artículo 253 LEC, manifestamos que la cuantía de esta demanda es de ________________ EUROS (________ €), calculada con arreglo a la regla 1ª del artículo 251 del mismo cuerpo legal, y sin perjuicio de las alegaciones que se desarrollan en el fundamento jurídico siguiente en apoyo de su determinación.

Sexto.- Fondo.

A) ***Del principio pro consummatore.***

Consagran el principio *pro consumatore* el artículo 153 del Tratado Constitutivo de la Unión Europea, y los artículos 51.1 y 53.3 CE. Nos hallamos ante reglas impuestas a los poderes públicos, que en consecuencia habrán de informar la legislación positiva, la práctica judicial y la actuación de los poderes públicos, vinculando en suma al legislador (STC 71/1982, de 30 de noviembre) y al juez y poderes públicos (SSTC 19/1982, de 5 de mayo y 14/1992, de 10 de febrero).

B) ***Del principio de habeas data.***

La protección del conocido *principio de habeas data* o la tutela de los datos de carácter personal, se ha elevado al artículo 8 de la Carta de Derechos Fundamentales de la Unión Europea, artículo 16.1 del Tratado de la Unión Europea y de Tratado de Funcionamiento de la Unión Europea —versión consolidada, antiguo artículo 286 TCE—, así como la Directiva 95/46/CE del Parlamento Europeo y del Consejo de 24 de octubre de 1995 relativa a la protección de las personas físicas en lo que respecta al tratamiento de datos personales y a la libre circulación de estos datos. Tras ella, impera el Reglamento (UE) 2016/679 del Parlamento Europeo y del Consejo, de 27 de abril de 2016, relativo a la protección de las personas físicas en lo que respecta al tratamiento de datos personales y a la libre circulación de estos datos y por el que se deroga la Directiva 95/46/CE.

A nivel constitucional, este principio se entronca con el artículo 18.1 y 4 de nuestra Carta Magna. En nuestro derecho patrio, tras las regulaciones sobre protección de datos de 1992 y 1999, con severo retraso, veía la luz en el puente de la Constitución de 2018, la nueva Ley Orgánica 3/2018, de 5 de diciembre, de Protección de Datos Personales y Garantías de los Derechos Digitales. Según expone su artículo primero, la LOPDP pretende, no sólo adaptarse al Reglamento General de Protección de Datos de 2016 —que había entrado en vigor el 25 de mayo de 2018— sino complementar esta norma. Fruto de esta demora y dejadez, como si hubiera resultado sorpresiva la ya consabida entrada en vigor del Reglamento Europeo, se aprobaba también, la adopción en verano de 2018, del polémico Real Decreto Ley 5/2018, de 27 de julio, de medidas urgentes para la adaptación del Derecho español a la normativa de la Unión Europea en materia de protección de datos.

C) ***De la existencia del daño patrimonial y moral.***

Al calificarse de errónea una inclusión en un fichero de solvencia patrimonial se incurre en intromisión ilegítima en el derecho al honor de la persona afectada, siendo de aplicación la LO 1/982, de 5 de mayo, de protección civil del derecho al honor, a la intimidad personal y familiar y a la propia imagen, cuyo artículo 9.3 presume la existencia de un perjuicio.

Siguiendo la estela del artículo 23 de la Directiva 95/46/CE que ya ordenaba a los Estados miembros el reconocimiento del derecho a indemnización de los perjudicados por el tratamiento ilícito de sus datos —y que había incorporado ya España en su ordenamiento en el artículo 19 LOPD—, el artículo 82 del Reglamento UE 2016/679, del Parlamento Europeo y del Consejo de 27 de abril de 2016, relativo a la protección de las personas físicas en lo que respecta al tratamiento de datos personales y a la libre circulación de estos datos y por el que se deroga la Directiva 95/46/CE Reglamento General de Protección de Datos —RGPD— regula por primera vez de modo directo a nivel de la Unión, el derecho a una indemnización de las personas físicas por los daños causados en el tratamiento ilegal de sus datos de carácter personal. Así se dispone en el indicado artículo 82 RGPD:

> *1. Toda persona que haya sufrido daños y perjuicios materiales o inmateriales como consecuencia de una infracción del presente Reglamento tendrá derecho a*

recibir del responsable o el encargado del tratamiento una indemnización por los daños y perjuicios sufridos.

2. Cualquier responsable que participe en la operación de tratamiento responderá de los daños y perjuicios causados en caso de que dicha operación no cumpla lo dispuesto por el presente Reglamento. Un encargado únicamente responderá de los daños y perjuicios causados por el tratamiento cuando no haya cumplido con las obligaciones del presente Reglamento dirigidas específicamente a los encargados o haya actuado al margen o en contra de las instrucciones legales del responsable.

3. El responsable o encargado del tratamiento estará exento de responsabilidad en virtud del apartado 2 si demuestra que no es en modo alguno responsable del hecho que haya causado los daños y perjuicios.

4. Cuando más de un responsable o encargado del tratamiento, o un responsable y un encargado hayan participado en la misma operación de tratamiento y sean, con arreglo a los apartados 2 y 3, responsables de cualquier daño o perjuicio causado por dicho tratamiento, cada responsable o encargado será considerado responsable de todos los daños y perjuicios, a fin de garantizar la indemnización efectiva del interesado.

5. Cuando, de conformidad con el apartado 4, un responsable o encargado del tratamiento haya pagado una indemnización total por el perjuicio ocasionado, dicho responsable o encargado tendrá derecho a reclamar a los demás responsables o encargados que hayan participado en esa misma operación de tratamiento la parte de la indemnización correspondiente a su parte de responsabilidad por los daños y perjuicios causados, de conformidad con las condiciones fijadas en el apartado 2.

6. Las acciones judiciales en ejercicio del derecho a indemnización se presentarán ante los tribunales competentes con arreglo al Derecho del Estado miembro que se indica en el artículo 79, apartado 2.

D) *De la causación del daño por la demandada y su responsabilidad.*

La incorporación de los datos de carácter personal de cualquier usuario a los denominados ficheros de solvencia patrimonial viene condicionada al cumplimiento de los requisitos normativos establecidos en el artículo 20 LO 3/2018, de 5 de diciembre, de Protección de Datos Personales y Garantía de los Derechos Digitales, los artículos 38 a 44 del Real Decreto 1720/2007, de 21 de diciembre, por el que se aprueba su Reglamento, así como la Instrucción 1/1995, de 1 de marzo, de la Agencia Española de Protección de Datos (AEPD en adelante), relativa a la prestación de servicios de información sobre solvencia patrimonial y crédito (norma 1ª, punto 1). Del conjunto normativo referenciado, se colige que, para la correcta inclusión de los datos de un usuario en un fichero de solvencia patrimonial, han de cumplirse todos y cada uno de los siguientes requisitos, que han sido sistemáticamente obviados por la demandada, con un manifiesto desprecio por los derechos elementales de mi patrocinado:

1º) *Existencia de una deuda cierta, vencida y exigible que haya resultado impagada y sobre la que exista un previo requerimiento de pago por parte del acreedor.* Es contrario a lo dispuesto en el artículo 20.1.b) LOPD-GDD, artículo 38.1.a) del RD 1720/2007 y Norma 1 de la Instrucción 1/1995 AEPD, la cesión de datos del usuario para su inclusión en un fichero de solvencia patrimonial, cuando se ha entablado por el afectado una reclamación judicial, arbitral o administrativa, o tratándose de servicios financieros, se haya planteado una reclamación ante los servicios de atención al cliente y el defensor del cliente de las entidades financieras. O en los términos más amplios del art. 20.1.b) que hubiese sido objeto de reclamación administrativa o judicial por el deudor o mediante un procedimiento alternativo de resolución de disputas vinculante entre las partes.

Conforme al denominado "principio de calidad de los datos", ya previsto en el Convenio nº 108 del Consejo de Europa, de 28 de enero de 1981, para la protección de las personas con respecto al tratamiento automatizado de datos de carácter personal, los datos deber ser exactos, adecuados, pertinentes y proporcionados a los fines para los que han sido recogidos y tratados. Ello implica el deber de su exactitud y puesta al día, de forma que respondan como veracidad a la situación actual del afectado, prohibiendo que sean usados para finalidades incompatibles con aquellas para las que los datos hubieran sido recogidos.

La STS de 6 de marzo de 2013 reprocha con dureza a una entidad financiera la inclusión de una persona en un fichero de solvencia patrimonial cuando se habían producido reiteradas protestas por el demandante por distintas irregularidades en la facturación de sus servicios, destacando que en ningún caso pude utilizarse estos ficheros como un método para tratar de persuadir al supuesto deudor a efectuar el pago como mal menor a enfrentarse a un descrédito personal o a ver cerrado su acceso al mercado financiero:

> *"La inclusión en los registros de morosos no puede ser utilizada por las grandes empresas para buscar obtener el cobro de las cantidades que estiman pertinentes, amparándose en el temor al descrédito personal y menoscabo de su prestigio profesional y a la denegación del acceso al sistema crediticio que supone aparecer en un fichero de morosos, evitando con tal práctica los gastos que conllevaría la iniciación del correspondiente procedimiento judicial, muchas veces superior al importe de las deudas que reclaman.*
>
> *Por tanto, esta Sala estima que acudir a este método de presión representa en el caso que nos ocupa una intromisión ilegítima en el derecho al honor de la recurrente, por el desvalor social que actualmente comporta estar incluida en un registro de morosos y aparecer ante la multitud de asociados de estos registros*

como morosa sin serlo, que hace desmerecer el honor al afectar directamente a la capacidad económica y al prestigio personal de cualquier ciudadano entendiendo que tal actuación es abusiva y desproporcionada, apreciándose en consecuencia la infracción denunciada".

La certeza de la deuda también es abordada también, entre otras, en las SSTS de 6 de marzo de 2013 o 22 de enero de 2014, en la que se rechaza la inclusión del afectado en cualquier fichero de solvencia patrimonial cuando median dudas sobre la entidad de la deuda. En el primer caso se examina la inclusión de unos usuarios por rechazar un seguro de daños vinculado a un préstamo hipotecario tras cancelar dicho préstamo, subrogándose en aquella otra entidad bancaria. En el segundo supuesto, también se califica de dudosa la supuesta deuda de contratos vinculados a una entidad financiera. En ambos casos, en suma, se acude al recurso de la inclusión de los afectados en el fichero de solvencia patrimonial como método de presión para lograr el pago de la deuda litigiosa. Y ello conlleva la lesión del honor de los afectados.

Es jurisprudencia consolidada, sirviendo a modo de cita la Sentencia del Tribunal Supremo de 1 de febrero de 1994 que en virtud del principio inspirador de la denominada "unidad de culpa civil", en los supuestos de concurrencia de acciones de resarcimiento originadas en contratos y a la vez en un acto ilícito extracontractual, es doctrina comúnmente admitida que el perjudicado puede optar entre una y otra acción cuando el hecho causante del daño sea al mismo tiempo incumplimiento de una obligación contractual y violación del deber general de no causar daño a otro, de manera que no es bastante que haya un contrato entre partes para que la responsabilidad contractual opere necesariamente en exclusión de la aquiliana sino que se requiere para que ello suceda la realización de un hecho dentro de la rigurosa órbita de lo pactado y como desarrollo del contenido negocial. En tal sentido la jurisprudencia viene admitiendo en virtud del principio de unidad conceptual, la concurrencia de culpas por los mismos hechos o yuxtaposición de las responsabilidades contractuales y extracontractuales que da lugar a acciones que puedan ejercitarse alternativa o subsidiariamente u optando por una u otra o incluso proporcionando los hechos al juzgador para que este aplique las normas de concurso de ambas responsabilidades que más se acomoden a ello, todo a favor de la víctima y para el logro de un resarcimiento del daño lo más completo posible. Resultan pues predicable la responsabilidad de la demandada conforme a los artículos 1.106 y 1.902 del Código Civil.

Resume esta doctrina la STS de 22 de diciembre de 2015, cuando concluye:

"(...) si la deuda es objeto de controversia, porque el titular de los datos considera legítimamente que no debe lo que se le reclama y la cuestión está sometida a decisión judicial o arbitral, la falta de pago no es indicativa de la insolvencia del

afectado. Puede que la deuda resulte finalmente reconocida, en todo o en parte, por la sentencia o el laudo arbitral y por tanto pueda considerarse como un dato veraz. Pero no era un dato pertinente y proporcionado a la finalidad del fichero automatizado, porque este no tiene por finalidad la simple constatación de las deudas, sino la solvencia patrimonial de los afectados. Por ello solo es pertinente la inclusión en estos ficheros de aquellos deudores que no pueden o no quieren, de modo no justificado, pagar sus deudas, pero no aquellos que legítimamente están discutiendo con el acreedor la existencia y cuantía de la deuda".

Esta misma doctrina es reiterada en la STS de 23 de marzo de 2018:

> *"Si la deuda es objeto de controversia, porque el titular de los datos considera legítimamente que no debe lo que se le reclama, la falta de pago no es indicativa de la insolvencia del afectado. Puede que la deuda resulte finalmente cierta y por tanto pueda considerarse como un dato veraz. Pero no era un dato pertinente y proporcionado a la finalidad del fichero automatizado, porque este no tiene por finalidad la simple constatación de las deudas, sino la solvencia patrimonial de los afectados. Por ello solo es pertinente la inclusión en estos ficheros de aquellos deudores que no pueden o no quieren, de modo no justificado, pagar sus deudas, pero no aquellos que legítimamente discrepan del acreedor respecto de la existencia y cuantía de la deuda".*

2º) *Requerimiento previo de pago.* El requerimiento previo de pago, con advertencia expresa de la posible cesión de los datos de carácter personal a un fichero, resulta igualmente ineludible para autorizar la facilitación de datos de abonados en un registro de solvencia patrimonial y crédito por aplicación del precitado principio de calidad de los datos ex art. 38.1.c) del RD 1720/2007, incumbriendo nuevamente a la demandada la prueba de la referida notificación fehaciente, que es negada por esta parte.

La SAN, Sala de lo Contencioso de 27 de noviembre de 2013 advierte de la carga probatoria sobre el requerimiento previo y la obligación del supuesto acreedor de acreditar esta comunicación: *"naturalmente, el hecho de que la entidad demandante remitiera ciertas cartas al denunciado no implica que cumpliera con la obligación de practicarle el requerimiento previo a la inclusión de tales deudas impagadas en los ficheros de solvencia que exige la normativa en materia de protección de datos expresada. Y, lo cierto es que aquella entidad acreedora no ha acreditado en el expediente administrativo ni en este procedimiento que llevara a cabo el citado requerimiento o que las cartas supuestamente remitidas, cuyo contenido se desconoce, llegaran a su destino y fueran objeto de conocimiento por el denunciado, limitándose a afirmarlo sin sustento probatorio alguno".*

En otra acción derivada de la indebida inclusión en un fichero de solvencia, censura la SAP de Granada, Sección 5ª, de 25 de septiembre de 2009 la ligereza y despreocupación de la entidad acreedora por asegurar el conocimiento previo del afectado: *"El recurrente considera que existió dicha notificación, pero esta Sala entiende, como hace el Juzgador de instancia, que el precario e insuficiente sistema de notificaciones que tiene establecido —remisión de notificaciones por correo ordinario— no es respetuoso con el derecho del presunto moroso que está en juego, que no ha de olvidarse tiene el carácter de derecho fundamental, pues aunque, efectivamente, esta efectuado por personal independiente, no garantiza ni la recepción por el interesado, ni menos aún la devolución por el servicio de correos de las notificación a los efectos de desactivar la originaria inclusión en el fichero, por lo que no puede darse por válida tal notificación, cuanto más que de haberse llevado a efecto la misma de forma adecuada, claramente se hubiera detectado que allí no residía la actora desde hacía muchísimo tiempo —desde 1993—, con lo cual no hubiera persistido la inscripción en el fichero el tiempo que se mantuvo".*

Y el mismo criterio es expuesto en la SAP de Asturias, Sección 7ª, de 24 de abril de 2015 —reiterado hasta la saciedad en las de 24 de abril y 9 de julio de 2015; 15 de enero, 25 de abril, 17 de mayo, 1 de julio: 22 de septiembre y 7 de octubre de 2016; 20 de septiembre de 2017; 14 de junio, 19 de julio, 13 de septiembre, 26 de septiembre y 11 de octubre de 2018—, al declarar: *"No atestigua su cumplimiento el documento 9 de la demanda en el que un tercero (BB DATA PAPER) simplemente alude a que fueron enviadas al servicio de correos con motivo de un acuerdo concertado con la demandada un total de 67,111 notificaciones de inclusión entre las que se encuentra una correspondiente al demandado, sin que conste hubiese incidencias, documento que no es revelador del cumplimiento de este requisito mediante una notificación personal practicada en forma, como igualmente tampoco lo es el documento 10 de la contestación por el que EQUIFAX afirma que no fue devuelta una carta comunicándole la cesión de crédito llevada a cabo entre VODAFONE y la entidad recurrente. Con ello no se cumple la exigencia del requerimiento previo, que pudo ser acreditado con facilidad a través del servicio de correos o por medios fehacientes de prueba que demuestren tanto el contenido de la comunicación, —en lo que afecta al requerimiento previo de pago a la inclusión en el registro del deudor—, como que le fue remitida la notificación a su domicilio y las circunstancias de su recepción".*

3º) *Pertinencia, exactitud y actualidad.* Al margen de la gravedad que pueda denotar la falta de veracidad y de actualidad de los datos, lo cierto es que la inclusión en ficheros de solvencia patrimonial de aquellos sujetos que atendido regularmente el pago de todas y cada una de las obligaciones que en los restantes ámbitos de su vida ordinaria ha contraído, por una deuda de escasa cuantía, resulta bajo nuestro punto de vista sumamente discutible bajo el principio de pertinencia. Lejos de convertirse en un instrumento útil para enjuiciar su solvencia económica, lo cierto es que se utiliza como instrumento "cuasi coactivo" para el injusto cobro que pretende.

La STS de 23 de marzo de 2018, notoriamente molesta por la creciente tendencia a la utilización indebida de los registros de solvencia patrimonial para la reclamación de deudas litigiosas, recordando su doctrina anterior vuelve a advertir expresamente que *"la inclusión en los registros de morosos no puede constituir una presión ilegítima para que los clientes paguen deudas controvertidas"*. Así se expresa:

> *"Es pertinente recordar aquí lo que declaró la sentencia de esta Sala 176/2013, de 6 de marzo y ha sido recogido en varias sentencias posteriores:*
>
> *"La inclusión en los registros de morosos no puede ser utilizada por las grandes empresas para buscar obtener el cobro de las cantidades que estiman pertinentes, amparándose en el temor al descrédito personal y menoscabo de su prestigio profesional y a la denegación del acceso al sistema crediticio que supone aparecer en un fichero de morosos, evitando con tal práctica los gastos que conllevaría la iniciación del correspondiente procedimiento judicial, muchas veces superior al importe de las deudas que reclaman"*
>
> *Por tanto, esta Sala estima que acudir a este método de presión representa en el caso que nos ocupa una intromisión ilegítima en el derecho al honor [...]".*
>
> *La inclusión de los datos personales de la demandante en los registros de morosos, cuando se habían producido reiteradas irregularidades en la facturación de sus servicios, que provocaron las protestas de la demandante y la emisión de facturas rectificativas, y, en definitiva, determinaron la disconformidad de la cliente con el servicio prestado y con las facturas emitidas, puede interpretarse como una presión ilegítima para que la demandante pagara una deuda que había cuestionado, sin que existan datos que permitan considerar abusiva o manifiestamente infundada la conducta de la afectada".*

4º) *Comunicación al interesado.* Tal y como establece el artículo 40 del Real Decreto 1720/2007, el responsable del fichero de solvencia patrimonial, deberá notificar al interesado respecto del que haya registrado sus datos de carácter personal en el plazo de treinta días desde dicho registro, una referencia de los que hubiesen sido incluidos, informándole así mismo de la posibilidad de ejercitar sus derechos de acceso, rectificación, cancelación y oposición. Dicha notificación se exige que sea practicada través de un medio fiable, auditable e independiente de la entidad notificante, que permita acreditar la efectiva realización del envío.

Según hemos apuntado, la inclusión de una deuda en un fichero de conocimiento generalizado no está exenta del principio del consentimiento del usuario cuyos datos se publicitan, por lo que los datos de solvencia económica para ser lícitamente publicados, o bien provienen de registros o fuentes de acceso público, o si provienen de los propios acreedores, deberán ser comunicados al supuesto deudor, para posibilitarle el ejercicio de sus derechos.

E) *De la causación de un perjuicio y la relevancia del daño moral.*

El artículo 9.3 de la LO 1/1982, de 5 de mayo, no solo establece la presunción de un perjuicio siempre que se acredite la intromisión ilegítima en el honor, sino que de modo expreso señala que la indemnización se extenderá al daño moral. Y así también el precitado artículo 82 RGPD reconoce expresamente el derecho de indemnización de los "daños materiales o inmateriales", esto es la reparación habrá de alcanzar además de los daños patrimoniales la reparación del daño moral.

El Tribunal Constitucional, en sus Sentencias 112/2000, de 5 de mayo y 49/2001, de 26 de febrero, tiene declarado que el honor, como objeto de derecho consagrado en el artículo 18 CE, ampara la buena reputación de una persona, protegiéndola frente a expresiones o mensajes que puedan hacerla desmerecer en la consideración ajena al ir en su descrédito o menoscabo o al ser tenidas en el concepto público por afrentosas. Y mucho antes de ello, ya el Tribunal Supremo en sus Sentencias de 6 de diciembre de 1912 y la de 12 de marzo de 1928 ya otorgaron su tutela frente a las ilegítimas intromisiones en el derecho al honor, estimándose procedente la responsabilidad civil como modo adecuado para la reparación de los daños y perjuicios por menoscabo en la honra.

Por lo que respecta a la indebida inclusión de un ciudadano en los ficheros de solvencia patrimonial, resulta ilustrativa la SAP de Tenerife de 28 de agosto de 2007, que, con cita a su vez de la STS de 5 de julio de 2004, establece que el *ataque al honor del demandante, lo conforma el hecho de la inclusión indebida en el registro de morosos por una deuda inexistente, lo que supone un descrédito en la consideración ajena.*

En desarrollo del artículo constitucional, nos recuerda el fundamento de derecho segundo de la Sentencia de la Audiencia Provincial de Barcelona, Sección 16ª, de 24 de enero de 2008, *"que de conformidad con lo dispuesto en el artículo 9.2 de la Ley Orgánica 1/1982 de 5 de mayo, de Protección Civil del Derecho al Honor, a la Intimidad Personal y Familiar y a la Propia Imagen, la tutela judicial comprenderá la adopción de todas las medidas necesarias para poner fin a la intromisión ilegítima de que se trate y restablecer al perjudicado en el pleno disfrute de sus derechos, así como para prevenir o impedir intromisiones ulteriores; medidas entre las cuales, por lo que aquí interesa, se incluye "la condena a indemnizar los perjuicios causados".*

Y en el tema particular que nos ocupa, más recientemente, la proliferación de este tipo de conductas abiertamente abusivas, han llegado a destapar la indignación del propio Pleno del Tribunal Supremo, que en su reciente Sentencia, de fecha 24 de abril de 2009, ha resuelto como doctrina jurisprudencial que *como principio, la inclusión en un registro de morosos, erróneamente, sin que concurra veracidad, es una intromisión ilegítima en el derecho al honor, por cuanto es una imputación, la de ser moroso, que lesiona la dignidad de la persona y menoscaba su fama y atenta a su propia estimación. Efectivamente, tal persona, ciudadano particular o profesionalmente comerciante, se ve incluido en dicho registro, lo cual le afecta directamente a su dignidad, interna o subjetivamente e igualmente le alcanza, externa u objetivamente en la consideración de los demás, ya que se trata de una imputación de un hecho consistente en ser incumplidor de su obligación pecuniaria que, como se ha dicho, lesiona su dignidad y atenta a su propia estimación, como aspecto interno y menoscaba su fama, como aspecto externo.*

Y no es ocioso recordar que como ha mantenido nuestro Alto Tribunal en la precitada sentencia es intrascendente el que el registro haya sido o no consultado por terceras personas, ya que basta la posibilidad de conocimiento por un público, sea o no restringido y que esta falsa morosidad haya salido de la esfera interna del conocimiento de los supuestos acreedor y deudor, para pasar a ser de una proyección pública. Sin embargo, cuando dicho fichero ha sido consultado por terceros, según razona la STS de 24 de abril de 2009, y ello provoca unas consecuencias económicas negativas, como es en el supuesto sometido a exégesis, la denegación de un préstamo, será indemnizable además del daño moral que supone la intromisión en el derecho al honor y que impone el artículo 9.3 de la LO de 5 de mayo de 1982.

La inclusión de los datos de una persona en un registro de morosos sin cumplirse los requisitos establecidos por la LOPD, sería indemnizable en primer lugar la afectación a la dignidad en su aspecto interno o subjetivo, y en el externo u objetivo relativo a la consideración de las demás personas. También sería indemnizable, como recuerda la STS de 23 de abril de 2019, el quebranto y la angustia producida por las gestiones más o menos complicadas que haya tenido que realizar el afectado para lograr la rectificación o cancelación de los datos incorrectamente tratados.

La Sentencia 261/2017, de 26 de abril, a la que remite la Sentencia 604/2018, de 6 de noviembre hace una síntesis de la doctrina sobre la procedencia de la indemnización correspondiente en los casos de indebida inclusión en ficheros de solvencia patrimonial. En ella se razona, que *"El artículo 9.3 de la Ley Orgánica 1/1982, en su redacción anterior a la reforma operada por la Ley Orgánica 5/2010, que entró en vigor a partir del 23 de diciembre de 2010 y que es la aplicable dada la fecha de los hechos, dispone que "La existencia de perjuicio se presumirá siempre que se acredite la intromisión ilegítima. La indemnización se extenderá al daño moral que se valorará atendiendo a las circunstancias del caso y a la gravedad de la lesión efectivamente producida, para lo que se tendrá en cuenta en su caso, la difusión o audiencia del medio a través del que se haya producido. También se valorará el beneficio que haya obtenido el causante de la lesión como consecuencia de la misma". Esta sala ha declarado en STS de 5 de junio de 2014, rec. núm. 3303/2012, que dada la presunción iuris et de iure, esto es, no susceptible de prueba en contrario, de existencia de perjuicio indemnizable, el hecho de que la valoración del daño moral no pueda obtenerse de una prueba objetiva no excusa ni imposibilita legalmente a los tribunales para fijar su cuantificación, "a cuyo efecto ha de tenerse en cuenta y ponderar las circunstancias concurrentes en cada caso (sentencias de esta sala núm. 964/2000, de 19 de octubre, y núm. 12/2014, de 22 de enero)". Se trata, por tanto, "de una valoración estimativa, que en el caso de daños morales derivados de la vulneración de un derecho fundamental del art. 18.1 de la Constitución, ha de atender a los parámetros previstos en el art. 9.3 de la Ley Orgánica 1/1982, de acuerdo con la incidencia que en cada caso tengan las circunstancias relevantes para la aplicación de tales parámetros, utilizando criterios de prudente arbitrio".*

F) *De la cuantificación del daño.*

La SAP de Vizcaya, Sección 4ª, de 23 de febrero de 2010, condena a una entidad financiera al pago de una indemnización de 20.000 euros por el indebido mantenimiento en un fichero de solvencia patrimonial durante once meses. La SAP de Baleares, Sección 5ª, de 7 de mayo de 2009, fija una indemnización a la reclamante de 18.000 euros por su improcedente inclusión en otro fichero de solvencia en la que la demandada reclamaba una supuesta deuda de 749 euros. Y otros 18.000 euros, son los determinados como daño moral por idéntica conducta por la SAP de Zaragoza, Sección 5ª, de 22 de febrero de 2007.

En el caso resuelto por la STS de 6 de marzo de 2013:

> *"Apreciada la intromisión ilegítima en el derecho al honor del recurrente de acuerdo con lo dispuesto en el artículo 9.3 LPDH "[l]a indemnización se extenderá al daño moral que se valorará atendiendo a las circunstancias del caso y a la gravedad de la lesión efectivamente producida, para lo que se tendrá en cuenta, en su caso, la difusión o audiencia del medio a través del que se haya producido."*
>
> *En cuanto a las circunstancias del caso, en la medida en que la ley no las concreta, ha señalado esta Sala, sentencia de 21 de noviembre de 2008, RC nº 1131/2006 que "queda a la soberanía del tribunal de instancia hacerlo, señalando las que, fruto de la libre valoración probatoria, han de entenderse concurrentes y relevantes en este concreto caso para cifrar la cuantía indemnizatoria".*

> *En la demanda se solicitaba una indemnización de 9.000 euros para cada uno de los demandantes, siendo dicha cantidad a juicio de esta Sala proporcional con el perjuicio moral causado.*
>
> *También solicitaba en la demanda que se condenara a la demandada a la cancelación de los datos todavía contenidos en los registros de morosos, así como a la notificación de dicha cancelación a todas las personas a quienes se hubieran comunicado o cedido los datos, petición que igualmente debe ser estimada para el supuesto de que no hayan sido retirados".*

La STS de 23 de abril de 2019, siguiendo también la estela de las anteriores SSTS de 26 de abril de 2017 y 6 de noviembre de 2018, ha reiterado que *"no son admisibles las indemnizaciones de carácter meramente simbólico"*. Como declara igualmente la STS núm. 386/2011, de 12 de diciembre, "según la jurisprudencia de esta sala (SSTS de 18 de noviembre de 2002 y 28 de abril de 2003) *"no es admisible que se fijen indemnizaciones de carácter simbólico, pues al tratarse de derechos protegidos por la CE como derechos reales y efectivos, con la indemnización solicitada se convierte la garantía jurisdiccional en un acto meramente ritual o simbólico incompatible con el contenido de los artículos 9.1, 1.1 y 53.2 CE y la correlativa exigencia de una reparación acorde con el relieve de los valores e intereses en juego (STC 186/2001, FJ 8)" (STS 4 de diciembre 2014, rec. núm. 810/2013).*

La STS 512/2017, de 21 de septiembre, declara que una indemnización simbólica, en función de las circunstancias que concurren, tiene un efecto disuasorio inverso:

> *"No disuade de persistir en sus prácticas ilícitas a las empresas que incluyen indebidamente datos personales de sus clientes en registros de morosos, pero sí disuade de entablar una demanda a los afectados que ven vulnerado su derecho al honor puesto que, con toda probabilidad, la indemnización no solo no les compensará el daño moral sufrido, sino que es posible que no alcance siquiera a cubrir los gastos procesales si la estimación de su demanda no es completa."*

Y este mismo reproche vuelve a realizar la Sala del Alto Tribunal en su Sentencia de 21 de junio de 2018, en la que eleva la cuantía de 2.000 euros fijada por la AP de Asturias a los 6.000 euros, insistiendo nuevamente en la doctrina de la improcedencia de establecimiento de indemnizaciones simbólicas por la inclusión indebida en ficheros de solvencia patrimonial.

Séptimo.- *Valoración de la prueba.* Según lo dispuesto en el artículo 217.7 LEC, corresponde al juzgador valorar las pruebas teniendo presente la disponibilidad y facilidad probatoria que corresponde a cada una de las partes en el litigio. En este sentido, se ha manifestado el TS a través, entre otras, de sus Sentencias de 8 de febrero o 22 de diciembre de 2001.

Con relación a la carga de la prueba sobre los daños morales, como indica la referida sentencia de la Audiencia Provincial de Barcelona, de 24 de enero de 2008: *"partiendo de la presunción legal, es indiscutible que la denunciada intromisión hubo de causar un cierto daño moral al demandante, daño moral que no precisaba por tanto de especial prueba".*

Así se explica que sostenga nuestro Tribunal Supremo que la falta de prueba no basta para rechazar de plano el daño moral (STS de 21 de octubre de 1996), o que no es necesaria puntual prueba o exigente demostración (STS de 15 de febrero de 1994), o que la existencia de aquél no depende de pruebas directas (STS de 3 de junio de 1991). Lo normal es que no sean precias pruebas de tipo objetivo (STS de 23 de julio de 1990, STS de 29 de enero de 1993, STS de 9 de diciembre de 1994 o STS de 21 de junio de 1996, entre otras), sobre todo en relación con su traducción económica, y que haya de estarse a las circunstancias concurrentes (STS de 29 de enero de 1993 y STS de 9 de diciembre de 1994). Cuando el daño moral depende de un juicio de valor consecuencia de la propia realidad litigiosa, que justifica la operatividad de la doctrina de la *in re ipsa loquitur,* o cuando se da una situación de notoriedad (STS de 15 de febrero de 1994 y STS de 11 de marzo de 2000), no es exigible una concreta actividad probatoria.

Octavo. *Intereses.* Han de adicionarse al principal los intereses correspondientes por aplicación de lo dispuesto en los artículos 1.101 CC y 576 LEC. El debate sobre la aplicación de los intereses a los supuestos de generación de un daño por la indebida intromisión en el derecho al honor a consecuencia de la inclusión indebida en un fichero de solvencia patrimonial lo aborda y resuelve la STS de 18 de febrero de 2015, acudiendo a la asentada doctrina del canon de razonabilidad en la oposición por más que se desconozca la cuantía concreta. Así es razonado:

> *"1.- La línea jurisprudencial establecida a partir del Acuerdo de la Sala 1ª de 20 de diciembre de 2005 y plasmada en sentencias, entre otras, núm. 764/2008, de 22 de julio, y 228/2011, de 7 de abril, prescinde del alcance dado a la regla "in illiquidis non fit mora" en la anterior jurisprudencia y atiende al canon de la razonabilidad en la oposición para decidir la procedencia de condenar o no al pago de intereses y concreción del día inicial del devengo, siendo determinante la certeza de la obligación, aunque se desconozca su cuantía.*
>
> *2.- En el caso enjuiciado, la existencia de la intromisión ilegítima en el derecho al honor por la indebida inclusión de los datos del demandante en varios registros de morosos no presentaba especiales complicaciones, y fue estimada por la sentencia de primera instancia, sin que tal pronunciamiento fuera objeto de recurso por la demandada. Tampoco presentaba especiales problemas la existencia de perjuicio, pues el inciso inicial del art. 9.3 de la Ley Orgánica 1/1982 lo presume cuando existe una vulneración del derecho al honor.*

Ello determina que, en aplicación de la jurisprudencia citada, la indemnización fijada en la sentencia deba devengar intereses, calculados al tipo del interés legal, desde la fecha interposición de la demanda, que a partir de esta sentencia se verán incrementados en dos puntos porcentuales".

Noveno.- *Costas.* Conforme a lo dispuesto en el artículo 394 LEC, en los procesos declarativos se impondrán las costas a la parte que haya visto rechazadas todas sus pretensiones, salvo que el tribunal aprecie, y así lo razone, que el caso presentaba serias dudas de hecho o de derecho.

Décimo.- *Iura Novit Curia.* Y en todo lo no invocado resulta de aplicación los principios *iura novit curia* y *da mihi factum, dabo tibi ius*, plasmados en el art. 218.1 LEC.

En virtud de lo expuesto,

SUPLICO AL JUZGADO: Se tenga por presentado este escrito junto con los documentos y copias que se acompañan, se sirva admitirlo, y en mérito al mismo tenga por formulada DEMANDA DE JUICIO ORDINARIO contra ________________ y, previo cumplimiento de los trámites procesales de rigor. se dicte en su día sentencia por la que, estimando íntegramente ésta demanda, declare la intromisión ilegítima en el derecho al honor de mi mandante y condene a la demandada, a abonar a mi patrocinada por los daños generados la cuantía de ___________ EUROS (_____ €). Y ello con expresa imposición de costas.

Es justicia que respetuosamente se espera alcanzar, en _____________ a ___ de ________________ de 202_

________________ ________________

Letrado/a _____ ICA_ Procurador/a _____ ICP_

BIBLIOGRAFÍA

AGÜERO ORTIZ, A. "¿Cuándo la inclusión en registro de morosos comporta responsabilidad para el acreedor y la entidad de registro frente al cliente? en www.uclm.es/centro/cesco

ATIENZA LÓPEZ, J. I. "Intromisión ilegítima del derecho al honor y a la intimidad por ingreso indebido en un fichero de morosos" en CEFLegal: revista práctica de derecho. Comentario y casos prácticos nº 182, mayo 2016. Madrid

BAJO FERNÁNDEZ, M. "Ánimo de lucro y ánimo de hacerse pago" en ADPCP, Madrid, 1975.

BAJO FERNÁNDEZ, M. *Los delitos de estafa en el Código Penal.* Madrid, 2004.

BASTANTE GRANELL, V. "La cláusula de afianzamiento en préstamos hipotecarios: su abusividad a debate" en Revista Doctrinal Aranzadi Civil-Mercantil nº 3/2017, Cizur Menor, 2017.

BERCOVITZ, A. "La protección de los consumidores, la Constitución Española y el Derecho Mercantil" en *Lecturas sobre la Constitución Española*, Madrid, 1978, Vol. II.

BERTOLÁ NAVARRO, I. "Ampliación del plazo de prescripción de acciones personales del 7 de octubre al 28 de diciembre de 2020" en Boletín de la Asociación Española de Derecho de Consumo-SEPIN. SP/DOCT-7106988

BROCÁ, MAJADA, GARCÍA VARELA, *Práctica procesal civil,* Barcelona, 1996

CARRANCHO HERRERO, T. "Daño al honor derivado de la inclusión en listas de morosos" en La Ley Práctica de Daños, nº 91, marzo 2011, Madrid

CCU, *Banca on line y protección de los consumidores.* Madrid, 2001.

CONDE PUMPIDO, C. *Código Penal. Doctrina y jurisprudencia. Tomo II.* Madrid, 1997.

CUÑAT EDO, V. —Dir.— *Protección de particulares frente a malas prácticas bancarias,* Estudios de Derecho Judicial nº 55, CGPJ, Madrid, 2005

DAVARA RODRÍGUEZ, M. A. *Derecho informático,* Cizur Menor, 2007.

DE LA IGLESIA MONGE, Mª. I. "Inclusión injustificada de persona física o jurídica en el registro de morosos y el derecho al honor. Análisis jurisprudencial" en Revista Crítica de Derecho Inmobiliario nº 731, Madrid, 2012

DE LEÓN ARCE, A. *Derechos de los consumidores y usuarios,* Valencia, 2000.

DIEZ PICAZO, G. —Dir.— *Estudios sobre Derecho Procesal,* Madrid, 1996,

FERNÁNDEZ BENAVIDES, M. "Empresas de cobro de morosos al límite de la legalidad" en www.uclm.es/centro/cesco

FERNÁNDEZ CABRERA, M. *Derecho Mercantil y tecnología.* Cizur Menor, 2018.

GARCÍA ABURUZA, Mª. P. "Problemática en relación a los avalistas y sobre su posible condición de consumidores" en Revista Aranzadi Doctrinal nº 1/2017.

GARCÍA CANTERO, G. "Integración del Derecho del consumo en el Derecho de obligaciones", *RJN*, 13, 1992.

GARCÍA IZQUIERDO, S. "El saldo cero y los ficheros de prestación de servicios de Información sobre Solvencia Patrimonial" en Revista de Derecho Bancario y Bursátil nº 87, Madrid 2002

GARCÍA MONTORO, L. "Vulneración del derecho al honor del usuario de servicios de telecomunicaciones al que se incluye en un registro de morosos por presunto impago de facturas" en http://centrodeestudiosdeconsumo.com

GAROFALO, L. *La persecuzione dello stellionato in diritto romano*, Padova, 1998.

GONZÁLEZ GARCÍA, S. "Doctrina del Tribunal Supremo sobre los principios de la LOPD como garantí del derecho fundamental al honor frente al empleo de los ficheros de morosos como medio de coacción al deudor para el cobro de deudas" en Diario La Ley nº 8987, de 25 de mayo de 2017.

GONZÁLEZ SÁNCHEZ, J. L. *Las cuestiones prejudiciales penales en el proceso civil*, Madrid, 2002

HERAS HERNÁNDEZ, Mª M. "El modelo de responsabilidad civil de las entidades financieras en función de su profesionalidad" en Cuadernos de Derecho y Comercio nº 27, Madrid, 1998

HUALDE MANSO, M. T. "Ficheros de morosos, nulidad del Reglamento de Protección de Datos y derecho al honor" en Revista Doctrinal Aranzadi Civil-Mercantil, Vol. 2, nº 8, Cizur-Menor, diciembre 2013.

IZQUIERDO BLANCO, P. *Jurisdicción Voluntaria*, Barcelona, 2016

LARENZ, K. *Derecho de obligaciones (V. II)*. Madrid, 1978

LIÉBANA ORTIZ, J. R. "Jurisdicción voluntaria, conciliación y mediación: notas para su delimitación dogmática" en REDUR, 9 de diciembre de 2011

MARCOS OYARZÚN, F. J. *Reparación integral del daño. El daño moral.* Barcelona, 2002

MARTÍN CONTRERAS, L. *La tasación de costas*, Granada, 2001

MARTÍN OSTOS, J. *"Comentarios a la Ley de Enjuiciamiento Civil. Tomo II"* Valladolid, 2000

MARTÍNEZ DE AGUIRRE, C. "Trascendencia del principio de protección a los consumidores en el Derecho de Obligaciones", en ADC 1994

MAS BADÍA, Mª D. en VVAA. *Nuevos retos jurídicos de la sociedad digital.* Cizur Menor, 2017

MATA Y MARÍN, R., Delincuencia Informática y Derecho Penal, Madrid 2001

MEDINA CRESPO, M. "El resarcimiento del daño moral" en Responsabilidad Civil Sepin nº 29, Madrid, 2013

MENESTRINA, F. *La pregiudiciale nel proceso civile*, Milán, 1963.

MESA MARRERO, C. "La regulación reglamentaria de los ficheros de información sobre solvencia patrimonial y crédito" en Actualidad Civil nº 19, noviembre 2008

MONTERO AROCA, J. *Derecho Jurisdiccional. II Proceso Civil.* Barcelona, 1995

MORENO CATENA, V. *Derecho Procesal, Tomo I, Vol. II,* Valencia, 1987

MUÑOZ CONDE, F. *Derecho Penal. Parte especial.* Valencia, 2002.

ORTELLS RAMOS, M. *Derecho procesal civil,* Navarra, 2003

ORTI VALLEJO, A. —Dir.— *La responsabilidad civil por daños causados por servicios defectuosos,* Cizur Menor, 2006

PARAMO DE SANTIAGO, C. "Registro de morosos y derecho al honor" en CEFLegal: revista práctica de derecho. Comentario y casos prácticos nº 221, junio 2019. Madrid

PÉREZ CONESA, C. "Derecho al honor, inclusión en fichero de morosos e indemnización por daño moral (STS de 21 de junio de 2018)" en Revista Doctrinal Aranzadi Civil-Mercantil nº 8, Cizur Menor, 2018.

PÉREZ DE ONTIVERO BAQUERO, C. "Ficheros de solvencia patrimonial y de crédito: cuestiones civiles y su apreciación por los tribunales del orden Contencioso Administrativo" en Revista de Derecho Patrimonial nº 28/2012, Pamplona

PIQUERES CASTELLOTE, F. "Conocimientos básicos en Internet y utilización para actividades ilícitas" en *Delitos contra y a través de las nuevas tecnologías ¿Cómo reducir su impunidad?* Madrid, 2006

PIÑAR MAÑAS, J. L. —Dir.— *Reglamento General de Protección de Datos. Hacia un nuevo modelo europeo de privacidad.* Madrid, 2016.

PRADO IGLESIAS, R. "Una resolución desacertada de la APD" en Otrosí ICAM, nº 30, octubre 2001

REYNA QUEROL, N. *La prejudicialidad en el Proceso Civil,* Barcelona, 2006

RIBÓN SEISDEDOS, E. —Coord.— *Protección penal de consumidores,* Madrid, 2008.

RIBÓN SEISDEDOS, E. *Defensa del consumidor por indebida inclusión en ficheros de solvencia patrimonial,* Madrid, 2020.

ROCA TRIAS, E. *Derecho de daños.* Valencia, 2000

RODRÍGUEZ GUITIÁN, A. M. "Los ficheros de solvencia patrimonial y el derecho al honor (Reflexiones a propósito de la Sentencia del Tribunal Supremo, 1ª, de 22 de enero de 2014) en Revista de Derecho Mercantil nº 293, Madrid

RUIZ CARRILLO, A. *Los datos de carácter personal,* Barcelona, 1999

SALANITRO, N. *Le banche e i contratti bancari,* Milán 1978.

SAN MARTÍN ARIAS, I. *Protección de datos en el crédito al consumo.* Cizur Menor, 2015

SÁNCHEZ DE LA PARRA SEPTIÉN, D. *Las cuestiones prejudiciales en el orden jurisdiccional penal, civil, contencioso y social,* Granada, 1996

SANTOS BRIZ, J. *La responsabilidad civil. Derecho sustantivo y derecho procesal.* Madrid, 1989

SENÉS MOTILLA, C. *Las cuestiones prejudiciales en el sistema procesal español,* Madrid, 1996

TELLEZ LAPEIRA, A. "La responsabilidad de las entidades de crédito por la inclusión errónea de morosos en el registro de aceptaciones impagadas" en Diario La Ley nº 5, 1999, Madrid.

TORRES LÓPEZ y DÍEZ BARBERO, *Las costas en el proceso civil,* Madrid, 2008.

VÁZQUEZ IRUZUBIETA, C. *Doctrina y jurisprudencia de la Ley de Enjuiciamiento Civil,* Madrid, 1987

VELASCO NÚÑEZ, E. "Fraudes informáticos en red: del *phishing* al *pharming*" en La Ley Penal nº 37, Sección Estudios, abril 2007.

VELASCO NÚÑEZ, E. "Estafa informática y banda organizada. Phishing, pharming, smishing y muleros" en La Ley Penal nº 49, Sección Estudios, mayo 2008

VV.AA. MORENO QUESADA, B. y TRUJILLO, I. *Derecho civil patrimonial, concepto y normativa básica.* Granada, 1995

VV.AA. MARZO PORTERA, A. y RAMOS SUÁREZ, F. M. —Dirs.—, *La protección de datos en la gestión de empresas,* Revista Aranzadi de Derecho y Nuevas Tecnologías, nº 2, Cizur Menor, 2004

VV.AA. DE VERDAD Y BEAMONTE, J. R. *Veinticinco años de aplicación de la Ley Orgánica 1/1982, de 5 de mayo, de protección civil del derecho al honor, a la intimidad personal y familiar y a la propia imagen.* Cizur Menor, 2007.

VV.AA. TORRES LÓPEZ, A. y DÍAZ BARBERO, A. *Las costas en el proceso civil,* Madrid, 2008

VV.AA. TASENDE CALVO y VARELA AGRELO, "Estudio práctico sobre la Audiencia Previa", Ed. Aranzadi, Pamplona, 2009

VV.AA. APARICIO SALOM, J. y VIDAL LASO, M. *Estudio sobre la Protección de Datos,* Cizur Menor, 2019.

VV.AA. FONT DE MORA RULLÁN, J. y ARRIBAS ATIENZA, P. *Beneficio de justicia gratuita y costas del procedimiento,* Las Rozas, 2020.

VV.AA. TORRES KEENLYSIDE, A. CONTRERAS SOLER, B y GARROS FONT, I. en "Análisis criminológico, técnico y legal del phishing" en Revista Aranzadi Doctrinal nº 9, octubre 2021.

ZUNZUNEGUI PASTOR, F. —Dir.— *Regulación financiera y Fintech,* Cizur Menor, 2019.